U0600992

容斋随笔 精粹

[宋] 洪迈 ◎ 著

霍振国 ◎ 译注

凤凰出版社

图书在版编目（CIP）数据

容斋随笔精粹 /（宋）洪迈著；霍振国译注 . -- 南
京：凤凰出版社，2023.5
ISBN 978-7-5506-3920-1

Ⅰ.①容… Ⅱ.①洪… ②霍… Ⅲ.①笔记 - 中国 -
南宋 - 选集 Ⅳ.① Z429.442

中国国家版本馆 CIP 数据核字（2023）第 047031 号

书　　名	容斋随笔精粹
著　　者	（宋）洪迈 著　霍振国 译注
责任编辑	王淳航
出版发行	凤凰出版社（原江苏古籍出版社）
	发行部电话 025-83223462
出版社地址	江苏省南京市中央路 165 号，邮编：210009
印　　刷	文畅阁印刷有限公司
	河北省保定市高碑店世纪大街北侧，邮编：074000
开　　本	718 毫米 ×1005 毫米　1/16
印　　张	22.5
字　　数	393 千字
版　　次	2023 年 5 月第 1 版
印　　次	2023 年 5 月第 1 次印刷
标准书号	ISBN 978-7-5506-3920-1
定　　价	49.80 元

（本书凡印装错误可向承印厂调换，电话：010-63625200）

序言

　　南宋孝宗淳熙年间，朝堂之上的皇帝正手持书卷，津津有味地品读。翰林学士洪迈在一旁陪侍。孝宗忽然说道："此书真是妙极，只是不知为何人所做。"洪迈应声说："不知此书是何名称？"孝宗说："《容斋随笔》。"洪迈忙恭敬地回答道："那正是臣所著，让陛下见笑了！"孝宗一听是洪迈所著，更是喜欢，赞赏道："此书中议论鲜明，对我很有帮助。"洪迈一听皇帝如此夸赞，忙伏身叩谢。

　　事后洪迈了解到，此书于婺州（今浙江金华）刻印后，由商人们贩运到临安，被宦官采购入宫，才有幸被皇帝阅览，而且得到皇帝极大的肯定。洪迈深觉荣幸之至，之后陆续推出了《容斋续笔》《容斋三笔》……以不负皇帝的厚爱。他后来所著的书，孝宗每篇必读，而且篇篇予以肯定，身为做学问之人，还有什么比这更荣耀的呢？

　　700多年之后，新中国成立的第27个年头的1976年，中南海，一代伟人毛泽东同志已处垂危之际。主席心怀天下之事，虽然身患重病，仍然手不释卷。1976年8月26日，主席的病情急剧恶化，颤抖的手已经无力托住手中的文件。这时，他费力地抬起手臂，指向他最钟爱的书架，照顾主席多年的工作人员很快明白了主席的意思，他是想最后再看看伴随他多年的书——《容斋随笔》。可惜的是书柜被新来的工作人员重新整理，那部被主席翻看过无数次、已显得破损不堪的《容斋随笔》，估计被移往别处了。主席的老部下立刻跑到国家图书馆，借来了两函14册的明刻本《容斋随笔》，送到主席的面前。主席抚摸着珍爱的书，细细地咀嚼着每个文字，像是回味多年的征战岁月，又像是与多年相伴的老朋友把酒言欢，嘴角露出了欣慰的微笑。枕边一部《容斋随笔》安静地躺着，陪伴主席走完了人生的最后一程。

　　这部清代乾隆五十九年（1794年）重刊的扫叶山房版《容斋随笔》，整整陪伴主席走过了三四十个春秋，其中很多的篇章都布满了主席的手迹，或用铅笔勾画，或用钢笔圈点，每一处手迹仿佛都在诉说主席对这部书的珍爱。从黄土高原到首都北京，从激烈的战场到中南海的住所，这部书跟随主席经历了中国近现代史上最关键、最辉煌的一页。

宋代的笔记小说成就斐然，流传至今的就有三四百种之多，其中不乏上乘佳作，为什么唯有《容斋随笔》让宋孝宗赞不绝口，又成为毛泽东钟爱的书呢？

洪迈，南宋饶州鄱阳（今江西鄱阳）人，字景庐，号容斋，又号野处，出身于一个官宦世家。其父洪皓，曾奉命出使金国，官至礼部尚书。其兄洪适也曾位居宰相。由于受到家庭影响，再加上洪迈天资聪颖，过目不忘，所以他一生涉猎的书籍数不胜数，堪称一位勤奋博学的士大夫。青年时期，他便与其兄长洪适、洪遵以文章并称"三洪"。他的文章清丽赅博，在三人中最为突出。洪迈一生不仅博览群书，而且好学善问，勤于思考，每有所得，便提笔记下。正是因为有这样一个良好的习惯，著成50余万字的《容斋随笔》。

《容斋随笔》是一部涉及范围很广的读书笔记，是洪迈饱览群书、严谨治学的见证和结晶。此书分为《随笔》（一笔）、《续笔》（二笔）、《三笔》、《四笔》、《五笔》五个部分。书中内容博大精深，从经史子集到诗词文翰，从典章制度到医卜星历，无所不容，无所不包，其考证辨析之确切，议论评价之精当，备受称道。读这部书，就像身在书海深处徜徉，站在历史的高处俯瞰。此书的学术性和可读性绝不亚于任何一部史书，政治历史、人物轶事、文章典籍，甚至宋以前各朝的制度无所不包，堪称宋朝的百科全书。读这本书，只要稍有闲暇，便可以看上一篇两篇，每次读辄有所得。清晨或夜晚，抽出一点时间翻看一二篇章，终年如一日，从不间断，其中的妙处定会使您心系其中，流连忘返。

《容斋随笔》这部著作是我国笔记小品中不可多得的珍品。清代纪昀在主编《四库全书》时，将这部著作收入其中，称之为南宋笔记作品之冠。为什么此书能够得到如此高的评价呢？除了它涉猎甚广之外，还因为它兼顾了学术性与通俗性，受到各个阶层人士的推崇和喜爱。明清时期的此类著作都受到此书的影响，后世的许多学者也都给予了很高的评价。李瀚在《容斋随笔》旧序中称赞此书说："可劝可戒，可喜可愕，可以广见闻，可以证讹谬，可以祛疑贰，其于世教未尝无所裨补。"借助此书"可以穷天下之理"。李慈铭在其《越缦堂读书记》中说道："洪氏最留心官制，其考核年月，辨正俗说，于唐人事迹，史册传讹，极为有功，所记见闻，多足裨掌故，资谈柄，宋人说部中最为可观。"

此书不仅对于研究古代的文化、政治有极大的价值，其中还有很多的文坛趣话、生活常识，足以令人爱不释手。此外，书中还提出了许多令人深思的人生和社会问题，可以丰富我们的智慧，拓宽我们的视野，使我们能清醒地面对现实社会中各种纷繁复杂的现象。身为伟大领袖的毛泽东，之所以对此书如此钟爱，原因也在于此。能够让一代伟人百读不厌的书，其中一定有很多地方值得借鉴和学习。正因为如此，我们将此书介绍给广大读者，希望您能从中得到启迪。

为了适应现代人的审美和阅读习惯，在编译过程中，我们进行了适当的删减，力争让读者能够在轻松愉快的氛围中阅读这部传世经典，并有所收获。

古籍的翻译工作，历来都是让人头疼的事情，若只照文翻译，其中的生涩之处读者很难理解；若掺入过多的说明，又会影响原文的意思。为此，我们在编辑的过程中，尽量保持了原著的学术性，同时查阅了大量的历史资料予以补充，为了便于现代读者的阅读理解，增强可读性，作了必要的补充和润饰，力求做到学术性与可读性的完美结合。

希望我们的努力能够为您带去阅读的享受。

目录

容斋随笔

容斋随笔

第一卷

欧率更帖

在临川县（今江西临川）的一处石刻中，曾有人发现一卷法帖，这卷法帖中刊载了欧阳率更（指唐代书法家欧阳询，曾任太子率更令）的一卷字帖。人们根据石刻上依稀可辨的字迹，记下了字帖上的内容，帖上说："我二十多岁的时候，曾到过鄱阳，此处的土地平阔肥沃，产出丰赡甜美的食物，价格又非常便宜，再加上四处优美的风景，就成了读书人聚会吟诗之所。他们每天在此赏景吟诗，腹中饥饿便饮酒吃食，以饱口福。在这些恣意的读书人当中，

有两个姓张的才子可谓才华横溢，他俩经常在众人中谈笑风生，意气风发，堪称一代俊杰；还有姓殷的及姓薛的两位士人，其才华自然不必多说，更是可掩日月；此外还有姓戴的君子，喜好评论，每每在人前发表见解，总能博得很多人的赞同，成为人

们口中的定论；萧中郎更是狂放不羁，在放荡中又不乏儒雅之气，颇有名士风范；更是有位姓彭的先生学识渊博，满腹经纶，所写的文章辞藻华丽，铺陈中亦流泻出自然之美，尤其是他的《阁山神诗》，即使先辈的名人也自叹弗如。可惜的是，上述这几位奇人逸士现在都已经作古了，实在是令人遗憾不已。"这件事已被广为流传，是发生在我的家乡的真实旧事。

六十四种恶口

中华可称礼仪之邦，举手投足间都应流露涵养。古时《大集经》就记载了六十四种会惹人怒，甚至伤人的语言，分别是：粗语、软语、非时语、妄语、漏语、大语、高语、轻语、破语、不了语、散语、低语、仰语、错语、恶语、畏语、吃语、净语、谄语、诳语、恼语、怯语、邪语、罪语、哑语、入语、烧语、地语、狱语、虚语、慢语、不爱语、说罪咎语、失语、别离语、利害语、两舌语、无义语、无护语、喜语、狂语、杀语、害语、系语、闲语、缚语、打语、歌语、非法语、自赞叹语、说他过语、说三宝等。

郭璞葬地

南朝刘义庆所做的《世说新语》是专门记载奇人逸事的佳作。《世说新语》有此记载："郭璞（字景纯）南渡后，定居暨阳（今江苏江阴），为了死后有个安居之所，他亲自为自己选了一块墓地，墓地距离江水不到一百步，当时人们认为离江水如此之近，这也太危险了！郭景纯悠然地回答道：'这个不用担心，因为这里不久就会变成肥沃的良田。'果然如今因为泥沙的堆积，距离墓地数十里的地方全都成了良田。"这段记载不论是否真有其事，都有些把郭景纯视作先知的意味，好像他真有未卜先知的能力，其实这只不过是他对自然现象的勘察而得出的结果罢了。

当时的人传说，流行一时的《锦囊葬经》是郭景纯所著，所以那些靠给人看风水、卜吉凶的人都把郭景纯的这本书看作宝贝，更把郭景纯当成神灵来供奉。其实那都是愚者的做法，如果这本书真的能占卜吉凶，那么郭景纯为何不通过占卜来逃避即将到来的厄运呢？虽然他能够预知江边的湿地会变成良田，却无法用占卜术来躲避自己的杀身之祸。桓彝是郭景纯的至交好友，一天，郭景纯对桓彝说："你到我家可随处游玩，但千万不可来厕所里找我，否则就会大难临头。"结果有一次，桓彝醉酒后来到郭景纯的家里，忘了郭景纯的警告，跑到厕所中去寻郭景纯，却见郭景纯披头散发，赤裸着上身，嘴里衔刀，好像正在祭酒。郭景纯一见桓彝，大惊："我说过不让你到这里来寻我，你却偏偏不听劝告，现在我所做的努力都白费了。不但我会有杀身之祸，你也难辞其咎。"不久，

容斋随笔精粹

郭景纯就被王敦所杀，桓彝也被苏峻所害。如果郭景纯真的是世人传说的先知，也不会落此下场。至于那种在厕所里衔刀祭酒的小伎俩，看起来也未免太过浅薄！

禹治水

《禹贡》一书中有关于大禹治水的记载，其中就有大禹治水的方位。他治水的先后顺序是：冀州、兖州、青州、徐州、扬州、荆州、豫州、梁州、雍州。如果单就这九个州的地理位置而言，豫州应该处于九州的最中间位置，它与兖州和徐州搭界，但是为什么要在青州之后接上徐州和扬州，而把豫州放在荆州之后呢？归其原因，或许大禹治水的原则是按照五行学说吧。

冀州是帝都所在之地，当然要居先，而且冀州本身就在北方，在五行之中属水，水生木，而木又代表东方，所以接下来就是东方的兖州、青州和徐州；木又生火，火代表南方，下面就是南方的扬州和荆州；火才生土，土为中，而豫州又在中央，所以接下来才轮到豫州；最后才到梁州和雍州，那是因为土生金，金代表西方。由此可以看出大禹治水就是按照五行的顺序来的，这与其父鲧治水就大为不同了。鲧不是遵循五行，而是打乱五行。这些说法全都是我从魏几道那里听说而来的。

五臣注文选

苏东坡曾经指责过《五臣注文选》（以下简称《文选》）这本书，认为它实在是荒谬浅陋至极，没有什么可取的地方。不久前我也看了这本书，注意到了《文选》中谢玄晖（即谢朓）与王融的唱和之诗，诗是这样的："阽危赖宗衮，微管寄明牧。"这里指的正是谢安和谢玄二人。大家都知道，谢安是谢朓的远祖，又官至宰相，所以称他为宗衮。这才是正确的理解。但是李周翰却如此注释："宗衮是指王导，因为王导和王融是同族，这里说在东晋危在旦夕的时候，是倚仗王导打败了前秦的苻坚，东晋才得以幸存。明牧指的是谢玄，是谢玄与王导共同打败了苻坚。"文中认为宗衮是王导固然非常荒谬可笑，但既然是谢朓跟王融唱和的诗，这种说法还勉强说得过去。而是后面的说法就根本没有任何的根据和可信的地方了，说王导和谢玄共同打败苻坚，这人简直就是根本不懂历史，却在这儿卖弄自己的学问。对别人的书籍妄加注释，这就像是小孩子什么事都不懂，却非要强装出万事皆通的样子。这本书只有李善的注释才是可取的。

地险

从古至今，若论地势的显要，多数人都会有这样的看法：关中（秦地）可以凭着函谷关的险要和黄河的有利地形高枕无忧，齐国可以倚仗大海与泰山作屏障，赵国和魏国可以依靠黄河天险，晋国则是外有大河，内有高山，西蜀则依赖剑门关、瞿塘峡的阻碍，楚国虽然没有天险可以凭借，但是筑起了长城作为城墙，且有汉水当作护城河，而南方的吴国则有滔滔长江天险和五湖作为根据地，人们多会认为在这些地方都能够靠有利的地形建立自己的国家，只有宋国和卫国之郊四通八达，没有险要的天堑可以用来防守。但是在东汉末年，群雄四起，袁绍占据了青、冀、幽、并四个州，韩遂和马腾等人瓜分关中之地，接着刘璋占据蜀地，刘表则夺取荆州，吕布统辖徐州，袁术则取南阳和寿春，富裕的江东之地被孙策攻取。如此，中国之地，凡是险要的地势几乎全都被分割殆尽，

容斋随笔精粹

最后，曹操拥有兖州。但是历史的结果总是出人意料，尽管上述群雄都尽力割据了自认为非常有利的地界，或是天堑，或是险地，但是曹操却从无所依傍的兖州崛起，以这个根本无险可借的小地方为根据地，最后消灭群雄，颠覆了汉室。古今评论家对此都有所评说，认为曹操取胜的原因仅在于他的智谋，也就是指他"挟天子以令诸侯"，从而提高了自己在政治上的优势，取得了正统的地位，所以才会成功。

然而，唐僖宗和唐昭宗时期，藩镇割据异常严重，王氏占据赵地足有一百余年，罗洪信占据魏地，刘仁恭割据燕地，李克用在河东称霸一方，王重荣在蒲州称雄，朱宣、朱瑾占据了兖州、郓州，（王）时溥占据了徐州，淄州和青州为王敬武所占，杨行密割据淮南，王建分割了蜀地，而此时的皇帝则建都于长安，凤翔、邠州、华州三足鼎立，纷争高下，不听从中央的号令，李茂贞和韩建也都挟持过皇帝，只有朱温仅凭借着汴州、宋州、亳州、颍州几个地方，在危险中求得一席之地，然后慢慢地壮大，最后竟能取得跟曹操一样的雄基伟业，统治了整个中原。所以就历史的兴衰而言，大多在于德行而不在于地理位置险要，从这个方面来看，曹操和朱温的德行就可见一斑了。

司字作入声

诗人作诗都有自己逐渐养成的习惯，而白乐天就习惯把"司"这个字用作入声。这在他的诗作中常有所体现，比如："四十著绯军司马，男儿官职未蹉跎"。还有"一为州司马，三见岁重阳"。这两句中都把"司"字用作了入声。另外，白乐天的诗作很喜欢把"相"字当作入声用，比如："为问长安月，谁叫不相离"就是这种用法。他还在"相"字下作注："思必切"。他还经常把"十"字作平声入韵，例子也很多，比如："在郡六百日，入山十二回。""绿浪东西南北路，红栏三百九十桥"。更为奇特的是，他还把"琵"字当作入声来读，有例为证："四弦不似琵琶声，乱写真珠细撼铃""忽闻水上琵琶声"。这样的用法，在其他文人的诗作中有时也会出现，如武元衡的一句诗，是这样说的："唯有白须张司马，不言名利尚相从。"

诗谶不然

人总是会在富贵时说失意落魄的话，青春年少时想一些年老体衰时的事情，敏感的诗人们往往认为这些都是谶语，认为这些话可以预示未来吉凶。但是这些臆想中的诗作或者话语，只是人的一种没有根据的猜想，根本不足为信。唐朝诗人白公（白居易）在十八岁时，就在病中吟出一首绝句，内容非常消极，显出对未来的深深的忧虑，此诗说："久为劳生事，不学摄生（即养生）道。少年已多病，此身岂堪老？"但结果却是白居易活到了七十五岁。

容斋随笔精粹

第二卷

长歌之哀

每个人表达喜怒哀乐的方式都不尽相同，有些人总是把自己的情绪写在脸上，这种方式所蕴含的内心世界往往是不够深刻的，就像有些人所说，带着嬉笑的愤怒，往往比怒目圆睁、怒发冲冠、声色俱厉的恼怒更显怒气；悲哀的时候，用哀婉的长歌表达出的伤痛之情，往往胜过声嘶力竭、呼天抢地的号啕痛哭。这话说得非常贴切而有道理，当人的情感达到一种极致的时候，表现出来的状态会与平日不同，甚至会从反面来表现。

元稹（字微之）在江陵时，曾有数日病卧床榻，但是当他听到白居易（字乐天）被贬到江州（今江西九江）任司马时，立即抱病作绝句，以赠白居易，诗中说："残灯无焰影幢幢，此夕闻君谪九江。垂死病中惊起坐，暗风吹雨入寒窗。"白居易认为："这些诗句，不知情的人都不忍卒读，何况是我呢！"后元稹《微之集》中改作"垂死病中仍怅望"，"仍怅望"这三个字既不好，又不提是病中所作，就失去其本意了，原来的"惊起坐"三字则将对友人的关切和疼惜之情表达得非常深刻。

古人用诗作来表达感伤或离别之情是非常多见的。如苏东坡在彭城（今江苏徐州）做太守之时，弟弟苏辙来看他，因为难舍兄弟之情，所以逗留百余天之久方才离去。离去后，苏辙便作了两首小诗回忆当初的心绪。诗说："逍遥堂后千寻木，长送中宵风雨声。误喜对床寻旧约，不知漂泊在彭城。""秋来东阁凉如水，客去山公醉似泥。困卧北窗呼不醒，风吹松竹雨凄凄。"苏东坡读了以后几近哽咽，心中的离别伤情实在难以缓解，于是便和了两首诗，以宽慰自己。苏辙的这两首小诗，即使今天读起来，仍然能让人感受到歌者当时的凄凉心境。

张良无后

张良、陈平，都是跟随汉高祖打江山的有功谋臣，但是在风骨节操上却有很大的区别，张良的为人，不是陈平可以相比的。陈平自己也曾经坦言过这一点，他说："我通常惯于以阴谋取胜，屡次使用君子所不齿的伎俩，而这些正是道家所禁忌的，道家主张的是无为、仁厚，所以我的后代早晚要灭绝，最终会落得断子绝孙的下场，因为我已经为后人种下了灭绝的祸根啊！"从这段话可以看出陈平还是个有自知之明的人。果然，陈平传国到他的曾孙，便因罪而被废绝，正验证了他自己的预言。

然而张良的结局却更为凄凉，他的爵位只传到儿子，他死后仅仅十年，其子便被削去了封号。从此以后，张良的后代也没有再被续封。张良的后代比陈平的后代遭到的厄运还要悲惨，还要更快一些，这到底是怎么回事呢？

原因是这样的，我曾考察过，刘邦攻峣关（在今陕西蓝田东南）时，遇到了秦军的顽强抵抗，于是张良建议刘邦打消耗战，后来秦国守将人心涣散，粮草匮乏，于是向刘邦求和，但是张良说："秦军是人降心不降，不能接受他们的求和，倒不如趁他们守备松懈之机发动突然袭击，彻底歼灭他们。"于是沛公引兵攻关，大破秦军。后来楚汉相争之时，双方都已经大耗实力，项羽要和汉王刘邦立约，意欲平分天下，之后项羽就带兵东去彭城（今江苏徐州）了。刘邦也想撤回关中，与项羽共享天下。这时又是张良说如果真的让项羽回江东，无疑是放虎归山，后患无穷，劝汉王回兵追击项羽而灭掉他！就个人的操守而言，也许张良并没有做什么缺德的事情，耍什么阴谋诡计，但是单单就这两件事而言，就比诛杀降兵还缺德，因为他的建议使汉朝的基石下又多了无数的冤魂，这才是他的后代遭受厄运的原因所在。

漏泄禁中语

朝堂之上，议事殿中，君臣之间的对话是最常见不过的了，可是史书上却很少有这方面的记载。当然也有例外，如史书上记载关于京房与汉元帝讨论周幽王、周厉王的事情，竟然有十问十答之多，这可是非常少见的。西汉时期的史书上所记载的君臣之间的对话，没有比这更详尽、更具体的了。

为什么君臣之间的对话一般不会在文字记载中出现呢？因为按照汉朝的法律，泄漏宫廷中的谈话是不可赦免的大罪，跟泄露军事政治上的机密一样严重。一次，夏侯胜从宫殿中出来，在跟别人闲谈的时候无意间讲出了皇帝所说的话，汉宣帝听闻之后，严厉地斥责了他，并提出了警告。从此以后他再也不敢乱说话了，从一个颇善言辞的人，一下变得沉默寡言起来，旁人也不知道到底是什么原因。

那么京房与皇帝的谈话为何得以流传于世呢？也许大家并不知道，京房为此所付出的代价可不小。当初京房见皇帝时，跟皇帝商讨了一些事情，出来以后就对御史大夫郑君透露了一些内容，接着又对张博讲了皇帝所说的话，结果被张博秘密地记录了下来，后来事情暴露，京房竟因此遭受了牢狱之灾，并被斩首示众。那么各种史书所记载的君臣问答，莫非都是狱辞？最后提及一点，王章和汉成帝讨论王凤的罪过的对话，也是王音在一旁偷听到，所以才得以传开的。

田叔

当初汉高祖讨伐陈豨时，经过赵国，赵王亲自捧着托盘给高祖送食物，但高祖却傲慢地咒骂他。当时赵国的国相赵武等人看见后，都觉得很气愤，于是请求赵王张敖造反。但是赵王却歃血盟誓，绝不背叛高祖。于是贯高等人暗地里阴谋杀害高祖，后事情被发觉，朝廷就下令逮捕赵王和群臣中谋反的人，并且下诏书给赵王，有敢跟随赵王的，就会灭他三族。只有田叔、孟舒穿着赤褐色的囚衣，自己剃发钳颈跟随赵王去长安。后来朝廷弄清楚贯高谋反之事与赵王无关，赵王出狱后，被废黜为宣平侯。接着赵王上书称赞田叔等人的忠心，高祖便任用田叔等人为太守。

吕后去世后，诸吕准备叛乱，被大臣们诛杀。文帝初登皇位时，就召见田叔问道："你是一个忠厚的长者，你能告诉我谁是天下最贤能的人吗？"田叔跪地叩头后说："前云中（今内蒙古托克托县东北）太守孟舒就是您要找的人啊！"当时，孟舒因为匈奴军队大举攻入云中郡抢劫，云中郡损失惨重而被罢免。文帝说："先帝让孟舒任云中郡守多年，匈奴攻入云中，孟舒不能坚守，战死了数百人，你为什么还要说他是个贤能的人呢？"田叔解释说："当年贯高背着赵王谋反，皇帝立即颁布明诏，说赵国如果有胆敢追随赵王者，就诛灭其三族。然而孟舒依然自己剃光了头发，戴上了枷锁，随时准备追随赵王而去，难道他当时会知道自己将来会当上云中郡郡守吗？当时匈奴刚刚征服北方，就来边境骚扰，孟舒看到士兵们的困顿劳苦，不忍心再让他们作战，但是士兵们却争着登上城池和敌人拼命，因此才会战死几百人，难道他们的死是孟舒的过错吗？这一点正说明他是一个仁厚的贤者。所以我说他是天下最贤能的人。"于是文帝说："孟舒果真是位贤才啊！"之后便下了诏书，让孟舒继续当云中郡的太守。

按照常理，当年田叔、孟舒是一同剃光头发跟随赵王去长安的，现在田叔直截了当、毫不避讳地称赞孟舒的忠心，几乎等于是在夸赞自己，在常人看来与自我标榜没什么区别。但田叔却没有被常理所左右，一点儿也不避嫌，只是一心想向文帝推荐孟舒。文帝也理解田叔的用心，非但没有误会田叔，反而从田叔的话中得到启发，又重新起用了孟舒。君臣之间的和谐、坦诚相处就是如此。

秦用他国人

战国时期,七国纷争天下,割据称雄。为了富国强兵,各国都四处招揽贤才和有识之士,为己所用。然而尽管如此,身居要职的人都还是本宗族的亲信,关东六国所任用的相国,都是他们的宗族或本国人,比如齐国的田忌、田婴、田文,韩国的公仲、公叔,赵国的奉阳君、平阳君,更有甚者,魏王甚至直接任用本国的太子为相国。

但是也有例外,秦国就真正做到了唯才是举,而不在意人才到底是不是本国或本宗族的人。在秦国占有重要地位、做出重大贡献的人有很多都不是秦国的人,比如最初在秦国出谋划策、助秦开创霸业的是魏国人公孙鞅(即商鞅)。当然并非商鞅一个不是秦国人,其他的如楼缓是赵国人,张仪、魏冉、范雎都是魏国人,蔡泽是燕国人,吕不韦是韩国人,李斯则是楚国人。他们虽然都不是秦国人,但是他们对秦国统一天下的贡献是不可埋没的。秦王把统一六国、谋图霸业的重任托付给他们,没有一点疑心,所以最终取得天下。燕昭王任用郭隗、剧辛、乐毅,几乎灭掉了强大的齐国。剧辛、乐毅都是赵国人。楚悼王破例任用吴起为相国,结果吴起没有辜负楚悼王的期望,把楚国治理得很强盛,使其他诸侯都对楚国望而生畏,但吴起并不是楚国人,而是卫国人。

曹参赵括

当年汉高祖病重垂危之时，吕后在他身边侍奉时问道："陛下，萧相国如果死了，谁可以接替他的职位辅佐皇帝呢？"高祖毫不犹豫地说："曹参可以。"高祖驾崩之后，萧何继续辅佐汉惠帝，待到萧何晚年病重时，惠帝必须再重新任用一个宰相，于是他向萧何请教说："您如果不幸离我而去，那么谁可以在您之后接任宰相的位置呢？"看到皇帝对自己如此信任，萧何感激地说："没有比陛下更了解臣子的了，您如此信任我，我一定会给您推荐一个贤能的宰相，而且我相信您的心里也一定有了初步的人选。"于是他们相视一笑，惠帝接着又问："您看曹参这个人如何呢？"萧何说："皇帝果然已经有了最合适的人选。"曹参当时正在齐国（当时的诸侯国）为相，当他听说萧何已经死了，就知道自己应该怎么做，于是马上吩咐下人准备行装，下人问其原因，曹参答："我就要入朝做相国了。"不久，皇帝果然封曹参为相，并且派人来召他进京。

再来看看关于赵括的故事，赵括从小就熟谙兵法，而且对此兴趣颇浓。只要谈起兵法来就会滔滔不绝，即使他父亲赵奢也不能难倒他。但赵奢不但不以此为荣，却认为儿子对兵法的熟悉并非好事。赵奢曾经对赵括的母亲说："若干年后，赵国如果一定要让他做大将，赵国的大军必定毁在他的手上。"后来，廉颇为将，与秦军在长平（今山西高平西北）对垒，秦军若想靠直接的对垒取胜，绝非易事。于是，当时秦国的应侯范雎就运用计谋，派人带着一千两黄金，用反间计来对付赵国，此人到了赵国以后就到处散布说："其实秦国所惧怕的，并不是廉颇，廉颇只是一介武夫，不足惧，只有赵括才是秦国的大敌。"不知根底的赵王竟然信以为真，立即打算用赵括来代替廉颇率领赵军作战。蔺相如虽已重病，却还是强撑身体，尽力劝阻赵王，但赵王不听。甚至连赵括的母亲也上书力劝赵王，说明赵括不能重用的原因，可是这时赵王主意已决，任谁劝也无法更改。当秦王听说赵括代替廉颇做了大将，就立即秘密地让白起代替王龁任主将，结果不久就大破赵军。

曹参适合当相国，高祖认为可以胜任，惠帝认为可以胜任，萧何认为可以胜任，曹参自己也认为可以胜任，所以汉朝任用他做相国后就由此兴盛起来。而赵括却不适合做大将，只会纸上谈兵，这一点他的父亲知道，母亲知道，大臣知道，秦王知道，秦国的相国应侯知道，大将白起知道，只有赵王不知道，所以赵王任用他只能带来失败的惨剧。唉！将相的决定关系着国家的生死存亡，难道不应该处处小心，慎重地做决定吗？现在来看文中所提及的事件，秦国用白起代替王龁，赵国却用赵括代替廉颇，其实根本不必等战争开始，孰胜孰败，明智的人一眼就已经看清了。

信近于义

"诚信如果合乎情理，那做出的承诺就可以实现。谦恭如果合乎礼仪，就会自然地远离耻辱。以诚信和谦恭为做人的准则，而且又具备爱人之心，那么这样的人一定是值得尊崇的。"明道先生程颢也说过类似的话，他说："因为恭信而不失本来的亲情，所作所为又近于礼义，所以也可以尊崇。"伊川先生程颐也说过："因为坚持恭信，而又不失于接近礼义，这些都是他值得尊崇的原因。"又说："因为恭信的做法就可以近于礼义，若又可以不失去爱人之心，就是可以尊崇的了，更何况完全合乎礼义的呢！"

范纯父（范祖禹字纯父）对于此事也有自己的观点，他说："君子做人做事，所依凭的应该是人的本性和做人的基本道德，这种原则的基础就是对人的爱心，而建立爱心必须从自己的亲人开始，不仅要爱自己的亲人，也一定要像对待自己的亲人一样地去爱别人，所以说君子的作为应该是坚持恭信而又不失掉爱人之心。"吕与叔把信、恭、亲三项作为做君子的标准。

谢显道说："君主、老师、朋友这三种关系，虽然不是人的天生的本性，也没有任何的血缘关系，而是后天形成的人与人之间的社会关系，但也可以互亲互爱。除了这三种关系之外，恐怕就不免陷于谄媚和巴结了，有时甚至会有卑贱讨好的心态。只有不流于形式的爱人之心，因为爱而去爱人，然后才可以被人尊崇。"杨中立说："诚信而不失掉情义，谦恭而不违背起码的礼义，而且能够在二者的基础上不失去爱人之心，就是可以崇尚的。"尹彦明说："因为谦恭与诚信本就是近于礼义的，虽然还不足以完全涵盖礼义的根本所在，但已经是可以崇尚的了。"我认为大多数人在处世的时候，总是把礼和义放在爱人之心的前面，这样就导致了礼和义走向极端，以至于丧失人与人之间的爱，即使近于礼义，也要有爱人之心，这才是值得崇尚的。然而，这只是我个人的观点，我不敢自以为就是正确的。

刚毅近仁

性格刚毅要强的人，与人相处交流的时候，必定不会和颜悦色、满面笑容。而不善言辞、性格木讷的人，必定不会巧言令色，说一些谄媚的话。这就是分辨是否有仁义之心的要领。

里仁

"选择居所，邻里之间以有仁厚的风俗为好，如果选择的住处没有仁厚的风俗，怎么能称得上是有智慧的人呢？"孟子曾经把这句话当作论据来评论造铠甲、做弓箭、做巫师、当木匠等人的职业。对此句作解释的人，大多把"里"字理解成"居"字，指居处的选择应以亲近仁人为首选。我曾经记得还有另外一种不同的说法，认为造甲的函人、做箭的矢人、驱恶的巫师、造什物的木匠都是居所中的仁人，因为他们都有更多的仁爱之心。但是在这些仁爱之人中，一定还有不仁爱的成分存在，譬如做箭的人唯恐箭不能伤人，那做箭之人所造的箭如果用来伤人，还有什么仁爱可言呢？可见仁爱之心并不尽在人，也在选择的不同。我曾经跟郑景望讨论过这件事情，并且说出自己的看法，郑景望却与我的意见不同。我以为这里所指的仁者，只是邻里之间所推选出来的仁厚的人，这当然也取决于选择何种职业，正与孟子的观点相吻合。否则，仁的内涵太过宽大，人们选择安身的地方还有什么标准呢？

汉母后

西汉时期，母后专权干预朝政。但是母后一般不会亲自临朝，这种情况不仅会在皇帝年幼不能理政之时出现，即使是成年的皇帝在位之时，母后照样可以干预朝政，执掌生杀大权。

汉文帝时，有人告发周勃谋反，文帝便派人将周勃投入监狱，听说此事后，薄太后劝文帝说："绛侯周勃怎么可能会造反呢？他以前掌握着皇帝玺绶，统帅北军，为了汉朝的江山社稷，戎马多年，立下了赫赫战功，当时的军权几乎集于他一身，他那时都没有造反之意，现在只是偏安在一个小县，怎么反而会要造反呢？"文帝听后，忙向薄太后道歉说："司法吏正在核实情况，他很快就会被释放的。"于是在重新核查后发现周勃果真无造反之意，便立刻赦免了周勃。

汉景帝时爆发了七国之乱，以吴王刘濞为首的七个郡国发动叛乱，太尉周亚夫平定了叛乱之后，吴、楚国王因为谋反的罪名被处死。事后，景帝想续封他们的后代承袭旧封，窦太后听闻后，表示反对，她说："吴王乃是元老，又为皇上的长辈，按理应当是众臣的表率，现在却做出叛乱之事，祸乱天下，实不可容！怎么还能续封他的后代继续为王呢？"而窦太后的真实想法是不答应续封吴国，却想继续给楚国续封王位。最后吴王的儿子真的不能再承袭王位了。

郅都设计陷害临江王，窦太后为此事非常恼怒，恨意在心。后来因匈奴反咬郅都，使他触犯了汉法，被判处死刑。景帝有意为他开脱："郅都可是忠臣啊！"意欲就此赦免他。而窦太后却反驳说："你的意思是忠臣就可以赦免，难道临江王就不是忠臣吗？"于是景帝只好狠心下令处死郅都。

汉武帝时，任用王臧为郎中令、赵绾为御史大夫。窦太后喜黄老之术，不喜欢儒家学说，所以赵绾、王臧经常提醒武帝不要迷信黄老之说，而且奏请不要总是向东宫禀报国事。窦太后听闻后，怒火中烧，立刻派人搜集两个人的不忠言行，并且想方设法地访查到王、赵二人的违法事实，然后凭借着这些东西责问武帝，武帝无奈，只得把王臧、赵绾交给司法官吏，最终两人都被判处死刑。

窦婴、田蚡在朝廷因为政事互相辩论曲直，因为言辞激烈而演变成了相互之间的指责，王太后以为自己的弟弟（指田蚡）受到了欺负，于是大怒，甚至以绝食相逼，厉声地说："现在我还幸健在，他们就要欺侮我的弟弟，难道皇帝就甘心当石头人，眼睁睁地看着你的舅舅被人欺凌吗？"武帝本来认为此事是田蚡理屈，只是因为太后的固执，不得已杀掉窦婴。

韩嫣有幸为武帝所宠爱，江都王便跑到太后的面前，对太后哭泣，要求和韩嫣一样可以宿卫皇宫，太后因此对韩嫣怀恨在心。后来韩嫣的奸情大白于世，太后便趁机派人赐韩嫣死罪，皇帝不舍，想为韩嫣求情，以免死罪，但最终也未能赦免。同样的例子，还有汉成帝对张放宠爱至极，太后不满，力求遣送张放，成帝只好忍痛，哭泣着遣送了张放。

容斋随笔精粹

田千秋郢恽

汉武帝因故杀了戾太子刘据，事后田千秋为太子申诉说："臣下想请教一件事情，如果儿子玩弄父亲的兵器，您以为应判什么罪？"武帝念起了父子之情，大为感慨，并意识到自己的鲁莽让自己失去了爱子，于是说："其实父子之间的恩怨与是非，是外人所难以说清楚的，如果是皇上与皇子之间，旁人更是不会轻易地插嘴，唯独你敢说出太子不反的事实，让我意识到自己的错误，将来你必定是我的得力辅佐。"后来汉武帝就任命他为丞相。

汉光武帝准备废掉郭皇后时，郢恽尽力劝阻说："夫妻之间相濡以沫的和谐之美，父亲是无法从别人那里得到的，哪怕是儿子那里也不行，那么臣子能够从君主那里得到吗？所以臣也并不了解皇上的心意，至于皇上到底对郭皇后之情如何，这一点是臣所不敢妄下断言的。不过尽管如此，臣还是斗胆希望陛下仔细思量一下您现在的这种做法是否出自本意，又是否可行，为了不让天下的人议论祖宗社稷，您可千万要三思啊。"光武帝思考再三之后说："郢恽果然是一个知心的臣子，善于用推己及人之心来体会皇上的难处。"于是，光武帝让郭氏做中山王的太后，直至寿终正寝。田、郢二人可谓用心良苦，他们善于处理皇族骨肉亲情之间的关系，对皇帝的进谏之言简单明了，委婉含蓄，所以才能劝服皇上。

灌夫任安

窦婴与田蚡曾共掌大权，窦婴担任丞相，田蚡担任太尉，二人于同一天被罢免。田蚡后来又当上了丞相，但是窦婴却没有再被任用，从此以后他的势态就每况愈下，于是门下众客纷纷离开，朝廷的大臣们也开始疏远他，原本门庭若市的府第已经变得门可罗雀了，但是还有一个人依然愿意誓死追随，这个人就是灌夫。

当年卫青做大将军的时候，霍去病还仅仅是个校尉，但是不久之后，二人同样都当上了大司马，他们的地位已经是不相上下了。后来卫青的权势一天弱似一天，而霍去病却青云直上。如同窦婴失势后的结局一样，当年追随在卫青门下的门客，已经有很多离开卫青而去追随荣耀显贵的霍去病，只有任安一直不肯离去。由此看来，灌夫、任安，真可算是贤良和深明大义的难得之人了。然而，最终的结果却让人叹息，后来都因为其他的原因而遭灭族的厄运，事情的变化竟然是如此出人意料。

第三卷

李太白

　　关于唐代诗仙李太白的死因，社会上的传说众说纷纭。其中大多数的传说是这样的：李白当时在当涂的采石（今安徽当涂采石矶），酒醉后一直不清醒，后又在长江的水面上泛舟，这时因见到倒映在水中的月亮的影子，一时兴起，便俯下身去想把月亮捞出水面，结果一不小心，失足落水掉入江中，溺水而死。所以今天在采石建有捉月台，因为这个传说，李白的死就蒙上了一层浪漫神秘的色彩。但是据我考察，时任当涂县令的李阳冰为李白所作的《草堂集序》中说："在我担任当涂县令期间，李白已经被病魔缠身，可是手边还有草稿很多卷，没有修订完成，当时他在自己的病榻上把未完成的草稿托付给我，嘱咐我为他作序。"另外还有李华所作的《太白墓志》中也对李白的死作了交代：太白作《临终歌》之后而死。由此可知，社会上所传的，虽然与李白的性情极为相似，但是没有实在的事实根据，只是人们对李白死因的一种猜想而已，实在不足为信。这就像是关于杜甫死因的无稽之谈一样，有人说杜甫是因为喝了白酒之后又吃了炙烤的牛肉块，饱胀而死，简直可笑。

太白雪冤

　　公元742年，李白被唐玄宗破格提升，以平民的身份进入翰林院，作为一个文学侍从，参与起草一些文件，后来一直没有得到官职，原因是他为人清高，从不把当朝仗势欺人的权贵放在眼里，结果得罪了高力士等人。皇帝听信了他们的谗言，罢了李白的官职。

　　根据《唐书》中的记载，说一次李白醉酒后，趁机让高力士为他脱去靴子。事后高力士总是耿耿于怀，并以这件事为耻辱。他想尽办法要报复李白，于是就费尽心机地找出李白所作的诗句中有女色误国之意的诗给杨贵妃看，从而激怒杨贵妃，杨贵妃果真中了高力士借刀杀人的计谋，于是便阻止唐玄宗继续让李白任职。

现存的李白的诗集中有《雪谗诗》一章，其大概内容讲的就是妇人淫乱败坏国政的事情，具体内容是这样的："彼妇人之猖狂，不如鹊之强强。彼妇人之淫昏，不如鹑之奔奔。坦荡君子，无悦簧言。"还有："妲己灭纣，褒女惑周。汉祖吕氏，食其在傍（吕后与郦食其淫乱）。秦皇太后，毒亦淫荒（秦皇太后与嫪毒关系淫乱），蝃蝀（今指虹霓）作昏，遂掩太阳。万乘尚尔（指皇帝），匹夫何伤。词殚意穷，心切理直。如或妄谈，昊天是殛。"

我体味这首诗，才知道其中所影射的事情，都是些浪荡妇人淫乱败国、声名扫地之事。莫非杨贵妃与安禄山私通淫乱，李白曾揭发过他们之间不可告人的丑行吗？否则的话，只"飞燕在昭阳"这样一句，哪会值得杨贵妃如此怨恨、大动肝火呢？

汉昭顺二帝

汉昭帝被奉为一代明君，因为他十四岁时，就能够观察出霍光的忠诚，觉察燕王上书另有图谋，诛杀了桑弘羊、上官桀，所以后代称赞他眼光敏锐，英明果断，是个贤明的君主。他的作为受到了世人的赞赏。但是并不是所有有作为的皇帝都能得到世人肯定的。比如汉和帝时，窦宪兄弟专权当道，太后亦参与政事，垂帘听政，他们甚至为了永掌政权，共同谋划杀害和帝。此时和帝已经对他们有所防备，并暗中觉察到他们意欲谋反，但是却苦于无计可施，因为他和内外大臣都无法彼此接近，到处都是窦宪兄弟和太后的眼线。他找不到其他可以抵抗的力量，只知道中常侍郑众，这人从不巴结豪门奸党，于是便找准机会与郑众定计，准备杀掉窦宪，当时和帝同样也是十四岁，其果断刚强的决断气魄绝不在昭帝之下。但范晔的《后汉书》没有把这件事记录进去，所以后代没有人称赞和帝，因为没有人知道他年少时那种处理事情、做出决断的能力。

汉顺帝时，梁商参与辅佐朝廷政事，当时他的身份是大将军，但他还是对自己的权势不满足，生怕地位会动摇。他看到小黄门曹节日夜侍奉在皇帝的左右，很受宠信，于是就让自己的儿子梁冀和曹节交上了朋友，他们都成了顺帝的亲信。但喜好争宠的太监们忌妒他们得到皇帝恩宠，就想加害他们。于是中常侍张逵、蘧政、杨定等，还有跟随皇帝左右的人，共同策划如何诬蔑梁商及中常侍曹腾、孟贲，最后给他们立的罪名是说他们想谋反，另立皇帝，并且要求顺帝逮捕梁商等人严加治罪。顺帝没有听信他们的谗言，便斥责说："大将军父子是我所亲近的贤人，而曹腾、孟贲则是我所喜欢的亲信，他们绝对不会做谋反的事情，这只不过是你们忌妒他们，故意编造的罪名罢了。"张逵等意识到顺帝识破了他们的计谋，就从另一个方面下手，假托皇帝的诏命抓捕了曹腾、孟贲，企图私自处理。顺帝忍无可忍，就马上把张逵等抓起来处死。这件事情的过程与昭帝时期的事情惊人地相似。

霍光忠于国家，却因为儿子霍禹所犯下的罪过被灭了全族；梁商同样效忠于朝廷，却也因为儿子梁冀所犯之罪被灭了全族，这两件事是多么相似。但顺帝后来又把政事交付给梁冀，而昭帝却看出了霍光之子不足以成事，就说明顺帝的眼光远不能和昭帝相比，就因这一点，所以顺帝才不被后人称赞。

三女后之贤

汉平帝的皇后是王莽的女儿，自从父亲利用外戚专权之后，就一直闷闷不乐，后来王莽干脆废汉自立，她便常常称病，从不参加朝会。毕竟是自己的女儿，王莽对她既敬畏又疼惜，不想让她继续这样下去，就张罗着给她寻找合适的夫婿，想让她再嫁，可是她却宁死不从。后来王莽政权未能维持多久就被消灭了，她觉得更无颜面活于世上，说："我有什么脸面去见汉家的列祖列宗呢？"说完跳入火中自焚而死。

杨坚的女儿是周宣帝的皇后，杨坚受命辅政周宣帝，担任左丞相。杨坚从这时开始在朝廷内外清除异己，勾结党羽，渐渐地开始专权。他女儿也慢慢地觉察到杨坚有篡夺帝位的阴谋，对此事坚决反对，而且常在无法自控的言谈举止中与父亲发生顶撞。等到杨坚篡位之时，她更加痛恨父亲的做法。杨坚看到女儿的态度，觉得很羞愧，但还是想让她改变自己的想法，可她发誓绝不会与杨坚站在同一个阵营。杨坚无法，只得作罢。

李昪的女儿原是吴国太子琏所宠爱的妃子。后来李昪篡夺了吴国的王位，就不再让她以吴国妃子自称，而封她为永兴公主，并让下人们都称她为公主。但是她每次听到别人称她公主的时候，就会忆起往事，流着泪阻止下人。

这三个女人的事迹，虽发生的朝代不同，但是有很多相似的地方，都是值得敬仰和称赞的女人，而那几个做父亲的难道不因此而感到羞愧吗？

张嘉贞

唐朝时，张嘉贞曾经担任并州长史、天兵军使，由于他政绩卓著，才华横溢，所以名声在外。唐明皇也耳闻此事，所以就想任命他为宰相，帮助皇帝处理国家大事。但是明皇一时疏忽，只记得他的事迹，却没有记住他的名字。情急之下，他便询问身边的中书侍郎韦抗说："我想要任用一个人做我的宰相，可是我只恍惚记得他的风度品格，还有

他现在是北方的大将，姓张，双名，你快快替我想想这人到底是谁。"韦抗想了想之后说："照您所说的情况看，会不会是张齐丘？他现在正是朔方节度使。"

接下来唐明皇就立刻让他写下诏书，准备即刻任命张齐丘为宰相，并招他进京议事。如果事情就此发展下去，那可就铸成大错了。凑巧的是唐明皇当天夜里批阅大臣的奏章，正好看到张嘉贞送来的疏文，这才想起自己要找的人是张嘉贞，于是更改奏章，任命张嘉贞为宰相。

这段史实其实无事实根据可考，我想发此议论的人无非是想说唐明皇求才若渴、重用人才，但是却很鲁莽，如不是见到张嘉贞的疏文，就会误用张齐丘当宰相。但是以我的考察情况来分析，事实并非如此。据可靠的史实记载，唐玄宗开元八年（720年），张嘉贞就已经担任唐朝的宰相，而张齐丘却是在玄宗天宝八载（749年）才任朔方节度使的，这两件事情相差约三十年，怎么可能会出现上文所说的情况呢？再说从当时的年代来分析，唐明皇刚即位不久，正是发愤图强、励精图治之时，不会发生任命宰相而不知道姓名和官位的事情，那时的唐明皇是绝不会如此糊涂的！这大概是郑处诲所著的《明皇杂录》妄记了此事，想说明唐明皇重用人才就胡编乱造、牵强附会，而一些不明就里的历史学家又不经考证误用了此事，这可是一种不可取的态度和做法，司马光的《资治通鉴》就没有采用这种说法，也许是意识到了我以上所说的这些吧。

张九龄作牛公碑

张九龄担任宰相时，为国尽忠，并不顾及个人的恩怨。一次，唐明皇打算任命凉州都督牛仙客为尚书，便询问张九龄的看法。张九龄认为牛仙客才学不足，怕误了国家大事，就坚决表示反对，并劝阻明皇说："牛仙客只是河湟地区的一个使典罢了，从小吏提拔上来，又目不识丁，陛下若一定要用牛仙客为尚书，我会因为跟他同朝为官感到耻辱。"明皇听了这话，感觉很不是滋味，认为张九龄太过于看重个人的意愿，而去诋毁他人，这不符合做宰相的标准，因此就免去了张九龄的宰相职务。

原来我也为张九龄的做法感到诧异，但是后来我看到张九龄的文集中有《赠泾州刺史牛公碑》一文，题中的牛公即是牛仙客的父亲，在这篇文章中，张九龄对牛仙客的评价很高，甚至出人意料，他说："福善的最高境界莫过于有一个好的后代，仙客真可谓是国家的贤臣，他使用商鞅奖励耕战的政策，实行赵充国制服胡羌的方略，言必行，行必果，而且所有的想法都是行之有效的。在边疆时捍卫长城，功不可没，现如今皇恩隆重，朝廷对他也是十分器重。"文中所记的这些，正是记牛仙客在凉州时的功绩，并无任何的虚假，但是这距离张九龄力阻他担任尚书之时，才仅仅相差一年。可见明皇对张九龄真

的是有所误解，张九龄劝阻明皇不得重用牛仙客，并不是与牛仙客有旧怨，而是为国家考虑啊。

唐人告命

唐人非常看重最初为官时的委任状（即委任官职的凭证），因为这些委任状往往代表了一个人的资历，所以颜鲁公（颜真卿）在接到自己的委任状之后，为了能够长期地保存，又自己按原文书写了一遍，这样既可以把委任状长期保存，又可以让自己的书法作品流传于世，真可谓是一举两得，正因为如此，颜真卿自己书写的一纸委任状到现在还留存于世。

类似的事情在韦述《集贤注记》中有很多详细的记载，其中就非常明确地记载了这

样一件事，现摘录如下："唐玄宗开元二十三年（735年）七月，为庆太平盛世，朝廷加封荣王以下所有的官员爵位，而且下诏召集宰相以下的所有官员中书法造诣较高的，集中在集贤院把自己抄写的委任状呈送给皇上，当时朝中有书法造诣之人可说是比比皆是，其中以宰相张九龄、裴耀卿、李林甫，朝官太师萧嵩，尚书李暠，少保崔琳，黄门陈希烈，中书严挺之，兵部尚书张均，太常韦陟，谏议大夫褚庭诲等十三人书法最为高超，于是他们便每人写一道，并装裱完整后呈送给皇帝过目。皇帝看了之后，非常满意，对他们的书法作了一番赞扬后，就赐给三位宰相每人三百匹绢，其他职位的每人两百匹。"若用《唐书》中的记载来考察这件事，就是当时的十三位有爵位的人被一同授予开府仪同三司，并且接受诏令去东宫、尚书省那天，文武百官都前来奉送（奉送诰命），而且负责司仪的各部还专门设立了帷帐和乐队，他们都被任命为王府的官属，但是《唐书》却没有记载关于上面提到的十三人书写委任状一事。

第四卷

张浮休书

张芸叟在《与石司理书》一文中曾经提及："近年来我在京城求学游历，经常会去请求拜访前辈官员和做文章的名家，所以会听到文忠公欧阳修、温国公司马光、荆国公王安石等先生的言论和精妙的见解，其中大致以道德文章方面居多，多是修身养性，提高自己的道德操守，有读书人的气节之类的教诲。只有文忠公会多讲一些关于为官的道理，虽不至奉为经典，却也有醍醐灌顶之妙。久而久之，就会忍不住向他请教其中的缘由：'大凡是读书人，只要是来拜见先生的，往往是想听听您关于道德操守、养心修性的高见，那您现在为何教人最多的却是为官的道理，这实在令人不解，请先生告知其中的缘由。'欧阳公回答说：'事实上并不是这样的。依我看来，最近来求访之人，都是意气风发的青年才俊，日后必定可以大展宏图，做官理政，所以自然应当了解为官的学问。等你们为官之后就会慢慢明白，文学方面的修养只能使自己的心性得到提升，让自己变得更充实、更高雅，但是懂得为官从政的道理之后，却可以影响你周围的人和事。'

接下来文忠公又谈到他在夷陵做官时的经历，'我曾经被贬官到夷陵（今湖北宜昌），那时正值求知若渴之年，希望能够读到更多的书籍，懂得更多的知识，于是就想找来《史记》《汉书》等书，在闲暇的时候细细阅读，但是那种书公家、私人都不曾收藏，一时竟不知如何打发闲暇的日子。后来就去取堂中书架上经年保存的旧案卷宗，有时间的时候就反复地琢磨，日久之后竟然发现里边曲折离奇的冤假错案数不胜数，往往是把理屈的判为理直的，把无罪的强加为有罪的，总之是以黑为白，以真为假，徇私枉法，灭亲弃义，冤审错判者无所不有。况且夷陵本是个地处荒僻的蛮荒之地，尚且敢如此这般荒唐，那大府大州及整个国家的情况也就可想而知了。当时气愤之余，我便对天盟誓说：'今后我若从政为官，审理案件绝不敢如此疏忽大意。'当时苏明允（苏洵字明允）父子恰巧在座，都听到了我当时说的话。"

张芸叟还有一些答孙子发的书信，其中谈论的话题多是关于《资治通鉴》的，大略的内容是说："温国公司马光曾说：'我费尽心血编写的这套《资治通鉴》，只有王胜之一人曾手不释卷地将它读完过，其余的人多是翻翻而已，即使真的想找此书学习为官从政之道，也大多是一页都没有读完，就打哈欠伸懒腰昏昏欲睡了。此书从开始到写成费了我十九年的时间，中间不知受到了多少人的嘲笑和侮辱，批评和责难……'"

上文中所提到的这两件事，士大夫们在谈论中很少提及，本来《浮休集》一百卷中并没有这两篇，不过现在豫章（今江西南昌）所刊刻的《浮休集》则把它们附在后面。这样做用处是很大的，至少让那些只求自身修养的读书人明白，若要为官一方，也并非易事。

马融皇甫规

汉顺帝时，西羌反叛，朝廷派征西将军马贤率领十万大军征讨，但是这次征讨被拖延了很久，也没有进军。

马融（字季长，相貌英俊，才华堪称一代儒将。先于大将军邓骘麾下做舍人，后因自己博学的才华被拜为校书郎中，曾因触犯邓太后被禁止再度入仕，汉安帝持政之时，被召回任厩长史一职）当时由于大将军梁商的举荐，任武都太守上书，他上书说："现在羌人虽不可忽视，但是他们彼此之间也有烧杀抢掠之事发生，我们应该趁他们还没有联合起来之前，赶紧各个击破。而马贤的军队却总是停滞不前，军队必定会发生溃败叛乱之事。而且羌人生性机敏，若被他们知晓此事，必然从后方袭击，那时我长安周围的三辅（关中）地区必会受到侵犯。所以为臣愿率领马贤所不用的五千名关东兵，假借一个军队番号，并尽力以身作则，鼓励他们，定会在三十日以内击溃羌人。"但朝廷无意接受他的建议。后来马贤果然被羌人突袭所败，父子都战死沙场。结果也不出马融所料，西

羌乘胜进驻关中地区，焚烧了汉帝陵园。

接着顺帝又下诏，命后来的武都太守赵冲率领河西四郡兵马追击羌人，收回失地。时任安定上计掾的皇甫规上书说："微臣近年来一直关注边疆事宜，并屡次上书谈及此事：当时西羌并未兴兵之时，我就已经料到他们有所图谋，必会反叛；马贤还未率军出征，我就料到用他做将军攻打羌人必败无疑。可是这些意见都没有被采纳。现在臣请求朝廷给我屯守未战之兵五千人，出其不意，绕道羌人背后，与赵冲来一个两面夹击。而且这一带的自然地形和天气地势，我已研究多年，都熟记在心，所以不必耗费朝廷的一丝印绶和一尺布帛，我就可以帮助赵冲彻底清除边患。"但是顺帝竟然依旧不加理睬。与上次的结果一样地不幸，赵冲的军队果然失利，羌人势不可当，凉州惨遭侵扰，百姓陷于水火，民不聊生。赵冲也不幸战死。又经过几年，朝廷耗费大量的财力人力，西羌才得以平定。

我认为，当时马融、皇甫规的意见已经是无须怀疑的了，他们对当时情势的分析，已经是一目了然。暂且不论结果如何，他们要的兵都不超过五千，而且不求立功之后的奖赏，然而汉顺帝却始终不肯答应，真是昏庸！我现在才意识到汉宣帝能完全采用赵充国的计策，实属难能可贵。这就是我们经常所说的只有对英明的皇帝才能进献忠言啊！

为文矜夸过实

文人做文章的时候，总是不免有夸大其词的地方，有些人总会极力夸张以致言过其实，让人无法信服。这种情况是很多的，即使像韩愈这样的文章大家也不能免俗。如韩愈的《石鼓歌》，此诗的目的是极力夸赞周宣王的历史功绩，不仅对他在位时所做的事迹进行细致入微的记叙，诗中甚至说："孔子西行不到秦，掎摭星宿遗羲娥。陋儒编诗不收拾，二雅褊迫无委蛇。"这里的意思是说《诗经》三百篇的内容都如天上的星星一样没有什么引人注目的地方，唯有这首诗才像日月一样能够散发出耀眼的光芒。其中"二雅褊迫"的说法，尤其不妥当，这些不应该是韩愈所应该说的。现在社会上仍然流传着石鼓之词，不过文章的词采和含义又哪能超过《吉日》《车攻》呢！而且谁知道石鼓文是不是被圣人所删掉的呢？

谤书

司马迁的《史记》中有一篇名为《封禅书》，在这篇《封禅书》中所叙述的，尽是汉武帝敬奉神仙、鬼灶、方术之事，而且记载得非常详细。因此到东汉末年此书流传之时，王允就声称《史记》是本诽谤朝廷和皇帝的书。

　　宋朝真宗景德、大中祥符年间，国富民强，政事的治理达到了一个鼎盛的时期，此时王文穆公（钦若）、陈文忠公（尧叟）、陈文僖公（鼓年）、丁晋公（谓）等人，为了不至于失宠，就假造天书，编造天降符瑞之事，搜取各地的神异吉祥之事，以讨取皇帝的欢喜，巩固自己的地位。等到真宗逝世，王沂公（曾）害怕此书流传后世，会受到后人中有才学之士的揭穿和批评，所以力争把天书藏于真宗的棺内，跟着真宗的尸体一起腐烂，以求永远掩盖他们逢迎造假的丑行。但是真宗实录的编纂工作，是由王钦若主持的，他对其中记载的尊奉宫庙及祥云、灵芝、仙鹤之类的事情，唯恐不够详细，会削弱正史要赞颂皇帝的意愿，结果反而成了这段历史的污点，他的动机与太史公司马迁的谤书是不可同日而语的，他们的用意虽然不同，但是结果却是惊人地相似啊！

王文正公

　　宋真宗大中祥符年间，王旦（字子明，与寇准一朝为相）任宰相。当时诸如天书礼文、宫观典册、祭祀封神、巡幸各地、天降瑞符、歌功颂德之类的事情，作为一朝宰相，王旦都一一过问，而且真宗对他可谓是言听计从，并把他由侍郎升为太保，至于金银财宝自不必说。此时王旦心里已经很清楚，自己的所作所为一定会招致同僚乃至后世的指责，但是他又不肯轻易地抛下高官厚禄和皇帝的宠幸，所以一直身居高位。但是在临终前，他对自己的后人说，不要奢侈，要保持勤俭之风，甚至要剃发为僧，在自己死后要身穿僧服入殓，不要厚葬，以求洁身入土。可是即使做到了这些又有何用呢？难道可以弥补生时的过错吗？

隐士魏野曾经送给王旦一首诗，诗中说："西祀东封今已了，好来相伴赤松游。"意思是君子是用自己的德行和操守来赢得世人的敬重的，这其中所含的劝诫之意可谓深远。欧阳修在为王旦写神道碑文时，对于上述所记之事，只字未提，大概是认为不适合作为碑文流传吧。

王旦一生公正清廉，而且广施善缘，死前还命家人把家产充归国有，以救助穷苦之人，所以关于他的人品，后人也无可非议，但就功绩来讲，他也只能算是像汉代的张禹、孔光、胡广之类的明哲保身的人罢了。

晋文公

春秋时，晋国晋献公的儿子即公子重耳，先是因骊姬的挑拨被派驻守蒲城，后来晋献公又杀死了太子申生，重耳只好投奔狄国，并在狄国娶妻生子。不久，重耳的弟弟夷吾继位。重耳怕又遭杀身之祸，只好又自狄（今山西长治）逃跑，历经七个国家。其间，卫成公、曹共公、郑文公对他很冷淡，都不给予应有的礼遇。而到了齐国的时候，境遇就大不一样了，齐桓公不仅厚礼相赠，还把自己的女儿嫁给他，重耳直到五年后才离开；经过宋国的时候，宋襄公听说重耳是贤能之士，就用对待国君的礼节对待他，而且赠给他马匹；到了楚国，楚成王用相当于诸侯的礼节设宴招待他。重耳在楚国居住了几个月后，受到秦国的邀请，又去了秦国，秦穆公接纳了他，与他一起宴饮，最后重耳终于在秦军的帮助下回国做国君，他就是晋文公。

卫国、曹国、郑国的国君与重耳都是同姓之人，而齐国、宋国、秦国、楚国的国君与重耳却是异姓，但结果是同姓国对他都十分冷淡，而异姓国却把他视为上宾，可见"岂无他人，不如同姓"的说法是没有任何根据和道理的。晋文公能够重回晋国做国君，完全是仰仗那些异姓国的帮助，尤其是秦国的帮助。后来晋文公去世，在还没有埋葬的时候，秦国军队就开始征伐郑国，回军途中顺便灭掉了滑国。这件事本来与晋国没有什么关系，但是晋国的大臣先轸却认为秦国在晋国大丧之际，不但不派人前来吊唁，反而趁机侵扰其同姓国，是对晋国的不尊重，因此就忘记了秦国对于重耳的恩惠，竟然让晋襄公身着孝服同秦军作战。此战就是著名的秦晋崤之战，在这次战争中，晋国虽然侥幸打败了秦军，但从此以后两国关系急剧恶化，长期处于敌对的状态，最终引发了焚舟之战。秦晋的交兵状况从此一直持续了数百年。也就是在这一年，背负罪过的先轸在与狄人的战争中阵亡而死，后来家族延续到他的孙子榖时，全家被诛灭，这也算是天意吧！

南夷服诸葛

蜀汉刘禅当皇帝时，南中地区的各郡都发生了反叛，丞相诸葛亮率大军南征。此时反叛首领为当地夷人汉人都非常拥戴的孟获，他一共与诸葛亮打了七仗，被擒七次，诸葛亮前六次都把他放了，最后他心悦诚服地投降了，说："先生真是有天生之威严，以后我南中之人一定服从您，再也不敢反叛了。"不过《三国志·蜀书》中所记载的这些，还只不过是蜀汉时期的事情而已。

宋朝太宗淳化年间，蜀地发生叛乱，首领是李顺。当时招安使雷有终派遣嘉州（今四川乐山一带）士人辛怡显到南诏（今云南大理一带）安抚，待他到了姚州（今云南姚安）一带时，当地的节度使赵公美派人手捧文书，出城迎接，而且还带去了一些祭祀用的物品，辛怡显对此不解。看到信后才明白，信上说："本地去南诏的路上有条河叫作泸水，蜀汉时期武乡侯诸葛亮先生曾经告诫说：'如果不是进献贡品或出兵征讨，千万不能渡过这条河；假使一定要过的话，就必须先祭祀河水，然后才可以登舟过河。'现在，我特意派遣本部将士带金龙二条、金钱二千文，还有祭祀用的酒肉，请您一定要祭祀之后再渡河。"这件事情足可以证明，南夷人对诸葛亮的敬佩之情已经深入人心。即使是时过境迁也未曾改变，千年之后也仍然和当初一样。唉，诸葛亮真可以称得上是贤能的人啊！此事记载于辛怡显所作的《云南录》中。

容斋随笔精粹

第五卷

汉唐八相

　　国家能否形成盛世，与国君是否贤明有很大的关系，但是宰相的功绩也不可忽视。纵观汉唐名相，如萧何、曹参、丙吉、魏相、房玄龄、杜如晦、姚崇、宋璟，他们的贤德和功绩自然无须细说。现在来说一说他们担任宰相的时间，前六位贤人终身任丞相之职，直至临死，从未懈怠，但是剩下的两位——姚崇、宋璟在唐明皇时担任宰相的时间，都不到三年。姚崇的罢免是因为自己两个儿子及亲信小吏，收受贿赂的缘故被连累，这样被罢免，尚属事出有因，也无可非议。但是宋璟被罢免就有些冤枉了，他仅仅因为严厉禁止劣质的钱币流通和嫉恨有罪而无理上诉的人而遭罢相之灾，唐明皇仅仅是根据一个戏子的一句戏言便罢掉了他的宰相之位，真是有些荒唐。姚崇、宋璟二人自被罢之后，终身再也没有被起用。宋璟当年被罢相之时，年仅五十八岁，正是为国立功的最佳时期。他过了十七年才去世。

　　此后继他之位担任宰相的，如张嘉贞、张说、源乾曜、王晙、宇文融、裴光庭、萧嵩、牛仙客，这几人的才能和功绩显而易见，很少有可圈可点之处。只有后来的杜暹、李元纮还可称之为贤，不过他们也只能算是廉洁奉公、刚正不阿的人，不免有拘谨保守、不合众之嫌。舍弃跟前的良才不用，反而惶惶然地去到处求索贤能之人，真是遗憾又可惜啊！当年萧何将死之时，力荐的贤人就是曹参；魏相、丙吉同心协力，为国操劳；房玄龄每次商讨国事，若没有杜如晦在场，就没有人能协助他筹划决策；姚崇退让相位之时，所推荐之人就是宋璟。可见只有贤人之间才能做到惺惺相惜，在这一点上后人真是无法企及的啊！

上官桀

　　西汉武帝时期，上官桀在未央宫做厩令期间，有一段时间，汉武帝因身患疾病，在宫内养病多时，深居简出。汉武帝是爱马之人，所以待病好后，就立刻到马厩去看马，却发现马厩中的官马匹匹都瘦弱不堪，他怒从中来，大声地斥责说："大胆厩令，莫非你认为我病重垂危，再也看不到官马了吗？"说着就打算将他交给有关部门治罪判刑，予以重罚。上官桀见状，立即捶胸顿足，叩首谢罪说："臣最近的心思确实没用在官马身上，可那是因为听说您龙体欠安，日夜牵肠挂肚，为您的身体忧虑，以致成天精神恍惚，望您恕罪……"这段话还没说完，就已经泣不成声，泪流满面。汉武帝见此情景，哪还会将他治罪，反而认为上官桀真的是在为自己的安危担心的臣子，十分地难得。所以从此把他作为贴心的近臣，宠爱有加，后来甚至临死前颁下遗诏，让他辅佐少主（汉昭帝）。

　　但是义纵就没那么幸运了，当年义纵任右内史之时，曾跟随汉武帝巡查鼎湖，侍奉左右。不巧汉武帝得了重病，久治不愈，只好暂时休养。康复后，汉武帝就要义纵陪同游甘泉宫，但是到了之后才发现这里的道路曲折崎岖，一看就知道没有提前整治。可能是大病初愈后的心情不好，汉武帝不禁龙颜大怒，说："义纵你认为我以后再也没有机会走这条路了吗？"从此对义纵怀有嫉恨，后来终于找了一个借口将他斩首示众。

　　这二人获罪的原因是极其相似的，但是结果却有天壤之别，上官桀因为一句话的缘故被破格提拔重用，官至辅政大臣；而不幸的义纵却被斩首示众，这难道只能说是上官桀很幸运而义纵太不幸运了吗？

金日磾

　　金日磾本是匈奴人，被俘虏后当作奴隶遣入皇宫，分配到黄门令丞养马。一天，汉武帝在皇宫内游宴之时，一时兴起，要观赏宫内的骏马，此时除了武帝之外，还有一些随身的嫔妃和宫女站于两侧。少顷，马夫们便牵着马走过来，金日磾也正巧在内。数十人牵着马从殿下经过时，都偷偷地左顾右盼，想一睹后宫嫔妃的姿色，只有金日磾满面正色，目不斜视，昂然走过。再加上金日磾容貌不凡，气宇轩昂，他所牵的马匹又是膘肥体壮，汉武帝就开始注意到他，感到这个马夫绝不是一般的俗人，于是当天就提升金日磾为马监。后来，金日磾又接受遗诏辅佐年仅八岁的昭帝。巧合的事就是如此令人惊讶，金日磾和上官桀都是因为马而引起汉武帝的

注意，可见汉武帝选拔人才，也称得上是慧眼识珠了，贤能的马夫都不会被遗漏。

汉宣帝忌昌邑王

西汉大将军霍光因担心江山社稷不保，就联合群臣联名上奏，废黜了昌邑王刘贺而立汉宣帝，刘贺被遣送回原来的封国中，霍光亲自到城外相送。但是汉宣帝心里还是很不放心，生怕刘贺东山再起，于是赐给山阳太守张敞盖有玉玺的手谕，并告诫他赐予此物的目的是要他谨慎防备强盗贼寇。张敞当然明白汉宣帝的用意何在，于是逐条上奏刘贺在封国中的状况，并及时汇报他被废之后的表现，实际上刘贺的一举一动都在汉宣帝的监控之中。直到后来汉宣帝知道刘贺已经成不了大器，方才封他为列侯。

光武帝也曾废太子强为东海王，而立刘庄（即明帝）为太子。刘庄即帝位，史称显宗，但是明帝对待刘强却非同一般，对他极为信任，总是给他优厚的赏赐。汉宣帝、汉明帝虽都信仰儒家学说，但是其中都杂糅了法家的王霸之道，崇尚严厉的刑罚，唯独在对这种废立之后的事情的处理上，汉明帝显然要比汉宣帝宽厚且明智得多。

韩信周瑜

世人有这样的传言，说在韩信攻打赵国时，赵国的广武君李左车曾经有一个很高明的计谋，他建议用一支奇兵紧扼住井陉口进行防守，这样就可以断绝韩信军队的粮道，等于是扼断了韩信进食的咽喉，但是这个计策并没有被成安君陈馀采纳。后来韩信所派遣的密探得知陈馀没有采纳广武君李左车的计策，于是兴奋地回来报知。韩信闻听大喜，这下可以没有任何的顾忌了，马上率军挺进，随即攻下赵国。假如当初广武君李左车的计策被成安君所采纳，那么韩信的下场可能就不是一代名将，而是战败被擒了，这句话大概是韩信自己说的，可能是一种置之死地的推测，也可能是一种谦虚。

三国鼎立之势形成之前，周瑜和曹操在赤壁对阵。周瑜的部将黄盖献火攻良策，本就是一条妙计，再加上正巧遇到东南风，这才烧毁了曹操的所有战船，曹军大败，黄盖的这个计策改写了强兵必胜的历史。但是如果赤壁之战时没有东南风相助，或者黄盖根本没想出火攻良策，那么周瑜就很难取胜，也很难奠定以后的格局了。

其实以上这两种说法都没有从根本上认识这两个历史事件，也没有真正观察到两者的心理状态。当年刘邦用韩信对付成安君陈馀，就如同猛虎与猪羊对阵一般，韩信当年是自请汉王刘邦，要率兵向北攻下燕国、赵国，这种自信的表现应该不是没有任何根据的，即使当年成安君采纳了广武君的计策，井陉口被扼断，韩信必定会有其他的计策来应付。至于韩信曾对广武君李左车说的"假若成安君采纳您的计划，那我可能就要被你们擒获"，如上所说，这只是韩信谦虚以求李左车道出实情的说法。同样的道理，当年孙权向周瑜询问如何才能对付强大的曹军时，周瑜已经历陈了曹操贸然南下的四种弊端，并说："将军擒之应该在今日。"刘备视察战况的时候，觉得周瑜手下的兵将实在太少。而周瑜却胸有成竹地说："这些军队已经足够用，您就等着看我周瑜怎么战败曹军吧。"如此自信地预期，可见周瑜心中的把握。即使没有火攻之策，周瑜也必定会想出其他对付曹军的办法。如果真像以上两种说法所说的那样，那么他们还能称得上是韩信、周瑜吗？

汉武赏功明白

当年卫青已官至大将军之时，霍去病仅仅是个校尉，但是却因战功显赫被封侯。一次卫青进攻匈奴时，不幸战败，这次战役中损失了两军将士（指的是右将军苏建、前将军赵信所率领的军队），翕侯（赵信）投降。武帝认为这次没有立下什么战功，所以没有任何的封赏。

后来，霍去病跟随卫青再次出击匈奴，二人各率五万骑兵深入匈奴腹地。霍去病英勇杀敌，并俘虏了单于的祖父、叔父等大小头目，所以霍去病被增封五千八百户。这次战役之后，偏将、校尉中被加官封侯、增加食邑的共有六人之多，但是作为领兵的大将军卫青却没有得到任何的增封，他手下的将士也没有得到些许的封赏。

汉武帝向来是论功行赏，而且一定会按照现成的法制进行，从不以位置的高低来评论功劳的高下，从上述这件事情就可以明显地看出来，他处理政务的时候是多么的公正明了啊。如果后世遇到上述的情况，一定会有如此的见解：卫青长期任上将，而且同样在疆场上奋力杀敌，与霍去病一样都率兵出塞征战，没有功劳也有苦劳，所以就算得不到加官晋爵的厚赏，武帝也应当稍加赏赐，以安抚将士之心，如果这样不近人情，以后怎么指望将士帮他打天下。其实这种看法没有什么道理。

国初人至诚

宋朝真宗时，并州（今山西太原南部）正缺少一位军政方面的地方长官，急需调配，所以真宗与辅政大臣商议说："现在并州的军政长官之职，张齐贤、温仲舒两个人都可以胜任，但是他们都不一定会愿意前往，因为他们都已经担任过枢密院里的要职，所以不能直接任命，现在你们先把两人叫到中书省加以询问，待询问出结果之后，如果他们有一人同意，我再颁发诏书任命。"于是辅政大臣便按照皇帝的旨意，把他们二人找到中书省商议此事，坐定之后，张齐贤就开始阐述自己的理由，他说可能会有人趁机造谣陷害自己，而温仲舒则说："不是我敢违抗皇上的旨意，只是我已经在尚书省为官十年之久，如果朝廷能够任命我为尚书省的执掌者，或者命令都部署给我，然后再给我加禄，那我就只好从命了。"辅政大臣听完后，就把他们的意见上呈给皇上裁决，真宗没有动气，而是说："既然他们都有自己的理由，不愿意前往任职，那就不要勉强了。"

当时的翰林学士王元之，由刑部郎中前往黄州（今湖北黄冈）做知府，这算是一种平级的调遣。于是他让他的儿子嘉祐给中书省和门下省送信，信上（今湖北黄冈）说："朝廷中设立官职和官员的调迁，都必须依照固定的礼法来执行，一旦处理得不恰当，那就是你们这些掌管者的过错了。就拿我来说吧，我曾经任过翰林学士，而且还做过三次制诰舍人，如果依照朝廷现有的礼法来说，官员在重新被任职，或者应授给事中，或者就要被授予侍郎之职，或者授予谏议大夫。但是我现在却是一个例外，我是由京官调往外地的，现在竟然没有给我升一级官职，这像话吗？现在我与那些只负责管理钱粮的地方小官还有什么区别吗？这种事情你们任执政大臣的人都不能力争给我做主，那我难道还能指望下面的人给我做主吗？"虽然他们的言辞有些激烈，但是我认为他们并没有什么要指责的地方，温仲舒曾经在两府任过要职，但是他竟然敢坦白地为自己要求更高的委任和俸禄；而王元之也可称得上是一代名臣，刚正不阿，但是他也是公开提出，并用当朝的先例作依据，来要求升迁官职，这些都显出他们纯朴无诈的本性和坦诚的心态。但是后来的人却并不是这样，他们虽然表面上冠冕堂皇地对高官厚禄嗤之以鼻，但是暗地里却欺上瞒下、结党营私，用不正当的方法追逐名利，这也太不厚道了，完全失去了人本来的真诚，不过这些现象出现的原因也并非个人的过错，这都是现在的风气所导致的恶果呀。

稗沙门

《宝积经》中有一段话，是说那些没有戒律没有操守的和尚的："他们就好像是那些在麦田中刚刚长出的稗麦一样，外形虽然跟真正的麦子很相似，甚至达到以假乱真的地步，常人很难分辨出真假。这时候，农民们只好认为这些都是饱满的麦子，直到收割之后，扬起麦穗时，才知道自己的想法是错误的。这就像那些在人前假装行善的和尚，他们表面上坚守戒律、积德行善，看起来像是真正恪守清规的佛门弟子，但是实际上都是些浅俗之人，并非真正的佛门弟子，不能叫作沙门，只能叫作'稗沙门'。"我认为这个比喻很好地描绘了那些道貌岸然的假和尚的嘴脸，但是现在做文章的人却很少将这个比喻引用到自己的文章中去，所以我刻意记录在此，以供后人参考。

第六卷

魏相萧望之

西汉宣帝时期，有一位著名的人物赵广汉，他当时任京兆尹，是一个以刚正不阿、不惧权贵闻名的好官，但是却被魏相所杀；韩延寿也是一个政绩非凡的好官，曾经担任过颍川和东郡的太守和左冯翊，结果被萧望之陷害致死。这些事说起来都让人难以置信，魏相和萧望之都可称得上是贤明的大臣，但是却忍心因为一些私人的恩怨，而把两位才华卓著的人物迫害而死。

同样的境况还有一例，杨恽（官至平通侯，是司马迁的外孙），是一个曾经为汉朝立下汗马功劳的功臣，但是自从他被贬职之后，就只是一个普通的老百姓了，所以有时难免发几句牢骚。一次，在他写给友人的信中就有些类似的话语，不巧被当时的廷尉察觉，仅仅因为这个就治了杨恽的罪，认为他辱骂朝廷，实属大逆不道，竟然被判处死刑！据考证，当时担任廷尉的不是别人，而是在百姓中颇有口碑的于定国。史书上都大力称赞此人，百姓们也把他视为申冤诉苦的好官，认为只要有他在，就不会有冤案存在。但是，就是这么一个好官，却做出如此残忍之事，还能让人相信吗？

汉宣帝的治国方略就是用严酷的律法来惩治有罪之人，而上面所说的这三个人就是最忠实的执行者，这实在是一件让人遗憾的事情啊！

畏无难

无论是做学问还是为官、修道，都会遇到很多无法预知的艰难险阻，可是真正有志气的贤德之人并不会害怕这些困难，怕的反而是没有困难。所以才有"只有真正的得道明君才能永坐天下，长盛不衰"之说。如果当初秦始皇没有称霸天下、统一六国，那么也就不会有秦二世如此之快的灭亡；如果隋文帝没有得到天下，统一疆土、征服四边的少数民族，那么也就没有隋炀帝的骄横跋扈、身败名裂；如果十六国的前秦皇帝苻坚没有奋力平定凉国（在今甘肃黄河以西），占领蜀地，又消灭前燕，并一举征服拓跋魏的前身代国，取得如此大的战功，他就不会在淝水之战中毁于自己膨胀的征服欲，当然他也

容斋随笔精粹

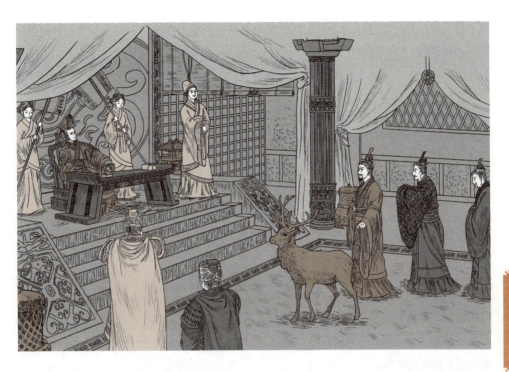

不会就此灭亡；而后唐庄宗如果没有灭掉后梁，攻占前蜀国，也就不可能招致李嗣源的兵变；南唐的李璟如果没有得到闽国和楚国的疆土，同样也就不会有淮南之役的大败了。

杜悰

唐懿宗咸通二年（861年）二月，懿宗初掌政权之时，杜悰被任命为宰相。有一天，两位枢密使一同来到中书省，不一会儿，宣徽史杨公庆也随之而来。他首先让中书省的其他三位宰相回避一旁，然后单独请杜悰一人接旨。待其他三位回避之后，杨公庆就交给杜悰一封信，杜悰一看信的内容，写的是宣宗病重之时，宦官们请求让郓王监国的奏章。待看完之后，杨公庆对他说："现在郓王已经即位，所以当初没有在这封奏章上签名的人，应当一律以谋反之罪问斩。"杜悰此时意识到问题的严重性，他在原地徘徊良久，表面上看来是在揣摩信的内容，实际上是在反复推敲此事如何处理。许久之后，他把信重新封好，交给了杨公庆，郑重地说道："皇上如果真的要处罚那些没有签名的人，包括几位宰相，那么就要在延英殿上当着群臣和天下百姓的面来宣布此事。"待杨公庆走后，杜悰对两位枢密使说："虽然内外之臣各负其责，但是毕竟都是身为人臣，算是一个统一的整体，我们的利害关系还是一致的，现在新皇帝刚刚即位不久，应该用仁爱之心对待官员和百姓，我又怎么能够赞成他做处死宰相这种残忍的事情呢？如果现在支持他这样做，那么今后像你们这样的中尉和枢密使之类的官员难道还能幸免吗？"两位枢密使听后，心悦诚服，先是沉默了片刻，然后说："我们一定会把您的话转告给皇上，只有您这样深谋远虑之人，才能有如此高深的见解啊！"

待枢密使走后，三位宰相急忙来向杜悰请教，并询问他圣旨的内容，但是杜悰始终是沉默不语，三位宰相见此情景，心里非常恐惧，就恳求杜悰能够力保自己的家族不要被诛灭。这时杜悰开口说："你们放心，不会有事的，不必过于为此事而忧虑。"于是他们便不再多说。终于心惊胆战地熬到了皇帝的召见，但是皇上在延英殿上，丝毫没有提及处置宰相之事。这件事是《资治通鉴》上所记载的。

《新唐书》中是这样记载的，宣宗时期，夔王住在大明宫内，而郓王则住在十六宅中。等到宣宗病重垂危之际，就立下遗诏，要立夔王为皇帝，但是当时的中尉（由宦官担任）王宗贯却要迎立郓王为帝。而郓王就是唐懿宗。待唐懿宗继位之后，就派遣枢密使杨公庆前往中书省拜见杜悰，而要回避毕诚、杜审权、蒋伸三位宰相，不让他们进门。然后把宦官奏请郓王监国的奏章递给杜悰，并暗示他弹劾没有在奏章上签名的人。但是后来杜悰就说了前面所说的那些话，杨公庆只好作罢，而皇帝的报复想法也随之消失，再也没有提及过此事。

据我考证的结果，唐懿宗即位之时，朝中原有四位宰相，分别是令狐绹、萧邺、夏侯孜和蒋伸，而这时除了蒋伸，其他三位都已经被免职了，何况上文中所提到的毕诚、杜审权本来就是唐懿宗自己的亲信，他怎么可能想要处死这两个人呢？这根本就是不可能的，纯粹是乡间野史没有根据的胡诌乱扯，但是《资治通鉴》和《新唐书》中竟然把这些都引进书中。司马温公把撰写唐史的任务交给了范祖禹，此人治学态度严谨，无论是审核材料，还是主持编纂，都是尽心尽力地，但还是出现了这样的错误，可见，撰写史书确实并非易事啊！

鲁昭公

春秋时期，各国内乱频发，每个国家都要有一个贤明的君主来领导，所以一旦一国的君主失去了王位，不管是什么原因，这个国家都会在最短的时间内另立一个新的国君，从来没有出现过虚位以待的情况，只有鲁昭公是一个例外。

当年鲁昭公被擅自夺权的季孙意如驱逐出境后，先是逃亡到齐国，后来又流亡到晋国的乾侯之地，直至八年之后才死去。在这八年的时间里，季孙意如一直在国内独掌大权，处理国家大事，主持国家的祭祀大典，但是他每年都要按照旧例，把主持祭祀的人所穿的衣服派人送到晋国的乾侯之地，从不敢遗漏。在鲁昭公死去的第二年，他的灵柩被运回鲁国之后，其弟公子宋才得以正式即位。这种情况在春秋时期的其他国家是从来没有出现过的。这一点表明鲁国一直在沿用着周朝的礼法，就算本国的国君不在国内，甚至已经被驱逐流放，但是国君之位依然是空缺的，谁也不敢擅自另立新的国君。后来的鲁哀公曾经逃往越国，而《左传》中所记载的年限恰巧也是到这一年为止，所以后来的鲁悼公什么时候什么情况下被立为新的国君，今人也就无法知晓了。

州县失故名

现在的州县的名称，由于历代王朝的变更、治所的迁移，还有行政区划导致的隶属关系的改变，往往失去原来的名称，或者名字没有消失，但治所已经改变。下面就来举一些例子，建昌军（今江西南城）在江西境内，而建昌县却归南康军（今江西庐山）管辖；而南康军在江东，南康县则在南安（今江西大余）境内；南安军在江西境内，而南安县却又属于泉州（今属福建）管辖；韶州（今广东韶关）是始兴郡郡治所在地，可是始兴县却又远离始兴郡而隶属于赣州（今属江西），成了南康郡郡治所在地，而南康县又远离南康郡而隶属于郁林州（今广西玉林），而郁林县又远离郁林州而隶属于贵州（今广西贵港）；桂阳（今属湖南）是个军（宋代行政区域的名称，与府、州、监同属于路），但是桂阳县却不隶属桂阳军，而隶属于郴州（今属湖南）。这样的咄咄怪事其实是无法历数的。

严州当为庄

严州（州治位于今浙江建德东北）原来叫作睦州，在宋徽宗宣和年间，因睦州爆发了方腊起义而改称严州。这个地方之所以被改称严州，虽然其中有表示威严的意思，但是实际上原因并不是如此直观和简单，那是因为睦州乃是东汉严光避居之地，严陵滩即在此地。可能很多人都不知道，严光（字子陵）本姓庄，东汉时为了避显宗孝明帝刘庄的名讳才把自己的姓氏改为"严"。于是后来的史学家们就把史书中的庄光写成了严光，我认为后代的人其实应该实事求是地将"严光"改为"庄光"才对。

第七卷

魏郑公谏语

　　唐朝魏郑公（即魏徵）是一个可以让明君视作明镜的臣子，他曾经就唐太宗去泰山封禅一事进行劝谏。在这次的劝谏中有这样一段话很精妙，比喻贴切，颇有深意，现引录如下："如果有这样一个人，长期卧病已达十年之久，现在经过有高超医术的医生医治，虽然已经保住了性命，并渐趋康复，但身体依然是瘦弱不堪。对于这样一个久病初愈的人来说，如果一定要强迫他背上一石的米，然后日夜跋涉，步行千里，恐怕他是做不到的。这就像是现在的情况，隋末的战乱持续了十年之久，虽然您称得上是一个良医，已经把它治愈了，但是它还需要很长一段时间来恢复，所以现在唐朝并不适合无端地花费金钱，百姓们也不会支持，因为他们还没有过上富足的生活，如果您现在一定要去泰山封禅的话，我想即使您是诚心的，上天也并不一定会接受您的祈祷。"这样一段话说得唐太宗哑口无言，只好取消这次的封禅大典。这段精彩的劝谏被记载于魏徵的《谏录》中，《旧唐书》也有所记载，但是《新唐书》中却未曾提及此事。至于《资治通鉴》，虽然有关于魏徵劝谏的事迹，但是中间却删去了这一段精妙的言论，真是太可惜了！

虞世南

　　虞世南生前是唐太宗的得力亲信，也可称得上是一代名臣。他去世后的一天夜里，唐太宗梦见了他，醒后独自思量，梦中的一切依然历历在目，恍如真世。他们一起商讨国家大事，一起谈论难得的好文章，这一切都让唐太宗感慨良多。于是，唐太宗第二天就下了诏书："世南爱卿故去，恍惚间已是隔年之事，虽然生死之事乃是天意使然，但是心中仍很挂念，昨夜又忽梦世南，其音容笑貌恍如在世一般。唉！回想爱卿一世劳苦，心中很是伤心。所以要为他做一些事情，才可心安。我决定在世南家中设置五百个僧人斋戒，并为他造一尊天尊像。"

　　唐太宗之所以对虞世南情深义重，甚至在他死后，还会在梦中相遇，完全是因为他们君臣之间坦诚相待所致，其实唐太宗要做的只是体恤一下他的后代子孙，多加关怀，就可尽心意了，又何必弄一些类似斋戒、塑像之类虚无的事情来表示自己的心情呢？更为甚者，竟然还为此颁下了诏书，记入了国史，这确有小题大做之嫌，一世英名的唐太宗做出这样不合情理的事情，真让人有些遗憾呀！

北道主人

春秋战国时期，秦国与晋国修好，他们联合起来围攻郑国。郑国危在旦夕之时，向秦国求饶，并提出这样做对秦国的好处："为什么这次不能饶过郑国呢？这样郑国就可以做秦国的东道主。"郑国的疆域是在秦国的东面，所以郑国人才会有这样的说法。今天的客人称主人为东道主，就是来源于这件事情。有趣的是，《后汉书》中还有关于北道主人的记载，这种说法一共有三处：

《后汉书·邓晨传》中记载：东汉建武年间，常山太守邓晨与光武帝在巨鹿（今河北平乡）相会，他求战心切，于是向光武帝进谏，要跟随光武帝进军邯郸，但是光武帝并没有同意他的请求，而是规劝他说："伟卿（邓晨的字）与其跟随我征战，倒不如镇守你的一郡之地，做我的北道主人。"

《后汉书·耿弇传》中记载：光武帝征战到蓟地（今北京城西南）之后，打算就此南归，耿弇认为不可以这样做，但是其他人都不愿意留在蓟地，于是光武帝就对耿弇说："从此以后，你便是我的北道主人。"

《后汉书·彭宠传》中记载：彭宠心有不甘，所以准备起兵谋反，光武帝想不出理由，就问朱浮说："彭宠有什么造反的理由吗？"朱浮回答说："从前，大王认为彭宠是你的北道主人，表示对他非常信任，可现在情况不同了，所以他一定心里不甘心，非常失望。"

这就是《后汉书》中关于北道主人的三处记载，但是北道主人的说法现在很少有人使用。

洛中盱江八贤

在司马光所著的《序赙礼》中，有关于民间行善之人的记载，共五人。吕南公所著的《不欺述》中也有关于此类人物的记载，共三人，他们都因为身份地位相对卑微，没有被正式列入史书，供后人效仿。前一段时间，我负责撰写国史的时候，曾经想过把他们分别列入孝行传中，但是最终还是未能成事，深感遗憾，现将诸人的事迹记载于此，以留后世。

这八人当中，司马光所记载的五人都是陕州夏县（今山西夏县）人，故作为一类。

第一个人名叫刘太，是个从医之人。父母死后，他便守孝三年，难得的是，三年之内，他从不饮酒吃肉，三年如一日。即使在士大夫中，这样的孝行也是很少见的。

第二个人是他的弟弟刘永一，更是以孝心、友爱、洁身自好而闻名。有一年，夏县遭遇到罕见的水灾，数以百计的老百姓都被淹死了，到处都是一片汪洋。刘永一就拿着一根竹竿站在自家的门口，如果有别人家的钱财顺水漂流到自己家的门口，他就立刻用竹竿推出门去，足以显其自律。还有一件事，一个僧人曾经在他家里寄存了几万贯钱，但是直到僧人归西，也没有来取。刘永一没有私吞这笔钱，而是主动到县衙去交代此事，并向官府请求帮助，以把这笔钱归还给僧人的弟子。凡是同乡向他借钱，如果因为实在贫苦而还不起的，他就不带任何条件把借据烧毁，再也不提及此事。

第三个人是周文粲，他的哥哥是个酒鬼，经常酗酒后不省人事，从不劳作，就靠弟弟一人支撑。不仅如此，哥哥醉酒后还经常发疯似的毒打自己的弟弟。乡亲们对此深感厌恶，就好心地安慰文粲，但是文粲对乡亲们的说法很是恼火，说："我哥哥从来都没有真正打过我，你们为什么要在我们兄弟之间惹起争端呢？"

第四个人是苏庆文，他的可贵之处在于尽心尽力地侍奉自己的继母，同样是以孝顺出名。他曾经这样警告过自己的妻子说："你一定要好好地侍奉我的母亲，若有一丝的厌烦，没有耐心，我一定会毫不留情地休了你！"就这样，他和妻子一直侍奉自己的继母，直到终老。虽然继母很早就死了丈夫，又没有一儿半女，但是却幸福地在苏家安享晚年。

第五个人是台亨，此人尤善画画。当时朝廷动工修建景灵宫，下令征调天下善画的人齐集京师（来为景灵宫作画），台亨就位列其中。待景灵宫的工程结束之后，皇帝下诏，要选出画功最好的画师留在翰林院中，并授予官职和俸禄。这可是这些画师们梦寐以求的机会，结果台亨当选，但是他并没有留在京师享受俸禄，而是收拾行囊归乡而去，原因是家中父亲年事已高，无人赡养，因此坚决回乡侍奉自己的父亲。

吕南公在《不欺述》中所记载的三个人都是建昌南城（今江西南城）人。

第一个人是陈策。他是因为一匹骡子显出自己的诚实和善良的。事情是这样的，他曾经买过一匹骡子，想让骡子做自己的交通工具，还可驮运货物。但这匹骡子的脾气太过暴躁，不愿意备鞍，所以既不能骑，也没法驮运货物，但是陈策不忍心把这匹毫无用处的骡子转卖给别人，就派人把骡子放在村口的小屋中喂养，打算让它就这样老死。但是陈策的儿子却不支持他的做法，儿子与贩马人商量，趁路过的官人丢失马匹的机会，先把骡子的脊背故意磨破，然后对骡子的能耐大加夸赞，再将骡子卖给官人。陈策知道此事后，赶紧追上买骡子的人，把骡子的实际情况一一告之。但是官人却疑心陈策是舍不得如此卖力的骡子，于是就把骡子藏了起来。陈策无法，只好让买主自己试试，结果折腾了半天，骡子还是依然如故。事实告诉买主陈策的话是真的，买主这才连忙道谢，并把骡子退给了陈策。还有一次，有个人到陈策的家里去买一些银器和罗绮，而陈策只卖给他银器而不卖罗绮，那人非常生气地说："你家中明明有罗绮，你为什么这么吝啬，舍不得卖给我呢？"陈策赶紧解释说："我的仓库里确实是有现成的罗绮，可是那些都是从前别人典当抵押的东西，年代已经很久了，没有韧性，而且易断，而你购买罗绮是为女儿置办嫁妆的，我怎么能把这些劣质的罗绮卖给你呢？"说完这些话，陈策又转过身来，把那人要买的银器丢入了火中，那人更是不解，陈策说："这些银器也是我从别人的手中得到的，我担心自己被抵押的人欺骗，别再害了你，所以帮你检验一下这些银器是否有假。"

第二个人是危整。一天，他去买鲍鱼，中间负责称重的人胡乱地舞起了秤锤，在暗中多给他增加了很多的鲍鱼。待卖鱼人走后，中间人就向危整邀功说："你只花了五斤鲍鱼的钱，我却给了你十斤的鲍鱼，你不觉得应该请我去喝酒吗？"谁知危整听了他的话，非常吃惊，不由分说，赶紧去追那卖鱼人，一直追到数十里之外才赶上，忙把剩下的该给的鱼钱补上，回来后，他就去请中间人喝酒，并对他说："你不就是想让我请你喝酒吗？直说便是，何必去欺骗一个穷苦的卖鱼人呢？他们打鱼挣钱可不容易啊！"

第三个人便是曾叔卿。他是个贩运陶器的人，一次，他从南方买回陶器，打算运回北方后转卖，但是事情被耽搁了，没有成功。一个跟他同行的人想要将他的陶器全部买下，于是双方达成了协议。货款两清之后，叔卿顺口问道："兄台打算将这些陶器运往何处销售？"那人回答说："我打算照你原来的想法去实施，你看可行吗？"叔卿忙回答说："万万不可，因为北方现在正是灾荒之年（陶器无法销售），所以我才取消了行程，我又怎么能让你去北方呢？那样你会吃亏的。"于是叔卿又把货钱还给了同行的人。但是叔卿的家境很困难，家中的老小不得不因此忍饥受饿。

唉！这八个人真可称得上是贤达的大善人啊！

王导小名

颜真卿为其远祖颜含书写的《西平靖侯颜含碑》，碑文是晋朝人李阐撰写的，内容是："颜含在东晋初年为光禄大夫，一次，任太常的冯怀提议百官都向王导（当时任宰相太傅）屈膝行礼，但是颜含却严词拒绝，不愿听从，他说：'王导的权势地位固然在我之上，但是他毕竟是我们家的阿龙。'"颜含之所以这样说，是因为王导是他的女婿，所以他才敢直呼王导的小名。《晋书》中关于此事也作了记载，但是书中并没有提到王导的小名。据《世说新语》中的记载："王导由丞相提升到司空的时候，当时担任廷尉的桓温感叹地说：'大家都说阿龙的升迁非常快，简直是青云直上，但是阿龙的升迁真的是靠他自己的本事啊！'"官至司空的三公，廷尉都可以直呼其小名，晋人的虚浮之气可见一斑啊！

姜嫄简狄

西汉的毛公所注《诗经·生民》诗中关于姜嫄生育后稷一事的记载，有"履帝武敏歆"的句子，他这样解释："姜嫄嫁给了高辛氏之后，双双祷告，帝喾而为天所见。"《诗经·玄鸟》中有这样一句："天命玄鸟，降而生商。"毛公对此作注释说："春分时节，燕子从南方飞回，简狄配高辛氏帝喾，帝喾和简狄为求子而在郊野向上帝祈祷，尔后生下了商的祖先契，所以契是上天赐给人间的，而且是在燕子到来时降生的。"这种说法本来是很清楚明了的。但是到东汉时，郑玄在他的《郑氏笺》中又这样解释说："帝，就是上帝；敏，就是大拇指的意思。说是姜嫄在郊外祭祀，为求子祈祷时，忽见巨人之足迹，姜嫄便循着巨人的足迹踩下去，而其足不能塞满足迹，遂又踩巨人之足迹的拇指之处，姜嫄便觉心体忻然如有交合之感，接着就怀孕在身，后来就生下儿子稷。"还有一种说法："燕子在飞回时，丢下一枚燕蛋，简狄食之而生契。"这种说法来源于《史记》的记载。《史记》中是这样说的："姜嫄在郊外，见巨人足迹，欣然地踩了上去，因此便生下了稷。"又说："简狄本来是在洗澡，看见了燕子遗落的蛋，就拿起来吞下了肚，因此就有了契。"这两种说法简直是怪诞至极，先人们都不加以引用，而且对这些说法的批驳已经很多了。欧阳修认为后稷、契都不可能是高辛氏帝喾之子，而毛公在注释《诗经》的时候并没有采用《史记》中姜嫄踩巨人足迹而生稷的说法，只是采用了《史记》所记的世次之传。据《汉书》记载，毛公原是赵国人，曾经做过河间献王的博士，由此可见，他的生活年代要比司马迁早数十年，所以要说他采用的《史记》的世次，这也不合乎常理。大概世次之说，都是源自《世本》一书，该书的内容更是荒诞无稽，此书现在已经亡佚。大家可以想一想，一个人在野外见到巨人留下的足迹，避之唯恐不及，哪里还会欣然踏踩，以求难以预知的所谓吉祥呢？飞燕掉的蛋谁知道是福是祸，难道会有人马上捡起来就吞入肚子里吗？这简直是不可思议！无论古今，人的思想都没有什么大的改变，连今天的愚人也不会做的事情，而他们却说古代圣人的后妃这样做，其荒诞无稽，显而易见，不用说就很清楚明白（不会有这样的事了）。

佐命元臣

每一个贤明的帝王，在初建基业之时，一定要有肝胆相照、才华卓著的人才在旁辅佐，扶助帝王治理天下，制定制度和法则，如果不是这样的话，那么后世就没有可以效仿的一代贤臣。

这些在历史上都是有证可考的，比如：名相伊尹、周公，他们的英明事迹可以从《诗经》《尚书》中查知。西汉初年，萧何协助汉高祖夺得了天下，后又在左右辅佐。他们初入关中之时，萧何并没有因身居高位而就此懈怠，而是把秦朝丞相府、御史大夫府中的律令图册仔细收集，认真揣摩，从而熟知当时天下的军事要塞，全国户口的多少，富贫强弱的分布，还有百姓的疾苦等治国的基本情况。当汉高祖最初被项羽封为汉王时，心有不甘，于是打算攻打项羽。那时大将周勃、灌婴、樊哙都支持汉高祖的做法，唯独萧何持不同的见解，认为高祖的想法行不通，他说："现在我们的实力不如项羽强大，处于劣势，如果硬攻，必败无疑。我觉得大王您应该称王汉中，夺取巴蜀之地作为后方基地，然后再图收复关中的大业。"汉王听从了他的建议，以巴蜀之地作为自己称霸前的准备之地。这可以说是关系到刘氏天下成败的大计。

楚汉之争时，萧何慧眼识珠，推荐出身低微的韩信为大将，使其独当一面，一举平定了魏、赵、燕、齐等国，解除了刘邦的北顾之忧，让他得以专心地对付楚霸王，取得

容斋随笔 第七卷

最后的决战之胜；萧何的贡献并不仅止于此，他临死时，仍牵挂着汉朝的江山社稷，力荐曹参为相，使汉初基业能够稳固扎实地延续下去；当年汉军入关之时，萧何立即建议刘邦跟百姓约法三章，彻底消除秦时的暴政，以安抚百姓，彰显汉王的宽厚之德。从打天下到保天下，萧何的这些英明决定，奠定了汉朝四百年的江山基业。

　　唐代，房玄龄为相之时，辅佐唐太宗也是如此尽心尽力。他一开始就在秦王李世民的府中做幕僚，那时，他就有远见卓识，注重招揽能人，把他们笼络到秦王府中，并为秦王秘密结交掌握军权的各位将军，趁机引荐杜如晦参与商议治国大事。等到李世民即位之后，他便做了宰相，此后他把国家治理得欣欣向荣。首先他把对地方的治理作为统治天下的关键；财政方面，他用租庸调制度把皇家的财产整合成一个便于管理的整体；军事方面，用八百府、十六卫的府兵制度作为基本的军制；接着他又把劝谏的职责托付给王珪、魏徵，把兵权托付给李靖、李勣。不仅国内被他治理得井井有条，征服少数民族也非常有技巧，最重要的是懂得如何任用有贤能的人。可见唐朝三百年的基业，也有房玄龄之功啊！

　　但是后来节度使的军制破坏了对于州县的统辖，两税法又导致了租庸调制的颓败，府兵制也被改为募兵制，诸卫变成了神策军，使军政都遭到了严重的破坏，就算此时有贤臣良将相辅，也难以挽回颓势了。

宋朝韩王赵普，他辅佐太祖皇帝亦是如此。为了控制地方的政权，削弱其势力，他主张设置转运使和通判等专职来掌管地方的财政，促使地方无财力与中央叫板，接着他又任命京官为地方上的知州、知县，防止地方长官独霸一方。对于开国功臣或立功之将，都给予丰厚的俸禄，但是坚决避免这些人有兵权在手，而且他还把地方上所有的善战之师调往京师，削减地方的军事力量，以绝拥兵自重之患。至于其他的如建立合理的法制、审官用人的制度，一直沿用至今。

在这三个扬名天下的贤臣之后，以天下为己任、光明磊落的贤能之臣，历代迭出，都可称得上是一代贤臣。萧何的子孙因为犯罪或者没有后代，以致六次被取消封国，但朝廷每次都会重封诸侯。宋朝对韩王赵普的后代也是爱护有加，从来没有忽视。不过朝廷也并不都是如此重情重义，房玄龄死后还不足十年，就因为他的儿子妄图谋反，而被取消封爵，停止其在宗庙中配享的特权，直到唐朝被推翻，也再没有封其后人新的爵位，由此可见，唐王朝虽盛极一时，但对有功之臣未免也太薄情寡义了！

名世英宰

汉朝的曹参担任宰相的时候，整天就沉醉于醇酒之中，不停地与宾客宴饮，显得清闲无事，从不管理任何具体的事务，只是完全依照萧何定下的法制，不敢越雷池一步，世称"萧规曹随"。但是当时却是国泰民安，世事稳定，称颂他的"画一"歌谣在民间广为传唱。

东晋的王导曾经辅佐过三代皇帝，他主张的是无为而治，虽然没有什么明显的政绩，但是他在位期间，国家的财政赋税，年年都有余存。到了晚年，他更是完全不理国家朝政，曾经自我解嘲地说："人们都说我一生糊涂，我不想多加辩解，总有一天，世人会怀念我糊涂的好处。"

谢安也从不理会朝中一些琐碎的政务，但是他内心的深谋远虑是无人可比的。

唐朝的名相房玄龄和杜如晦，在他们的传记中也找不到任何值得大加称颂的政绩，但是他们为唐朝立下的功劳也是不容忽视的。

宋朝的韩王赵普也是一个大度之人，凡是经过他手中的关于士大夫之间互相攻击、陈述利害的奏章，他从不放在心上，而是全部放入两个大瓮之中焚毁。

李文靖则是把朝廷内外大臣们上奏的无事生非的奏章全部放在一旁，不予理会，他说："我就用这种方式来报效朝廷。"

以上所提到的六位历史上的名臣，都没有刻意地吹嘘自己，炫耀自己的功德，但是他们的英明却传颂千古、家喻户晓，真可谓是名扬千古的英明宰相啊！难道现在还有人说他们是无所事事的无用之臣吗？

第八卷

陶渊明

陶渊明为人超然、高洁、淡泊、宁静，可称得上是晋宋时期的第一流人物。他的很多诗句都对自己的生活状况进行了真实的描绘，说到饥饿时的情景，是饭瓢屡空，家中没有一点存粮；说到寒冷的惨状，是冬天还穿着夏天的粗布衣裳，没有棉衣过冬；形容自己安身立命的穷困之所，是环堵萧然，四面皆空，冬不挡严寒，夏不避烈日，穷困潦倒的惨状让人不忍目睹。我曾经读过他的《与子俨等疏》，文中写道："家中没有一个像楚国的老莱子之妻那样贤惠的夫人，我常常深感遗憾，只能一个人为你们整日地操心。你们要明白，虽然你们并非一母的兄弟，但是四海之内皆兄弟，更何况你们还是一家人。历史上，有齐国的管仲、鲍叔牙二人，他们经商时分配财物，从不因分得多少而有猜疑之心。外人尚且可以如此，更何况你们还是同父异母的兄弟呢？"从这段话可以看出，陶渊明不仅有妻子，而且还有小妾所生的庶子呢。他在《责子》一诗中曾经提到过"雍、端年十三"，诗中所涉及的两个孩子一定不是一母所生。陶渊明并非一生隐居，在他做彭泽县令之时，他下令将政府的公田全部都种上高粱用来酿酒，他说："只要我能经常饮上美酒，那我也就知足了。"但是他的妻子却坚持要种上稻谷，这样才能养家糊口，于是他就下令取公田中的二顷五十亩种上高粱以酿酒，另外的五十亩用来种稻谷以食用。他在自叙中说："因为公田的收入一定是足够喝酒了，所以我才求了个彭泽的县令来做。"他本来是想等公田的庄稼可以收割之后再卸职离开，但是从这年的仲秋到冬天，他仅仅在职八十余天，就因为无法适应官场的黑暗而自动离职了。本来想好好地宿醉一场，谁知，不管是高粱还是稻谷，他一粒也未曾享用，真是很凄惨啊！

浯溪留题

永州（今湖南永州）有一地名为浯溪，唐朝人在此地留下的石刻颇多。其中的一个说："太仆卿分司东都韦瓘，于宣宗大中二年路经此处。我（指韦瓘）的官宦生涯历经辗转，先是于文宗大和年间在中书舍人的任上被贬到康州（今广东德庆），那时就曾经路过此地，想来已经有十六年了。去年我在楚州任职之时又被罢免，今年二月又被派往桂林

任职，仅过了几个月的时间，朝廷又有新的职位要委派。在我经过灵州（今属广西）的时候，又被通知改授为东都（洛阳）分司。分司是个轻松自在、待遇优厚的职位，能被委以此任，我真的觉得很荣幸。"

据《新唐书》中的记载："韦瓘累官至中书舍人，生时与李德裕颇要好，但是李宗闵（李宗闵与李德裕是死敌）却对他十分厌恶。后来李德裕被罢相之后，韦瓘接着就被贬为明州（今浙江宁波）刺史，并于桂林任职期间死去。"但是从石刻上的文字来分析，他是以中书舍人的身份被贬到康州的，而且也不可能是在桂林任职的时候死去。史书上的记载竟然有如此明显的错误！更令人费解的是，韦瓘所说的十六年前，其时应该是太和七年，那个时候，李德裕尚在相位，一直到太和八年的十一月才被罢相，李德裕为宰相的时候，韦瓘怎么可能被贬呢？这其中的原因又是为何，实在是很难说啊！

人物以义为名

中国的语言沉淀已久，所以有些字就有很多不同的含义，从人或物的命名来说，如果与"义"字配合使用，那其中的意思就非常多了。与正义和真理有关的可以叫义，如义师、义战；若一人为众人所敬仰尊重也可叫义，如义帝；如果大家共有某样东西，也可叫义，如义仓、义社、义田、义学、义役、义井等；另外超出常人的有德之人也可叫义，如义师、义侠、义姑、义夫、义妇等；还有非正宗的、外来之人也叫义，如义父、义儿、义兄弟、义服等；不仅人名有此叫法，其他如穿戴盛器也可用义字命名，例如有头上的义髻，衣物上还有义襕、义领，有一种小巧的盒子叫义盒等。除此之外，如果把很多种东西混合在一起，也可以称为义，如义浆、义墨、义酒的说法，家禽牲畜中有些是非常有灵性、忠于主人的，也可称为义，如义犬、义鸟、义鹰、义鹘等。

韩文公佚事

韩文公（即韩愈）原任御史，后遭贬，去往阳山（今属广东）。关于这件事情，新旧《唐书》中都记载为韩愈因为向皇帝进谏关闭扰民的宫市而被贬斥。如果考证韩愈所写的《赴江陵途中诗》，诗中对这件事的始末叙述得更为详细。诗中说："是年京师旱，田亩少所收。有司恤经费，未免烦诛求。传闻闾里间，赤子弃渠沟。我时出衢路，饿者何其稠！适会除御史，诚当得言秋。拜疏移阁门，为忠宁自谋。上陈人疾苦，无令绝其喉。下言畿甸内，根本理宜优。积雪验丰熟，幸宽待蚕辈。天子恻然感，司空叹绸缪。谓言即施设，乃反迁炎洲！"

另外，皇甫湜为他所做的神道碑中也这样写道："关中之地遭遇到大旱之年，沿途因饥饿致死的人铺满了道路两旁，而地方上的官吏仍然毫不留情地掠夺和欺压百姓，苛捐杂税丝毫不减，以此来求得朝廷的恩宠。先生（指韩愈）递上奏章，说关中之地乃我朝天下之根本所在，不能有丝毫的动摇，现在关中的百姓正遭遇旱灾，颗粒无收，请求朝廷能够暂时减免租税和徭役。当政之人因为他说出了实话而嫉恨他，趁机将他贬谪，赶出了京师。"从以上的资料可以得出，韩愈当时被贬的原因并不单单是议论关于宫市的弊处。另外，神道碑中还说了三件事："韩公任河南（今洛阳）令的时候，魏州（今河北大名）、郓州（今山东郓城）、幽州（今北京）、镇州（今河北正定）这四个藩镇在洛阳都各自设立了留守的官邸，并私自招兵买马，窝藏罪犯。这件事被韩愈知道后，他下决心加以惩治。于是就对官差作了周密的部署，封锁了出城的各条道路，断绝他们跟外界的往来，以防他们有所准备，然后就等到天亮上报皇上，揭发他们的阴谋。这四镇的留守官员感到十分惧怕，力劝韩公不要上报给朝廷，并答应马上停止一切不忠的活动。结果这件事之后，郓州留邸果然发动叛乱，露出了狼子野心，竟然还扬言要血洗东都洛阳，以与淮西（今河南汝南信阳一带）、蔡州（今河南汝南）的叛乱遥相呼应。后来，韩公以行军司马之职跟随裴度出征淮西，讨伐叛军首领吴元济，他向裴度请求，自己要带领精兵

数千人，从旁路出击，直奔蔡州，必可生擒吴元济。但是这个计划还没有被批准的时候，李愬就已经从文城（今河南唐河）趁雪飘之夜拿下了蔡州，并擒住了吴元济。韩愈的谋略未能实行，三军将士无不为之惋惜。当时蔡州虽已被平定，镇州仍未投降，于是韩愈再一次向裴度进言，说："现在蔡州叛军已经被消灭，凭着这浩大的声势，我认为不用再兴师动众，耗费兵力，只要派人向镇州的王承宗说明利害就行了。"裴度接纳了他的意见，于是招来善于说理的柏耆，并亲自向他口授送给王承宗的书信，由柏耆写下来，然后让他拿着这封信去镇州见王承宗。王承宗慑于朝廷的威严，再加上知晓了其中的利害，于是就上书表示愿意接受劝降，并将德州和棣州献给朝廷，以示诚意。李翱所写的韩公的行状，与神道碑中的记载是大致相同的，但是关于这几件事，新旧《唐书》中却丝毫未曾提及，并且在记录收服镇州一事时，把其中的功劳全都给了柏耆，看来他们是从没看过皇甫湜的文集吧！《资治通鉴》中对于此事的记载略为翔实一些，但是却说是柏耆用劝降的计谋说服韩愈，而待韩愈转述给裴度之后，才修书一封让柏耆前去镇州劝降的，这些说法对韩愈真是太不公平了！

论韩公文

刘梦得（刘禹锡）、李习之（李翱）、皇甫持正（湜）、李汉对韩愈的文章都充满了仰慕之情，极力地加以称颂。刘梦得是这样称赞的："天下险峻的高山不计其数，但是华山却以它的峭拔而扬名；历代做文章的大家也是层出不穷，但是韩夫子却可以凭借自己的才华而独树一帜。鸾凤一旦发出叫声，蜩螗便会自动停止鸣叫，现在韩夫子的文风挥指天下，俯视四海九州，纵横今世文坛，对我们的文章加以中肯的评论，最近的这三十多年里，夫子已经名扬天地间了。"李习之的评价是："自建武（东汉光武帝的年号）以来，文风日下，主旨败坏，文章的气质变得浮靡委顿，剽窃摘取成风，而且互相指斥，而韩夫子却一改近年来文坛的浮华之气，恢复了文章本身的价值。他的文章体式不仅包含了西汉的大气，超越了秦时的成就，而且完全可以跟周、商时期的散文并驾齐驱。在他的文章中，《六经》简约质朴的文风得以重现，并有了新的境界，这样天下做学问的人才又有了可以效仿和学习的对象，从而使文坛的气息为之一变。"他还说："韩公常说，自西汉扬雄以后，文坛上就没有真正的大家出现过。所以他写文章，从不以别人的文章为范本，但是往往会在不经意间写出好文章，与古代的范文有异曲同工之妙。后来的学子们如果想作好古文，都会以他的文章作为典范来遵循。"皇甫持正的评论是："先生写的文章，主旨总是精妙绝伦，整篇文章也自成一体，他的思想大多取于《六经》中圣人认识事物的经验和方法。他推崇的是在同道中以身作则，分清事物的好与坏，排斥异端邪说，遵循孔孟之道，维护大道之礼。其见解纵横古今，没有界限。笔法遒劲有力，辞采绚丽，光耀天下。其内容更是严密充实，章法自然妥帖，精致绝伦，词句章法运用得炉火纯青，自周代以来，无人能及。"又说："（韩愈）写文章，就像是巧夺天工，承接了孔、孟的文风，并加以挖掘和发扬，所以其文章出众，有明朗之气，堪称是唐代文章的典范。"还说："韩先生的文章就像是秋日的长江之水，一泻千里，如果这样的水用作灌溉，可能就不太适合了。"不过这种说法有些偏颇，没有领略到韩公文章的精要。李汉对韩愈文章的评说是："韩公的文章，其章法不循旧制，变幻莫测，其收转自如就像是蛟龙翻飞，其文辞的华美绚丽就像是猛虎腾空而来，其语言的铿锵有力就像是万钟齐鸣，韶乐共奏，像太阳的光芒一样耀眼，像白玉的光泽一样洁白，怀周人之情，寄孔子之思，其间的万种状貌，对于礼义仁德的浸润，非常鲜明。"文章开头所提到的四个人，把赞扬韩公的话基本上都说尽了。但是苏东坡却不以为然，他在《韩文公庙碑》中说，关于韩愈的所有评论都不足以说出他的妙处，所有的语言都表达不出其中的意蕴。苏东坡的碑文中大概的意思是："一个世间的普通人，却能够成为百代效仿的宗师，他所说的每一句话都可以成为天下人做事的原则，之所以有如此大的影响力，是因为他的言行举止可以跟天地滋润万物相比，直接关系到国家的兴亡成败。从东汉至今，儒道被破坏殆尽，文风颓败，即使经过了唐代贞观、开元两个盛世也没能挽回这衰颓之势，只有韩文公能够在言谈间痛斥邪说，天下人都为之振奋，用心随之。正是因为有他，现在文坛的风气才渐渐归于正道。他的文章一举扫清了自东汉、魏、晋、宋、齐、梁、陈、隋八代以来的衰落之势，逐渐把天下人从败落颓靡中解救出来，这样的功绩难道还不能与天地齐名？"苏轼在这篇碑文的后面又写了一首骑龙遨游白云乡的诗，其诗慷慨激昂，可与《诗经》中的《雅》《颂》之风并论，这才可称得上是与龙蛇虎豹翻腾搏斗的气势，如此气势真是宏伟呀！

治生从宦

韩愈曾经有诗说："居闲食不足，从仕力难任。两事皆害性，一生常苦心。"

其实养家糊口与谋职做官本来就是两条完全不同的路，历代也没有人能够两者兼而有之。汉朝的张释之曾经用钱财买了一个郎中来做，但是历经十年还是没有一次升迁的机会，于是他感叹道："我已经做了十年的官，不但没有赚取任何的钱物，反而花去了哥哥不少的积存。"不久便离职回乡。司马相如也用钱财买了个郎官，后来因为疾病离职休养，但是家中没有任何的收入，想做什么都不能成行，后来迫不得已，只好跟着自己的老朋友去临邛谋生路，此后再回到成都之时，已经是家徒四壁、穷困不堪了。

第九卷

霍光赏功

汉武帝时期与周边的少数民族特别是匈奴的战争频繁，他为了鼓舞士气，就用爵位奖赏立下战功的将士。只要是在作战的时候勇猛向前，立下战功的，不论是王侯还是庶民，是富贵还是贫贱，全都被封侯。但是到汉昭帝时期，情况就发生了变化，当时大鸿胪田广明一举平定了益州少数民族的叛乱，俘获了将近三万人，并将首领斩杀。但是这样的赫赫战功，仅仅被赐爵关内侯，原因是这时汉室的大权基本由霍光掌握，他主张让百姓安居乐业，休养生息，不希望将士们贪恋战功而在边疆滋扰生事，至于益州的战事，那是迫不得已才动用兵力。类似的事情在唐朝也曾经发生过，宋璟为了抑制郝灵佺而杀死突厥可汗墨啜的原因也是如此。但是后来却出现了徇私的事情，数年之后，范明友攻打乌桓，傅介子攻打楼兰，同样是边塞之事，两人却都被封了侯，这样做就有失公平了，他们被封侯的原因不过是因为范友明是霍光的女婿罢了。

汉文失材

李广经常跟随汉文帝出行，无论是突破难关还是猎杀猛兽，他都是第一个冲锋者，所以文帝就对他说："真是太可惜了，像你这样的猛将，如果生在高祖时期，封个万户侯又算得了什么呢！但是你却是生不逢时啊！"

贾山是一代文臣，他曾经向汉文帝进言，力陈国家的治乱之道，以秦国的治理为例，详细地分析了治国的原则，他的陈述忠烈刚直，通俗易懂，晓达通畅，其明理不亚于贾谊，但是就是这样一位贤臣，却没有谋到一官半职。但是所谓的史学家们却总是夸赞汉文帝，说他宽容仁厚，贾山的言辞如此刺耳不中听，而是文帝却没有放在心上、不加惩罚，甚至称赞他是个容纳百川、广开言路的皇帝。其实从以上这两件事完全可以看出，汉文帝一生做了太多的错事，被他埋没的人才太多了。

　　孝景帝初即位时，吴、楚等七国起兵反叛，当时李广担任骁骑都尉，跟随周亚夫出征，夺取了敌军的军旗，在昌邑城立下了战功，但是因为他私自接受了梁王刘武私授的将军绶印，回朝后，便没有得到任何的封赏；汉武帝时期，他曾经五次担任将军进攻匈奴，但是却阴差阳错，没有立下丝毫的战功，最后在一次战败后因无颜回朝而拔剑自杀身亡。李广是一代名将，经历了汉文帝、汉景帝、汉武帝三代王朝，最终还是没有实现自己平生的夙愿，这真是命运的无奈啊！

陈轸之说疏

战国时期到处游说的谋士，用合纵连横之说说服各国的君主，采纳自己的建议。他们所图谋的不过是一时的利益和个人的私利，至于情理道义、是非曲直，根本就不会放在心上。

秦国的张仪为了拉拢楚国，就欺骗楚怀王说，只要楚国能够与齐国绝交，秦国就答应把商於（今陕西商南县、河南淅川县及内乡县一带）之地拱手奉送给楚国。面对如此有诱惑力的条件，楚王动心了，大臣陈轸向楚怀王上奏说："大王一定要三思，如果我们唐突行事，张仪必定会背信弃义，到时候，我们不但得不到商於之地，反而会使齐国与秦国联合起来，那我们就会腹背受敌了。如果我们与北边的齐国失和，多变的秦国就会在西边制造事端。"到这里为止，陈轸的话还是很有道理的，看起来是处心积虑地为自己的国家考虑。但是他又接着说："我看我们不如私下里继续与齐国交好，但是在表面上要装出已经决裂的样子，先派使者跟随张仪去秦国，看情况而定，如果秦国真的有联合的诚意，愿把商於之地让给我们，到那时再与齐国断绝关系也不晚。"由此可以看出，陈轸觉得是否与齐国绝交的标准，并不是与齐国的情谊，而是能否得到秦国所承诺的土地而已。后来果然如陈轸所料，秦国还是违背了诺言，于是楚怀王决定与秦国开战，这时陈轸又进谏说："我们不如把我们国家的一个名都送给秦国，以此作为代价，与秦国一起攻打齐国。一旦占领了齐国，我们在秦国那里所失掉的土地就可以在齐国得到加倍的补偿。"这样荒谬、不合情理的阴谋只有狡诈的人才想得出来。秦国背信弃义，对楚国不讲信用，楚国反而要拱手送上名都去讨好秦国，而齐国一直都是楚国的盟友，现在却因一时的私利要与其交战！这是什么道理？其实楚国应该做的是向齐国奉送土地和钱物，并诚心地向齐国道歉，以求得到齐国的谅解，然后在齐国的支持下对抗秦国。谁知楚国竟然要反过来联合秦国侵吞齐国，陈轸的这个想法实在是天理不容，太欠思量了！与陈轸之流相比，可知鲁仲连、虞卿这样的人物才是真正的英雄豪杰、仁人志士，才是真正讲情义的人，不是陈轸之流所能企及的。

老人推恩

唐代不仅奖励孝行，而且对老人十分仁厚，在赦免和宽恕犯过失的有罪之人时，对老人十分优待。唐玄宗开元二十三年（735年），皇帝亲自躬耕，行籍田礼，而且规定凡是侍奉老人达到百岁以上的人，就可以被封为上州刺史；九十岁以上的人就可以被封为中州刺史；八十岁以上的人就可以被封为上州司马。开元二十七年（739年），皇帝下令施恩，大赦天下。那时百岁以上的老人可以直接享受同下州刺史的俸禄，妇女则可同郡

51

君相同；九十岁以上的老人可以享受同上州司马的俸禄，妇女则与县君相同；八十岁以上的老人可以享受同县令的俸禄，妇女则可与乡君相同。至天宝七年（748年），京城以内的所有七十岁以上的老人都可以享受到跟县令一样的俸禄，而六十岁以上的老人则同县丞享受一样的待遇。对京师之外的老人也有恩惠，凡在京师之外的州县侍养老人，被封授的官职同开元年间的相同。到了宋朝，只有侍养老人达百岁以上者，才可以得到最低官职的封授，这与唐朝时期的制度是无法相提并论的。至孝宗淳熙三年（1176年），逢太上皇庆贺寿辰，恩泽才稍微增加一些，结果出现了很多人谎报年龄和籍贯，以图得到封号和俸禄的现象。如果这些事情在普遍施恩的唐朝出现的话，真不知道变成什么情况了。

忠义出天资

容斋随笔精粹

一个人是否忠肝义胆、重情重义、誓死守节，完全是天性使然，与他所任官职的高低和受到的恩惠的深浅是没有什么必然的联系的。

当初王莽掌权时，假借天象，篡夺了汉室的皇权，作为汉室的青年才俊，刘歆不但不加以阻止，反而为虎作伥，趁机牟利；同样，时任宰相的孔光，承蒙皇恩，却不思回报，也帮着王莽篡位夺权，希望能从中分得一杯羹。与这些人相比，当时已经被罢免的大夫龚胜却为了气节和道义而死，实在可敬。郭钦、蒋诩身为刺史和郡守，栗融、禽庆、曹竟、苏章仅为儒生，却也都弃官为民，誓不与王莽同流合污；王莽即位后制定了很多政策，但是在陈咸的家里，从来都未按照王莽所制定的年终祭礼祭祀。

南朝时期，萧道成谋夺刘宋皇室的皇位，褚渊、王俭都是当时的名门望族，而且身任高官，要么是皇帝的外甥，要么是皇帝的女婿，但是他们却全力支持萧道成灭刘，即刻实施都嫌为时过晚。而到头来为刘宋汉室死守的人却是王蕴、卜伯兴、黄回、任侯伯这几个出身寒庶、身份低微的人。

唐玄宗时期，安禄山、朱泚发动叛乱，他们的幕府和爪牙全都是像陈希烈、张均、张垍、乔琳、李忠臣这些身为宰相担任要职的人，而像甄济、权皋、刘海宾、段秀实这些小小的军府官吏或者是已经被罢免的卿相，却为李氏王朝鞠躬尽瘁，甚至葬送了自己的性命，其名节可歌可泣，四海皆知。从上面的这些例子，我们可以很清楚地看到，是贤良之臣，还是奸佞贼子，并不与权势相关，而这中间的差距真是有天地之分啊！

刘歆不孝

只有对自己的父母有孝心的人，才能够做到对君主的忠诚，所以君主要想求得忠心的臣子，就要到以孝为先的家族中去寻求。

汉代刘歆对待他的父亲刘向，虽然史书上没有记载他的不孝言行，但是在他们的谈论中会经常出现意见不一致的情况，而且会引发激烈的争吵。事实证明，刘向是个忠臣，他一生致力于抑制外戚专权，抵制王氏的势力，坚决维护刘氏的天下；而其子刘歆却是个奸臣逆子，他彻底倾向于王莽，助纣为虐，甚至在王莽篡汉之后，担任王氏政权的国师公，恬不知耻地为了图谶中的预兆而改名为刘秀。这样的奸佞无耻之人不会有好的下场，最终他还是被王莽所杀，甚至他的儿女也遭杀身之祸。天道亦能在无形之中惩罚从恶之人，那些心怀邪念之人也该惧怕了吧！

汉法恶诞谩

汉朝的李广因作战时军队伤亡惨重，被贬为平民，赋闲在家。一日，与退居在家的前颍阴侯孙子灌强同去打猎，在霸陵亭遭到霸陵尉的羞辱，后来在任右北平太守之时将霸陵尉杀死。但是他如实向皇帝禀报了这件事，并甘愿领受重罚。汉武帝却回答说："铲除恶人，以报怨仇，这些正是我对将军你的期望，如果你因为这个而赤脚免冠地来向我叩头请罪，那就不是我的意愿了。"

汉宣帝时期，张敞一怒之下杀了絮舜，然后主动上书启奏说："在我担任京兆尹的时候，絮舜本是我手下的一个小官吏，而且我也非常看重他，后来朝中有人上书弹劾我，说我犯了过错，所以我要被罢免，然后接受朝廷的调查，但是我还是负责处理衙门里的事务。然而那个絮舜竟然趁机讥讽我，说我只是个'五日京兆'，意思是说我做官不能长久，只能做五天的京兆尹而已。不仅如此，他还忘记了我从前对他的恩德，对我傲慢无礼。臣自认为这人是个没有德行的小人，唯有杀之而后快，于是就无法自控，违背了朝廷的法律将他处死。在他没有被判刑罚惩治之前，我就私自把他处死，是我犯下了过错，没有按照朝廷的规定办事，但是我已经让他受到了惩罚，虽死无憾。"没想到汉宣帝听了之后不但没有责罚他，反而封他为刺史。

按汉代的法律规定，惩治最重的是欺诈蒙骗皇帝的人。李广和张敞虽然都私自杀了人，但是他们都坦白地承认了自己的错误，而且说出了真实的情况，做好了接收责罚的准备，因而皇帝不但赦免了他们，而且还提升其官职。其实这样做就是要告诉臣子和天下的百姓，任何事情都不可欺瞒皇上，这个策略是非常有效的。张汤也曾经被汉武帝所器重，后来当皇帝问及鲁谒居的事情时，他吞吞吐吐，刻意隐瞒，结果汉武帝认为张汤对他有所欺骗，于是就毫不留情地把他给杀了。这就是皇帝统治臣子和天下的妙法。

朋友之义

朋友之间，情义为重。纵观世上的情感，其中为天下人最看重的有五种关乎伦理的关系：君臣之情、父子之情、兄弟之情、夫妻之情、朋友之情。无论是天子重臣，还是黎民百姓，都离不开朋友之间的交往。"如果天下的民俗风气日渐淡薄，那么朋友之间就没有什么情义可言了"，这句话出自《诗经》；"不能获得朋友的信任，就无法取得君主的赏识"，这句话出自《中庸》《孟子》；"想成事的人就要让自己的朋友相信自己"，这是孔子的观点；"车、马、衣服，皮裘要跟自己的朋友分享"，这是子路的志趣；"与朋友相处，必须要讲信用"，这是曾子的志向。《周礼》一书中一共列举了人的六种最好的、不可或缺的品德，其中的第五种就是诚信，尤其是指朋友间的信任。古人中和朋友生死与共，为朋友两肋插刀的例子数不胜数，自汉、唐开始，有范式和张劭、陈重和雷义、元稹与白居易，还有刘禹锡和柳宗元，这些人与朋友相互了解，相互支持，始终交好，从不因彼此地位和权势的改变而动摇心中的情义。宋朝建立后的一百年间，这样的风气依然很浓厚，出现了很多令人感叹、值得传颂的事迹，可叹的是现在这样的情景已经不复存在了，真是令人感慨万千啊！

辛庆忌

汉成帝十分宠爱赵飞燕，打算立她为皇后，但是遭到了刘辅的坚决反对，并向汉成帝直言进谏，毫不避讳。汉成帝对此非常恼火，心怀愤恨，于是把他关进了掖庭狱中，欲处以死刑。左将军辛庆忌不忍忠臣被杀，所以联合群臣上书，为刘辅说情，刘辅才得以幸免。

又一次，朱云启奏成帝，请求诛杀奸臣张禹，成帝为此龙颜大怒，立即要将朱云推出去斩首。这时，辛庆忌立刻从头上取下自己的官帽，并解下自己的官印和绶带，然后伏下身子，跪倒在大殿之上，边磕头边说："朱云一向是个耿直不羁之人，但是他绝对是为了江山社稷着想，臣可以用自己的项上人头来担保，朱云此举绝无恶意，请皇上开恩。"说完之后，继续磕头不止，直至鲜血流过脸颊，依然如故。皇帝见此情景，明白辛庆忌的忠心，不忍让他继续下去，怒气稍息，朱云才得以活命。以上所说的关于辛庆忌的两件事，完全可以与汲黯、王章这两位以忠谏闻名的大臣相比。而班固在撰写《汉书》的时候，并没有把这两件事写入辛庆忌的传记中，而只把他视作一个只知勇猛杀敌的武将，在文中只提到匈奴和西域对他非常敬重，在边疆很有威信。更为可气的是，当辛庆忌为朱云据理力争之时，所有在场的王公大臣都在冷眼旁观，看到庆忌一人叩头进言，竟然全都不为所动，没有一个人出手相助，这些人真是可耻可恨啊！

容斋随笔精粹

第十卷

爰盎温峤

汉文帝时期，宦官赵谈总是与爰盎作对，想要加害于他。一次，爰盎哥哥的儿子爰种向叔父献计说："您不能总是对他（指赵谈）谦让，而应该主动跟他斗争，您可以在朝廷中当众指出他的羞耻之处，狠狠地羞辱他，这样即使他在皇帝面前说你的坏话，皇帝也会认为他是伺机报复，不会再相信他了。"爰盎认为他说得很有道理。有一次，皇帝乘车出巡，赵谈也耀武扬威地坐在车上，于是爰盎上前对皇帝说："皇上明鉴，可以与您同坐六尺之舆的人，应该是天下的有识之士、英雄豪杰，您怎么能让一个已经被阉割的不全之人与您同坐呢？这太不合适了！"皇帝听后大笑，于是把赵谈赶下了车，赵谈只好哭着退后。

东晋时期，王敦的身边有一人名为温峤，他即将离开王敦，但是怕钱凤趁自己不在的时候，在王敦耳边献谗言陷害自己，于是想出了一个办法。临别之际，王敦设宴为温峤送行，宴会上，温峤起身向众人敬酒，他故意走到钱凤的面前，伸手就将他的头巾扯落，并装作满脸怒气地大声呵斥道："你算个什么东西呀，我温太真（温峤字太真）屈驾向你敬酒，你竟然还敢摆架子！真是岂有此理！"说完就愤然离去。待温峤走后，钱凤就到王敦的住处，对王敦说："温峤这个人不可信，他与朝廷的来往十分密切，恐怕会对我们不利呀！您千万不能轻易相信他的谎话……"还没等他说完，王敦就打断了他的话说："好了，你无须多言，虽然温太真昨天醉酒后做得是有些过分，但是你也不能公报私仇，今天就跑到这里来说他的坏处啊！这样做也太不仁义了！"温峤的妙计打乱了钱凤挑拨离间的诡计，保全了自己。

这两人的智慧确有相通之处啊！

爰盎小人

爰盎（即袁盎）是个名副其实的小人，无论做什么事情都是公报私仇，还非要给自己找个为公的借口，实际上完全是为了宣泄私人的情绪，从他开始做官的时候起，就从

容斋随笔精粹

来没有发自内心地为国效忠、为民做事。他曾经在吕禄的府中做过舍人，后来吕禄被周勃所杀，他便与周勃结下了仇怨。汉文帝对周勃礼遇有加，这本与爰盎没有什么关系，但是他因为从前的恩怨记恨在心，竟然诬陷周勃，说他根本称不上"国家的忠臣"，并很多次说了对周勃不利的话。他对皇上说，其实周勃对于处理吕氏的事情没有任何的帮助，因为他对此根本就没有过任何的谏言，至于他能够诛杀吕氏一事，不过是巧合罢了。他的这些谗言让汉文帝转变了对周勃的态度，不但不再看重他的才华，甚至罢免了他的职位，把他遣回自己的封国之后，又让他遭受残酷的刑狱之灾。

爰盎曾经去拜访过丞相申屠嘉，但是因两人的政见不合，不相为谋，所以申屠嘉对他十分冷淡，于是他就怀恨在心。到后来他在皇帝的面前得宠，就跑到丞相办公的地方去肆意地羞辱他，以报当年未受礼遇之仇。还有前文中提到的，因为他与宦官赵谈有过节，于是就当面指出赵谈的不可见人的短处，不让赵谈与皇帝同车，以达到羞辱赵谈的目的。爰盎一直与晁错不合，待七国之乱时，他便趁机从中挑拨，请求汉景帝杀了晁错以平七王之怒气。

爰盎本是安陵（今河南鄢陵）的一个草莽之人，混迹于盗匪之中，也难怪此人心狠手辣，怪异多疑到如此地步，这样的人落得被刺客残杀的下场，也不为过。

唐书判

　　唐代选拔官吏主要有以下四个条件：一是要身材魁梧，相貌端正；二是要善于言辞，说话标准流畅；三是要有一定的书法造诣，尤其是楷书要刚劲秀美；四是在案件判决时，判词要文理清楚、晓达通畅。凡是符合以上条件的，大概就可以通过吏部的登科考试，这叫作"入等"，其中成绩最劣者，称之为"蓝缕"，如果已经通过选拔合格的人员未能额满，那就要对落第之人进行第二次的选拔，可再作文章三篇，这叫作"宏辞"，通过三条判状的考试则称为"拔萃"。当时的情况与现在不同，考中者即可立即被授予官职。因为选拔的条件之一是书法，所以那时的士子个个都有一定的书法造诣；选官的条件中以判状的文采作为重点，所以当时唐人所写的判语一定是顺畅对偶、辞采华茂的，像现在广为传颂的《龙筋凤髓判》和《白乐天集》中的《甲乙判》就是此类的文章。

　　当时从朝廷到地方州县，如果不好读书，不擅长文字书法，就不能获得官职。就算是已经身居高位的宰相或者辅政的大臣，如果要向皇帝启奏，也要整整齐齐地写在奏章上，而且至少要用数十句的对偶句。现在被存留下来的郑畋写的敕书和堂判就是这样的作品。唐代在写判词的时候，还有一些有趣的习俗，就是在判词中夹杂着一些有趣而精致的古代故事，而且还要运用诙谐幽默的语言来串联，叫作"花判"。当时的情况就是这样处处讲究文采，而现在的情况则截然不同了。写判词的人倚桌而坐，提起笔后哪怕只写一个字也算是个判状。其实在宋朝初建之时，这些唐代的遗风还有所保留，可到了现在，时间久了就慢慢地被遗忘殆尽。不过唐朝的选官制度中也有一些不可取的地方，比如说以貌取人，就有失公平。

水衡都尉二事

　　汉宣帝时期，龚遂担任渤海太守，因他的政绩显著，皇帝打算召见他。临行之时，议曹王生请求一同前往，龚遂不忍拒绝，于是两人一同前往长安。

　　龚遂随官员一同进宫之时，王生在他的后面大声地叮嘱道："皇上如果问你是如何把渤海郡治理得如此太平的，你应该这样回答他：'所有的功绩都是依靠皇上的圣明，其实我自己并没有什么功劳。'"龚遂听了王生的话，记在了心里。到了大殿之上，宣帝果然问了他同样的问题，他便按照王生所教的说法回答了皇上。宣帝看他如此谦恭礼让，高兴地笑着说："你是从哪里学来的长者之言来回答我的问题的呢？"龚遂照实回答说："这些话都是我将进宫时，议曹王生给我的建议。"于是汉宣帝立刻下令召见王生，并任命龚遂为水衡都尉，任命王生为丞。龚遂身为渤海太守，政绩显著，皇帝本来就应该加以奖赏，但是皇帝却对他的虚伪之辞颇感兴趣，也难怪后来会出现王成与胶东王谎报政绩一事！

类似的事情，褚少孙在他所补写的《史记》中也曾经有过记载。西汉时期，汉武帝召见当时的北海太守，在旁的文学卒史王先生请求一同前往。太守即将入宫之时，王先生小声地附耳说："天子若询问你如何治理北海，使之无盗贼，民安乐，你该如何应对呢？"北海太守干脆地说："当然是因为我善用贤才，赏罚分明，尽力为之喽！"王先生笑着说："你这样做就错了，这不等于是在皇帝的面前邀功请赏吗？绝对不可以这样回答，否则吉凶难测。你应该这样回答：'这些政绩不能归于臣一人，那都是皇上您的恩德泽被了北海的民众。'"于是太守就按照王先生的话来回答汉武帝，武帝听后大笑，心里非常高兴，就询问太守说："你是从哪里听到的长者之言来回答我的问题呢？"太守诚实地回答："文学卒史王先生所嘱。"于是汉武帝就任命太守为水衡都尉，任命文学卒史王先生为丞。这两件事情的起因、经过和结果如此惊人地相似，所以我认为这可能本就是一件事情，所谓的北海太守实际上就是渤海太守龚遂，可能是褚少孙弄错了。

战国自取亡

战国时期，秦国凭借着关中之势，不断地侵吞其他六国，仅百余年间，就将其他的诸侯国全部剿灭，称霸天下。世人都认为秦国占尽了天时地利，而且秦国的国君和将领善于用兵，通晓强国之理，所以才会势如破竹，百战不殆，一举夺得天下。不过这些都不是秦国一统天下、六国迅速覆亡的根本原因，据我仔细探究，六国之所以被灭，完全是自掘坟墓、自取灭亡，把六国置于死地的不是秦国，而是六国本身。

韩、燕乃弱小之国，可暂不商讨。我们来看其他四国是如何一步步地走向灭亡的。魏国因惠王而衰落；齐国因闵王而颓败；楚国因怀王渐显颓势；赵国则因孝成王的贪念而灭。这样的恶果都是因他们的穷兵黩武、贪恋私利而致。

魏文侯、魏武侯之时，乃魏国的鼎盛时期，其时魏国的江山比三晋之地还要广阔得多，诸侯国中无一国能望其项背、与之抗衡的。但是自从魏惠王继位之后，就开始大肆征讨赵国和韩国，并妄言要一举占领赵国的都城邯郸。结果就在他沉浸于自己的"宏图伟业"中沾沾自喜的时候，被齐国打败，损失惨重，太子也身亡了。这时秦国趁机侵扰魏国，魏国的国土日益缩小，很快就丧失了河西七百里的国土，国势急转直下，不得不离开都城安邑（今山西运城东）而东迁到大梁（今河南开封）。迁都后，世代都没有再出现强盛的局面，直到覆灭。

齐闵王也是承袭其先人齐威王、齐宣王的功绩，那时崤山以东的诸侯国中，数齐国最为强盛，但是齐闵王贪念过重，为伐宋获取的利益冲昏了头脑，不顾国家的实际情况，

不加休整就向南侵扰楚国，向西侵扰三晋，意欲吞并东西二周，做着称霸天下、立自己为天子的美梦，最终却被弱小的燕国所败。后来虽然凭借田单的才识和能力，逐渐恢复了自己的国土，但是后代的子孙已经没有称霸的雄风，只求能够苟且偷安，最后的结局就是中了秦国的阴谋诡计，束手就擒。

楚怀王也是一个贪心之君，他一直对商於（今陕西商洛至河南内乡一带）的六百里土地虎视眈眈，后来终于经不住张仪的诱惑，最终不仅没有得到梦想中的商於之地，丢失了国都，折损了自己的军队，而且自己也被秦国围困，身陷囹圄，不久便丧命了。

赵国表面上是替韩国伸张正义，实际上对韩国的上党之地觊觎已久，利令智昏的孝成王让赵国无数无辜的民众战死沙场，一天之内被坑埋于长平的士兵就多达四十万人，江山社稷几乎成了一片废墟，幸运的是赵国的政权并没有就此颠覆，但是最终也逃脱不了被秦国吞并的下场。

这四个强国的君主，如果能同心协力，力保自己的疆土不被别国侵犯，与周边的国家友好和睦地相处，遵从上天的指示，努力管理好自己的国家，不总想着怎么去侵吞别的国家，占领他人的领土，就算秦国兵强马壮，又能把他们怎么样呢？

临敌易将

战场之上，情势危急，所以在作战的时候临时更换将领，乃是兵家之大忌。但是任何事情都没有绝对的对与错，不能一概而论，而是要根据具体的战况做出正确的决定。如果客观上需要更换将领，但是却因为没有临战更换将领的先例而不换，那也是不对的。比如历史上，秦国在与赵国的作战中，用白起换了王龁而得胜；在与楚国的战役中，用王翦换了李信而灭楚；而魏公子无忌更换了晋鄙而赢了秦国。看了这些事例难道还能说临战不可易将吗？而燕国用骑劫代替了乐毅而惨遭失败；赵国在与秦国的战争中用赵括代替了廉颇而大败，后来又用赵葱替换了李牧终致亡国；魏国派人替代了信陵君的位置也惨遭灭国，看了这些事例难道还能说将领可以更换吗？可见，无论是治国还是治军，任何事情都要以具体的情况而定，不能一概而论。

司空表圣诗

苏东坡夸赞司空表圣（即司空图，晚唐待人）的诗文清新高雅，有一种承平时代宁静致远的遗风和底蕴。他还曾亲自排列出表圣诗中的二十四韵，并因为当时没有人能体会到其中的妙处而深深抱憾。他还说："表圣在谈到自己的诗时，认为自己已经深得境外之韵的神妙，比如其中的'绿树连村暗，黄花入麦稀'这一句就写出了妙处。还有'棋声花闭院，幡影石坛高'这一句，笼统来看没什么特殊之处，但是自从我单独一人去白鹤观一游，那里松林满院，遮天蔽日，满观不见一人，只有棋子落地的声音，这时才能真正体味到这两句诗的妙处所在，唯一有些遗憾的是，这首诗意境颇为清寒，有些古朴的僧人之态。"我也曾经读过表圣的《一鸣集》，其中有一篇《与李生论诗》一文，说的就是苏东坡的这些话。他的五言绝句颇多，余下的还有："人家寒食月，花影午时天""雨微吟足思，花落梦无憀""坡暖冬生笋，松凉夏健人""川明虹照雨，树密鸟冲人""夜短猿悲减，风和鹊喜灵""马色经寒惨，雕声带晚饥""客来当意惬，花发遇歌成"。还有七言绝句诗："孤屿池痕春涨满，小栏花韵午晴初""五更惆怅回孤枕，自由残灯照落花"。这些诗句都有很多值得称道的地方。

第十一卷

将帅贪功

身居将帅之位，就一心想立战功，把所有的心愿都寄托在自己的战争生涯之中，战斗的热情永远不减，这些都是将帅之风。由于这样的心态，即使是古代的名臣良将，也很少主动退让和自我收敛的，大多不明白适可而止的道理。

廉颇年老之时，还是像年少时一样每一顿饭都要强迫自己吃一斗米、十斤肉，披挂上马，以证明自己雄风犹在，依然可以上阵。郭开本想劝服他退阵回家养老，这下也没有理由了，但是廉颇最后还是因为郭开的谗言没有被重新召用。

汉武帝时期，匈奴之患困扰已久，皇帝决定举行大规模的反击，李广听说了这件事，坚决要求参战。但是汉武帝认为他已年迈，不能再重上战场杀敌，开始没有同意他的要求，而李广坚持要去，汉武帝无法，只好批准他出战。但是李广在这次战役中的表现却不出色，先是与大将卫青有了分歧，后又因没有向导而在沙漠中迷失了方向，没有赶上与匈奴的战斗，最后拔刀自刎。

汉宣帝时，先零羌族反叛，那时赵充国已经过了古稀之年，皇帝认为他已经没有英勇杀敌的能力，就让丙吉询问他，谁才是这次出征的最合适的将领，但是赵充国却回答说："我认为目前还没有比我更合适的人选。"于是就披挂上阵，即刻奔往金城（今甘肃兰州西北），很快就画出了战略图，制订出克敌的方法，并把这些都呈现给汉宣帝，后来赵充国果然取得了一场大胜，平定了叛乱，但是却祸及自己的儿子赵卬落得了一个自杀的下场。

光武帝时期，五溪的少数民族发生了叛乱，危及政权，马援闻知，立即要求领兵出征，但是光武帝认为他年事已高，不想让他受战场厮杀之苦。但是马援并未就此罢休，还是坚持说："皇上请允许老臣吧，您看我还可以披挂上阵！"皇帝不忍拒绝他的再三要求，就答应让他试一试，于是马援转身跨上马鞍，并向左右点头示意，表示自己完全还可以再次领兵出征。皇帝满意地说："你这个老人家还真是勇健威猛啊！"于是就任命他为将军，但是结果却不尽如人意，马援并没有取得胜利，而是在壶头山（在今湖南沅陵境内）兵败，后因病而亡。

李靖曾经在唐太宗时期做过宰相，后来因为脚上患有疾病而退职在家休养。这时恰恰遇到吐谷浑侵扰边境一事，于是他不顾自己脚上的疾患，去见房玄龄说："我虽然已经老了，但是还是可以上战场的，请让我领兵出征吧。"随后李靖被派往平定吐谷浑的叛乱，虽然大获全胜，但是却遭到高甑生的诬陷，差点冤死。后来唐太宗又打算征讨辽东，于是就召见李靖商议此事，皇帝问他："现在高丽依然没有臣服于朝廷，你还想带兵出征吗？"李靖毫不犹豫地答道："现在虽然我体弱多病，但是如果您依然信任老臣，那老臣的病很快就会痊愈的。"这一次，太宗看他确实已经没有力量再领兵出战，就没有答应他的请求。唐将郭子仪在八十多岁的时候，依然担任关内的副元帅和朔方、河中两地的节度使，不甘心就此离职退隐，所以唐德宗只好将他罢免。

其实这些人都称得上是历史上的英雄豪杰、忠臣良将，但是却也免不了世俗的羁绊，贤人犹是如此，更何况那些不如他们的凡夫俗子呢？

汉二帝之治盗

汉武帝末年，四方盗贼蜂拥而起，一时间迅速滋生蔓延，弄得人心惶惶。其中较大的匪群多达数千人，即使小的也有几百人。于是皇帝就派遣使者穿上绣衣，随身带着可以发号施令的虎符印信，带领军队攻打这些盗匪，这一次虽然俘获并处死了一万多人，但是盗匪之患还是没有得到彻底地解决。后来皇帝又颁布了"沈命法",这一法令规定：如果成群的盗匪出现但是没有发觉，或者发觉之后没有及时地按照规定的要求予以惩处，那么从享受二千石以上俸禄的官员一直到下级主管此事的官吏一律要被处死。面对如此严苛的规定，那些下级的小官吏都怕遭到杀身之祸，所以即使发现本地有盗贼出没，也不敢声张，因为担心告发后不能及时剿灭，那样不仅自己会小命不保，还会连累管辖自己的上层官吏。当然州府的官员为了自保，也不想让他们上报。就这样，下级隐瞒上级，上级也乐得落个轻闲，而盗贼却越来越多，渐成祸患。

光武帝时期，也出现了盗贼频繁出没的情况。这次皇帝也派使者前往，但是并没有予以镇压，而是让他们到各县区颁发诏令，支持盗贼之间的相互揭发，如有五个盗贼共同消灭一个盗贼的，这五个盗贼便可被免去惩罚。即使官员中过去有拖延不报的，发觉盗贼却不加镇压的，甚至有些故意纵容盗贼的，都不加追究，只是以剿灭盗贼的成效来论政绩。无论是州牧、郡守还是县令，如果发现本辖区内有盗贼出没但是没有及时捕获，或者因为胆怯懦弱弃城而逃的，都不追究过错，还是根据其抓获盗贼的多少来评定政绩的优劣，唯有对成群的盗贼加以隐藏和包庇的才被判有罪。一时间，为了能够立下更多的政绩，官吏们竭尽全力追捕盗贼，盗贼之间也兴起了举报之风，这样，盗贼之患便很快解决了。

这两个皇帝的目的都是消除盗贼之患，但是汉武帝的严，其效果就远不如光武帝的宽，这中间的差别就要仔细地思考一下了。

汉诽谤法

汉宣帝时，诏令群臣商议汉武帝庙堂的祭乐。夏侯胜上奏说："武帝时劳民伤财，挥霍无度，最终导致国库空虚告急，战事不断，老百姓辗转流离，土地荒废无人耕种，没有为天下百姓造福，所以根本就不应该为他设立庙乐。"大臣听了此话，都面面相觑，丞相和御史大夫当场就启奏皇上，要弹劾夏侯胜，原因是他竟敢在朝堂之上，诋毁先帝的圣明，实在不应是一个臣子所为，于是皇帝就把他打入了监牢。到了第二年的冬天，巧逢天下大赦，才得以解除牢狱之灾。

汉章帝时，孔僖和崔骃在太学求学时，讨论汉武帝的政绩，认为汉武帝初为天子时，崇尚圣明之道，尚可为圣明之主，但到后来，却日益昏庸，放纵享乐，完全抛弃了以往的明君作风和所做的善行。谁知这些话正巧被隔壁求学的一个太学生听到，并告发了他们，罪名同样是诋毁先帝，乱论时政，结果被狱吏抓捕，接受盘问，差点遭遇牢狱之灾，幸亏孔僖立即上书，竭力为自己辩护，才没有被治罪。

汉元帝时，贾捐之评价珠崖之事的时候说："汉武帝时期，大肆征集兵卒和马匹，用来征讨周边的少数民族，以致战乱不断。那时天下被惩治的罪犯不下万人，因为当时盗匪猖獗，群贼四起，而战事又接连不断，通常是父亲刚刚战死沙场，就传来了儿子的伤讯。女子也不得不登上边塞的城堡坚守，失去父母的孤儿在道路上号啕不止，剩下老妪在街角暗自垂泪。这些惨状都是当时肆意的扩边战争而致。"

上述的这三种对于汉武帝时期的功过评价，只有第三种切中要害，也最为中肯。同样是对于先帝的评价，但是三个皇帝却有的问罪，有的不问罪，这其中的原因难道不是因为夏侯胜违反了诏令，孔僖和崔骃诋毁了先朝的皇帝吗？因为这两种做法都是汉朝的法令明令禁止的，而像贾捐之那样只是就事论事，可能就不在问罪之列了吧？

谊向触讳

容斋随笔精粹

贾谊曾经写过一篇疏文上奏汉文帝，说："生时应当做个贤明的君主，死后也要是个圣明的神灵。如果把顾成庙（文帝为自己所建的庙）的庙号命名为太宗，那么就可以向上与太祖的庙号相配，汉朝的基业就会永远繁荣昌盛下去。即使出现了顽劣不堪、愚蠢不成器的后代，也可以承蒙祖辈的恩德而平安执掌政权。就算要辅佐遗腹子继承皇位，只要向您留下的衣物朝拜，天下也不会发生大的动乱。"他甚至还说："假如您不幸驾崩，就可以把皇位传给您的老母亲或者是幼年的太子。"这分明是在皇帝活着的时候，谈论他死去的事情，而且竟然还说"传之老母"，这不就是说汉文帝会先于太后而逝吗？还说他的儿子"愚幼不肖"，这不就是对皇族的后代加以贬斥吗？但是即便如此，汉文帝并没有觉得贾谊的话有过分之处，反而越发地认为他是个难得的忠臣，贾谊自己也并没有因此而有任何的忧虑之心。

汉成帝时，刘向曾经就王氏之事劝谏皇帝说："王室与刘氏，永远不可能两立并存。陛下作为刘氏的子孙，应该尽全力保住先帝留下的江山社稷，现在你却把王权拱手让给外戚，自己把自己降在仆人的位置，就算你自己的地位可以忽视，难道你可以不顾先帝和列祖列宗的嘱托吗？你死后有何颜面去面对他们呢？"他又说："你要明白，能够顺应天命执掌政权的，不仅仅只有一姓之人而已。"这明显是在江山尚在的时候，说亡国亡君的话，但是成帝并没有因此怪罪于他，而刘向也认为此举理所应当，没有什么不妥之处。至于后来他所说的，要及时地向宗室求助，其实就是很明显的自我举荐，他也并没有因此而有什么忌讳。

贾谊、刘向两人的言行都是发自内心的忠诚所致，所以即使是说了一些很不中听的话，甚至是禁讳之语也毫不察觉。如果说因为汉文帝是个英明的君主，所以可以宽容地

对待臣子的直谏，而且他的圣明让他有如此的反应也不足为怪，那么汉成帝能做到如此地步，容忍刘向触犯忌讳而不治罪，就很不简单了，这在后代的君主中也是很难做到的。

小贞大贞

如果身在至尊的君主之位，反而把自己的权力交给别人，国家的政令不能得到实施，皇帝的德行也无法泽被天下，自己被当作客人一样地对待，受别人的支配，那么离他自己灭亡、政权被颠覆的时刻就为时不远了。所以《易经》中有这样一句话："隐藏住自己的锋芒，用那些聚积的恩泽慢慢地稍微地做一些纠正，这就是吉祥的象征；而在一时之间做大的改变和调整，这就是凶险的预兆。"这句话的意思是说，背运之人应当在潜移默化中逐渐地调整自己的状态，改变不利于自己的形势。认同这个观点的人，通常会引用鲁昭公和高贵乡公作为例证。我认为面对逆境如何做出决断，这关系到一个国家的兴衰成败和君主的存亡，在历史上此类的事件中，有因为君主的刚强果断而成就江山社稷的，也有因为长久的忍让而不幸覆灭的，不可一概而论。汉宣帝因为霍氏专权而斩杀霍禹，汉和帝不顾以往的功绩诛杀了窦宪，汉桓帝也因为梁冀的专权和作恶多端消灭了他，北魏孝庄帝诛杀了尔朱荣，重获权位，这些都是历史上因为君主的刚强果敢而重新掌权的例子。像鲁昭公征讨季氏，齐简公暗自攻击田常，高贵乡公举兵讨伐司马氏，晋元帝因王敦篡位而讨伐，唐文宗意欲铲除宦官势力，潞王决意迁移石敬瑭，汉隐帝欲杀郭威，这些也都可以算作是刚强果断的决定，但是最终的结果却是因失败加速了自己的灭亡。这又如何解释呢？还有南齐郁林王明知萧鸾内藏叛乱之心，想制服他却没有任何的办法，只能坐视；汉献帝虽明白曹操心里到底打的是什么算盘，但是也只能乖乖地就范，以当时的情形，想除掉曹操根本就是不可能的；唐昭宗在事发之前也料定朱温迟早要篡夺皇位，即使想杀了他也是不可能实现的。他们的隐忍最终导致了自己的灭亡。即使他们想隐藏锋芒，慢慢地去纠正，在当时的情形下，难道是有可能做到的吗？

何进高叡

汉灵帝中平六年（189年），大将军何进开始执掌大权，他准备振兴汉室基业，打算诛杀所有奸佞的宦官。于是就向太后禀报此事，要求罢免所有的中常侍、小黄门，把他们统统遣回私宅。但是太后认为皇宫内部的事务一直由宦官来管理，这是汉朝的惯例，因而没有同意何进的要求。何进只有改变策略，先铲除最嚣张跋扈的宦官，其中张让位列第一。何进本想落个铲除宦官的美名，但是因他掌权的时日尚短，不能当机立断，所以就给了对手机会。张让闻听此事后，赶紧请求自己的儿媳（太后的妹妹），当场跪地叩头，哭着说："现在我是个有罪之人，理应随你们一同回到私宅，但是我受过几代皇上的恩泽，都无以为报，现在我就要永远地离开皇室，我只求能够再进宫一次，侍奉太后数日，甚至只是远远地看着太后的脸色，我也死而瞑目了。"善良的儿媳就把他的话转告给了太后，于是太后就下令让所有的常侍都进宫侍奉皇室。不久，张让就假传太后的旨意，召见何进，然后以谋反之名把何进给处死了。接着董卓之乱开始，此时张让虽然也已经死了，但是汉室的社稷也从此走向瓦解。

北齐武成帝时，有一人名为和士开，此人实乃奸佞小人，腐败成性，危害江山，但是却深得皇家的器重。后来后主继承了皇位，宰相高叡便与娄定远商议，觐见胡太后，打算把和士开贬为兖州刺史。太后虽知晓其中道理，但是却舍不得和士开即刻赴任，就想让和士开百日之后再去，高叡深知其中利害，直言进谏，以死相逼，太后也就不便坚持。就在这关键的时刻，和士开用车辆满载着美女和财宝去见娄定远，其目的可想而知。他对娄定远说："承蒙您的提携，我被任命为一地的刺史，现在我就要前去赴任了，临行前的唯一愿望就是能够亲自见到二宫（指皇帝、太后），跟他们道别。"看着他涕泪俱下的可怜相，娄定远一时糊涂，竟然同意了他的请求，于是和士开就见到了后主和太后。他乘机危言耸听："一旦我离开之后，宫廷中必定会发生动乱，到那时局面就很难控制了，不过现在我已经在宫内，就没有什么好担心的了。"不久，娄定远被贬至青州任刺史，高叡便被杀。两年之后，和士开丧命，北齐也覆灭了。

唉！自古以来都是如此，越是奸佞之人越是很难铲除。何进和高叡为了各自朝廷的国运和社稷着想，甚至连自己个人的性命都全然不顾，但是却被张让与和士开这样的奸邪小人轻松地玩弄于股掌之间，结果是忠臣良将个个被贬或被杀，朝堂之上也更换了主人。现在应该知道，背上和肋下的脓疮，一定要及早地除掉；如果狼落入了陷阱，一定要趁机杀掉它，否则一定是个祸害。难道历史上的这些事件还不足以让世人引以为戒吗？

汉景帝忍杀

历史上的汉景帝是个简朴谦恭的君王，他体察民情，顺应民意，上承汉文帝的德行，因此也被后人奉之为贤良的明君。但是如果仔细地体察他的天性，就会发现其实他本来就是一个残暴成性的人。即位之前，他在东宫做太子，在一次下六博棋中因为跟吴国的太子发生了争执，就一怒之下处死了他，这件事让吴王刘濞一直怀恨在心，为七国之乱埋下了祸根。他即位之后，不但不反省自己的过失，做个仁厚的君主，反而变本加厉，在一天之中削减了两个郡国，终于导致了七国之乱的战火。本来他即位之初对晁错一直非常信任，把国家的大权都交到他的手上，而且晁错也是忠心为主。但是后来因为爰盎进谗言诋毁晁错，并说晁错才是七国之乱的罪魁祸首，请求皇帝诛杀晁错。汉景帝就不念君臣之义，立刻命令所有的部门一起上奏弹劾晁错，并以大逆不道之罪，杀了晁错满门，父母兄弟妻子儿女无一幸免。七国之乱并没有因此结束，在镇压这次叛乱的时候，汉景帝又命令所有的将士，谁杀的人多谁的功劳就最大，就连三百石以上的官吏都不能放过一人。如果有谁敢对这样的命令有丝毫的质疑，或者不遵从这个命令，就立即处以腰斩之刑。

周亚夫在七国之乱中立下了赫赫战功，因此被封为丞相，后来景帝要给匈奴的降将封爵，周亚夫认为此举不妥，便坚决反对，与景帝的意见产生了很大的分歧。不久，景帝就以年老患病为由罢免了周亚夫的官职，此后，景帝对周亚夫日益厌烦，给他送去饭菜却不给他筷子，只允许他站着休息，丝毫不顾及周亚夫曾经是一代功臣，最终找了一个并不充分的理由处死了他，真是令人痛心呀！

当年光武帝派遣冯异前去镇压赤眉军，临行前训导他说："平定叛乱并非就是攻城略地，屠杀殆尽，重要的是要平定叛军，安抚当地的百姓。士兵们并不只是勇猛善战，烧杀抢掠。我相信你是能够统帅好你的将士的，希望你能竭尽所能，不要再给地方的老百姓带去新的创伤。"光武帝所言，实在是感人肺腑，这些话与当年汉景帝颁布的镇压叛乱的诏书相比，真是有天壤之别，无法相提并论呀！

燕昭汉光武之明

燕昭王在位时期，乐毅立下战功，为燕国大败齐国。一些善于嫉妒的小人便向燕昭王进言："现在齐国还剩下两座城池没有被攻下，这并不是我们的军队没有力量，而是乐毅想趁机树立自己在齐国的威望，以此征服齐人的心，以便今后在齐国能够称王。"燕昭王听后非常生气，为了表明自己对乐毅的信任，就把进谗之人处死，并立刻派人颁布诏书，立乐毅为齐王。乐毅此时感激涕零，但是对于为王之事却是诚惶诚恐，不愿接受，甚至以死明志。

汉光武帝时期，冯异奉命平定关中，常年在外作战，很少得知朝中大事，于是心里总觉得不安，怕受到谗言的诋毁。果然，很快就有人上奏皇帝说，冯异现在大权在握，当地的百姓对他尊崇之至，甚至称他为"咸阳王"。光武帝不但没有因此防备冯异，反而把大臣们的奏章拿给冯异看，冯异当场向皇帝请罪，深感不安。光武帝扶起冯异说："你我之情，犹如亲生父子，以你对朝廷立下的功劳，我感激你还来不及，又怎么会怀疑你呢？所以你大可不必因此担忧。"后来冯异为了报答皇帝的信任，便更加奋勇地杀敌，大胜隗嚣。战后别的将领想侵吞冯异的功劳，光武帝立刻下诏斥责大司马以下的将领，而对冯异大加称赞，并说他的功劳如山岳般厚重。

现在的人都知道，乐毅和冯异都是一代名将，但是如果不是他们碰上了宽容仁厚的君主，结局如何也未可知，或许也会被谗言所困。就像田单收回了齐国的领土，信陵君打败了秦国的军队，汉元帝时陈汤剿灭匈奴郅支，卢植大破黄巾军，邓艾征服蜀国，西晋王浚平定东吴，谢安力阻前秦苻坚，前燕慕容垂打败桓温，还有史万岁打败突厥，李靖歼灭吐谷浑，唐时的郭子仪和李光弼平定安史之乱、中兴唐室，李晟收复京师，这些人都为各自的君主和朝廷的江山社稷作了很大的贡献，但是最终都遭到了小人谗言的污蔑，有的被贬官，有的被罢职，甚至有的被诛灭。说起那些在历史上臭名昭著的昏君，根本就不值得再去提及，就连唐太宗也免不了被谗言所扰，听信奸臣的坏话。由此可见，那些在人的头顶嗡嗡作响、到处叮咬、处处钻营的绿头苍蝇，真是让人望而生畏呀！

第十二卷

恭显议萧望之

汉元帝时，弘恭和石显弄权邀宠，因为嫉妒萧望之而打算设计把他送进牢狱，汉元帝心里明白萧望之身为一代将相，绝对不会轻易就范，竟然还是同意了他们的上奏。果然，萧望之在狱中自尽。于是汉元帝便责问他们二人做事考虑不周。但是石显勾结贡禹为自己开脱罪责，又向皇帝免冠谢罪，汉元帝竟然就此作罢。

汉成帝时期，外戚王氏为所欲为，其中五个有侯爵之位的人更是猖狂放肆，骄奢淫逸，篡权妄为，成帝对此怨愤已久，却始终没有采取行动。有一次，成帝勃然大怒，突然下令让尚书追查薄昭被杀的旧事。但是成帝的心思只是想让他们今后有所收敛，根本就没有将王氏治罪的意图。结果也是不了了之。

东汉时期，窦宪仗着自己的军功，还有自己的妹妹是汉章帝的皇后，就欺压别人，甚至连皇亲国戚都不放在眼里，他无理地强占了公主（汉章帝的姐姐）家的园苑，因此章帝实在看不下去，就训斥了他，而且把他比喻成孤雏和腐鼠，但是最终还是慑于他的势力，没能将他治罪。

这三个皇帝的昏庸和无能，已经被史学家们分析得很透彻了。司马光的观点是：一开始元帝就疑心萧望之不会就范，但是最终同意了弘恭和石显的做法，他们就已经知道没有什么可担心的了，可以明目张胆地欺骗元帝了，但是元帝对此始终没有做出决定来惩处他们，他真是一个好欺负又糊涂到家的皇帝！我认为无论是太师还是大臣，或者是朝廷中的其他重臣，做皇帝的如何处置他们，或赏或罚，都应该自己做决定，怎么还有必要与宦官商议呢？而且当时萧望之已经被廷尉审讯过了，如果他真的甘心被冤枉，背上耻辱去面对牢狱之灾，那岂不是认同了弘恭和石显的做法了吗？萧望之的该死与否，已经没有必要去谈论了，这不是他所能决定的事情。至于成帝把所有的国家大事都交给外戚王氏，以致汉室就这样毁在他手上；而章帝也是软弱无能，妇人之仁，最终使东汉国势渐趋衰弱，这些都已经不值得再去斥责和议论了。

三省长官

西汉时期，中书令和尚书令是少府的官属，与太官令、汤官令、上林令等职位的官位品阶是大略相等的。而侍中只是一个加官，在东汉时期也隶属少府，但是品阶要稍微高一些。当时若任尚书令一职，俸禄为千石，但是只有铜印墨绶，虽然担任要职，其待遇与公卿相比要差得很远，甚至有些人情愿远离京师去地方担任县令。

至魏晋之时，尚书令的地位才逐渐变得显赫。到了唐初，尚书令就是中央三省的长官之一了，而且处在正宰相的位置，官阶升为三品，至代宗大历年间又升至二品。到了宋朝，尚书令的地位就更为尊贵了，其等级已经位列太师之上，但是这时的尚书令只有亲王以及使相兼任，不再单独封授。宋朝担任宰相之职并且加带侍中官号的人一共有五个：鲁公范质、韩王赵普、晋公丁谓、魏公冯拯、魏王韩琦。而尚书令的位置是最为显赫的，除了宗室中的诸王之外，一般不会授予外人。韩王赵普和魏王韩琦最先被授予真尚书令，韩琦最初的官职只是司徒，到后来被拜为尚书令之后，皇帝就下令此后不得再增加官号，这样做的目的是防止三师的官号会累加在尚书令的称号之上。宋徽宗政和初年，蔡京当政之时，把侍中、中书令改为左辅、右弼两个职位，而不再设置尚书令一职，很多人都以为是太宗皇帝曾经担任过此官职，所以没有人敢继任，但是却不知道这个太宗，指的是唐朝的太宗，因为唐太宗担任过尚书令，后来郭子仪便不敢领受这个官职，这件事情并不是宋朝发生的。

曹操用人

曹操一直被视为汉室的叛贼，称为奸雄，常常为君子所不齿。但是他知人善用的管理之才确实是后世的人无法企及的。他的谋士中，像荀彧、荀攸、郭嘉这些人都是他的心腹，跟他一起打下了江山，荣辱与共，这些人对他所做的贡献自然不用多加称赞。还有其他的很多人，只要是他的智慧和谋略足以担任一个官职的，或者他的能力足以执掌

容斋随笔精粹

一个郡的，不论官职大小，都能取得较好的政绩，都是称职的。

　　曹操离开关中之后，担心关中的将领会起反叛之心，或者出现不和的状况，就让司隶校尉钟繇来负责西边的军务，结果关中的将领马腾和韩遂很快就把他们各自的儿子送到朝廷作人质。当初天下大乱之时，军队的后备物资奇缺，曹操便让枣祗、任峻确立屯田制，积攒粮食，结果使属地物产丰饶，并以此为基础歼灭群雄。为了筹集军资，获取财政大权，他打算恢复盐官制度，并把卫觊派去关中镇抚，结果将领们都心服口服。河东尚未平定之时，他任命杜畿为太守，结果杜畿不负所托，割据河东的卫固和范先很快就束手就擒，兵败被杀。并州初定之时，曹操任命梁习为并州刺史，结果边境之地不仅安定无扰，而且人们都过得很富裕。扬州被孙权攻占之后，只剩下九江一个郡，曹操把掌管九江的重任交给了刘馥，结果这个地区的教化之风盛行。冯翊治理不利，在鄜州被盗贼围困，竟不得脱身，于是曹操就把鄜州之地交给郑浑去治理，结果很快盗贼就被清剿，百姓都过上了安定的日子。代郡有三支单于的残留势力，倚仗凶悍的武力，在代郡横行霸道，无所不为，而裴潜一人乘车深入代郡，单于心中佩服，遂不再滋扰生事。汉中之地被占领后，人心不定，曹操就命令杜袭做都督，留守汉中，结果附近的百姓都主动前往洛阳和邺城，达八万有余。马超的军队被魏军收编之后，听说要被发配流放到边疆，于是引起骚乱和兵变，曹操立刻任命赵俨为护军，结果叛军相继投顺，其中前往东部的就有二万余人。

以上所提到的这十件事情，取得的效果难道还不够大吗？这足以让今人借鉴。还有，张辽镇守合肥、抵挡孙权，郭淮在阳平力阻蜀国的军队，徐晃在樊城与关羽对战，这几次的战役都是以少胜多，缓解了一方的忧患，这与曹操用人的技巧是分不开的。由上述可见，曹操在建安时期，纵横天下，无人能与之抗衡，并非侥幸得来的。

汉士择所从

东汉灵帝中平年间，黄巾起义爆发，不出一月，四方群起响应，京师受震，天下动荡不安。此后，东汉政权摇摇欲坠，于是士大夫们或求自保，或求显绩，纷纷选择最合适的追随对象。然而如果不是真正的有识之士，就很难做出明智的选择。

荀彧少年时就很有远见，他认为他的家乡颍川（今河南许昌）是个危险的地方，一定会在战乱时四面受到攻击，于是劝说乡亲们尽早迁徙，但是他们不舍得离开故土，荀彧只好带着自己的家族独自离开，前往冀州逃避战乱。当时占据冀州的袁绍对他十分器重，用对待上等宾客的礼节相待，但是颇有心计的荀彧认为袁绍不足以成大业，于是就离开袁绍，投奔了曹操，后来成了曹操的谋臣。当初不听他的劝说留在家乡的人，多在战乱中丧生。

袁绍曾经派使者去迎接来自汝南（今河南上蔡东南）的士大夫，和洽也在其中，但是他却没有接受袁绍的邀请，而是独自前往荆州去投靠刘表，刘表对他同样是以礼相待。有人问及其原因，和洽说："我之所以不去投奔袁本初（袁绍字本初），是因为我要避开纷争。但是昏庸之主，也不可长期地接近，若长期久居一地，就会被谗言和邪念缠身。"不久他便起身前往武陵（今湖南常德），而那些久留荆州的人大多被刘表残害。

汉献帝时期，曹操担任过兖州（今河南滑县东）牧，当时的陈留（今河南陈留）太守张邈与他非常要好，往来很频繁。但是郡中士人高柔却预料张邈迟早会背叛曹操，引起战乱，于是就带着自己的家人逃离了张邈的属地，而当时其他人都认为他的想法是杞人忧天，曹、张二人关系如此亲密，怎么会有争执呢？更不会出现战乱。待高柔全家迁到河北之后，果然如高柔所料，张邈与曹操分道扬镳。

郭嘉第一次见到袁绍后，就对袁绍的谋臣辛评等人说："明智的人会慎重地考虑自己选择什么样的主人，袁公的想法很多，但是往往没有主见，喜欢运用策略，但是做事太过犹豫，要和这样的人一起度过艰难的岁月，成就大业，实在是一件很难的事情啊！所以我要另寻新的主人，你们难道不走吗？"辛评等人犹豫地说："现在袁氏是当今最强大的势力，即使离开了他，又有何处可去呢？"于是郭嘉便不再多说，随即离开了袁绍，到了曹操的门下。曹操热情地接纳了他，并与他纵情谈论天下的形势。郭嘉出了门便感慨道："这才是我要找的明主！"

杜袭、赵俨、繁钦三人因为战乱之故逃到了荆州，决定在这里暂时栖身，以图发展。但是繁钦总是沉不住气，不断地在刘表的面前显示自己的才能，以证明自己是个有才华的人。于是杜袭警告他说："我们来到荆州的目的并不是助刘表谋天下，而只是找一个能够保全自己的地方而已，你如果还是这样不停地炫耀，我们就不再是同路人了。"后来汉献帝定都许昌，赵俨便看到了希望，他说："曹镇东（曹操曾做过镇东将军）一定能够力挽狂澜，成就大业，我现在终于有可以投奔的明主了。"于是就坚决地投奔了曹操。

河间（今河北献县东）有人名为邢颙，在无终（今天津蓟州）的时候，听说曹操已经占领了冀州，就对田畴说："我早就听闻曹公是个执法严明的人，现在天下已经乱到极致了，老百姓已十分厌倦，不过天下乱极则平，现在时机到了，我现在就去投奔他！"说完就开始打点行装，赶回了家乡。田畴不禁叹道："邢颙是天下间的先知先觉者。"

孙策攻占了丹阳城（今安徽宣城）后，当时已经手握兵权的吕范请求孙策能让他担任丹阳的都督。孙策不解，便问："子衡（吕范字子衡）现在已经是个统帅军队的将领，我又怎么能再让你屈尊来做丹阳的都督？"吕范回答说："我现在放弃自己的军队和故土，坚决投靠您，是要做一个真正能够拯救民众、改变时势的人，这就好像是很多人同坐一条船，一个人做了错事，就可能会连累到其他很多人。现在我归依到您的旗下，并不仅仅是为您着想，也是为我自己的前途着想啊！"于是孙策不好再推托，就答应了他的请求。周瑜素闻孙策性情豁达、善于用人，就一心与他结好。孙策死后，孙权继任了他的位置，周瑜认定孙权亦是一个可以与之同甘共苦、共谋大业的人，于是就全心全意地为他效力。诸葛亮的谋略和才华人所共知，但是在襄阳的时候，他并没有得到刘表的重用。诸葛亮对此毫不惋惜。后来刘备三顾茅庐，诸葛亮就认定了这个主公，下定决心与他共谋天下。

上述的这些人都是如此富有远见卓识，又怎么会在乱世中遭遇困厄之灾呢？

刘公荣

王戎身材短小，举止洒脱而不修边幅，在高朋聚会之所，善于引发清谈。一次，王戎去拜访好友阮籍。当时的兖州刺史刘昶（字公荣）也在坐。阮籍对王戎说："我有幸得到了两斗美酒，今日可与君痛饮，至于公荣嘛，我们可以不给他喝。"于是两人举杯豪饮，而刘公荣直至酒席散尽也未能饮到一杯酒，奇怪的是三人照旧谈笑风生，没有丝毫的尴尬。后来有人提及此事，便问阮籍其中的缘由，阮籍回答说："若胜过刘公荣的人来访，我不得不与他同饮；若不如刘公荣的人来访，我更不得不给他酒喝；只有刘公荣来访，我可以不同他一起饮酒。"这件逸事见于《晋书·王戎传》，另外《世说新语》中对此事有更为详细的记载。还有一件事说，刘公荣跟人饮酒的时候，从不分对象是什么人物，三教九流，杂乱异常，有人因此而取笑他，他回答说："不如我刘公荣的人，我不可不与他饮酒；同我刘公荣是一类的人，我更不能不与他饮酒，因此我整天都跟这些人一同醉饮。"这两种记载的情况有些不一样。刘公荣如此不加选择地对待客人，每天都会喝掉很多的酒，但是为什么还是不能从别人那里得到一杯酒喝呢？苏东坡有一首诗说："未许低头拜东野，徒言共饮胜公荣"，这诗中所引用的大概就是前面所记述的那件事情吧。

耳馀袁刘

少年时期的张耳与陈馀，本是一对生死与共的朋友，后来因为权力之争而互相倾轧，甚至到了彼此杀之而后快的地步。一旦不顾一切地追逐个人的利益和权势，不能自制的时候，就必然会穷凶极恶，哪里还顾得上什么年少时的情谊？

韩馥自认为才能不如袁绍，就把冀州拱手相让，后来却因为躲避追杀投奔了陈留太守张邈，袁绍派使者前往，韩馥便心生畏惧，入厕自杀而死。刘璋心仪刘备的才华，便打开城门，准备粮草诚心迎接刘备，但是刘备却反客为主，占据了益州。翟让甘心让贤，把兵权全部交给了李密，但最终却落得被灭满门的下场。尔朱兆好心把六镇的军权都交给了高欢，最后竟然惨死在高欢的手中。

上面所说的这些人，像袁绍、李密、高欢之流，都是忘本的人，不记得自己的权势和地位是从何而来，这样的人不值得深究指责，但是谁又会想到，就连颇有长者之风的刘玄德也会做出这等事情呢？

周汉存国

周朝初年，诸侯国遍布天下，一共有一千八百个之多，到周赧王时，周朝灭亡，此时的诸侯国只存留了八个，就是卫国加上战国七雄。但是即使是这残存的八国也是情况各异。韩、赵、魏三国本是由晋国三分而成，而齐国的田氏，是在取代姜氏的基础上兴起的，严格来说，他们的政权也不过延续了不到二百年而已，都不是原来的封国。还有，秦始皇实际上是吕不韦的血脉，楚幽王则是黄氏的儿子，相信嬴氏和芈氏的祖先，也不希望自己的后代中出现不是自己血统的异类吧。照这种情况看，只有燕、卫这两个姬姓国得以保全，而且卫国存留的时间更长，直到秦二世胡亥时才被灭。如果把这两国的幸运归因于召公和康叔的恩德泽被后世，那难道周公的德行还不如他们吗？

汉初，有八百余人被封侯，至光武帝时，就只留下平阳、建平、富平这三个诸侯国。

后来因为建平私自投奔了梁王，被永世剥夺了封国的权利。另外平阳侯是曹参的后代，富平侯则是张安世的后代。曹参继承了萧何的官位，一心为汉室操劳，可算是开创汉室基业的功臣，所以理应得到这样的优待。而张安世乃是张汤之子，历史上认为张汤其人惩恶扬善，善用贤能，也应该让他的后人有此结果，但是他工于心计，因他而丧命的人不计其数，为什么就偏偏没有什么灾祸降临呢？王莽篡权之时，汉代的侯都没有被剥夺封国，但是到光武帝时，所有的封国中只有宗室的封国被恢复，其他的一律废除，就连酇侯（萧何的后代所享受的封国）也没有被续封。唯独曹、张两姓的封国能够保全，这又是什么原因呢？

曹操杀杨修

杨修自视过高，最终被曹操所杀。事后，曹操见到杨修的父亲杨彪，便问道："为什么您最近如此的消瘦？"杨彪回答说："我很惭愧自己没有金日磾那样的先见之明，到现在还有老牛舐犊的爱心。"曹操听闻后不禁为之动容。

《古文苑》中也转记了曹操写给杨彪的书信，信中主要是向杨彪说明杨修所犯的过错，说杨修"倚仗着父亲的权势，经常与我争执，从不与我同心谋事，这样早晚会让您的家族受到牵连"，后来便命令处死杨修。此事之后，曹操派人给杨彪送去了锦裘两件、八节角的桃杖一枝、青色的母牛两头，还有可日行八百里的骅骝骏马一匹、四望通幰七香车一辆、奴仆两人。另外又送给杨彪的妻子皮裘、靴子和有心计的女仆二人，其中所赠的钱财和绢匹都很贵重。此外，卞夫人（曹操的妻子）也曾经给袁夫人写过一封信，信中说："贤子有出众的才华，文才盖世，我们家的人都非常敬佩他，只是明公（指曹操）性子太急躁，以致他们互不相容，才对他用了军法……"还随信送去了一些衣服、文绢、房子、官锦以及宝马香车。后来杨彪和袁夫人都分别回了信，在信中为自己管教不严而引咎自责，并表示感谢。

当时的汉室政权已经是名存实亡，岌岌可危，大权已经落在了曹操的手里，而袁公四代为汉相，绝对是汉室的重臣，与曹操是相对立的，曹操恨不得置之于死地，不过杨彪却没有死在曹操之手，算是不幸中的万幸了啊！真是太危险了！

古人重国体

古时的人建邦立国，都非常注重国家的形象，无论国家大小强弱都是如此。他们如何看待自己，就会如何看待他人，各国相同，没有例外。所以各国在发表言辞的时候，都是谨慎行事，不是贤明的人是不能表达出详尽准确的意思的。

楚国的申舟经过宋国却不向宋国借道，反而专门派使者送礼给齐国，宋国的大夫华元阻止了他，生气地说："你经过我宋国却不向宋国借路，这就是对宋国的鄙视。既然你已经对我们有所鄙视，说明我们的国家一定也无法长久了。如果我们就此杀了楚国的使者，楚国一定会派兵攻打我们，我们还是要灭亡，既然同样是亡国，那结果就没什么区别了。"于是就杀了楚国的使者。后来楚国果然派兵攻打宋国，情势危急之下，楚国威胁宋国建立盟约，这也是宋国脱险的机会，但是华元仍然不肯退却，说："楚国已经大军压境，此刻订立的盟约，一定也是亡国之约，不能接受。"

郑国的三卿被盗贼所害，后来盗贼畏罪逃往宋国。郑国为了能够抓获盗贼，就派人送去礼品。郑国的师慧说："用一个千乘之国的国相，换成一个沉湎于靡靡之音的盲人，这难道是宋国没有人的缘故吗？"子罕闻听此言，立即坚决请求退回送到宋国的礼品。

晋国韩宣子的玉环落到了一个郑国商人的手中，他想取回来，就去拜见郑伯，但是子产坚决不愿退回，他说："大国从来都不讲道理，随意呵斥别人，怎么会有满足的时候？我国本来就是个小国，如果一味地顺从和忍让，那国君早晚会丧失地位。如果大国这样任意妄为，不讲法制，即使郑国只是一个小国，也不会轻易顺从。"后来晋国在平丘（今河南封丘东）召集诸侯议事，子产坚决为贡赋的次序而据理力争，子大叔责备他的无礼，他反驳说："如果一个国家不为自己的利益尽力争取，早晚会受到别人的欺压，到那时国家还能继续生存下去吗？"

郑驷偃娶了一个晋国的妻子，并生了孩子。驷偃死后，郑国人并没有立驷偃的儿子为国君，而是拥立了驷偃的弟弟。晋国人很生气，就派人前往郑国质问，子产对使者说："如果我们让驷偃的儿子做了国君，一旦辅佐国君的大臣去世，那晋国就可以名正言顺地派人前来干预郑国的国事，到那时，郑国就不再成一个国家，而成了晋国的边境了，那我们的尊严何在呢？"

楚郑交战，郑国战败，于是郑国的印堇父被楚国囚禁，而后楚国又把印堇父送往秦国。郑国给秦国送去礼物，请求秦国放了印堇父。子产立刻阻止说："这样做不会有任何的成效，既然已经接受了楚国的战利品，又怎么可能再要郑国的钱物，任何一个国家都不会有如此背理的做法，秦国也不会例外。如果郑国愿意在政治和经济上给秦国一些好处，并且楚国现在还在郑国的城下，那样也许还有希望。"但是郑国没有听从子产的意见，结果秦国果然不答应放人，后来郑国又拿着礼物，并按照子产的计策行事，才赎回了印堇父。

读完上面的这几件事情，可以想见，春秋各国纷争而立的几百年中，每个国家都有各自的生存之道。

容斋续笔

序

《容斋随笔》十六卷写成之后，淳熙十四年（1187年）八月，一日，我被召入宫中，皇帝雅兴所至，摆酒宴小酌，我在旁侍奉，皇上忽然随口说道："我最近常在读什么斋随笔。"我肃然而立，赶紧回答说："那是微臣所做的《容斋随笔》，没什么值得言说之处。"皇上却说："此书不错，里面有很多颇有见解的议论。"我赶紧起身致谢。待退去之后打听才知道，原来此书被婺源之女所刻，又经商人在书坊间贩卖，宫中的贵人偶然看见，便买回了宫中，然后有幸被皇帝翻阅。我能有此际遇，也算是无上的荣光。为谢圣恩，又将自己后来的所感加以整理，连缀在随笔之后，又担心与前面的相混乱，故别之以一二之数而称之为续笔，同样是十六卷。

宋光宗绍熙三年（1192年）三月十日洪迈序

第一卷

存亡大计

一个国家总会在某个时期遇到事关存亡的大事，这个时候就需要做出一些有重大意义的决策，这些决策是直接与国家的荣辱兴亡相关联的。当各种危急的变故轮番交替出现时，如果有才智过人、富于谋略的能人出现，给君主提出最安全合理的解决事情的办法，而身为君主的能够谦虚地听取臣子的意见，并做出明智的选择和决定，然后紧接着就着手实施，就会像用漏水的瓮去浇灭烧焦的锅一样，取得立竿见影的效果。但是如果是一个荒淫无道、愚昧无能的君主，那就另当别论了，这样的君主不会明白事情的利害，往往又容易被奸佞小人的蛊惑之词所迷惑，如此一来，祸乱很快就会蔓延，任谁也无回天之力。类似的例子自古以来颇为多见。

三国时期，曹操为了尽快扫除统一天下的障碍，亲自领兵征讨强敌之一刘备，这次曹军几乎是倾巢而动，后方军力比较薄弱。这对在另一方观望的袁绍可是个极佳的机会，当时谋士田丰便向袁绍建议，趁此机会偷袭曹操的后方，这样可以给曹军致命的打击，但是当时袁绍恐曹军有诈，拒绝采纳田丰的建议，理由竟然是自己的小儿子患病在身。后来，曹操再次领兵出征，攻打乌戎，刘备向刘表进言，可以趁机攻打许昌，许昌当时为汉的都城，同时也是曹操的大本营，但是刘表却对这个建议嗤之以鼻，不予接纳。结果他们后来都被曹操所灭。

唐武德四年（621年）二月，李世民率兵攻打郑王王世充于洛阳。唐兵围困洛阳城时，夏王窦建德发兵救援，并与王世充之弟会合，达十几万人。李世民早有预料，于是在虎牢关屯兵阻截，想尽办法让窦建德的军队困在此处，无法前行。窦建德的军队就这样被困虎牢关一个多月，士气大减，此时部下凌敬建议窦建德领兵渡过黄河，这样不仅可以避免与唐兵相持不下，而且可以趁机攻打怀州、河阳（今河南沁阳、孟州），然后翻越太行山，入山西上党境内，再沿着汾水、晋水，直至蒲津关，这样犹若进无人之境，取胜是必定的。因为那里是唐兵的腹地，一旦告急，他们必定会从洛阳撤回，以求自保，这样洛阳之困自然就会解除。但是此时王世充不断派人前来告急，而且窦建德的将领们都希望能够速速决战，有些将领甚至说："凌敬不过是一介书生，只能够做起草文书之类的事情，至于如何领兵作战，他又岂能懂得，不能采用他的计策。"于是窦建德便没有听从凌敬的建议。不久，窦建德妻子曹氏又劝说他趁唐军的后防空虚，看准时机，稳中求胜，一步步地夺取太行山以北的土地，然后再向西猛抄关中之地，唐军急于自救，必定从洛阳撤回，这样洛阳之危就会自然消解。这个建议与凌敬的建议同样有道理，但是窦建德依然固守自己的想法，没有听从，而是带着那些意欲决战的猛将，与唐军正面交锋，结果被当场活捉，其国自然也就随之消亡。

后唐庄宗率领精锐之师夺取河北之后，决定稍事休整，于是把军队驻扎在朝城。这就给后梁一个很好的反攻时机，于是后梁君臣商议，把精兵分成数路，大举进攻，打算命令董璋率陕州（今河南陕州）、虢州（今河南灵宝）、泽州（今山西晋城）、潞州（今山西长治）的精兵强将，赶赴太原；命霍彦威率汝州（今河南临汝）、洛阳之兵急攻镇定（今河北石家庄一带）；王彦章率领中央禁军直接攻打郓州（今山东郓城）；而段凝则统

领大军与唐庄宗直接对战，这样便可以分散后唐的兵力。唐庄宗得知后梁如此计划，一时没有应对之策，深感忧虑。如果后梁能够依此计行事，定可以抵挡住后唐的进攻，但是负责与唐军作战的段凝犹豫不决，错失战机，而后梁国君也没有当机立断，更换将领，结果被后唐所灭。

后唐河东节度使石敬瑭举兵叛乱，把河东之地拱手送给了契丹。后唐派军队前去阻止，但是遭到耶律德光的阻拦，契丹军队包围了前去征讨的唐兵，唐兵一时不得脱困。唐废帝得知军情后，便向群臣征求解围之法。当时契丹国主耶律德光的哥哥赞华，因与其弟争夺国位不成而逃到了后唐，于是吏部侍郎龙敏就请奏说，可以暂立赞华为契丹王，然后命天雄、卢龙两镇（今河北大名至北京西北一带）的节度使率兵护送他回国即位，从幽州（今北京西南）直赴西楼（今内蒙古林西），朝廷同时向天下发布公告，声明已拥立赞华为契丹国主，这样一定会引起契丹国内部的恐慌，这时再趁机选派精兵强将，里应外合，助被困之兵突围。这本是一个调虎离山、声东击西的良策，而且唐废帝也深觉此计可行，但是具体实施的时候，由于一些执政者的优柔寡断，担心不能取胜，结果贻误了良机，后唐也因此被灭。

宋朝也有此例，靖康之难时，金兵亦是率大军进犯东京（今河南开封），但是金国也无强劲的后方支援，当时有人献出良策，可派精锐部队直取金国的后方幽燕一带。可能是因为天意灭我大宋，有意使灾祸降临，当朝之人竟然有此良计而不用，现在后悔也毫无用处了，真是可悲可叹啊！

重阳上巳改日

唐文宗开成元年（836 年），归融担任京兆尹。当时恰逢两位公主出嫁，府衙和各司都忙于准备必需的用品和庆贺的具体事宜，个个忙得焦头烂额，没有空闲。再加上当时已临近三月三日的上巳节，按照往年的惯例，皇帝要在这一天于郊外的曲江大宴群臣。京兆尹深感力不从心，于是上奏皇帝，请求改动举行宴会的日期。皇帝批复说："去年的重阳节因故改为九月十九日，节日的气氛丝毫未减，而且未失重九的本意，既然现在府尹的事务过于繁忙，那就把上巳节改为三月十三日好了。"于是这一年的上巳节便推迟到了三月十三日。

上巳节、重阳节本来都是有固定日期的，但是总有人因为一些临时的变故而延期十天庆祝。从这里就可以知道，唐朝诗人郑谷所写的《十日菊》诗中说的"自缘今日人心别，未必秋香一夜衰"。意思也是说，重阳节可以推迟十日。至于东坡公的"菊花开日即重阳"这句诗，则把重阳节的日期推得更远了。他在海南之时，曾经种过九畦的菊花，直到十一月十五日与客人酌酒之时，菊花尚在，所以他还把这一日当作重阳来过，这件事在他的诗中有所记载。

唐藩镇幕府

唐代的士子参加科举考试之后，即使考中，也不能及时地安排相应的职位。于是那些刚考中进士或者许久还未入仕为官的，就会考虑到地方上的各个藩镇担任幕僚之职，并且以此为荣。如果读了韩愈送给石洪、温造两位处士（未做官或不做官的士子）去河阳军幕赴任的两篇序文，就会知道幕府的礼节之繁琐，地位之重要。但是担任这个职务是非常辛苦的，所以也有些人因为承受不了而不屑为之。

杜子美（杜甫字子美）曾被剑南节度使严武拜为参谋，于是就作了一首二十韵的诗呈送给他，诗中说："胡为来幕下，只合在舟中。束缚酬知己，蹉跎效小忠。周防期稍稍，太简遂匆匆。晓入朱扉启，昏归画角终。不成寻别业，未敢息微躬。会希全物色，时放倚梧桐。"这首诗的题目叫《遣闷》，从诗的题目就可以想见诗人当时的心境如何了。

韩文公（韩愈）曾经担任过徐州张建封手下的推官，他在给张建封的信中说："我刚得知自己被聘任的第二天，节度使衙门里的小吏就急忙送来了一堆公文，原来是十几件长期积压的急需办理的事务的条目，而且其中的很多因为年代已久，根本无从下手。从我上任之年的九月开始直至次年的二月，我每天都是早出晚归，披星戴月，除非是疾病在身，否则中途不准外出，长此下去，确实不是我韩愈能够做到的。如果衙门的制度能够稍微地宽松一些，尽量有一些个人可以自由支配的时间，不至于压抑自己的本性，比如寅时前去办公，辰时就可以结束回家，申时继续办公，等到酉时的时候结束一天的工作，这样作为一项制度长期地坚持下去，我想所有的公务都不会延误，都能够得到有效及时的处理。如果真的可以采纳这项建议，即使在您执事的衙门里终老，我也毫无怨言。"关于幕府所从事的工作，韩愈和杜甫的意思是相同的，从他们的文字里都可以看出身为幕府的劳累和辛苦。

文中子门人

文中子王通在他所著的《中说》一书中说，他所教的学生日后大多发达显贵，成了唐太宗贞观时期的知名卿相，但可惜的是，没有一个学生能够将他的学说广为发扬。所以后人在谈论此事的时候，总是将信将疑。王通在《中说》中所提及的并极力称赞的学生一共有四个人，分别是程元、仇璋、董常、薛收。通过对他们生平事迹的考证得知，程元、仇璋、董常三人平生碌碌，是名不见经传的普通人，只有薛收在唐史中有所记载，生平的事迹介绍得也比较详尽。

薛收乃是薛道衡的儿子，因其父被隋炀帝迫害致死，所以他立誓不在隋朝为官。后来听闻唐高祖起兵太原，举起了反隋的旗帜，便迫不及待地前往投靠，以图大业，但是却被河东太守尧君素发现，遭到拦阻不能脱身，故没有成行。后来，尧君素与占据东都洛阳的郑王王世充勾结，薛收眼见他气数已尽，便力排重重阻拦，毅然奔唐，这大概是在丁丑、戊寅年间的事。丁丑年就是隋炀帝大业十三年（617年），又叫义宁元年，戊寅年也就是武德元年，隋炀帝便于这年的三月被杀于江都（今江苏扬州），也可说这年是隋炀帝大业十四年。

但是在杜淹所做的《文中子世家》中，却有这样的记载："大业十三年（617年）隋炀帝于江都遇难身亡，文中子此时有病缠身，便把薛收叫到床榻前说：'我刚才在梦中遇见颜回，他向我传达了孔圣人的意愿，让我尽快去见他。'不久，文中子便病死于床榻之上。"这段文字的记载与薛收的事迹完全不相符，而且时间也是错误的，所以这种说法不可信。此书中还说到李靖从文中子处学习《诗经》，并向他请教圣人之道。这就更值得怀疑了。李靖曾经说过这样的话："男子汉大丈夫应该驰骋疆场，建功立业，为什么非要去研究什么章句，做一个怪异的腐儒。"依此来看，李靖绝对不会去向文中子学《诗经》的。现在流传的《中说》一书的后记中，有文中子的次子福畤所做的附记，附记中说："杜淹担任御史大夫之时，与太尉长孙无忌之间素有不和。"据我考证，杜淹死于贞观二年（628年），而直到他死后的二十一年高宗即位之后，长孙无忌才开始担任太尉一职，由此可见，福畤的记载又出现了错误，与历史相差的年代太不相符。所以有人据此怀疑此书是宋朝阮逸的伪作，还有目前流传的所谓薛收的《元经传》，也并非是薛收所作，而是有人假托而已。

晋燕用兵

世间万事，变幻莫测，无论何时处理事情，都不能一成不变地按照一种方法机械地去处理，用兵之道犹是如此。

晋文公曾亲自率军攻打曹国的都城，因为计策不当，准备得不够充分，况且地势也对晋军不利，所以久攻不下，晋军死伤惨重。曹国见晋军无计可施，便更加嚣张，竟然把晋军士兵的尸体轮番地排列在城墙上，晋文公对此非常痛心，并担心因此影响了将士的斗志。谁知一个驾车人却由此想到了一条妙计，他向晋文公建议说："我们现在就把所有的士兵集中到城外曹国的墓地上去，并散布消息，说我们要挖掉曹国的祖坟。"晋文公听从了驾车人的建议，把军队转移到了曹国的墓地。这个计策果然有效，本来曹国人看到晋国的军队转移，心里就犯起了嘀咕，又听说自己的祖坟要被挖，曹军顿时开始骚动起来，军心大乱，晋军就趁机突然袭击，一举攻进了曹国的都城。

燕国大将骑劫奉命率军攻打齐国的即墨，齐国的守将田单足智多谋，他先是散布谣言说齐国人最怕被割掉鼻子，于是燕国真的割掉了投降的齐兵的鼻子，这样就无人再敢向燕国投降了。接着田单又说："现在齐国真怕燕军会把城外齐国的祖坟毁了，那样齐军一定会陷入悲痛中，即墨定会不保。"燕国人听说之后，竟然真的把齐国的祖坟全部挖掉，并把坟墓里的尸骨拖出来焚烧。守城的齐国人从城墙上看到如此残忍的一幕，满腔怒火，义愤填膺，恨不得立刻与燕国人决一死战，于是纷纷要求出战，这时，田单下令全体出战，结果齐军士气倍增，很快就打退了燕军。

观察这两个战例，所用的计策几乎完全相同，但是战争的结果却截然相反，这到底是什么原因呢？关键在于，晋国人只是驻扎在曹国的墓地上，并没有真的挖开曹国的祖坟，所以只会引起曹军的混乱和恐慌，而不会真正激怒曹军，反而可以趁曹军军心大动之机，攻下曹都；而燕国人却听信了田单散布的言论，真的挖掉了齐国的祖坟，竟然还焚烧了尸骨，这种入骨的仇恨一定会激发齐军最强的斗志，燕军当然会大败而归。

李卫公帖

唐朝宰相李卫公（李德裕）曾被贬至朱崖（今海南琼山东南），身处逆境便没有得势时的门庭若市，一个人冷清地聊度余生。一次，他的一个担任侍郎的表弟因为挂念着他的境遇，便派人送给他一些衣物和生活必需品，卫公深为感动，于是回信答谢，信中说：

"我现在是人世间的穷困潦倒之人，世态炎凉，遭人唾弃。虽然至亲骨肉尚在，但与外界已经毫无音讯。从前的旧友相知，现在也已经没有情谊，无一人表示慰问。只有您还念着我，怀着仁德之心，不忘旧情，还两次派人前来问候，并送来很多衣物和药品。看到你的来信，我不禁涕泪横流，哽咽难休。现在我流落到这个大海之中的孤岛之上，无人问津，没有任何人施以同情和体恤。家中已经四壁空空，所带的钱物已经花费殆尽，上百口的家眷经常忍饥挨饿，我被这种孤独和寂寞折磨得痛苦不堪，也要时时经受饥饿煎熬。为何自己已经到了日暮之年，临死还要做个饥饿的鬼魅？十月末，我终于承受不住而病倒，在床上躺了七十天，无药无医，只能听天由命，顺其自然，幸好自己命不该绝，最后还是坚持了下来，捡回了一条命。"这封书信后面的落款是：闰十一月二十日，从表兄崖州司户参军同正李德裕回复给侍郎十九弟。李德裕被贬的时间是唐宣宗大中二年（848年）十月，当时在潮州司马任上。信中所说的闰十一月，应该是大中三年（849年），距初到崖州仅仅有十多个月的时间就潦倒到如此地步，真是可叹！据《唐书》本传中记载，"（李德裕）被贬官两年后去世。"就是说此信送出后不久，他就去世了。因为当时的执政大臣都是李德裕当年的仇敌，所以即使是生平好友、骨肉亲眷也不敢跟他有任何的瓜葛，生怕惹祸上身，而这位身为表弟的侍郎却两次派人专门前去探望，而且送去一些生活的物品，这种为了情义而置官职和前途于不顾的品行，在当时是非常难得的。可惜的是，这位侍郎的姓名现在已经无从查考。这封珍贵的信件已经被收藏于皇宫大内，后

被交付于秘阁存放，现在已经被刻成石碑，立于道山堂西南。

高宗绍兴年间，赵忠简公（赵鼎）也曾因奸人陷害而被贬到崖州，当时的世卿大夫，畏惧秦桧如虎，同样没有一个人敢表示任何的同情，更没有人通信慰问。只有当时任广西军队统帅的张渊道，不顾邪恶势力的威胁，多次派人送去书信、药品、面粉和酒肉。赵公也曾回信答谢："没想到我赵鼎一世清白，竟落得如此落魄的下场！"除此之外，信中对生活条件的描述，穷苦辛酸之状，与李德裕所说毫无二致，他们的下场也是一样的悲惨，赵鼎后来也是死于崖州。他所留下的书信至今仍在张氏的手中。

姚崇的孙子姚勖与李德裕乃是故交好友，李德裕被贬崖州之后，处境难堪之时，家人有病也无药可医，甚至生计都没有保障，姚勖得知后，屡次前去问候，并送去粮食和药品等急需之物，丝毫没有顾及社会的舆论和当朝势力的淫威，可见，他也是像那位侍郎一样，是个重情重义之人啊！

第二卷

权若讷冯澥

唐中宗重新即位之后，听信了武三思的谗言，在流放、处死了五位亲王之后，又重新修整了武氏的陵庙。时任右补阙的权若讷上奏说："天地日月等新创之字，虽然是武则天时期所创，但是并无碍于教化。而乱臣贼子敬晖之流，随意地改换从前的制度，即使废除这些新创的字也不会使民风教化更加淳厚，如果保存下来，反而可以光大荣耀、弘扬孝道。另外，臣以为，神龙年间所颁布的诏书，大多都是依据贞观年间的旧例行事，这不就等于是舍弃了自己最亲近的母仪之规，而费力地去遵从久远的祖训吗？"这片奏疏呈递之后，很快就得到了中宗的批复，并且因此而得到了赏赐。

钦宗在位时期，认为王安石、蔡京等人是惑乱误国的罪魁祸首，于是就废除了所有关于他们的行政法规，朝廷的大小事宜，全都效仿仁宗时期的做法。这时左谏议大夫冯澥上书劝谏："仁宗皇帝是皇上的高祖，而神宗皇帝是皇上的祖父，同样是血肉之亲，难道您的敬祖之心还有远近之分吗？王安石、司马光都是神宗时期的贤相，他们的优劣忠奸，自有天下人去公平地论说，希望皇上不要对其中任何一个抱有个人的成见，一切问题都要站在中立的立场公允地看待，这样他们的是非曲直就会清晰可辨了。"皇帝翻阅之后，不能立下决断，于是就把奏章张贴于朝堂之上，供大臣们观阅，侍御史李光当即进行了严厉的反驳，但是冯澥不为所动，后来右正言崔鸥又对他的观点进行猛烈的抨击。而宰相却力排众议，把冯澥升迁为吏部侍郎。

权若讷与冯澥两人的做法和操守近乎一致。徽宗崇宁年间，冯澥最先上书，建议废除元祐皇后，并因此从候补官升迁为寺监丞，此人一生的操守节气，显而易见，无须多加评论。高宗建炎初年，竟然被破格提拔为执政，这在当时引起了很多人的不满，舆论哗然。

张于二廷尉

据《汉书》中的记载，张释之担任廷尉的时候，天下绝对不会有遭受冤屈的百姓；于定国担任廷尉的时候，人们都自以为自己不会蒙受不白之冤，这些事迹在《汉书》中都受到了称赞。

但事实上却并非如此，此二人担任廷尉之职都有十余年，当时周勃谨守本分，回到自己的封国，带领自己的国民耕种劳作，但是却有奸佞之人上书，诬告周勃要起兵谋反，皇帝听信了谗言，下诏命廷尉将周勃逮捕，押入大牢并严加审讯。狱吏见周勃失势，便动不动就辱骂虐待，周勃只好暗自送给狱吏千两黄金，以求自保。狱吏拿了贿赂之后，便向周勃献计说，可以请公主出面证明自己并无谋反之意，周勃便照此做法行事，结果太后也听说了此事，同样认为周勃绝不会是造反之人，在公主和太后的尽力相救下，周勃才被无罪释放。而当时担任廷尉的便是张释之，但他并没有为周勃申诉冤屈，洗刷其谋反的罪名，他能做的，只不过是像有人冲撞了皇帝的御驾或者高祖庙前的玉环失窃之类的小案件而已。

于定国担任廷尉的时候，也并非如此值得称道。当时杨恽也同样被人上奏，罪名是骄奢淫逸，不知悔过，于是皇帝便命令他仔细地审查此事，做出公正的判决。于是，于定国便尽力地搜集证据，截获了杨恽曾经写给孙会宗的一封私信，他认为此信中的话语有大逆不道之嫌，罪不可赦，竟然因此判了杨恽腰斩之刑。事实上杨恽的罪过根本不应该得到如此严重的惩罚，而于定国为了迎合皇帝的意愿，竟然如此徇私枉法，肆意妄为。

从这两件事情来看，他们并非公正秉直的廷尉，而一些史书中却认为他们两人判案公正，执法公平，能为人们申诉冤屈，只要他们在，就不会有冤案发生，而且尽可能用仁慈之心去怜悯犯人，事实上果真如此吗?

容斋随笔精粹

龙且张步

当年韩信率领大军攻打赵国，气势汹汹，志在必得。于是赵国谋士李左车便向陈馀建议，不可与韩信正面交锋。但是陈馀却有不同的看法："如果面临敌军避而不战，那么其他的诸侯们一定会认为我们胆小如鼠，轻视我国，接着就会群起而攻之。"于是便与韩信对垒，可是他的军事能力远不及韩信，结局只能是身死国灭。不过这也不能怪陈馀自不量力，因为当时韩信担任大将军的时间并不长，只是攻占了魏国和代国，所以他的威信还没有确立，名声还没有传开，这时陈馀对他并不畏惧，也不足为怪。韩信攻占赵国、燕国之后，接着就开始攻打齐国，六国就剩下了齐、楚，而且两国交好，所以楚王就派龙且前去救援。龙且得到了楚王的重用，颇为得意。这时他身边有人好言相劝，说韩信是个军事天才，他带领的军队无人能敌，望龙且能够谨慎从事，三思而后行。但是龙且却不以为然，他说："韩信这个人我很了解，他的伎俩我早就一清二楚，不足为患，为什么我要弃战功而按兵不动呢？"他一意孤行，轻视韩信，结果全军覆没，片甲不留，并由此导致了项羽最后的覆灭。

东汉时期，耿弇率领大军讨伐张步，斩杀了张步手下大将费邑，并击退了费邑的弟弟费敢，接着又乘胜前进，攻占了西安、临淄，并把张步的弟弟张蓝的军队打得伤亡惨重，一路势如破竹，势不可挡。在此之前，耿弇的威名就传遍了齐鲁一带，因为他已经攻破了尤来、大枪、延岑、彭宠、富平、获索这些城池以及守卫的部队，这些地方已经是张步所占据的山东地界的大半。但是此时的张步依然执迷不悟，自我夸耀地说："当年像尤来、大枪这样强劲的对手，我都可以直捣他们的腹地，击败他们的军队，现在一个小小的耿弇有什么可怕的！更何况他们已经疲惫不堪，就更不足为虑了。如果不趁这样好的时机，一举毁灭他，我还等什么呢？"于是不听属下的劝阻，跟耿弇展开了殊死的决战，结果兄弟二人一起兵败被擒。兵书上说过："知己知彼，百战不殆。"龙且和张步难道没有熟读过兵书吗？

南北朝时期，梁朝临川王萧宏征讨北魏，北魏派大将元英率军抵抗，于是萧宏便命令军士暂时停止前进。这时北魏有人劝元英趁机前进，占领洛水，元英说："萧临川虽然不成大气，缺乏胆识和智谋，但是他手下的将领韦叡、裴邃等人却是有勇有谋，不可轻视，所以我们不可鲁莽，应该先观察清楚战势，再从长计议，不可与他们正面对峙。"这场战事的结果不言而喻，萧宏最终兵败而归。元英在作战时的沉着和远见，在前代的人中是很少见的。但是后来他竟然被胜利冲昏了头脑，孤军挺进钟离（今河南沁阳境内），北魏大将邢峦认为此举过于冒险而不可行，而且国君也认为太过急切，于是命他回来。可是元英固执地坚持自己的决策，并向皇上上书说，此战必胜。结果被梁朝大将曹景宗、韦叡打得落花流水，铩羽而归，这次战役让北魏损失惨重，好不容易得来的胜利又被他亲手葬送。元英此人，因为精明谨慎得胜在前，又因为愚蠢逞强惨败在后，这样的结果真是让人觉得遗憾和惋惜啊！

巫蛊之祸

西汉武帝时期发生的巫蛊之祸，不知殃及了多少无辜的性命，虽然这件事要归罪于江充，但是祸乱开始的缘由，还有很多不为人知的原因。

汉武帝的寝宫是在建章宫，某夜，他亲眼看见一个身着黑衣的男子持剑闯入中龙华门，便怀疑他不是常人，必有异术，于是就大声疾呼，命人把他抓住。但是这名男子体态轻盈，动作麻利，很快便弃剑逃走，宫廷守卫们虽紧随其后，但还是没有抓住他。武帝大怒，下令处死负责城门守卫的官员，并紧闭长安城门，全城搜捕此怪人达十一天。巫蛊之祸盛行由此开始。

还有一次，武帝中午小憩之时，忽然梦见有数十个木头人手持棍棒，紧追其后，要乱棍相加，于是武帝蓦然警醒。之后便觉身体有恙，浑身不适，渐渐地精神恍惚，失眠健忘。

这两件事十分怪异。木头将要腐烂的时候，一定是因为里面生满了蠹虫，其他的东西就要消亡的时候，一定也会有虫在作怪，或者有其他异常的事情发生。这两件事发生时，汉武帝年事已高，性情残忍而且喜怒无常，经常任意杀掉身边的人，李陵所说的法制没有定律，单单无罪被杀戮甚至被诛九族的大臣就有数十家，指的就是这时汉武帝的状况。当时垂老的汉武帝已经开始意识不清，糊里糊涂，必然会有一些不合常理、荒诞不经的念头，而他所碰见的黑衣男子、木头人这些征兆，虽然是难解之谜，但是也证明他的昏庸已经受到了上天的责罚，甚至连鬼魅也想趁机窥探皇宫。这场灾祸所累及的人，有他的妻子卫皇后、儿子戾太子刘据，有他的侄子宰相刘屈氂，有他的女儿诸邑和阳石两位公主，还有他的媳妇史良娣，孙子史皇孙。这些都是汉武帝的至亲骨肉，对他们都能如此残忍，更何况是其他人呢？两位被杀的公主都是卫皇后的亲生女儿，在太子还没有遇害之前，这两位公主就已经因为别人的告发而被处死，作为她们的亲生母亲和哥哥，又怎么能不受牵连呢？即使没有江充的怂恿和诬告，他们一样是在劫难逃。

李晟伤国体

身为将帅，手握重兵，常年在边境驻守，身负国家的重托，其辛劳自然难免，但是一旦国家有紧急情况，就应该无条件地遵从朝廷的旨意，而且应该用谦恭顺从的态度去

容斋随笔精粹

接受。

　　唐德宗时期，大将李晟打败了朱泚，收复了长安，平定了叛乱，其威名顿时震动朝野，一时间功绩显赫，显然成了匡扶大唐的一代功臣。但是他的所作所为却给自己的功绩留下了污点，他曾经带领神策军驻守四川，回来的时候竟然将四川的一个名妓随军带回，这件事情被当时的四川节度使张延赏知道后，便派人强行把歌妓带走，两人由此结下了私怨。李晟为国立功之后，被朝臣敬重，皇帝也对他礼让三分。基于张延赏的政绩，皇帝本打算调他入朝为相，但是李晟因为与他有旧怨，便上书皇帝，力陈张延赏的种种罪行和过失，坚决反对他入朝为相，德宗碍于李晟的功绩显赫，不想过于违背他的意愿，于是此事就此结束，没再提起。一年之后，德宗对他们二人的恩怨仍然耿耿于怀，二人又都是有功之臣，于是就派韩滉传达圣旨，命二人尽快冰释前嫌，重归于好。韩滉见时机已到，便趁机劝说皇上调任张延赏为相，皇帝此时不便拒绝，便同意了他的建议。

　　堂堂一国之相的任命和罢免，竟然要受到朝中大臣的牵制和左右，这简直是对国体的蔑视和侮辱。唐德宗本就是一个生性狭隘、喜好猜忌之人，怎会对这样的事情置之不理、毫不在意呢？后来，李晟被撤掉了兵权，其原因自然就在于此。在宋朝国子监的武成王庙里，李晟本是位列十哲之内。到了孝宗乾道年间，皇帝下诏，命令将李晟的灵位降到从祀，在偏殿供奉。这里的原因就很明显了，无非是因为李晟曾经干扰张延赏为相一事，扰乱了国体。

父子忠邪

　　西汉时期，外戚专权，国事被王氏操纵，王章与梅福都曾经因为此事向皇帝上奏，但害怕王氏的势力，都没有坚持到底，唯有刘向一人，尽心竭力地为汉室江山着想，对于外戚专权之事，屡次向皇帝劝谏，而且往往都是直陈弊事，甚至说："两种强大的势力是不可能并存的，就如同一山不能容二虎的道理相同，汉室的天下也不能同时有刘氏和王氏并存。陛下您身为刘氏的后代，应当紧守住刘氏的江山社稷，不致有任何衰微的迹象，而现在呢，您却眼看着朝中的大权旁落，眼看着外戚王氏谋夺皇权，长此下去，您必将成为王氏的阶下之奴！现在的情形已经到了人所共知、有目共睹的时候了，您也应该为自己的后代和汉室的天下考虑了。"从这样一段言辞恳切、发自内心的谏议之言中，足可见刘向的一片赤胆忠心。而其子刘歆却与之相反，甘做王莽篡权的一颗棋子，他先是通过王莽的举荐，做了侍中，专门负责为王莽起草文书，管理典籍。后来也是他首先提出让王莽称帝，一味地为王莽歌功颂德，制造舆论。像"安汉公""宰衡"这些子虚乌有的称号都是他们二人共同谋划的结果。刘歆一直跟随王莽直至他称帝，开始虽然得到加官封爵，但是最后还是死于王莽之手。

曹魏时期，陈矫尽心竭力地为曹氏效力，鞠躬尽瘁，已经历经了三代君主。魏明帝身为君主，为自己的江山社稷担忧，于是对陈矫道："司马懿是朝廷元老，而且是个秉直忠诚的大臣，应该算得上是安邦定国的人才了吧？"陈矫回答："他的确是个威名远播的大臣，但是至于他是否能为您安邦定国，那就另当别论了。"陈矫不顾司马懿权倾朝野，敢于说出这样的看法，足可见对于曹氏政权的忠心。果然如陈矫所担心的那样，后来司马懿还是窃夺了曹魏的政权，到了他的孙子司马炎时，就篡魏建晋，彻底推翻了曹氏的天下。而陈矫的儿子陈骞偏偏就寄身于司马政权之下，成为司马炎的佐命元勋，后来竟然还官至极品公相。

东晋时期，大臣郗愔忠心耿耿，但是他的儿子郗超却成了桓温的爪牙，暗地里协助桓温谋划废帝自立的阴谋，这一切郗愔本来毫不知情，所以在郗超去世之后，整日悲伤难禁，以致忧郁成疾。后来偶然间发现了儿子生前的一箱书信，打开一看，全是他与桓温密谋时往来的信件，郗愔看到后大怒道："这个不忠不孝的小子真是死有余辜！现在看来，他死得真是太晚了。"从那以后，再也没有为儿子流过一滴眼泪。《晋书》中说，郗愔不愧是一代忠臣，颇有大义之风。

刘向、陈矫、郗愔三人对朝廷都如此忠诚，敢于直谏，从不以自己的安危为要，尽力地保全当朝江山社稷的安稳，但是他们的儿子却都是篡权夺位的帮凶，为虎作伥，做出这等大逆不道之事，真是罪不可赦！

苏张说六国

苏秦和张仪都是鬼谷子的学生和云游四方的谋士，一生都在四处游说。他们的主张是截然相反的，就像冰与炭、水与火一样毫不相容，针锋相对，但是他们却师从同一个老师，曾一同拜在鬼谷子的门下。他们之所以会有如此激烈对峙的观点，是因为他们想要达到的目的不同。

苏秦的目的是想让六国联合起来共同抗秦，所以他会极力地阐述六国的势力联合起来的强大，以此来证明六国足可以与秦国抗衡。他说燕国的国土幅员广大，方圆两千余里，另有甲兵数十万，兵车千余辆，战马成万匹；说赵国亦方圆二千余里，甲兵数十万，兵车千余辆，战马成万匹；说韩国的将士全都是骁勇善战之兵，甚至可以以一挡百；说魏国土地方圆千里，勇将有七十万；说齐国的土地与燕国相当，而且单单临淄一个城池里就有士兵二十一万；至于楚国就更强大了，不仅国土面积有五千余里，而且有甲兵百万，兵车千余辆，还有战马万匹。这就是苏秦对六国实力的形容。而张仪呢，他的目

的是要促使六国各自单独与秦国缔结结盟的条约，臣服于秦国，要想用这个策略说服六国，就要极力贬低六国的势力。他说魏国不过千里的土地，士兵全加起来也不过三十万；韩国土地贫瘠，资源缺乏，士兵也不过二十万而已；而临淄和即墨虽是齐地，但也是名有实无了；赵国的土地也已经被分割，等于是被切断了右臂；黔、巫之地也已不在楚国的控制范围了；至于燕国，现在的易水和长城也已经失去了。这些是张仪对六国实力的概括，两者真是有天地之差呀！

即使如此，六国的君主却把这二人的分析视作圣明之思，没有丝毫的质疑，甚至把国家的大权都交给他们去处置，对他们毕恭毕敬，从不敢有任何的责难和疑问。这六国的君主已经历尽人生，年岁不小了，而且治理自己的国家也已经有好多年了，但是遇到此类的事情，却变得像一个汲水的桔槔，任人操纵和摆布，没有丝毫的主见，像这样的国君，能够不亡国就是天大的幸运了。况且管理一个国家，与主管一个家庭的道理是一样的。要合理地经营一个家庭，就必须对整个家庭的状况有一个整体的规划，而且要对家庭所有的事项了如指掌，有多少土地，一年能收获多少粮食；种多少亩桑园，一年能收入多少桑麻；一共有几处房产，价值几何；甚至于家中所养的牛羊鸡犬，心里都要有一个大概的数目。若不是一个资质愚笨、生性呆滞的人，心中都应该明明白白地知道自己的家产到底有多少，怎么还用得着一个毫无关系的陌生人在自己的家中指手画脚，谋划安排呢？如果一个说少，一个说多，一个说弱，一个说强，那怎么能不问是非？全部相信他们呢？

汉景帝时，晁错进言说："高祖时期，为了安抚同姓，于是大封同姓国，天长日久，他们的势力便越来越强，现在单单齐国就有七十多座城池，楚国也有四十多座，吴国有五十多座，这三国就等于占据了江山的一半了。"实际上，以汉朝江山的疆域来看，这三国哪里能够占据一半的天下呢？晁错之所以如此夸张这三国对于朝廷政权和江山社稷的威胁，目的是要皇帝削弱各诸侯国的势力。而胶西王的谋士却有相反的说法，胶西王打算协同吴国等诸侯国一同谋反，群臣觉得不应该这样做，于是对胶西王说："诸侯的领土加起来也不过是汉朝疆域的十分之二而已，现在发动叛乱，绝不会有什么好结果。"七国之乱时，率先造反的就有吴、楚和齐地的一些诸侯，但就这些诸侯国的实力而言，也已经不止汉朝疆域的十分之二。胶西王的大臣之所以这样说，就是为了劝阻胶西王参加叛乱，所以尽力地把叛乱的诸侯国说得势力微小，使胶西王三思而后退，放弃这次的叛乱。这两股势力的较量，与苏秦和张仪的辩论极为相似，但是彼此的用心则大不相同，各有各自的小算盘。虽然他们的说法各异，但是听取这些意见的人，如果能够做到知己知彼，也就不会被这些主观的看法左右了。

第三卷

一定之计

有智谋的臣子遇到一个贤明的君主时，打算与之共谋大计，首先必须要提出自己很有见地的计划，然后按照这个计划来制订具体的方针和策略。从这时开始，便一生追随其主，信守自己最初的承诺，鞠躬尽瘁，直至功成名就，这样史书便可以把他载入史册，永世流传。这在苏东坡为范仲淹的文集作序的时候，已经论述得非常清晰透彻了。

伊尹本是有莘（今山东曹县北）之人，在汤的三次诚意邀请之后，便答应辅助汤成就大业，并决心让汤成为尧舜之明君，让天下百姓都成为汤的子民。后来，伊尹就成了汤的宰相，辅助汤灭了夏朝，汤也真的成了尧舜之后难得的明君，度量如天的一代君王。

傅说本隐居在荒无人烟的山野之地，后来被奉为宰相，于是作了《说命三篇》，此文便像日月星辰一般光芒万丈。虽然时代悠远，典籍已失，史书中并没有关于他事迹的详细记载，但是他曾经辅佐商高宗消灭鬼方（古代国名），远征荆楚之地，并协助商高宗统管天下，安定商朝，其德行足可配于天地，这是无可辩驳的事实。因为他的这些事迹在

《易经》中的《既济》、《尚书》中的《无逸》、《诗经》中的《殷武》等篇中都有相关的记载。据史实考证，商朝的历代君王统治时期，都没有高宗时期兴盛，人民安居乐业，国家安定繁荣。客观地说，商朝并非只有伊尹一人功盖天下，傅说便可与之相提并论，这才是比较公平的说法。

齐桓公之所以能称霸于诸侯，很大程度上得益于管仲的辅佐，而商鞅也是秦国统一天下的有功之臣，虽然历史上的圣贤之人没有给他们很大的肯定，后世的人也并不看重他们的功绩，但是他们从为政之初，一直到退居之后，都在坚持自己最初的策略，没有丝毫的偏离和违背。

韩信在得到汉高祖的重用之后，立志为汉室效力，劝说他要厚待天下的勇武之士，日后必成统一天下的大业。他主张封赏城池来奖励有功的将士，并抓住了将士们归乡心切的心理，一纸文书就收复了三秦（今陕西关中地区）之地；攻占魏地之后，他请求趁机举兵北攻燕赵，东击齐鲁，并向南割断了楚国赖以生存的粮道，接着就向西在荥阳与项羽展开最后的决战，一举灭掉了楚国，到此时止，韩信的预想全部实现。

东汉时期，邓禹看清了形势之后，就去河北拜见光武帝刘秀，他已经断定更始帝刘玄气数已尽，不会有什么作为，于是就劝说刘秀招揽天下人才，顺应民意，这样既可以像汉高祖一样建立汉室的基业，又可以拯救民众于水火之中。光武帝非常赞同，于是便与邓禹制订了周密的计划，作了详细的部署，最终在邓禹的大力协助下完成了恢复汉室的大业。

耿弇曾随光武帝一同率兵征讨王郎，他提出了自己的策略，愿意回到幽州（今北京一带），重组精兵，接着先率军平定彭宠的叛乱，然后再取张丰，收富平、获索之地，东攻张步，一举收复齐地。耿弇的这个计划可谓是天衣无缝，一气呵成，光武帝常常以为耿弇此人性格过于孤僻，难得人心，但结果耿弇果然一步步地实现了自己的计划，最后张步自愿投降，终获全胜。

诸葛亮身为刘备的谋臣，对三国的形势也是早有预料，早有准备。他认为曹操凭借着"挟天子以令诸侯"的优势，目前无人能与之抗衡；而孙权所占据的江东之地，物产丰饶，后备充足，暂时也不可谋图他的领地。而荆州一直是兵家必争之地，地势险要，益州（今四川成都）则有沃野千里，潜力可观，于是建议刘备率先占据荆州和益州，并把这两州作为根据地，然后再静观时局的变化，等到南方逐渐安定，基础牢靠之后，再犒赏三军，北进中原。此后的行动若是按照这个方略逐步进行，霸业必成，汉室必兴。本来诸葛亮已经实现了自己的前一步计划，而且功绩显著，但是不幸的是他在北伐之前就离刘氏而去，此乃天意，非人力所能改变。

　　唐朝名相房玄龄，曾经手拄拐杖去拜见李世民，于是李世民便任命他为记室。房玄龄便在此位置上运筹帷幄，颇具远见卓识，先是竭力网罗各种人才到秦王府效命，接着又与当朝武将加紧往来，最终为唐太宗登基称帝立下了功劳。后来他做了唐朝的宰相，当朝的法令制度、典章律例，全都由他一手制定，不仅为唐朝的兴盛奠定了基础，现在几百年过去了，他所制定的法制依然是朝廷治理国家所必须借鉴的依据。

　　五代混战时，王朴在周世宗手下为官，当时后周初定，他一心助周世宗成就霸业，便呈递了《平边策》，文中说："后唐丢掉了吴地和蜀地，后晋则失掉了幽州（今河北）和并州（今山西），现在该是我们收复这些土地的时候了，不过要采取合理的策略。从目前的情况来看，吴国最易夺取，它地域宽广，可攻打的地方很多，只要严谨地选择，避实就虚，即可长驱直入。这样江北的各州，便可尽数收入囊中。征服了江北，那江南之地就更简单了。若吴地被占领，那两广便一定会臣服。至于四川一带，只需送去檄文劝其投降，便可成事，即使不从，即刻四面攻之，席卷蜀地。一旦吴、蜀被平定，幽州自会闻风而怯，主动归降。唯一需要大费周折的就是并州，这才是最难对付的敌人，但是只要我们看准时机，集中兵力，亦可一举灭之。"周世宗深为叹服，点头称是，当然是采用了他的计划，但是霸业终究没有做成，原因是还没完成的时候，周世宗就病死了。宋朝开国之初，需平定各方势力，那时采用的战略，其先后顺序，攻守之策，基本上是按照当时王朴所定之策。唯独在平定幽州之时，大军攻城，众将拼杀，最终还是没有成功。后来，王安石当政掌权，实行所谓的变法，皇帝同样听信了他的策略，他虽然同样担负着复兴大宋的重任，但是却一味地效仿秦朝的商鞅之策，尽力从百姓的身上榨取兴国之资，结果不仅没有重兴天下，反而带来了灾祸，所以他的策略就不属于前面所讨论的一计定天下的范围了。

汉文帝受言

在汉文帝即位之后的第十三年（前 167 年），齐国担任太仓令的淳于意，犯下了严重的罪过，将要遭受肉刑之苦。淳于意有一个十四岁的女儿，名为缇萦，她在得知自己的父亲所要承受的责罚之后，便一言不发地跟随押解父亲的官差一起来到了长安，到了长安之后，她向皇帝呈递了一张文书，说自己宁愿被贬为官府的奴婢，希望以此来换取自己的父亲免于遭受肉刑。汉文帝被这个女孩的孝心和勇气所感动，于是下令废除肉刑。但是这个诏令的执行却不尽如人意，当时的丞相张苍和御史大夫冯敬趁机请求皇帝允许重新制定刑法律令，结果，刑法变得更为残暴，本来只应该砍去右脚的，反而会被判处死刑，本来犯了应该承受鞭笞的罪刑，反而要被杖打三百至五百下，很多犯人承受不了被活活地打死。这样一来就违背了汉文帝废除肉刑的初衷，实际的结果是被滥杀的人数大增。另外，像株连三祖之类需要废除的刑法，却没有趁这个机会重新制定，完全辜负了皇帝怜悯犯人的一片心意。张苍和冯敬真是虚有其表的大臣，太不称职。

历史上都称赞汉文帝是个仁慈的国君，他能够停下自己的御驾，亲自听取百姓的建议，体会百姓的苦楚，当时淳于意之女的上书，就是由汉文帝亲自批阅的，他还下令废除了实行数千年惨无人道的肉刑，而且没有丝毫的顾虑和犹豫。如果一个国家上至国君下至朝臣，都能够这样处理国家发生的事情，还有什么问题会积压在案解决不了呢？史书上说过，汉文帝经常会用装奏折的袋子做宫殿的帷幕，想必袋子中的奏折他都已经一一过目了吧。

台谏不相见

宋仁宗嘉祐六年（1061 年），司马光负责修撰起居注，并兼任知谏院的长官。因为当时仁宗没有亲生的儿子，所以司马光上奏建议册立一个宗室中的侄子为太子。进谏完毕之后，司马光便去了中书省，找到宰相韩琦，并把这件事情向他作了大致的说明。此事过去不久，韩琦前往太庙祭祀，当时负责监察祭祀的是殿中侍御史陈洙。祭祀完毕之后，韩琦便问陈洙道："据我耳闻，你与司马光一向交好，可有此事？"陈洙回答说："我们过去都是直谏官，曾经一起共事。"韩琦接着问道："我最近听说司马光曾上殿议事，却不知他所言何事，你能透露一二吗？"陈洙忙答道："台官与谏官按规定是素不能往来的，我现在身为御史台官，而司马光则是负责监察的谏官，我怎么可能知道他到底说的什么事情呢？"这件事被详细地记载于司马光的日记中，至于韩琦为何询问陈洙的理由我们暂且不去探究，单就他们的对话来分析，依照宋朝过去的规定，台官和谏官之间是不允许往来的。所以后来赵清献公（赵抃）被提任御史之后，曾经议论陈恭公的是非，这时范蜀公（范缜）就以谏官的身份与赵抃争论。到了宋神宗元丰年间，又规定两省之间的官员也不许擅自往来，鉴于由此引起的诸多不便，鲜于子骏曾经请求废除这个禁令。哲宗元祐年间，谏官刘器之、梁况之等因蔡新州（蔡确）用诗歌讥讽朝政一事弹劾他，而且御史中丞以下的官员，都因为没有上呈奏疏而被罢免。钦宗靖康初年，时任谏议大夫的冯澥，因为使用不当的言辞议论时政，受到了御史大夫李光的激烈驳斥。现在朝廷已经把这两个机构合二为一了，不仅同在一个屋檐下，而且还在同一个厅堂里办公，这与从前的规定完全不一样了。不过，现在执政的宰相或参知政事在参加祭祀的时候，还是不能与监察御史见面。

无望之祸

　　自古以来，总有人会遭遇不可预知的无妄之灾，以致玉石俱焚，国破家亡，佛教中人把这些都称之为人力所无法避免的"劫数"。但是此类劫数也有幸与不幸的区别。

　　汉武帝时，因为一个望气的术士说长安的监狱中有天子的祥瑞之气出现，汉武帝便听信了他的话，立刻派使者颁布诏令，命京城里所有监狱的官员，把所有在押的犯人，无论罪责的轻重缓急，一律处斩。只有当时各郡设在京城的临时监狱中的犯人幸免于难，这要归因于当时的廷尉丙吉誓死相护，而当时的皇曾孙刘病已（后改名刘询），也就是后来的汉宣帝，就在此狱中。

　　隋炀帝一生奢望自己能够长生不老，于是命令嵩山道士潘诞为他炼制能够长生不老的灵丹妙药，但是潘诞屡次失败。隋炀帝便怪罪于他，他没有阐明事实，竟然找借口说之所以不能成功，是因为没有石胆石髓的缘故，若能得到童男童女的胆、髓各三石六斗，以代替石胆石髓，然后再经过自己的炼制，必可炼成长生不老的丹药。隋炀帝听后震怒不已，立刻将潘诞斩首示众。还有一次，一个江湖游走的方士扬言，隋朝的天下将会被李氏取代，而且怂恿隋炀帝将李氏家族全部诛杀，以绝后患。隋炀帝本就是嗜血无道的昏君，颇似盗贼草莽，但是这一次竟然没有听从方士的话，真是出乎意料。

　　唐太宗时期，李淳风预言说，李氏天下不可久存，三世之后，必会被女主取而代之，而且此人已经身在宫中。一向圣明的唐太宗，却因此打算将宫中所有形迹可疑的宫女全部处死，幸亏李淳风当场进谏，力陈利弊，才免除了一场残忍的屠杀。像唐太宗这样贤明的皇帝偶尔都糊涂残忍至此，那么无妄之灾难道就没有幸与不幸的区别吗？

朱云陈元达

西汉时期，朱云晋见汉成帝，请求成帝赐给他斩马剑，去斩杀奸臣张禹，把他的脑袋割下来。成帝听后大怒："大胆朱云，罪该万死。"接着便命御史将朱云拖下殿去。但是朱云誓死不从，拼命直谏，死死地抓住殿上的栏杆，直到把栏杆折断，朱云才被拖下殿去。眼看朱云即将面临灭顶之灾，辛庆忌顿时双膝跪地，连连叩头，愿以死保朱云的性命，成帝见此情景，不好执意处死朱云，心中的怒气便消了大半，便下令免了朱云的死罪。后来工匠打算重新修筑被损坏的栏杆，成帝下令说："不要更换这个折断的栏杆，只要把它修补一下就行了，而且就放在原来的位置。"以此来提倡大臣们敢于以死直谏的风气。

十六国时期，北汉国君刘聪打算为自己的皇后建一座仪殿，陈元达认为这是劳民伤财的昏君之举，于是极力劝阻。刘聪认为陈元达的做法太过分，大为恼怒，于是下令将他拖出去处死。此时是在逍遥园的李中堂内，陈元达的腰已经被铁索锁住，他就把铁索绑在堂下的一棵古树上，任凭卫士怎么拖他都纹丝不动。片刻之后，刘皇后便听说了此事，立刻下令让卫士停止行刑，接着就写下了一封诚恳的劝谏书，向刘聪说明此事的利弊，言辞恳切感人。刘聪见此奏疏后，才慢慢地平息了内心的怒气，并下令释放陈元达，反省之后，还向他表示了自己的歉意，这实在是难能可贵的。事后，刘聪便把逍遥园的名字改为纳贤园，把李中堂改为愧贤堂。

这两件事情有颇多相似之处，不过其间有很多细节让人产生疑问。朱云之所以幸免于难，是因为当时辛庆忌就在殿上，及时地帮他请罪，这是合情合理的。但是陈元达当时的性命已经危在旦夕，而刘聪又是一个性格急躁、一意孤行的国君，他被判处死刑之后，哪里还有那么多时间等刘皇后写奏章劝谏呢？还有，既然陈元达把自己绑在了大树上，卫士无法将他拖出去，刘聪完全可以命令卫士将他就地处死，何必非要把他从树上拖走呢？这些细节都值得仔细推敲。汉成帝只是用保存折断的栏杆的形式来鼓励直谏的大臣，但是没有给朱云任何的奖赏，在这方面朱云就没有陈元达的际遇好了。直到现在，宫殿正中的一排栏杆上面都没有横木，这叫作折槛，由此可见，这个传统是从汉朝开始承袭至今的。

杜老不忘君

前代曾有这样的记载，说唐朝诗人杜甫一生多难，颠沛流离、居无定所则是常事，即便如此，他一刻也没有忘记自己的君臣之道，甚至在吃饭的时候也是如此。我在这里引用他的一些诗句为证："万方频送喜，无乃圣躬劳。""至今劳圣主，何以报皇天。""独使至尊忧社稷，请君何以答生平。""天子亦应厌奔走，群山固合思生平。"在杜甫的诗句中，诸如此类的句子很多，可见他是个忧国忧民忧君的诗人。

容斋随笔精粹

第四卷

淮南守备

五代时期，后周世宗柴荣为了统一天下，倾尽了中原的百郡之兵，大举攻打南唐，意欲夺下南唐中主李璟的天下。当时，后周国力强盛，兵强马壮，而南唐的李氏政权却是混乱不堪，大有名存实亡之势。这时后周前去征讨，理应易如反掌，轻松即可得胜。但是结果却不尽然，从周世宗显德二年（955 年）的冬天一直到显德五年（958 年）的春天，前后共约四年的时间，周世宗三次御驾亲征，却收效颇微，仅仅占领了长江以北的部分地区。这是什么原因呢？

在周世宗征讨南唐之前，原任河中（今山西永济一带）节度使的李守贞因不满北汉政权而发动叛乱。情势不利之时，便派遣他的客卿朱元前去南唐求救，没料想朱元竟然一去不回，留在南唐为官，并且娶了枢密使查文徽的女儿为妻，就此在南唐安下了自己的家。但是南唐的政权已经濒危，丧失了很多的国土，于是朱元便主动请愿，收复南唐被侵占的各州，结果不负众望，一举攻克了舒州（今安徽潜山）以及和州（今安徽和县）。从这以后，他便自认为自己功高盖世，渐渐地开始骄横无礼，做出一些不合礼数的行为，于是南唐政权便打算尽早解除他的兵权，以免夜长梦多。朱元因此大怒，深为自己不平，一气之下就投靠了周世宗柴荣。但是他的妻儿还留在南唐，国主李璟便把他的妻子囚禁起来，并准备处死她，以示对朱元的惩罚。当时，朱元的岳父查文徽尚在南唐政权任职，便上奏请求国主网开一面，赦免他的女儿。但是李璟不为所动，批奏道："只斩朱元妻，不杀查家女。"查文徽并没能挽救女儿的性命，随后，李璟便将她斩首示众，以儆效尤。

南唐大将军郭廷曾镇守濠州（今安徽凤阳），情势非常危急，郭廷深感力不从心，但是绝不敢擅自离守，因为他的亲属都在江南，一旦投降，必被南唐诛灭九族。于是只好派遣使者赶赴金陵（今江苏南京），在取得南唐政权的批示之后，才敢领兵出城，向后周投降。从这些例子可以看出，后周以强国之兵攻打一个濒临覆灭的政权，竟然久攻不下，其原因就是南唐的法令制度还是比较健全的，对领兵的将帅尚有生杀予夺的大权。

宋高宗绍兴年间，金兵大举来犯，攻打淮南之地，仅仅一个月的时间内，竟然有十四个郡县全部被占。沿淮各地的守城太守，不仅不尽力抗敌，反而卷携着官府的全部官银，逃往江南的京口（今江苏镇江）苟且偷生，竟然还无耻地扬言此举是经过皇帝允许的。敌军来犯之时可以逃到安定的地方休养生息，这些都是我亲眼所见。这些贪生怕死的守将，在国家安定之时，可以轻松地获得镇守边疆的奖赏，一旦国家陷入危难，就赶紧舍弃所守之城，卷款而逃，待敌人散尽之后，又若无其事地重返官位，丝毫不会感到羞耻，而且也不用担心因为失职而受到任何的惩罚。如此境况之下，怎么还能指望他们倾尽全力守住国家的疆土呢？

窦贞固

五代后汉隐帝在位时期，窦贞固身居宰相之职。后周建立之后，他成了亡国之臣，宰相之职被罢免，不过还是被赐了一个名义上的司徒之职后回家赋闲。后来范质执掌大权，以中书省长官之职兼任司徒，窦贞固便得以彻底脱离了后周的官场，遂回到洛阳闲居。在洛阳居住之时，他经常会有普通老百姓一样的遭遇，受到地方上的苛捐杂税的剥削，繁重的徭役使他无法忍受，忍无可忍之际，他就向洛阳的留守向拱申诉，但是向拱对此竟然不予理睬，其原因当然是因为窦贞固已经失势。

宋神宗熙宁初年，韩国公富弼被封为宰相。一次，神宗在众臣面前称赞河南府尹（今河南洛阳）李中师政绩卓著，治理有方。而富弼认为李中师并非真有政绩，而是买通了宦官，在皇帝的面前为自己吹嘘而已。为了揭穿他的真面目，富弼便对神宗说："陛下您是从何处知道李中师有此政绩的呢？"于是皇帝和众臣便明白了真相。李中师由此对富弼怀恨在心，认为他坏了自己的好事。后来，李中师重新担任了河南府尹之职，而这时富弼因为年岁已高，已经请辞离开朝廷，在洛阳休养。李中师为了泄一己之愤，便将富弼编入普通平民的户籍，让他如富裕的百姓一样担负繁重的徭役之税。

从这两件事情来看，当君子落魄之时，便会遭到无耻小人的欺侮和羞辱，而向拱、李中师之流便是那些得势小人的典型，此类的小人从古至今就层出不穷。

弱小不量力

春秋时期，楚庄王带兵攻打萧国（今安徽萧县），萧国眼看楚国来攻，便把熊相宜僚与公子丙都给囚禁起来，并扬言若楚国来袭，便立刻将他们处死。楚庄王一时没有解救之法，只好做出让步，放弃对萧国的进攻，并说："只要萧国不伤此二人，我退兵就是。"萧国见楚国果真退兵，心中却怒气难消，竟然真的将二人处死。楚庄王对此愤怒不已，小小国家竟然如此放肆，于是下令立刻出兵攻打萧国，萧国再无凭借抵抗，结果被楚

容斋随笔精粹

所灭。

楚国出兵征讨莒国（今山东莒县）之时，莒国人也实行了同样的策略，把留在莒国作人质的公子平囚禁起来，得以牵制楚国的进攻。楚国人说："你们不要伤害他，可以用他来交换你们的战俘。"莒国人认为杀了公子平一定会对楚国不利，便私下里处死了公子平。谁知此举却惹怒了楚国人，随即大举进攻莒国，莒国军队不堪一击，国君只好逃到郓国（今山东沂水县北）避难。

齐侯出兵征伐鲁国，很快便包围了鲁国的龙地（今山东泰安），但是此地易守难攻，齐顷公便派遣自己的得力宠臣卢蒲前去劝降，但是龙地之人不仅不听劝告，反而扣留了卢蒲，把他囚禁起来。齐侯不忍自己的宠臣身首异处，客死他乡，于是对鲁国龙地之人说："只要你们放了卢蒲，我就答应与你们结盟，不仅不再攻打你们的城池，还会给你们厚重的封赐。"但是龙地人却不识时务，不仅处死了卢蒲，还把他的人头吊在城头上，向齐国示威。这时齐侯已经无所顾虑，于是用最快的速度将龙地攻占。

春秋时期的齐国和楚国都是泱泱大国，而莒国仅是个小国，萧国也只不过是个附庸国，至于龙地，不过是鲁国边境的一个小城罢了。这些弱小的势力，在受到强敌攻击的时候，由于掌握了对方有所顾忌的条件，便用来要挟对方，而他们所面临的强敌已经答应，只要不伤害人质，就可以停息战事，偃旗息鼓。但是这些弱小者鼠目寸光，逞一时的匹夫之勇，并不考虑自己的势力究竟如何，而肆意地做出挑衅和报复行为来激怒对方，这简直就是自掘坟墓的愚蠢之举。对于弱小的国家来说，这是最失败的政治策略。据历史相传，子产非常善于治理处于弱势的小国，如果前面所阐述的情况由他来处理，应该是非常妥善的。只可惜上述的小国并没有如子产一样的贤人。

田横吕布

韩信大败齐军之后，俘获了齐王田广，于是田横便自封为齐王。但是后来由于自己的战略决策失误，被汉将灌婴打败。几经辗转之后，逃到一个远离中原的海岛上苟安于世。汉高祖仰慕他的才能，就派使者前往海岛去招抚他，并在诏令中允诺说："只要你愿意归降，高者可以赦罪封王，低者可以赐予侯爵，如若不从，就全部诛杀。"于是田横和他的两个门客就赶往洛阳，到了离洛阳还有三十里地的一个驿站时，田横以沐浴见天子为由，在驿站逗留。这时他对门客说："我当年与汉王一样，南面称君，被尊为帝王，现在汉王做了天子，而我却沦为逃亡的贼寇，我要面北而立，向他俯首称臣、叩头谢罪，可算是奇耻大辱了。"说完便毅然拔剑自刎。田横虽身为败将，但是却能置王侯爵位于不顾，视死如归。汉高祖闻知此事后，涕泪横流，深感田横是圣贤之人。班固也称赞他为

一代雄才。韩愈曾路过田横的坟墓，特意写了祭文，以示吊唁，唁文中说："从古至今，丧命之人不可计数，但是您视死如归的气节却至今光芒万丈。"确实如韩愈所说，田横临死不惧、大义凛然的气节，至今仍豪气不减、振奋后世。

吕布兵败，被曹操活捉，认为留他必有后患，于是打算将他处死。将死之际，他向曹操求饶说："您这一生最为担心忧虑的人，恐怕就是我吕布了，现在你可以高枕无忧了，我愿意降服于你。你若让我统领骑兵，你则统帅步兵，你我配合，那天下绝无可挡之敌，平定天下指日可待。"曹操这时哪里会听信他的话，最后还是坚决把他处死了。吕布其人，才气和能力绝不在田横之下，但是却甘心臣服于他人，不顾羞耻主动请求为自己的仇敌效命，真是可悲。苏东坡因此事写诗说："犹胜白门穷吕布，欲将鞍马事曹瞒。"这便是对吕布不顾廉耻的嘲讽。

五代时期，后梁将军刘守光曾自封为燕帝，后与晋王李存勖交战，兵败被俘。他明知自己将有杀身之祸，但还是想作最后的挣扎，抛弃尊严向李存勖求饶道："大王您满腹雄才大略，有恢复唐室统一天下的雄心，怎么就不能赦免我这样一个小人物的罪过，给我个立功赎罪的机会呢？"此等庸劣无道的小人，奴性不改，其可耻行径不值得在意。

汉武心术

据《史记·龟策列传》中记载，"如今汉武帝登上了皇位，就开始广开言路，广征贤才，只要是有一技之长之人，都能在朝廷中施展自己的才华，所以各路精英蜂拥前来投靠。这样不过几年的时间里，擅长卜筮之人便齐集长安。这时正赶上汉武帝打算四面征战，首先要攻打匈奴，西边要与大宛抗衡，向南还要收复百越之敌，一时间战事四起。卜筮的术士们已经预先料到此事，于是提前想出了很多从中牟利的方法。前方的将士披坚执锐、奋力杀敌，最终取得战争的胜利之后，远在京师的术士们也早已推算出了时期，竟也算是有功之臣了。因为武帝对他们占卜的结果非常满意，于是就加以重赏，数目达千万。像丘子明之类的人，不仅富比王侯，而且日益得宠，权倾朝野，势压百官。后来又用卜筮之术来揭发巫蛊之道（用巫术诅咒或者把木偶人埋在地下加害别人的做法），并趁机诬陷曾经与之结怨的人，大肆杀戮，一时间朝廷中人心惶惶，那些作孽之人便更加的任意妄为，以致因此被连族诛灭的人不计其数。文武百官，避之不及，都认为龟策竟然会言语。后来术士们的奸计被识破，黔驴技穷，受到了应有的惩罚，一样被连族诛灭。"

《汉书音义》中认为，司马迁既死，《史记》后面的十篇就已经不再完整了，虽然目录残存，但是正文已经散佚。到了汉元帝、成帝年间，褚少孙先生补齐了其中残缺的部分，但是言辞却不足道，像《日者》《龟策列传》就是此类的文章，后人对这些补漏的部分非常鄙视。但是此卷的第一句话是"今上即位"，司马迁指的就是汉武帝即位，而其中所记载的巫蛊之祸也是照这样写的。而现在认为《史记》的后十篇是伪作的人，都忽略了这十分重要的一点。《资治通鉴》对这些素材同样是弃置不用，所以像丘子明这样祸乱国事、着实可恶之流，也不可能在《资治通鉴》这样的史学名著上出现。不过也不能把整件祸事全都归罪于丘子明之流，汉武帝当时崇尚异术邪说，不辨是非，也是铸成祸患的原因之一，如果汉武帝自己严于律己，正直清明，也不会出现如此惨重的祸事。

宣和冗官

蔡京在位时，奉承皇上，勾结宦官，朝廷大权一律由他执掌，群臣无论何事都噤声不语，深恐惹上灾祸。直到宋徽宗宣和元年（1119 年），蔡京即将辞去宰相之职，大臣们才敢向皇帝上书请奏，阐述封官过多以致官吏臃肿之事。奏章的大意是这样的："从去年的七月至今年的三月，不到一年的时间，得到升官和赏赐的人就达五千人之多，其中有很多都是不符合正常官制的。比如：辰州（今湖南沅陵）招募弓弩手一事，枢密院竟然选派了八十四位官员去负责这个差事，并乘机封官；兖州（今属山东）获准升为府，中央的三省、兵房等衙门竟然趁机推恩封官达三百三十六人。有的官员参政入仕仅两年的时间，就升迁达十次之多。现在仅从吏部所选拔的任朝奉大夫到朝请大夫的官员就多达六百五十五个，还有随意任命的右武大夫至通侍二百二十九员，修武郎至武功大夫六丁九百九十一员，小使臣达二万三千七百余员，选人（候补）的人数也达到了一万六千五百余员。可见官员的数量过大，十分冗杂臃肿，导致正常委任官吏的程序无法实行。"徽宗看完奏章之后，便颁布诏令，命令三省和枢密使的官员一定要改变这种情况，严格按照先前所制定的律令行事。但是这个诏令在当时却形同废纸，徽宗于四月庚子下发诏令，之后的第二天，也就是辛丑日，朝廷又以犒赏西部征讨的将士为名，奖励军士，被奖励的人中，就有太师蔡京、宰相余深、王黼、知枢密院邓洵武的儿子，他们都被授予了新的官职，而且所有的执政者也都被提升了一级。堂堂天子所颁发的诏令竟然在当天就被弃置一旁，由此可见蔡京等人对于朝政的独断专权所造成的恶果已经到了无以复加的地步。

第五卷

汉唐二武

苏东坡说："从古至今，凡是圣贤之人，就一定会为了治理好自己的国家而殚精竭虑，随时充满危机感，而且为贤明的君主担忧。而明君即使有过人的资质，能够治理好国家，有时也会忽略一些让人畏惧的灾难，身为治世之君，会觉得没有什么需要时时警惕的危险。"这句话说得真是非常有道理。汉朝的汉武帝、唐朝的武则天，不能不说他们是贤明的，治理国家也是非常成功的，但是却也会有巫蛊之祸和罗织之狱，这些祸事使王公大臣和皇子后妃因为一些子虚乌有的事情而惨遭杀戮，百姓也是人心惶惶，道路以目，所以后世一听说二武的名字，就深恶痛绝。蔡确曾经作诗记事，内容是郝甑山正月十五元宵之事，就引起了宜仁皇后的疑心，认为是在用武后影射自己。苏辙所做的文章中，用汉武帝时期的豪华奢靡、穷兵黩武，以致劳民伤财之事规劝皇帝，哲宗就以为苏辙是把自己与汉武帝相比，结果蔡确和苏辙都因此担负了罪名，受到了惩罚。君王治理天下，就是要汲取前代的经验教训，并以之为鉴，即使二武之名为后世所憎，何必要惩罚忠言直谏的大臣呢？

买马牧马

宋朝为了搜集各地的良马，以充实骑兵，在各地设立了专门的机构。在南面的邕管（今广西南宁）和西面的岷州（今甘肃岷县）、黎州（今四川汉源）等地都设立了专门负责买马事宜的官方机构和官员。只要能够每年向朝廷进贡超过一万匹马，这些机构的负责官员就可以得到不菲的赏赐和官职的升迁，若将这些进贡的马匹运送到京师，沿途至少要经过十多个州县，这些州县要为此专门准备休息的驿站，以招待运送马匹的官兵，还要为马修建马厩，备好足够的草料，这个过程所消耗的财力和人力是无法计数的。不仅如此，如果马匹被运送到江淮之间，就会更加麻烦，此地本就不适合骑兵作战，如果再遇上炎热难当的酷暑，就必须要把马匹赶到苏州、秀州（今浙江永嘉）一带去喂养，不免为当地的百姓带来很多的不便，还会增加百姓的负担。

根据《旧五代史》的记载："一次，后唐明宗问担任枢密使的范延光，目前朝廷一共有多少马匹？范延光回答有三万五千匹，于是明宗感慨地说：'当年太祖在太原征战时期，所拥有的骑兵也不过七千人，至于先皇（指后唐庄宗李存勖）终其一生，最多也不过有一万匹马，而现在我虽然拥有如此数量的马匹，但是却不能完成统一天下的霸业，还是因为我在训练士兵方面做得不够啊！'于是范延光进谏道：'朝廷所养的马匹确实已经太多了，而且供养一个骑兵所用的费用可以供养五个步兵，现在供养三万五千个骑兵的费用可以养活十五万的步兵，现在骑兵已经没有用武之地，白白耗费财力，只会增加国家的负担。'明宗也正有此意，于是赞同道：'你这些话说得很有道理，花费如此多的钱财去供养失去作用的骑兵，只会使百姓陷入困苦之中，这样劳苦的百姓又如何承受呢？'"唐明宗是少数民族出身，能想到中原百姓的难处，并设身处地为百姓着想，实在是很难得。不过当年李克用父子单靠七千骑兵便打下了天下，而唐明宗时期的骑兵数量是李克用的好几倍，却没有任何的建树，确实让人觉得遗憾。不过唐明宗还是很有真知灼见的，当时他已经兵临中原，定都洛阳，所以觉得骑兵已经无用武之地，发挥不了原来的作用。那现在如果全部都使用步兵作战，也未必是失策之举啊。

唐虞象刑

根据《尚书·虞书》中的记载："（皋陶）象刑惟明。"这里的象，是效法的意思。汉文帝曾经颁布诏书说："当初虞氏（舜）在位时期，根本就没有残忍的屠戮之刑，只是在衣服、帽子上画上奇异的花纹来象征五刑，但是人们却遵守法纪，没有违法乱纪的事情发生。"汉武帝也曾有诏书说："唐尧虞舜时期，都是用画像来代替刑法，但是人们却并不做违法之事。"

据《白虎通》中记载："所谓画像之法，就是以在衣帽上画花纹特异的服饰作为五刑之法，如果所犯之罪应受到墨刑（在面部刺字），就用布蒙住他的头部；如果所犯之罪应受到劓刑（割去鼻子），就让其穿上红褐色衣服；如果所犯之罪应受到膑刑（挖去膝盖骨），则让其膝盖骨上涂满黑膜；如果所犯之罪应受到宫刑（阉割或幽闭生殖器），就让其穿上草鞋示众；如果所犯之罪应受到大辟刑（砍头），就让其穿上无领的麻布上衣。"这些说法或许不一定都是真实的，但是正如扬雄在《法言》中所说："唐尧虞舜时期，在实施刑法的时候，确实会做到公正合理，有时只是采取一些象征性的惩罚，这是肯定的。"为了证明自己的观点，他还引用了汉文帝、汉武帝时期的诏书作为依据。唐尧虞舜时期坚持与民平等，是用礼仪道德教化百姓，而不是靠严酷的刑法来治理百姓。

秦末时期，刑法严苛，有罪之人几乎占了路上行人的一半，即使如此，违法乱纪的行为依然没有任何收敛。到了宋朝，刑法虽不像秦时的严苛，但是凡是被免除死罪或者发配边疆的人就要在脸上刻上特殊的标志，目的是要把罪犯的过错公之于众，让他感觉到自己的耻辱，因为把罪行刻在脸上一目了然，谁看了都知道他是个罪犯。久而久之，这种情况便越来越多，每个州县的监狱都人满为患，罪犯还是在不断地增加，以致达到了十万多人。这是因为行凶作恶之人并不在意这样的耻辱，甚至已经司空见惯、习以为常，所以根本起不到任何约束的作用。罗隐在他的《谗书》中说："十人当中，假若有九个人戴着帽子，只有一个人束发，那么束发之人就会对戴帽之人心生羡慕，而戴帽之人就会显得得意扬扬；假若有九个人束发，一个人戴着帽子，那反过来戴帽之人就会对束发之人心生羡慕，而束发之人则会作怡然自得之状。"这又是什么原因呢？《老子》中说："如果人们并不惧怕死亡，怎能用死亡来吓唬他呢？如果要想让人们惧怕死亡，那就对作奸犯科之人予以严惩，谁作恶多端就处死他，那还有谁敢违法乱纪呢？"这些话说得真是非常有道理，称得上是至理名言。荀卿对于用象刑治理国家的观点也并不认同，认为并非行之有效，他的观点也是很有道理的。

崔常牛李

士大夫们经常要在一起商讨朝政要事，他们往往会有各自不同的看法和观点，这些观点有些是可取的，有些是不可取的，但是却不应当用观点的正确与否来判断此人的贤愚。

唐德宗即位之初，常衮担任宰相，大臣聚集在一起，讨论身为朝中大臣在皇帝驾崩之后，如何穿着丧服一事。常衮首先发表自己的观点，因为先帝在遗诏中说："天下的官吏和百姓只需在三天之内守丧，三天之后便可脱去丧服。"但是在古代，士大夫要与皇帝

保持一致，在丧期的二十七天之后才可脱去丧服，所以现在当朝的大臣们也应当如此。而崔祐甫却有不同的观点，他认为先帝遗诏中的官吏并没有朝臣和地方官吏的区别，只要是担任官职的人，都应该是在官吏之列，所以都应该在三日之后脱去丧服。两人都据理力争，一时不分高下，逐渐演变成了争吵。常衮觉得无法容忍，便在皇帝面前弹劾崔祐甫，请求免去他的官职，却未能如愿。后来，常衮因其他的事情犯了欺君之罪，被罢免了宰相的官职。恰巧宰相之职由崔祐甫取而代之。很多人由此认为崔祐甫的才能远远地超过了常衮，所以在穿着丧服一事上都认同了崔祐甫的看法。实际上，常衮的观点才更为合理。

李德裕担任西川节度使之时，吐蕃维州副使悉怛谋主动归降。于是李德裕便立即派遣军队接管了他的城池，并且把此事详细地向皇帝奏明，劝皇帝下令趁此机会攻打吐蕃的腹地，一举拿下吐蕃国。文武百官对李德裕的看法都非常赞同，认为这是一个收服吐蕃的大好时机。但是当时担任宰相的牛僧孺却极力反对说："吐蕃的疆域辽阔，方圆万余里，仅仅失掉了一个维州对吐蕃来说简直是九牛一毛，损伤不了他们的实力。更何况朝廷与吐蕃已经于不久前交好，约定不再互相侵犯。假如我们现在擅自毁约在前，他们定会来责难我们。吐蕃若从平凉（今甘肃平凉）发兵，数万骑兵就可在回中（今陕西陇县西北）聚集，到时他们自恃理直气壮，一定会士气大增，不出三日，便可越过咸阳桥，再攻打长安也并非难事。到那个时候，即使我们在西南数千里外，我们有一百座维州又有何用呢？"文宗听后，认为牛僧孺考虑得合情合理，有远见，于是就下诏把城池归还给吐蕃。李德裕的建议没有被采纳，也就失去了立功的机会，他与牛僧孺本有宿怨，由此更是恨之入骨。此事之后，很多人都认为李德裕的见解很独到，要比牛僧孺更加贤能，而牛僧孺纯粹是公报私怨，之所以反对李德裕，阻止他进攻吐蕃，就是因为嫉妒李德裕的功劳，以免他立下大功危及自己的地位。但是从客观上来分析，牛僧孺的见解是非常具有远见卓识的，司马光也用义和利的取舍来评判二人的对错，这样才使得二人之间的是非曲直有一个公道的论断。

盗贼怨官吏

秦朝末年，陈胜因为不堪忍受秦朝的暴政而起兵造反，各郡县纷纷揭竿而起积极响应，争先恐后地处死地方上的官吏，可见他们都已经对秦朝的残暴统治忍无可忍。

晋安帝司马德宗统治时期，政治混乱，人民困苦不堪，孙恩在浙东之地掀起暴动，顿时席卷方圆州县，每占领一个州县便把县令剁成肉酱，然后让县令的老婆孩子分而食之，如果不从，就把他们的身体肢解。若没有刻骨的仇恨是不会有此超乎寻常的举动的。

隋朝大业末年，各路盗贼蜂拥而起，横扫各地，只要是抓住了隋朝的官吏或士族的子弟，无论老幼，全部杀掉。

　　唐僖宗时期，黄巢发动起义，并入京称帝。到达长安之后，他率领的士兵便到处烧杀抢掠，黄巢也无可奈何。最后竟然当街见人就杀，尤其是碰到唐朝的官吏，被捉后必死无疑。

　　宋徽宗宣和年间，南方爆发了方腊起义，不久便攻克了附近的州县，其行径更是令人咋舌。方腊所捉到的官吏，无一人存活。处死的方式就是将其肢体切成若干的小块，然后掏出体内的内脏，或熬炼成油，或碾成膏状，还有的直接被乱箭穿身而亡，总之是让他们经受难挨的苦痛之后丧命，以此来宣泄心中的愤恨。后来杭州的士卒陈通造反时，同样是每捕获一个朝廷官吏，就斩首示众，绝不留情。为什么所有的造反之人都会这样呢？就是因为当朝为官之人，一旦得势，便肆无忌惮地欺压百姓，仗势欺人，残害无辜，

以致民心怨恨，忍无可忍之时，便奋起反之，并趁此机会实施过激的报复行为，以宣泄心中积压已久的愤恨。

天下百姓造反，皆有其缘由，大多是官吏为官不仁所导致的结果。

后妃命数

根据《左传》中的记载，郑文公有十几个儿子，每个儿子的母亲几乎都是出身名门，但是这些母亲所生的儿子大多死于非命，不得善终。只有出身低贱的小妾燕燡所生的儿子继承了王位，就是后来的穆公，而且郑穆公的儿孙繁衍旺盛，世代与郑国共存亡。

薄姬被招入汉王刘邦的后宫之后，起初并不受刘邦的宠爱，一年多的时间刘邦也并不知有薄姬其人。薄姬这时虽然没有得到刘邦的宠幸，但是却与刘邦非常宠爱的管夫人、赵子儿二人关系笃厚，她们不免在刘邦面前对薄姬大加夸赞，于是薄姬便被招入刘邦的寝宫，不到一年便生下了儿子刘恒。后来吕后在后宫作乱，幽禁了刘邦宠爱的所有的妃子，而薄姬在生下儿子之后便很少与刘邦见面，由此免去了一场灾祸。她与儿子一起去了代国（汉文帝即位前的封国），做了代国的太后，后来刘恒继承了帝位，即是汉文帝。

汉景帝时，某夜要宠幸程姬，但是程姬因有需回避之事而不便前往，但是又不敢直接违背皇帝的意愿，于是命自己的侍女唐儿代她前去内宫侍寝。哪知汉景帝醉酒后真的没有认出是程姬的侍女，结果侍女唐儿便有了身孕，十月怀胎后生下了刘发。因为他的母亲地位卑微，所以刘发一直未受到过汉景帝的宠爱，后来便将贫瘠偏远的长沙作为他的封地，并在此世代繁衍。汉朝宗室繁杂，一共有十万人不止，但是后来重兴汉室，使汉朝的江山社稷又延续约两百年的，却是长沙王刘发的五世孙光武帝刘秀。

汉元帝为太子时，非常宠爱的妃子司马良娣猝死，汉元帝无法接受这个打击，于是心情抑郁，对其他的妃子也不加理睬。汉宣帝见此情景，非常着急，这可是关系到繁衍子孙的大事，于是就让皇后亲自选出宗室中家世显赫、内外兼备的五个女子，进宫侍奉太子，以解太子之忧。待皇后选出后，便命在旁的长御问太子对其中的哪一个比较中意，太子本是思妾心痛，根本无意观察其中的任何一个，但是又不好直接辜负了皇后的好意，于是就随便指着其中一个应付道："这一个我很喜欢。"这一个便是王政君。王政君在得到太子的这一次无意的宠幸后，居然就有了身孕，生下的儿子便是汉成帝。虽然汉元帝对她颇不在意，而且自从她有了身孕之后就很少得到汉元帝的宠幸，但是王政君一生却经历了汉室四代，母仪天下六十余年，这可是很少见的。

纵观以上四个后妃的一生，虽然或因巧合，或因无意受到皇帝的宠幸，而且受宠的时间都很短暂，但是她们因此所得的荣耀和权力，是其他后妃所望尘莫及的，至于王政君后来祸乱汉室，成了西汉衰败的罪人，也许这是她命中的劫数吧！

宋徽宗也有三十个儿子，只有高宗皇帝重整旗鼓，重建了江山社稷，而高宗的母亲显仁皇后，在后宫中也是一个自甘平静、从不与其他妃子争风吃醋之人，她的气质与汉朝的薄太后倒是十分相似。

容斋随笔精粹

公为尊称

柳宗元在《房公铭》这篇铭文的背面就"公"这个称呼作了一番阐述："天子的三公称之为公，各个王侯的后代也称之为公，诸侯中有做皇帝的卿、士的也称之为公，仰慕某人的学识，并想拜他为师也称之为公，古代人称呼老者亦为公，除此之外，大臣们很少有资格能够在自己的姓氏后配公的，只有唐代的大臣中最有名望的房玄龄得到过这样的称号，被称为"房公"。苏东坡在他的《墨君亭记》中说："人们在见面时互相打招呼，就称呼地位尊贵之人为公。"范晔在《后汉书》中说："在大臣中只有三公（太师、太傅、太保）才能与姓氏相配，这种情况一直没有出现混淆。"比如称邓禹为邓公，称吴汉为吴公，另外还有伏公湛、宋公宏、牟公融、袁公安、李公固、陈公宠、乔公玄、刘公宠、崔公烈、胡公广、王公龚、杨公彪、荀公爽、皇甫公嵩、曹公操，都是此类称呼。三国时期，又有诸葛公（亮）、司马公（懿）、顾公（雍）、张公（昭）等，也是此类称呼。宋朝此类称呼有韩公（琦）、富公（弼）、范公（仲淹）、欧阳公（修）、司马公（光）、苏公（轼），这些都是其中最有名望的。

台城少城

在晋朝和南朝刘宋时，都把皇宫禁地称为台，所以就把禁城称为台城，把负责守卫皇宫的军队称为台军，奉皇命出使的使者称为台使，朝廷官吏都称为台官，朝廷所颁布的法令称为台格，若台城有所需的东西需要调拨，则称为台城有求需，朝廷所调遣的军队称为台城所遣之兵。这种情况在文人所作的诗中也有所反映，如刘禹锡所写的《金陵五咏》中就有一篇名为《台城》。直到现在还有些其他地方的人把建康称为台城，这显然已经是一种误称了。

晋朝时期，由益州（今四川成都）刺史主管大城的事务，蜀郡的太守主管少城的事务，现在的成都，依然存在着大城、小城之说。杜甫在蜀地生活的时候，他所写的诗中就有"东望少城"及类似的句子。现在有些其他地方的人就称成都为少城，这也是一种片面、错误的称呼。

第六卷

王嘉荐孔光

汉哀帝时，王嘉担任宰相，他秉性刚直，经常不顾自己的安危向皇帝直谏，终于有一次冲撞了汉哀帝。于是汉哀帝便把这件事在朝堂上提出，交给朝中大臣和将军们一起讨论处置的办法。此时，光禄大夫孔光等人便趁机迎合皇帝的意愿，极力弹劾王嘉，并给他扣上了扰乱国事、欺君罔上这些大逆不道的罪名，建议召来廷尉，共同进行严格的审讯。汉哀帝此时余怒未息，便同意了孔光的意见。于是孔光便派遣谒者去宰相府押解王嘉到廷尉处受审，未审之前，王嘉对狱吏说："身为当朝宰相，我这一生最遗憾的事情，就是没有任用贤人，废黜小人。"狱吏便问他说："那您认为谁是您未能重用的贤人呢？"王嘉说："我所说的贤人，就是前任宰相孔光，他至今还未能得到朝廷的重新重用。"

王嘉死后，皇帝得知了王嘉与狱吏的对话，再回想一下王嘉平常的言论，于是就重新起用孔光为宰相。其实，王嘉之所以因为直谏而入狱，完全是因为孔光为了迎合汉哀帝，故意弹劾王嘉造成的，但是王嘉在将死之际，竟然还说孔光是一个贤人。虽然王嘉一生刚烈秉直，忠言直谏，一心为江山社稷着想，并因此而入狱丧命，赢得了人们的敬仰，但是在这件事上他却没有明辨是非，太不了解孔光的为人了，不得不说他知人不深啊！事实上，孔光其人邪恶奸佞，连鬼神都会唾弃他，他在奸臣董贤面前卑躬屈膝，小心侍奉，待王莽篡权后，又与王莽为伍，极尽谄媚奉迎之能事，可以说是汉朝的害虫鬼蜮。这等危害国家、陷害忠臣的可耻之徒，又如何称得上贤臣呢？

朱温三事

世间的人情道义之理，即使是叛逆邪恶的盗贼，也有顾忌之处不能违背。面对有气节的忠义之人，恶人也会受到感染。

唐末，刘仁恭任卢龙节度使，其子刘守义镇守沧州（今属河北），朱温意欲夺取唐政权，带领军队攻打沧州。此时沧州城内已经弹尽粮绝，无力恋战，于是朱温就派人前去劝降，以减少自己的伤亡。但是刘守义却坚守城池，不为所动，并回答说："我与镇守幽州（今北京西南）之人刘仁恭为父子，众人皆知。梁王您一贯主张以大义服天下，现在我如果背叛了自己的父亲而向您投降，您又如何会任用一个大逆不道的逆子呢？"朱温听了刘守义毫无掩饰的慷慨陈词之后，深为汗颜，就不知不觉地减缓了攻势。后来，朱温终于打算放弃沧州，率军撤退，并准备将剩余的粮草全部焚毁，甚至连船上还未吃完的粮食一并凿沉于水中。刘守义闻之，备感可惜，便写信给朱温，诚心地请求道："沧州城内，数万百姓已饥饿难忍，数月不知米味，您与其把剩下的粮草焚烧为灰，把粮食潜入水中为泥，还不如留下来拯救沧州城内数万百姓，也不枉您的大义之道。"朱温也觉此举不妥，于是便留下了剩余的粮草和粮食，沧州城内的百姓便因此得以活命。

朱温篡权之后，建立后梁称帝，苏循及其子苏楷，认为自己为后梁的江山立下了大功，应该得到提拔重用。但是朱温却并没有因此而赏赐他们，反而对他们愈加鄙视，认为这对父子皆是唐朝的叛臣贼子，卖国求荣，为了自己的私利不惜丢掉气节。于是便削去了苏循的官职，勒令苏楷归乡为民。

朱温掌权之后，宋州（今河南商丘）节度使为了奉迎朝廷，进献了象征着国泰民安、吉祥如意的多穗的麦子，朱温并不以此为乐，而是怒气冲冲地说："宋州今年水灾严重，百姓生活艰难，收获的粮食甚至不足以解决温饱，进献这样虚幻的祥瑞之兆又有何用呢？"说完就派遣宦官前往宋州，怒斥节度使，而且还因此罢免了主张进献祥瑞之兆的县令。

上述这三件事，对于贤明的君主来说，也许算不上什么大的政绩，不值一提，但是对朱温来说就非同寻常了。从这里可以看出，即使某人让人憎恨不已，但终究还是有其值得称道的一面。

周亚夫

汉景帝即位后的第三年（前154年），七国之乱爆发，吴王刘濞统领叛军，甚至自称为东帝，一时间全国上下一片骚乱。周亚夫奉命率军出征，所向披靡，叛军很快就被剿灭。此时周亚夫成了功绩显赫的大功臣，但是结果却不得善终，含冤而死。汉景帝在历史上虽然称不上是最贤明的君主，但是也绝不是嗜杀成性的暴虐之主，为什么单单对周亚夫如此不讲情义，立了功之后还要把他处死呢？

我曾暗自探究过这件事情的原委，原来此事与周亚夫的为人有关。在司马迁的《史记》和班固的《汉书》中，对于周亚夫的功劳都有所叙述，而对此人的性格和处世风格都没有细加描述，但是可以肯定的是他一定是个任性妄为、脾气倔强之人。当年，汉文

帝封周亚夫为将军，让他屯兵于细柳（今陕西咸阳西南），以防止匈奴的进犯，此地离京师长安也不过数十里地的距离，虽然是为防止边境的侵犯，但也并不像戍守边防一般紧张，一般无须直接与敌军队作战，即使有情况出现，也可提前预防，不会出现瞬间发生不可预测的突发情况。某日，皇帝犒劳军队，到达细柳的营地，想进去视察一下军情，但是驻守的士兵却不让皇帝进去，说是没有将军的命令任何人都不允许随便进入营地，天子也不例外。于是汉文帝只好派遣随身的使者，带着亲笔书写的诏令前去拜见周亚夫，这才得以进入营帐。这时周亚夫又不许皇帝在营地内策马奔驰，必须徒步进入，汉文帝只好听从。不仅如此，周亚夫拜见皇帝的时候，竟然以军礼相待，并且以身穿头盔铠甲不便行礼为由，不向皇帝行跪拜之礼。皇帝忍无可忍，立即龙颜不悦，但是还是勉强应付，说自己并不在意，然后匆忙离去。当着百万将士的面，身为将帅竟然敢限制皇帝的行动，而且不对皇帝行君臣之礼，这难道是身为人臣所应该遵守的礼节吗？由此可见，周亚夫的轻君行为已非偶然，大概自己已经习以为常，没什么顾忌了。所以后来汉文帝赐予他食物，但是没有赐予筷子时，周亚夫深感屈辱，情绪非常激烈。至于他平定七国之乱之后，傲气自然日增，而汉景帝又是一个年少气盛的皇帝，像他这样恃才傲物的臣子又如何能与这样的皇帝友好相处呢？举止言谈之间，不免会流露出对于年少皇帝的轻视，所以他最终因此丢掉了性命，也是在情理之中的事情，只是一代功臣因此丧命，未免有些遗憾啊！

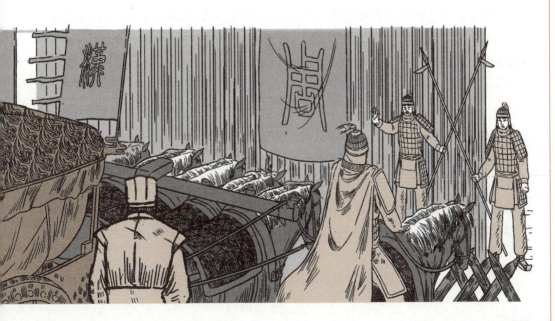

前秦将军王猛率军讨伐前燕，不久便兵临前燕的都城邺，军队围攻邺城时，前秦国主苻坚亲自从长安赶来督战，行至安阳，王猛便秘密前来拜见。苻坚深为不解，便问："当初汉文帝视察周亚夫的军营之时，他不但不迎接，反而不让他随便进入，你为何弃军不顾提前就来拜见我呢？"王猛回答说："周亚夫不迎接皇帝进帐，甚至还限制皇帝的行动，并不是为军情之故，只是沽名钓誉罢了，我因此看不起他的作风。"王猛的想法和见识，与周亚夫相比，实在是有所不同啊！

郑庄公

《左传》中对春秋时期各个诸侯国的历史事件都有所记载，在第一卷中就提到了郑庄公，详细地介绍了他平生的作为，并且在每件事情之后，都用"君子曰"的形式来发表自己的看法和评论。在《左传》的这些评论中，除了对郑庄公诅咒并射杀颍考叔这一做法持否定的态度外，其他的都是歌功颂德，大加褒扬。杜预在为《左传》所做的注释中，沿袭这一观点，并且同样对郑庄公持赞扬的态度。

郑庄公本是周朝的卿士，是朝廷中地位最高的执政大臣。后来，周平王重用了虢公，分割了郑庄公的权利，于是郑庄公大怒，要求周平王派王子狐到郑国做人质，以表诚意。桓王在位时期，把朝政大权统统交给了虢公，于是郑庄公便把本属于周天子的温地（今河南温县西）的麦子全部夺走，而且又私自收割了成周（今河南洛阳东郊白马寺以东）的庄稼。不仅如此，周天子剥夺了他辅政的权力之后，他便怀恨在心，从此便不再去朝见天子，并且强行抗拒天子的大军，甚至故意射伤了天子的肩膀。之后，他借机说天子不能再巡守，于是就用泰山的祊换取许（今河南许昌）的田。他不能宽恕自己的亲生母亲，还设计陷害自己的弟弟，甚至在城颍（今河南临颍西北）说出"不到黄泉，便不与母亲相见"的誓言。他的这些所作所为，对君主不尊，对亲人不义，简直就是一个名副其实的乱臣贼子。但是《左传》中对他的评价却没有丝毫的贬斥。

据《左传》中的记载，后来郑庄公与母亲姜氏重归于好，像当初一样的亲密无间。杜预在对此事的注释中说："起初郑庄公虽然有些过错，但是因为内心一直没有忘记孝顺的心意，所以颍考叔才能够说服他，感化他。"《左传》中记载郑庄公因为齐人的原因不得不重新朝见周王，说："这就是遵守礼节啊！"杜预对此的注释说："郑庄公不计私怨，没有因为虢公执掌了朝政而对周王不敬，仍然以君臣之礼事之。"《左传》中叙述息侯征讨郑国的时候说："息侯是自不量力，没有衡量出自己的德性。"杜预对此注释说："郑庄公不愧是个贤良的君主。"

在写到郑庄公夺取了郜国和防邑之地，并归还给鲁国时，杜预说："这是一场正义的

战争，郑庄公为周王室讨伐不效忠周朝的乱臣，取得了土地后并没有据为己有，也不贪求名利。"又写到郑庄公派许国大夫百里奉、许叔永居于许国的东部时说："郑庄公对于这件事情的处理非常合乎礼仪，衡量自己的品德去安排事情，度量自己的能力再行动，相时而动，实在是知礼之举。"接下来写到周王与郑庄公的关系日益恶化，达到不可调和之时，又说："如果双方做不到真正的信任，即使互相交换人质又有什么意义呢？"这种说法实际上是把天子与诸侯放在同一个位置上去评价，把天子和臣子的地位混为一谈，没有什么上下等级的区别了。

郑庄公射伤周王之后，曾派大夫祭足假意慰劳周王，只是想掩人耳目，堵住众人的嘴，而杜预却注释说："郑庄公此举是想求得周王的赦免和原谅，而周王却执意讨伐，这就是周王的不对了。"这种说法简直是混淆黑白，太没有道理了。

只有一处评价是比较公正的，就是公羊高在"郑庄公在鄢地攻克共叔段"一节的后面写道："此事显出郑庄公的险恶。"这句话说得非常有道理，因为郑庄公先是纵容自己的弟弟犯错，然后为他设下了预置的圈套，这难道还不足以显出其险恶用心吗？

钟繇自劾

东汉末年，汉献帝建安时期，曹操执掌朝政，任命钟繇为司隶校尉，负责统帅关中的各路军队。后来朝廷进行人事上的调动，下令召回河东（今山西夏县）太守王邑，另任他职，改派杜畿为河东太守。但是这一决定遭到了抵制，河东郡属的官吏都来向钟繇请求，让王邑继续留任河东太守，但是这是朝廷的命令，即使钟繇愿意，也无权应允。结果王邑回到许昌后就自行卸职，擅自回家了。钟繇认为自己难辞其咎，没有尽到督查下属的职责，于是自己主动上书自我弹劾，奏书说："侍中、守司隶校尉、东武亭侯钟繇，承蒙皇帝的恩泽，有幸以自己的斗筲之才被朝廷重用，成为亲近的大臣，奉命统帅关中军队。臣明知朝廷对地方长官疏于政教最为深恶痛绝，却仍然让自己的下属犯下这种卸职之罪，各项法令长期得不到实施，实在是没有尽到自己的职责，以致现在各个职务都处于瘫痪状态。我没有合理地处理朝廷的文书，导致批评和弹劾也丧失了公正。无视国家的法令，不能与朝廷同心，身为大臣，没有尽到自己应尽的职责，不能忠于职守，这是对朝廷最大的不忠。因此臣请求朝廷命司法官将钟繇交由廷尉处理，接受严格的审查，从重处罚，再命大鸿胪削去钟繇的爵位。我现在就把未处理完的文书交给功曹代为办理，静候朝廷的惩处。"朝廷根据实际情况斟酌后，认为罪不在钟繇，于是驳回了他的上奏。

据我观察，现在的官吏中也有上奏弹劾自己的，目的可能是为了减轻朝廷对自己的责罚，内容无非是假意请求将自己流放地方，或者闭门思过而已。而像钟繇这样的奏书，却极为少见，他所提的意见与别人的弹劾没有什么区别，绝不是无关痛痒的自责。难道他只是因为自己担任司隶校尉，自己的职责就是检举违纪的官吏，才会有如此的表现吗？我想这应该不是唯一的原因吧。

大义感人

情理道义可以深深地打动人心，能够穿透人的表面深深地植入骨髓之中，影响深远。有时这种现象就是人在仓促之间的真情流露，言语之间对人产生巨大的震撼力，这也不是什么惊异诡秘之事。

当年楚昭王被吴王阖闾攻打，以致国家破亡，被逼远离国土，流落异乡。临行前，父老乡亲都来送行，个个涕泪横流，昭王不忍，说道："你们还是赶紧回去吧，不用如此悲伤，也不要担心没有新的国君来领导你们。"众人闻听此言，更为难过，大呼道："哪里还有像你一样仁慈贤明的国君啊！"于是都不愿离开，反而情愿跟着他一起流亡。后来申包胥赶往秦国求救，在秦廷号啕大哭，七天七夜未停，最终感动了秦哀公，答应出兵相救，楚国竟因此得以复国。

汉高祖刘邦入主关中，没有烧杀抢掠，而是首先召集各郡县的豪杰，宣告说："关中的父老乡亲们许久以来一直惨遭秦朝暴政的压迫，苛捐杂税，层出不穷。我现在既已为关中之王，就先与父老乡亲们约法三章（杀人偿命，伤人及盗窃者抵罪）。我之所以攻入关中，不是想夺取领地，而是不忍乡亲们继续承受如此惨无人道的压迫，我要为乡亲们除去祸害，一定不会让你们再受到从前那样的残害，你们尽管放心。"接着又派自己的下属与秦朝的官吏一同体察民情，宣传自己的政策，关中的百姓闻听此事，都非常高兴，庆幸终于摆脱了秦朝的统治。不久，项羽强行入关，所到之处，鸡犬不宁，百姓们深受其害，再与刘邦的承诺对比，更加对项羽失望，于是人心都倾向于刘邦了。就这样，刘家汉室的四百年基业由此奠定。

唐明皇时期，安禄山发动叛乱，危及朝堂，李隆基狼狈逃往扶风（今陕西扶风），士兵们眼看李氏江山大势已去，都起了逃跑之心，一时间谣言四起，甚至有了对唐明皇不恭的舆论。唐明皇眼见形势危急，于是召集所有的士兵，痛陈己过，说："因为我不分忠奸，用人不当，以致胡人安禄山谋乱造反，现在他一时得逞，我只有长途跋涉远走四川，才能保存实力，避开叛军的攻击。诸位将士仓促之间随我逃亡，都没来得及与自己的妻子儿女道别，一定满怀忧虑之心，对此我深感愧疚不安。你们若现在有回乡之意，就请自便吧。我自己带着儿孙们前往四川。只是如今一别，恐再无相见之期，诸位回去后，

若见到你们的父母妻儿和长安的父老乡亲们，只请代我问候足矣。"士兵们听完唐明皇的一番自责之语，反而都哭着说："我们无论何时都会誓死效忠陛下，绝不离开！"从此以后无人再有逃跑之心，所有的流言也都随之消失。

安禄山所率领的叛军一路长驱直入，不久便围困了雍丘城（今河南杞县），此城由张巡率领众将士驻守。当时叛军实力强大，张巡手下的几位大将恐难以抵挡，便劝张巡还是以投降为上策。张巡没有听从，而是在城内摆上唐明皇的画像，带领众将士朝拜。将士们深为感动，遍城都是呜咽哭泣之声。然后张巡又把劝他投降的六个大将全部押到皇帝的画像跟前，以忠孝大义痛斥一番之后，便推出去斩首示众，军心由此大振，士兵个个都满怀抗敌的决心和勇气。

唐德宗时期，河北的四个节度使发动叛乱，各自称王（王武俊自称赵王、田悦自称魏王、李纳自称齐王、朱滔自称冀王），为了减少战乱带来的灾难，李抱真便派贾林前去劝降，第一个目标是王武俊。为了增加胜算，李抱真便让贾林假托皇上的口谕说："朕以前处理事务确实有欠妥之处，敬请体谅。既然朋友之间有了误会，都可以互相体谅，接受对方的歉意，况且我身为天下之主呢？"王武俊见皇帝如此诚意，就主动提出归降，还提议其他叛王放弃叛乱之举。等到后来德宗在奉天颁布诏令，昭告天下，公开检讨自己的过失时，王武俊更加感动，于是派遣使者转告田悦说："皇帝身为一国之君，为天下事殚精竭虑，还对我们这些心存叛逆之心的人施以恩德，我们为什么不能尽释前嫌，主动归顺朝廷呢？"

王庭凑心存歹念，趁乱窃取了成德之地（今河北中西部），韩愈奉命前去安抚，以避免战乱。王庭凑以剑拔弩张之势对韩愈严加防范，处处兵刃相加。到达舍馆之后，王庭凑还在廷堂中安排了许多士兵。韩愈则心平气和地向他讲述安史之乱以来，各路叛军的下场，接着就分析了叛乱与归顺的利害关系，让王庭凑明白其中的福与祸全在自己的一念之间。正在讲述之中，王庭凑便示意士兵赶紧退下，此举是为了避免影响军心，以致士兵们叛乱之心有所动摇，但是最终王庭凑还是接受了韩愈的劝告，主动归顺，成了唐朝的藩臣。

黄巢占领长安之后，登基称帝，并向天下颁布赦令。当赦令传到凤翔（今属陕西）时，凤翔节度使郑畋却闭门不出，不予迎接。当降旨的乐声奏起时，在场的将士们都痛哭流涕。见此情景，黄巢派来宣布赦令的使者感到非常不解，郑畋的幕僚解释道："因为大人正被风湿病缠身，不能出来迎接，士兵们非常担心大人的病情，所以才如此悲伤。"民间的百姓闻知此事，无不为之感动得流泪。郑畋由此事顿悟："我一直深信唐朝的民心并未涣散，百姓并不痛恨唐朝的统治，所以剿灭叛乱、擒住贼首指日可待。"于是立即休整兵马，起兵镇压叛乱，并联合其他的藩镇一起收复了长安。

德宗时期的河北叛乱，其中的一个反王田悦，占据魏州（今河北大名）之后，自称魏王。他出师不利吃了败仗之后，逃回魏州，不但士气未减，反而靠话语的煽动，让全城的百姓为之感动，并誓死效忠。正因为如此，陆贽才劝说德宗深思己过，痛改前非，真心地承认自己的过错，并且颁布诏书公开向天下人谢罪。结果不出陆贽所料，天下百姓，无论达官贵人，还是贩夫走卒，无不被皇帝此举感动得热泪盈眶。由此，有远见的人都认定此次叛乱必将在不久之后被平定。

以上所列举的这几件事情，虽然发生的年代和地点都不同，但是所用的方法却异曲同工，结果也是殊途同归。但是宋朝靖康、建炎年间所经历的大难也是悲惨至极，其原因与上述所说也有相似之处，为何那时就没有人提出用情理和道义来感化众人呢？其中的原因到底在哪里呢？

第七卷

女子夜绩

班固所著的《汉书·食货志》中记载："冬日的农闲时节，百姓们通常都赋闲在家，到了晚上，妇女们就会三五成群地聚集在一起，织布纺线，因此妇女们等于是一个月辛苦劳作了四十五日。"这里是说，一个月中除了白天之外，每天还要劳作至半夜，所以说劳作了四十五日。妇女们之所以要在夜晚齐聚在一起劳作，主要是为了节省灯油，同时还可以学习其他妇女的手艺，取长补短，日积月累，这样的习惯变成了一种习俗。

据《战国策》中记载，甘茂为避难而逃出了秦国，出了潼关之后，便遇见了苏代，于是对苏代讲了一个故事："长江岸边有一个出身贫寒的女子，经常与富贵人家的女子一起织布。但是由于家境贫困，无钱购买灯烛，于是富贵人家的女子便心生不平，打算合谋一起赶走这个穷女子。此女子便祈求道：'虽然我没有钱购买灯烛，但是我经常会主动打扫房屋，而且给你们每个人铺好座席，你们为何连照到墙壁上的一点余光都不肯施舍与我呢？希望你们能够成全我。'"从这个故事中可见，三代（夏、商、周）之时，民风是如此纯朴、厚道、勤劳，当然不仅女子如此，男子也不例外。

《诗经·豳风》中说："昼尔于茅，宵尔索绹。"这句话的意思是说，男子白天上山采伐茅草，晚上回家把茅草搓成绳子，以备不时之需。夜晚的时间是白天的延续，好好利用就可以做很多有益的事情。

淮南王

西汉汉文帝时期，淮南厉王刘长意欲反叛，事发之后，被汉文帝流放到四川，还未到达便死于途中。于是百姓们便就此事编了一首歌谣来讥讽汉文帝："一尺布，尚可缝，一斗粟，尚可春，兄弟二人不相容。"这件事在《史记》和《汉书》中都有记载。另外在高诱所著的《鸿烈解叙》中也涉及此事，许慎对此的注释中所记的歌词是："一尺缯，好童童，一升粟，饱蓬蓬，兄弟二人不能相容。"这两种记载的版本有很大的差别，后人只是引用尺布斗粟之理来比喻汉文帝兄弟二人不能相容罢了。

淮南厉王刘长儿子刘安继承了王位之后，招揽各路宾客，四方精通方术之士，编纂了《淮南子》一书，其中有《内书》二十一篇，《外书》多卷，此外还有《中篇》八卷，其中涉及的内容大多是神仙之术以及炼仙丹金银的法术。《汉书·艺文志》中摘录了《淮南子·内篇》二十一篇，《淮南子·外篇》三十三篇，都列为杂家之言，现在留存下来的二十一卷，指的大概是《淮南子·内篇》的内容。寿春（今安徽寿县）有座八公山，当年刘安常在此宴请宾客，但是在他的传记中却没有出现这些人的名字。高诱在他的《鸿烈解叙》中说这八个人分别是苏飞、李尚、左吴、田由、雷被、毛被、伍被、晋昌，这八人中左吴、雷被、伍被三人在史传中有所记载。其中的雷被，大概就是被刘安训斥后，心中不甘，于是逃往长安，并在汉武帝面前中伤刘安的那个无耻之徒吧。由此可见，雷被算不上刘安的宾客中的贤能之人。

任文用事

唐顺宗李诵即位之初，因为患有失音之疾不能说话，此时，王伾、王叔文便凭借其东宫旧人的身份，趁机掌握了朝中大权，所有的政令都要经过他们的审核。他们执掌大权的当天，就开始颁布政令，禁止宫中的宦官以为皇宫采办用品为理由，敲诈、欺压、掠夺百姓的恶行；禁止五坊小儿（为皇帝饲养宠物之人）以为皇帝搜集猎鹰、猎犬为名向民间强行征集珍鸟名犬，趁此勒索百姓；暂停盐铁使每月要向朝廷进奉的惯例；遣散教坊中的六百名女伎，让她们各自回家。另外，因为唐德宗在位时期，有十年都没有颁布过大赦令，所以那些曾经被贬斥的贤德有才之人，至今仍被埋没，于是王伾、王叔文便召回了被贬到外地的陆贽、郑馀庆、韩皋、阳城等贤人重新回京做官，并且任用姜公辅为刺史。至此所实行的举措，都是符合民意的，尤其是前几项举措真是大快人心，所以百姓们因此而欢呼雀跃，高兴得互相庆贺。接着，他们又计划夺取兵权，彻底削弱宦官的势力，先是让范希朝和他的门客韩泰率领京西各个城镇的兵马，这时宦官并没有感觉到什么异常，直到各路军队的将军都向宦官呈递文书辞别之时（因为各路将军已归范希朝统帅，所以须向宦官辞别），宦官才恍然大悟，不过很快就采取了对策，愤怒地命令前来送文书的使者说："告诉你们的将军，千万不可把军权交给别人。"结果军权并未到手，王伾、王叔文二人便被宦官所害。如果当时这个计策能够成功的话，就能够借此机会把兵权从宦官的手中夺回，若让朝廷官员掌握兵权，后来也就不会惨遭宦官的迫害了。

当时王伾、王叔文主持改革之时，所结交的都是一些名噪一时的豪杰人士，如陆贽、吕温、李景俭、韩晔、刘禹锡、柳宗元等。若他们一心为国为民，所成就的必是受人敬仰的伟业。但是二人却有不良的居心，谋划尽快地掌握所有的朝中大权，而且排斥异己，

郑珣瑜、高郢、武元衡等这些与他们的意见稍有不符之人，都遭到了他们的排挤和中伤，结果他们渐渐失去了人心，不久便遭惨败。后来，也不乏与王伾、王叔文同类之人，身居高位，却贪念私利，纠结私党，任用龌龊的小人为自己的爪牙，这样的人恐怕还不及王伾、王叔文政绩的百分之一。

白居易经常会写诗劝谏皇帝，讽喻时事，他于唐宪宗元和四年（809年）所写的《卖炭翁》就是其中比较出名的一篇，其内容就是揭露宫市的弊端，写出了宫中之人借采办皇宫用品为由，肆意欺压穷苦百姓的情形，不过这些诗篇只能泄一己之愤，起不到什么实际的作用，宫市之弊还是一样存在并继续着。

五十弦瑟

李商隐曾作《锦瑟》诗，诗中的第一句说："锦瑟无端五十弦。"很多对此诗作注的人都认为，这里的锦瑟指的是令狐丞相家中一个侍儿的小名，而这一整篇都是寓言，只是不知道五十弦源于何处。刘昭在《释名》一书中这样解释箜篌："师延所做的乐曲大多是靡靡之音，大概都是空国的诸侯所作。"而段安节在他的《乐府录》中说："箜篌是郑、卫之地的音乐，以为大多是亡国之音，所以就叫作空国之候，也叫坎候。"吴兢在《解

题》中说："汉武帝根据琴的构造来制造坎侯，并认为坎坎都可以应和节拍而动，后来误传为箜篌。"

我曾就此事查阅了《史记·封禅书》，书中说："汉代的公孙卿曾经对武帝提及此乐器，说：'天帝命令素女为他弹奏五十弦，但是素女所弹的音调太过悲凉，天帝的心情也悲伤起来，终于控制不住自己的情绪，一时冲动便将琴瑟从中间劈断，结果就只剩下了二十五弦。'于是武帝便召集更多的歌伎，弹奏二十五弦及箜篌。"而应劭却说："此乐器是武帝最先命乐人侯调制造的。"《汉书·郊祀志》对此事记载得很完备，说："箜篌瑟自此时开始出现。"

唐代人颜师古没有采用应劭的注释，因为这两种乐器的源头其实很容易得到确切的考证，应劭、吴兢二人虽也是学识渊博之人，但是却没有考证出根源，况且"空"本来就不是真实存在的国名，只不过是一种穿凿附会的说法而已。

可惜的是，《初学记》《太平御览》中也有编载音乐和介绍乐器方面的内容，但唯独没有关于这种乐器的介绍。《庄子》中说："鲁遽调瑟，二十五弦皆动。"指的也就是这种乐器。《续汉书》中关于此乐器的介绍中说："汉灵帝胡服作箜篌。"这种说法显然是不成立的。

月不胜火

《庄子·外物篇》中说："利害相摩，生火甚多，众人焚和，月固不胜火，于是乎有僓然而道尽。"关于这句话的注释是这样的："月亮虽大而暗，所以就会有亏缺的时候；而烛光虽小而明，所以就能够洞察到细微之处。"苏东坡虽然引用了这句话，但是却赋予不同的意义，他说："郭象认为月光虽大而暗，不如烛光之小而亮，这话太片面了，显得粗浅鄙陋。我把它改为，月亮虽然比不上烛光的明亮，其原因在于月亮既然照亮了很大的范围，必然会有些细微之处无法顾及。月亮照耀天地万物，而不能照亮细小的东西，这就是月亮比不上火光的地方。但是到底是烛光胜过月光呢？还是月光胜过烛光呢？"

我记得朱元成的《萍洲可谈》中有这样的记载："王荆公（王安石）曾经在修撰经义局担任修撰，一次，看见有人举烛照明，便说：'佛教的经义上说日月之光能够照明佛心，这灯光难道能与日月之光相提并论吗？'吕惠卿回应道：'太阳照亮白天，月亮照亮黑夜，而灯光则照亮日月所不能及的地方，它们的作用并没有什么冲突，也没有多大的差别呀。'王安石听后，觉得他的话很有道理，可能是因为他的回答说中了问题的要害之处，合情合理，这样的看法出乎常人的意料之外。"就我个人的观点而言，庄子写这句话的本意，应该是说人的心灵本像月光一样纯净，清澈透亮，毫无杂念，但是一旦经受世

容斋随笔精粹

俗利害的沾染，就会像火光一样炽烈地燃烧，这一时人本身所具有的平静如水的内心就会被打乱，不再和谐，由此而论，纯净的月光般平和的心态不可与炽烈燃烧的火焰抗衡，这才是庄子要表达的意思，而不是像前面的注释中所说的月亮与烛光孰明孰暗的问题。

李正己献钱

唐德宗即位初期，淄青（今山东淄博）节度使李正己，慑于唐德宗的威名，主动请奏要向朝廷进献三十万缗。这一举动让唐德宗左右为难，想接受他的进献，但又担心其中另有阴谋；如果拒绝他的进献，又找不到合适的理由推却。这时宰相崔祐甫向皇帝提出了一个两全其美的办法，他建议德宗，马上派遣使者赶往淄青，并带上李正己所进献的三十万缗，把这些钱全都赏赐给他手下的将士们，这样他手下的将士一定会对皇帝的恩德交口称赞，而且也可让其他的节度使明白，朝廷并非贪求地方上的钱财。德宗认为此举甚妙，立即按照宰相所说，派出使者去慰劳李正己的军队。事后，李正己为自己的想法感到惭愧，天下百姓也认为在如此仁慈的朝廷的保护之下，此后一定可以安居乐业，过上太平无忧的生活。

宋高宗绍兴三十年（1160 年），镇江都统制刘宝请求朝廷允许他到宫中奏事。他并不是要来汇报自己的政绩，而是因为他辜负了朝廷的重托，肆意地剥削当地的百姓，用残暴的方法治理他所管辖的属地，结果被朝廷罢免了都统制的官职，退居闲散之位，但是他却并不思悔过，反而变本加厉地搜刮当地的百姓。为了重新赢得皇帝的重用，他几乎将镇江府的所有财宝尽数收集，然后装载在船上，运往京城。他进京的声势极为浩大，一行有数艘巨舟相连，单单运送白银的船就有五艘，另外还有其他的奇珍异宝。他当时就有自己的如意算盘，心想，只要有财物打通关节，什么事情都会一帆风顺的。入京之后，他就一直在城门口徘徊，因为没有得到进宫的批准。有人猜测，他可能会将这些财物运往内务府。当时我正在担任枢密院的检详，便对丞相建议说："我们可以根据唐德宗时期宰相崔祐甫的做法，把刘宝所搜刮的钱财全部送回镇江，按官职的大小悉数奖励给他手下的将士。然后建议皇帝颁布诏书，将刘宝的罪过诏告天下，让他的军队中的士卒体会到天子的仁慈和恩惠。如果刘宝强词夺理，说这些财物是他自己的私人财产，不愿上缴，那我们就顺水推舟，责问他那么多的财物到底源于何处，运到京师又有何用，然后强行全部没收，以示惩戒。再把这些没收的财物用原来的船只运回镇江赏赐给留守镇江的士卒和百姓，这样，刘宝的阴谋诡计就不攻自破了。"虽然我的计划是可行的，但当时宰相汤岐公却没有采纳我的建议。

将帅当专

《周易·师卦》中说:"六三爻,师或舆尸,凶。""六五爻,长子帅师,弟子舆尸,贞凶。"这个爻辞的意思是军队应该有一个有绝对权力的统帅,如果军队没有一个负责统一指挥的将领,与敌人交战之时就会出现混乱不堪的局面,情势会陷入危急之中。"舆尸"的意思,就是有众多的将帅,但是这些将帅中却没有一个可以主持大局的,几个将帅胡乱做主。

安禄山叛乱之时,他的儿子安庆绪战败后逃到相州(今河南安阳),唐肃宗打算乘胜追击,于是派郭子仪、李光弼等九个节度使一同攻城,以求彻底剿灭叛乱势力。郭、李二人都是功绩显赫的将帅,很难分出高下,所以让谁领导对方都不合适,于是这一战就没有设置主帅一职,只命宦官鱼朝恩担任观军容宣慰处置使。结果可想而知,因为没有统一的指挥,朝廷的六十万步兵骑兵损失惨重,与史思明交战之后,便溃不成军,没有主帅的军队行军作战之时,如何能够同心协力呢?

唐宪宗时期,朝廷讨伐淮西的叛乱,先是命宣武等十六道的节度使分头进军。虽然任命韩弘为主帅,但是军队作战之时,他并未亲自到前线督战。这样一来,就等于没有

容斋随笔精粹

一个统一指挥的将领，结果朝廷耗费了大量的人力物力，历时四年之久，还是没能平定淮西之乱。后来，宰相裴度出马，统一调配军队，军心大振，将士一心，结果不出数月，就大功告成，顺利凯旋。

唐穆宗时期，朝廷出兵讨伐王庭凑、朱克融，裴度当时负责镇守河东（今山西太原），并兼任都招讨使。以裴度的才干，此战必有胜算，更何况当时还有李光颜、乌重嗣等骁勇善战的名将助阵。但是当时任翰林学士的元稹却不识大局，他一心要坐上宰相之位，深恐裴度立下大功，比他先做了宰相，于是，便与知枢密魏简相勾结，处处与裴度作对。每次裴度向皇上禀报军情，或者筹划军事，他总是想尽办法从中破坏，寻衅滋事，结果大军屯守一年之久，战事依然毫无起色。唐德宗贞元年间征讨吴少诚，唐宪宗元和年间讨伐卢从史，都是因为类似的原因导致失败。

五代时期，后晋齐王石重贵开运年间，契丹出兵攻打中原，当时后晋的兵力微弱，不足以与契丹抗衡。但是由于当时的宰相桑维翰能够统领大局，情势居然得到了很有力的控制。他先是调遣杜重威、李守正、张彦泽等十五个节度使与契丹抗衡，然后命杜重威为主将，只有他有权做出重大决策。若单论调兵遣将、行军作战的天赋，这几人远远不及契丹人，而且兵力甚弱，但是有杜重威任主将，在阳城之战中，三人生死与共，视死如归，胸怀以身殉国的决心，最终大败嚣张的契丹人。契丹国主耶律德光骑着骆驼狼狈逃窜，才幸免一死。从这些例子可以看出，疆场之上，大将怎么可以没有独断专权的权力呢？

第八卷

五行衰绝字

木被申所克，因此神字被解释为木自死；水土被巳所克，所以在《说文解字》中，汜字的解释为水尽之处，圯字的解释为岸毁或堤毁；火被戌所束缚，因此威被解释为灭的意思；金被丑所压制，因此钮被解释为锁住或关闭的意思。由这些字的意思可以看出，造字的含义是非常清楚的。

萧何给韩信

汉高祖时期，淮南王黥布的下属贲赫向皇帝密告黥布意图谋反，高祖便把这件事情告诉相国萧何，萧何听后说："我相信黥布绝不会做出叛逆之事，一定是与他有仇怨的人从中造谣诬陷忠臣。现在应该先把贲赫捉拿起来，然后再派专人到淮南去查证此事。"虽然萧何力保黥布的清白，但是后来黥布果然造反。

高祖在外征战，吕后执掌朝政，有人告韩信谋反。吕后大惊，欲招韩信回京，以绝后患。但是又担心韩信有所顾忌，不愿进京，于是便招来萧何商量此事。萧何建议派人假称陈豨的叛乱已经被平定，并欺骗韩信说："你虽然有病在身，也要强撑病体前来道贺，否则就在众臣面前显得失礼。"韩信听信了萧何的话，进京朝贺，结果很快就被处死。

当初刘邦争夺天下时，韩信是因为萧何的大力举荐才成为汉军大将的，而汉室天下初定之后，韩信同样是因为萧何的计谋而身首异处，所以有句俗语说"成也萧何，败也萧何"。

萧何可以对黥布如此信任，在高祖的面前力保他的清白，而韩信与他素有交情，怎么却如此翻脸无情呢？难道是因为当时汉高祖常年在外征战，只有吕后在朝中支撑，一旦发生紧急情况，身为留守大臣的萧何，不得不采取应急的措施，以保汉室江山的稳定，所以才会与吕后合谋杀掉韩信？而黥布叛乱之时，事情还未明朗，真假难辨，且当时有汉高祖主持大局，还可以从长计议吗？

彭越无罪

汉朝建立之后，韩信、英布、彭越三人都因为谋反的大罪而被诛灭全族。

汉高祖亲自领兵平定陈豨的叛乱，韩信便乘朝中兵力空虚之际，打算假托圣旨，赦免各个牢狱中被罚做苦役的人，并怂恿他们发动叛乱诛杀吕后和太子。后被吕后设计所杀。

黥布被密告谋反之后，朝廷就派使者前去查实，结果查出了很多谋反的证据，于是黥布就发兵往东夺取荆州，往西攻打楚地，而且向朝廷宣扬自己要称帝，可见，他的谋反之心已经昭然若揭，无须怀疑。

而彭越的遭遇就非常悲惨了，他声称自己有病在身，没有领兵前去邯郸，帮助汉高祖平定陈豨的叛乱，因此受到了惩罚。虽然被贬为庶民，但是刘邦已经免他一死，总算保住了性命。后来吕后却不放过他，便指使人诬告他有谋反之心，结果同样惨遭灭门之祸。

这三个人当中，唯有彭越是最为冤枉的。当初扈辄曾经劝彭越趁机谋反，但彭越并没有听信他的话。但是汉朝的官员却认为，彭越没有立即处死扈辄就是心存叛逆之心。如果照这种说法，那贯高谋杀汉高祖一事又如何解释呢？贯高是张敖的属下，他谋杀高祖一事暴露，与彭越一事相比有过之而无不及，但是张敖却因不知内情而被无罪赦免，这是什么原因呢？

乐说告发韩信谋反，贲赫告发黥布意欲叛乱，两人都因为向朝廷告密而被封为列侯，但是告发彭越叛乱的梁大仆却没有从朝廷得到任何的奖赏，难道是因为朝廷已经洞悉彭越"造反"的内情，知道他是被冤枉的吗？

栾布曾担任过彭越的大夫，事发前，他受彭越的委派前往齐国拜访，待他回来时，彭越已经因谋反之罪被诛杀，但他还是向着彭越的遗体，逐一地禀报出使齐国的细节，真是令人感动。但是高祖却因此事而囚禁了栾布，并把他狠狠地训斥了一顿，甚至打算把他扔进油锅中处死。栾布辩解说，没有任何迹象表明彭越有叛乱之心，而朝廷却听信谣言，苛求细微之处，致使彭越无辜冤死。高祖听后，不忍再杀他，于是把他放了，而且封他为都尉。即便如此，彭越被诛杀已成事实，无法更改，所以高祖对于彭越的死，始终是有愧的，真是令人悲叹啊！

蜘蛛结网

佛家的经典中说："蠢动含灵，皆有佛性。"《庄子》中也有："惟虫能虫，惟虫能天。"这些观点的意思是说，昆虫虽然体积微小，但是也有各自的天赋，它们工善灵巧，有些并不是人的智慧和能力所能达到的。比如桑蚕作茧、蜘蛛结网、蜜蜂建房、燕子筑巢、蚂蚁挖穴而成的土堆、螟蛉寄养幼子等，都是如此。

虽然它们各有自己特殊的技能，但是还是存在幸与不幸的区别，比如蜘蛛结网，布网设路，牵引丝线，快速敏捷地上下忙碌，虽然开始架构的时候难度很大，但是到了牵织纬线时，瞬间就完成了，而且其间疏密有致、宽窄合理，没有丝毫的凌乱，整齐划一。不过蜘蛛若在门槛、竹林、花木丛中织网，不出一日便会被狂风吹乱，或被人毁坏，只有寄身于古宅空屋、残垣断壁之间，或者是人迹罕至之处，方可平安无事。因此苏秦认为燕子在帷幕上筑巢是危险的举动。李斯看见老鼠在衙门的茅厕中偷吃秽物，有人走动便立刻惊慌逃窜，但是仓库中的老鼠不仅可以安享库中的积粮，住在宽敞的大屋子里，而且即使有人或犬走动它们也照样不为所动。李斯因此感叹说："世人的贤能与否，其实就像老鼠选择栖身之处一样，在于自己所选择的位置不同啊！"难道这句话不值得仔细地思量吗？

孙权称至尊

陈寿所编写的《三国志》，其资料大多来源于当时的野史，但是只有在《三国志·吴书》中，把孙权称为"至尊"，当初孙权在汉献帝时任将军的时候，就已经有这样的称呼了。据可考的文字记载，甚至诸葛亮、周瑜也是如此称呼他。

周瑜身患重病之时，他写信给孙权说："曹操现在北方称霸，刘备则寓居在荆州，这是让至尊现在整日思虑、夜不成眠的事情啊！"

鲁肃与曹操对战，得胜而归，孙权亲自前去迎接，鲁肃忙说："祝愿至尊德威施于天下，广播四海。"

吕蒙欲收服郝普，便派邓玄前去游说，邓玄说："关羽现在占据南郡（今湖北江陵），至尊会亲自领兵前去对付他。"还说："至尊现在已经开始调兵遣将，士兵已经在道路上连绵不断地前进。"

吕蒙欲谋取关羽之势，于是便秘密地把自己的计谋陈述给孙权，说："关羽之所以无法顺利地向东扩展他的领地，原因就在于至尊的圣明，还有我们这些将领还在呀！"

陆逊对吕蒙提出建议的时候说："阁下见到至尊之后，应该尽心尽力地为他出谋划策。"

甘宁想劝服孙权夺取荆州，说："刘表考虑问题太过肤浅，没有长远的打算，而且他的儿子们又都顽劣不堪，不成大器，所以至尊您应该对此早作打算。"

曹操的大将张辽趁孙权不备，加以偷袭，贺齐建议说："至尊身为主公，应该沉稳持重，牢固地坚守阵地。"

孙权信任诸葛恪，打算把掌管军中粮草的重任交给他。诸葛亮得知此事后，便写信给陆逊说："我哥哥年事已高，而他的儿子又懒散不成事。军中粮草乃是重要的生计来源，我建议您转告至尊，不要让诸葛恪担负起掌管粮草的重任。"陆逊认为诸葛亮的见解很正确，于是就把他的意思转告给了孙权。

以上所列举的这些例子，里面所用的称呼都是不太恰当的，如果说陈寿写《三国志》如此称呼，是使用了不真实的言辞，那么魏、蜀之人也同样这样称呼就是不应当的了。

淄尘素衣

陈简斋有诗集《墨梅》，其中有一首绝句说："粲粲江南万玉妃，别来几度见春归。相逢京洛浑依旧，只恨淄尘染素衣。"这首诗写得非常绝妙，无论是在语言的运用，还是在意境的营造上，都有其独特之处。晋朝的陆机曾作过一首诗《为顾荣赠妇》，诗中说："京洛多风尘，素衣化为淄。"齐朝的谢元晖作过一首《酬王晋安》，诗中说："谁能久京洛，淄尘染素衣。"这两首诗的写法和意境均取材于《墨梅》一诗。

去国立后

春秋时期，齐国的高姓氏族被赐予卢地（今山东济南长清西南），于是便世代生活在卢地。后来高弱凭借高姓的封地反叛齐国，齐国派闾丘婴前去镇压。高弱遭到围攻之时说："如果齐国能够为我高家留住传宗接代的血脉，我愿意立刻主动归还封地。"于是齐国便答应立高鲋为邑主，并继承了高弱的爵位，接着高弱便归还了卢地，逃往晋国避难。

鲁国有臧姓氏族，其封地在防（今山东费县东北）。臧纥与鲁国之间出现了矛盾，得罪了鲁国的国君，于是就派出使者觐见鲁国的国君，说："假如鲁国能够让臧姓的后代保住祭祀之所，我又怎么会不归还封地呢？"于是鲁国国君便立臧为为邑主，臧纥也与高弱的结局一样，交出了封地，逃到了齐国。

因为高弱、臧纥二人，都倚仗着自己的封地要挟国君，所以孔子说："臧武仲（臧纥）用防地要挟鲁国国君，要求封赐自己的后人为邑主，虽然有人说这并不是要挟国君，但是我却不相信。"虽然封地的氏族如此放肆，但是齐国和鲁国的国君竟然都答应了他们的要求，没有因为他们要挟国君、大逆不道而违背最初的承诺，这大概是因为这时先王的德行尚存，国君的内心还有恩泽的操守，而不像战国时期那样尔虞我诈，阴谋诈骗。这就是说，即使要行杀人之事也应符合礼仪之道。到了战国时期，情势便大不相同，即使与对方约定好缴械投降，一旦对方放下武器，便立刻发动进攻，全部围歼，世间难道还有比这更不仁德的行为吗？

姑舅为婚

姑舅表亲之间的兄弟姐妹结为连理，这在礼法上是被允许的，没有予以禁止，但是民间百姓对此事却知之甚少，不太清楚其中的具体情况。

根据朝廷颁布的《刑统户婚律》中的规定："父母的姑舅、两姨姊妹以及姨、堂姨、母亲的姑姑、堂姑，还有自己的堂姨和再从姨、堂外甥女、女婿的姊妹等，这些在辈分上不平等的关系之间是不允许通婚的。"此条规定的具体陈述理由是："父母的姑舅、两姨姐妹，虽然与自己并没有直接的血缘关系，但是都是父母的缌麻亲属，而且是自己的长辈，所以不可以通婚；姨则是父母的大功亲属，而且是自己的长辈，所以不能通婚；而堂姨虽然与自己的父母已经脱离了五服关系，但是也算是自己的长辈；母亲的姑姑、堂姑也都是母亲的小功以上的长辈，所以也不可以；自己的堂姨、再从姨，还有堂外甥女虽然是自己的堂姐妹所生的子女，或者女婿的姊妹，虽然与自己都没有什么血缘关系，但是按常理还是不能通婚。如果没有此类的顾忌，那就会出现尊卑不清、长幼混乱、不合人伦的后果。"但是在姑舅表亲的兄弟姐妹之间，虽然略有血亲的沾染，但是因为是平辈，所以不限制通婚，即使结婚也没什么紧要。

我记得宋徽宗政和八年（1118年），知汉阳军王大夫曾经重申过这一规定，并且把法令提交给有关的部门审核，其中像表叔娶表侄女、从甥女嫁从舅之类的细节规定得十分清晰详细。

徽州《法司编类续降》中全部摘引了此文，现在有些州县的长官在审理此类案件的时候，有的把姑舅表亲之间的婚姻判为不合法，这是因为他们没有仔细透彻地阅读法令的缘故。历史上只有西魏文帝时期，曾经禁止过朝廷内外的从母兄弟姐妹成婚。周武帝时期，朝廷下诏不能娶与自己的母亲同姓的人做妻妾，而宣帝也曾经下诏，若对方与母亲同姓，但是在五服之外的，准许通婚。这些诏令的内容都是一些临时的规定，不是正统君主颁布的法令，随意抄录于此，仅供参考。

第九卷

深沟高垒

韩信领兵攻打赵国，陈馀在井陉口（今河北井陉西北）屯兵驻守。韩信来势汹汹，所以陈馀的部下李左车便建议道："韩信乘胜攻打我赵国，虽远离他们本部，但是粮草充足，士气正旺，势不可挡，所以正面与之决战，必对我军不利。请您给我一支奇兵，我率领他们从小道发动突袭，先切断汉军供应粮草的要道，再把战壕挖深，筑起高高的壁垒，形成严密的防守之势，不与汉军正面交锋，让韩信攻之不得、退之无路，然后乘汉军疲软之际再图一举歼灭，我保证不出十日便把韩信的人头挂在我军的旗帐之下。"李左车的建议是非常合理的，而且当时的情势也决定赵国确实不可与韩信决战，但是陈馀却高估了自己的实力，不但不听从李左车三思而后行的劝告，反而立刻挂帅出征，结果仅一战便被韩信生擒活捉。

汉景帝时期，七国之乱爆发，吴、楚等国的军队兵临城下，周亚夫率兵出征，两军在荥阳对垒。周亚夫的军队虽作风严谨，战斗力极强，但是面对七国之军，实力毕竟显得单薄，于是邓都尉建议周亚夫说："吴、楚等国的军队锐气正旺，暂不可与之正面交锋。我建议将军先假意放弃梁国之地，假装颓势。然后退到东北昌邑（今山东金乡西）

一带，安营驻扎，趁机深挖壕沟，加固壁垒，之后再派遣精锐部队突袭其后方，以切断运输粮草的咽喉，这是尽快制服叛军的最好的策略。"周亚夫采纳了邓都尉的建议，并严格按照他所提出的策略行事，吴、楚之军果然不久便兵败将亡。

其实，李左车和邓都尉的建议有异曲同工之妙，而且都是非常可行的，只是一个被拒绝，一个被采纳，便有不同的结果了。

战国时期，秦军在武安（今河北武安西南）屯兵驻扎，准备择机进攻阏与（今山西和顺）。情势危急之时，赵国便派大将赵奢前往救援。赵奢领兵前往阏与之时，秦军便做好了大战前的一切准备，但是接下来赵奢的做法却让秦军不解。他在距离邯郸三十里地之外就屯兵不动，并命令将士们安营扎寨，接着就开始构筑全面的防御工事，直至二十八天之后，秦军已经失去了耐心，而赵奢仍然在不断地加固壁垒。此时秦军已经确信赵国的军队是畏惧不敢前，便逐渐放松了警惕。就在这时，赵军以迅雷不及掩耳之势，全面发动突袭，结果原本强大的秦军变得毫无还手之力。赵奢的计策非常高明，他以攻为守，也就是玩弄敌人于股掌之上，虽然双方并未有一次交战，而胜负便已成定局了。

此前提到的周亚夫的属将邓都尉，原是周亚夫的亡父绛侯周勃的门客，《汉书·晁错传》中记载："晁错被杀之后，谒者仆射邓公担任校尉，后于镇压七国之乱时任大将。叛乱被平定之后，班师回朝，并发表了对于此次战争的看法，以被后诫。由于他的观点得到了皇帝的认同，于是就被提升为城阳中尉。"那么文中所说的邓公，难道指的不是邓都尉吗？周亚夫的本传中认为，挖沟筑垒的计策是周亚夫自己想出然后付诸实施的。颜师古对此观点颇不认同。不过从史书中对此的记录、作战及战后的情势以及邓公受到的重视程度来看，此计一定不是出自周亚夫本人。

生之徒十有三

《老子》"出生入死"一章中说："每个人都始于出世而生，终于入地而死。人出生之后，能走向永生之路的只有十分之三，走向死亡之路的也是十分之三，同样，顺着自然的规律生长，然后自然而死的也占十分之三，这是什么原因呢？皆是因为人对于生的无止境的欲望。"王弼对于这段文字的注释说："十之有三，意思是从十分之中取得了三分的生存之道，也就是说能够掌握生存之道，并依此抵达生命终点的人，十分之中只占三分；而走上死亡之道，时刻濒临死境的人也占十分之三。人为了自己能够存活下去，就要不断地改变周围的环境，而环境一旦发生了彻底的改变，人本身也就无法生存。"这种解释未免太过肤浅，没有真正阐释出老子的思想，而且也没有解释最后个十分之二的含义。只有宋朝的苏子由（苏辙）阐释了其中的真谛，他说："生死之道，若把总数设定为十，而三者各居其一，且都是生死之道，那不就说明不生不死之道只占其一吗？《老子》一书中之所以只言生死之道的十之九，而对其一却避而不谈，就是想让后人仔细地揣摩体味，用自己的经历去阐释着十之一的内涵，以达到言有尽而意无穷的妙处。"苏子由的解释实在是太切合、太精当了！

臧氏二龟

臧文仲在蔡国居住，孔子认为他是不明智的，早晚会有灾祸降临。蔡者，是指国君使用的占卜之龟，所以把占卜之龟的产地称为蔡国。《左传》中所说的"作虚器"，正是就此事而言的。到了臧文仲的孙子武仲时，灾祸便浮出水面，武仲因得罪了鲁国的国君，而不得不逃亡到邾国。后来，他派人去驻地拜见他的哥哥臧贾，并送去一只占卜的大乌龟，说："臧纥所犯的过错还不至于不让祭祀自己的祖先，所以我送去一只大乌龟，以示请求，你认为是可行吗？"这句话的意思大概是请哥哥为祖先立后嗣吧。于是臧贾就对这只乌龟再三叩拜，然后请自己的弟弟臧为为自己占卜，以自立为主。但是臧为却趁机从中做了手脚，为自己请求，结果占卜的结果是要立臧为，于是众人便拥立臧为。臧为便代替臧贾，做了邑主。

臧为后来生了一个儿子，名为昭伯。有一次他出使晋国，他的弟弟臧会趁他不在便偷走了他的出产于偻句的宝龟，并做了占卜，想证明昭伯的继承权是真是假，没料想占卜的结果竟然是假的。于是臧会也起身去了晋国。昭伯见到臧会之后，颇为诧异，并问起了自己的妻子和弟弟的情况，但是臧会却始终缄默不语。臧会如此做的目的就是要让昭伯怀疑有变故发生，结果昭伯果真上当，急忙赶回蔡国，但是一切照旧，什么事情都没有发生，这时臧会便露出了凶恶的面目，打算捉住昭伯，并处死他，以接替他的位置。昭伯死里逃生，逃到了郈地。后来昭伯跟随昭公孙投奔到齐国之后，季平子便拥立臧会为臧氏之后。臧会说："偻句的宝龟果然没有欺骗我！"

臧氏中出现两次类似的事件，都是弟弟篡夺了哥哥的位置，不知是天意还是人刻意为之，总之是令人诧异的事情。

有扈氏

据《尚书·夏书·甘誓》中的记载，说启曾出兵讨伐有扈，并与有扈在甘地交战。启讨伐有扈的理由是："有扈恃强逞威，蔑视五行之常，荒废天地正道，因此上天有意灭之。"孔安国对此的解释是："有扈因与夏同姓，就倚仗这种特殊的关系，任意妄为，对启傲慢不恭。"有扈的罪责大概就是这样的情况。但是在《淮南子·齐俗训》中确有这样的说法："有扈氏其实是为了正义而亡，虽然他知道何为正义，但是却不知道如何顺应时势而变通，不知道怎么做才是最合时宜的。"高诱对此说法作了解释，他说："有扈，是夏启的庶兄，他认为尧与舜都是把自己的王位禅让给众人皆知的贤哲，而禹却把王位传给了自己的儿子。他认为此举有违正道，便决定讨伐启，但是最后却被启所灭。"这件事情的原委在其他的书上都没有见到过，不知高诱从何得知，不过各类书籍经过历代的流传，其中散佚的很多，也许关于此事的书籍已经亡佚了吧。我想他一定是有根据才如此说的。但是庄子却说："禹攻打有扈，有扈无力抵抗，因此人绝国空。"这种说法显然是不对的，与真实的情况差异太大。

太公丹书

姜太公所著的《丹书》价值虽高，但世上已经很罕见了，黄庭坚曾经有幸从各类礼书中看到这本书中的各种铭文，并把它们抄录了下来，但可惜的是没有注明各篇铭文最原始的出处。我曾经详细地阅读过《大戴·武王践阼篇》，此书中对这些出处的记载和注释颇为系统全面，现在把我所记全部抄录于此，以供好古文的君子日后参考之用。

周武王即位后的第三天，就召集各位士大夫问道："现在哪里有珍藏的古代规章制度的典范，尤其是后代的万世子孙都可以作为行为准则的呢？"士大夫们斟酌片刻后，便摇头叹息。事后，武王又召来太师姜尚问道："黄帝和颛顼的治国之道现在何处，可否拿来供我参阅？"姜尚回答说："当然可以，这些都记载于

《丹书》中。不过大王若想参阅，必须在斋戒之后方可进行。"于是武王便虔诚地斋戒三日，然后姜尚穿上正式的朝服，毕恭毕敬地取出《丹书》，端正地就座，把书上的话读给武王听。他读道："若恭谨胜过懈怠，便是吉兆，懈怠胜过恭谨，便会自取灭亡；若仁德胜过欲望，便会一切顺

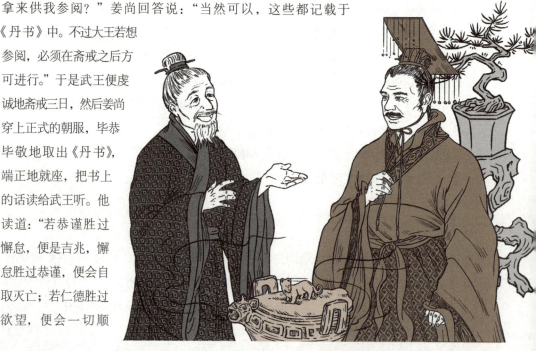

达，欲望胜过仁德，凶险便会不期而至。世间万事，不努力争取，便会枉费心机，步入歧途，不恭敬便会不入正道，接近偏邪。步入歧途就会走向毁灭，恭谨仁德则会永世长存。"姜尚所说的保存下来的古代典制的规范，能够为万世子孙所效法的规约，指的就是这些。书中还有："如果靠仁德的力量而得到了天下，并且继续靠仁德的力量来巩固，则会永保万世的江山；如果用不仁德的手段谋夺了天下，还不用仁德的政策来守护，当世的江山就岌岌可危了。"

周武王听完《丹书》中的话之后，立刻胆战心惊，发忧恐惧，随即就写了《戒书》，并依次张贴在王位座席的周围，作为谨记的座右铭。

左前方所贴的是"即使身处安乐之中，也须谦恭谨慎"，右前方贴的是"不要做让自己事后后悔的事"，左后方贴的是"国家的安危兴衰，辗转反侧之际亦不可忘"，右后方贴的是"如果没有远见，就想想被自己取代的那个朝代"。

桌椅几案上的铭文是"只有恭敬才能稳坐江山，如果口出恶言，只会戕害自己"。

镜子上的铭文是"以前代为鉴，为后世思虑"。

盥盘上的铭文是"与其被恶人所溺，倒不如溺于深渊。被深渊所溺，尚可奋力游动以自救，而被恶人所溺，只能坐以待毙"。

门槛上的铭文是"不要说有什么残忍之处，此时灾祸将临；不要说有什么祸害会发生，此时灾祸已经开始蔓延；不要说灾祸会有什么伤害，此时灾祸已经渗透后世"。

手杖上的铭文是"何时最危险？愤怒之时；何时会有失正道？耽于享乐之时；何时会遗忘旧情？当然是富贵之时"。

衣带上的铭文是"灭火后不能停滞，而要小心修理灭火的器具，谨慎戒备就要小心恭敬，这样才能永保平安"。

鞋子上的铭文是"谨防衰落就要时刻劳心伤神，劳心伤神才会带来富贵"。

饮食的器具上的铭文是"贪食就要自我惩戒，不可骄傲自满，否则必败"。

门框上的铭文是"传世的美名很难得到却很容易失去。既不勤勉又没志向，难道能说自己是聪明的吗？不时刻反省自己，难道能说已经自审了吗？若用泥土来阻挠风的滋扰，那风将至，一定会先摇落泥土，那时即使有圣人相助，也无计可施了"。

窗户上的铭文是"遵循天时之利，以善用土地之财，并以此敬祀皇天和祖先的功德，做好提前应付一切的准备"。

佩剑上的铭文是"佩戴它的时候，尽量把它当作一种装饰，如若用它来采取行动，就要合乎道德礼法，顺应道德礼法就会昌盛，反之就会土崩瓦解"。

弓上的铭文是"弓箭之所以要弯曲后发射，本义在于行动之前首先要意识到自己的过失"。

矛上的铭文是"造矛之事，成败荣辱在于瞬间，一时冲动酿成大错，就会悔恨终生，羞愧难当。现在把我所听到的记下来，以供警戒，并备后世的子孙借鉴"。类似这样的铭文一共有十七条。

贾谊在《政事书》一文中教导太子的章节，一共有一千余字，其中的内容都是出自这本书中的《保傅篇》，只是其中涉及胡亥、赵高二人的内容，显然是汉代的儒士所作。《汉书·昭帝纪》中说，昭帝"精于《保傅传》"，文颖对此注释说："此篇为贾谊所作，收在《大戴·礼记》中。"难道这里指的就是《丹书》吗？荀卿在他的《议兵篇》中说："若恭谨胜过懈怠，便是吉兆，懈怠胜过恭谨，便会自取灭亡；若欲望胜过计策，便会一切顺达，计策胜过欲望，凶险便会不期而至。"估计这句话也是摘引于此。《左传》中说晋国的裴豹被"著于丹书"，意思是说用丹砂书写出他的罪过，只不过与《丹书》的书名恰巧相似而已，并无其他关联。汉高祖时期曾有用丹书以待功臣的说法，这里的丹书与前面所说的丹书也是不同的。

汉景帝

汉景帝在位时期的所作所为，让人不得不对他有所非议。

晁错担任内史的时候，朝门是向东打开的，出入很不方便，于是晁错便私自命人在南边另开一门，以供出入之便。而南边正巧是太上皇的宗庙外墙的隙地，此举有忤逆之嫌。丞相申嘉图听说此事后，认为不妥，于是便上奏诛杀晁错。晁错闻听后非常恐惧，便连夜偷偷入宫谒见皇帝以求宽恕，之后又偷偷返回家。第二天早朝之时，申嘉图重提此事，请景帝严惩晁错，景帝却说："晁错所打穿的并不是真正的宗庙墙院，而是外隙墙，此举是朕允许的，与晁错无关。"申嘉图只好就此作罢。

临江王刘荣本是皇太子，后被废为王。因为他在太宗（汉文帝）宗庙的隙地上建造宫殿，景帝便命他去中尉府接受审讯。临江王本就抑郁，又遇上此事，于是就忧惧不已，最终被逼自杀。晁错与临江王所犯之罪等同，但是晁错当时正值得宠之际，而临江王不过是个失宠而被废黜的太子，同样是触犯了宗庙的隙地，晁错没有得到丝毫的惩罚，刘荣却被迫自杀，这种不公平不仁厚的作为实在令人愤慨！

即使对于宠臣，一旦失宠，汉景帝同样不会心慈手软，后来七国之乱爆发，因为爰盎的一句话，便把晁错的满门诛灭，祸连九族。景帝的残忍无常由此可见。

萧何先见

秦末动乱之时，韩信曾跟随项梁，但是一直未受重用，默默无闻。项梁死后，又归属项羽，依然没有任何的起色。虽然经常有机会为项羽出谋划策，提出一些有效的建议，但是却一直得不到采纳，才华被埋没多时。接着刘邦入蜀，他便改换门庭，投靠了汉军，经过萧何的大力举荐才被封为将军。

陈平原本也是项羽的属下，项羽曾派他率领兵马与汉军抢夺河内（今河南沁阳），但是河内却被刘邦抢占。项羽见陈平兵败而归，大怒，甚至气急败坏地声称要杀光所有参与攻占河内的人。陈平非常害怕，为了逃避被诛的厄运，便决定投靠刘邦。

事实证明他们二人都选对了要跟随的对象，但是中间的过程未免有些曲折，不如萧何有先见之明。秦末，萧何曾担任泗水卒史事，凭他的聪明才智，政绩十分出众。当时的秦朝御史就向朝廷建议把萧何调往别处，并给予升迁。但是萧何却三番五次地找借口推辞，最终也没有被征调。升官本是做官之人梦寐以求的事情，但是萧何却坚决推辞，那是因为他已经意识到秦朝气数已尽，江山朝不保夕，在这样的王朝即使官高位重又有何用呢？所以才不愿被升迁。他没有像韩信与陈平一样，非要等到献计不成或者惧怕被诛时才抽身而退，确实要明智得多啊！

薄昭田蚡

汉文帝时期，有人与周勃有隙，便诬告他有意谋反，于是皇帝便把此案交给廷尉处理。廷尉把周勃逮捕入狱之后，受到了狱中势利小人的百般羞辱，那些狱吏见他已经失势，便无所顾忌。周勃在平定吕氏作乱中立下了大功，因此加官晋爵，而且得到了黄金万两的赏赐，但他将这些财物尽数送给了太后（文帝的母亲）的弟弟薄昭。周勃被捕之后，薄昭便主动向太后求情，太后认为周勃无罪，就让皇帝立刻放人，当时也没有找出确凿的证据证明周勃有谋反之心，于是周勃便被无罪释放，逃过了一劫。

汉武帝时期，王恢担任大将，但是却不攻击匈奴单于的辎重，此罪不轻，武帝就把他交给廷尉审讯，按律当斩。王恢眼看性命不保，便把自家的千两黄金赠给当时的宰相田蚡。但是此案关系重大，田蚡也不敢妄自进言，生怕触怒了龙颜，于是就转而从王太后处打通关节。王太后便把田蚡的进言转告给了汉武帝，不过武帝并没有因此宽恕王恢，还是将他处死了。田蚡是太后的同母弟弟。汉朝的历代中，母后参与政事不在少数，所以薄昭、田蚡之流便可以借此收受贿赂，招揽钱财。史书中对于此类事情的记载还有很多。

宋神宗熙宁七年（1074 年），王安石变法。接着便出现大旱，皇帝深为忧虑，整日对着大臣们唏嘘不已，认为是新法惹怒了上天，于是打算把最近实施的新法废除，以减轻百姓的负担。但是王安石却据理力争，口气强硬地与神宗争辩，神宗无奈地说："近来两宫（太后与皇后）常涕泪相劝，担心京师会因此出现祸乱，进而失去天下民心。"王安石说："两宫之所以有此表现，皆是因为向经、曹佾二人造谣、蛊惑所致。"实际上，此时实行的新法确实给百姓带来了深重的灾难。身为外戚，向经与曹佾能够力排众议，向太后进献忠言，可谓贤明，但是却被王安石说成是造谣生事。如果当时的外戚是薄昭、田蚡之流，又会是什么情况呢？

哲宗即位之时，年龄尚小，不能单独执掌朝政，于是由祖母高太后垂帘听政。当时，高太后的叔叔高遵裕在领兵西征时出现了严重的失误，理当被罢免所有的官职。太后上朝命大臣们商议此事，宰相蔡确为了讨好太后，竟然请求太后让高遵裕官复原职。高太后说："高遵裕在灵武领兵之时，就犯下大错，致使百万士兵战死疆场，当时留他一命，已经是天大的幸运和恩惠了。现在他又犯此大错，我怎么可能徇私枉法，冒天下之大不韪，置天下人的意愿于不顾呢？"高太后如此圣明公道，就算薄昭、田蚡之流层出不穷，又怎会容小人的奸谋得逞呢？

第十卷

曹参不荐士

萧何死后，曹参便取代了萧何的位置，担任汉惠帝时期的相国。他上任之后，整日宴请宾客，饮酒作乐，每遇人问及其中的缘由，他便为自己的行为辩解说："高祖与萧何已经平定了天下，各项法令制度都已经完善周密，只要我原封不动地遵照行事，一切问题就会迎刃而解，难道我现在这样做不可以吗？"道理虽然也有其合理之处，但是若以当时的实际状况而论，却不尽然。当时汉朝初建，毕竟执政的时间并不长久，虽然典章制度已经制定完善，但天下大乱初定之时，百废待兴，具体的政务处理已经让朝廷应接不暇，曹参身为宰相，难道就没有一件事情值得他关心焦虑吗？

曹参曾在齐国担任相国，当时他听说胶西人（今山东高密西南）盖公精通黄老之术，便派人以厚礼相邀。盖公到达齐国之后，便为曹参阐释治国之道，他主张清静无为而民自定的黄老思想，曹参对此观点深表赞同，而且对盖公尊崇备至，把自己家中的正堂腾空以供盖公居住，并按照盖公的思想来治理齐国。结果在曹参担任相国的九年中，齐国民心安定，一派祥和。不过他担任汉朝的相国之后，却没有把盖公一同请来共同治理天下。另外，齐国还有两位著名的处士东郭先生和梁石君，二人均隐居深山。一次，有人对曹参的门客蒯彻说："先生您在曹相国手下效力，一定有机会为他指出思虑欠妥之处，举荐贤能，而东郭先生、梁石君二人是众人皆知的贤能之人，世俗之人难以企及，先生为何不在曹相国面前予以推荐呢？"于是蒯彻便把这些话转告给曹参，曹参这才将二人奉为上宾。齐人安其生与蒯彻的关系非常要好，他们二人曾经一同为项羽效力，并且提出了很多计策，但是项羽不善用人，一直没有采纳二人的计策。后来项羽顿悟，欲给二人封官加爵，但是二人都毫不犹豫地拒绝了。前面所提到的数位贤能之士，曹参在担任相国的时候，都没有主动地招揽到汉廷，如果不是史书在这方面的记载已经漏掉了很多，恐怕曹参不荐贤能的罪过还不止于此吧。

汉武留意郡守

汉武帝天生资质过人，聪慧睿智，几乎朝廷中所有的大小事务全都由他一人裁决，所以在辅政宰相的人选上不是很在意。当时宰相的职责不过是按照现成的文书法令和皇帝的旨意行事罢了。但是汉武帝在州县郡守一级的官吏的选择上，却十分留意。

汉朝的辞赋大家庄助曾担任会稽太守多年，但是一直政绩平平，很久没有捷报传往京师，甚至连对皇帝的问候都很少见。于是汉武帝便给庄助写了一封亲笔信，信中说："因为你厌烦了京师之地的繁华喧嚣，宁愿舍弃豪华的住宅而回归故土（庄助为会稽吴人），所以我便把你派往会稽担任太守，给你大片的土地管辖。转眼间，数年过去了，如此之久的时间为何却听不到关于你的任何消息呢？"

吾丘寿王曾担任东郡（今河南濮阳西南）都尉，汉武帝鉴于他的威望和才华，就没有另设太守之职，但是他治理东郡的政绩却不容乐观，于是汉武帝便手写一封盖有玺印的书信给他，信中责问道："你在我面前一直表现得足智多谋，我也非常欣赏你的才能，所以才让你担负起治理这十余座城池的重任，让你兼任都尉与太守两职。但是你的所作所为却与你一贯的表现有太大的差距，你在任期间，弃官府政事于不顾，以致盗贼横行，百姓怨声载道，对此我非常失望，这到底是什么原因呢？"

汲黯曾被朝廷任命为淮阳太守，但是他却认为如此任命是大材小用，所以拒绝担任此官职。武帝言辞恳切地劝说道："你之所以抗命，恐怕是因为轻视淮阳太守这个官职吧？我派你前往淮阳担任太守，并不仅仅是让你做一个普通的地方官，而是因为淮阳目前的官民关系极度紧张，矛盾激烈，如果控制不当，便会有祸乱发生，所以才派你去担任太守，以你的威名卧而治之，这你还不明白吗？"

由以上的这三个例子可以看出，汉武帝虽身在朝堂，但是对于地方上的官吏征集、

世俗民情等大小事务却了如指掌，没有什么不知道的。地方上的官员都觉得自己就是在皇帝的眼皮底下做事，还有谁敢在公务上有任何的懈怠呢？可惜的是，这种关心民情的做法武帝并没有坚持多久，很快就把自己的全部精力都转向对外的无休无止的征战上去了，渐渐变得耽于享乐，日渐奢靡，从此百姓便再也无福享受汉武帝的恩泽了，这实在是汉朝百姓的一大憾事啊！

民不畏死

老子曾说过这样一句话："如果人们都不怕死，又怎能用死来吓唬他们呢？如果人们都惧怕死亡，那就把当中胆大妄为的刁蛮之徒立即捉住并处死，那还有谁敢不顾性命作奸犯科呢？"世人读到此处，大多会认为老子是个好杀的严酷之人。但是老子怎么可能是个好杀之人呢？他说此话的本意大概是劝诫那些统治天下万民的国君，不要把百姓视作愚昧无知的贱民，把百姓的性命视作草芥，可以肆意处决；让君主们知道，要体察民情，明白每一个百姓都可能像敌国一样对自己的政权构成致命的威胁，不可对任何的细节掉以轻心，就像驾驶着用腐朽的绳索套住六匹马拉的马车一样，时刻要有危机的意识。老子还说："自古以来都是由专门负责杀人的人来杀人，如果有人代替专门杀人的人去杀人，就像代替木匠去砍木头一样。代替木匠砍木头，很少有不砍到自己的手指的，同样，代替专门杀人的人去杀人，也会伤到自己。"在《道德经》下篇中又说："人们之所以轻视死亡，敢于冒死之危险，并不是无视生命，而在于人们为了生存所耗费的代价太大，所以对死就没有任何的顾忌。"况且渴望生命能够长寿是人之常情，就算是穷困至极，衣不蔽体，食不果腹，与奴隶的生活毫无二致，那与被戮而丧失性命也还是有生死之别的，难道真的有谁会不怕死吗？从古至今，天下多乱，每逢战乱之时，多是普天之下的万民揭竿而起，不惜铤而走险，群起而反之。如果仔细地分析造成这种状况的原因就会发现，在动乱初起之时，百姓并没有不安分的反叛之心，不过是被逼无奈而已。纵观秦、汉、隋、唐之末动乱之时，天下如土崩鱼腐，由于朝廷的暴政，几乎是家家有罪、人人可杀，但是百姓却忍辱负重，偷生度日。即使像王仙芝、黄巢一样的凶暴之徒，心中所觊觎的也不过是想侥幸得到一官半职而已。在这样的情势中，如果有贤明的君主或辅相能够治民有道、安民得法，又怎么会造成无法收拾的滔天之祸呢？从西汉的龚遂肃清渤海郡（今河北南皮）、东汉的冯异平定关中、高仁厚收服蜀地的乱匪、王先成说服王宗侃弃乱这些众所周知的事件中，可以清楚地看到民心向背的重要性。现在的君子（指统治者）如果能够深入地体味老子的劝诫，万事为民三思，那过失就至少可以减半了。

孙坚起兵

汉朝末年，董卓乘宫廷混乱之际，入京作乱，篡取朝中大权。董卓为相之后，性情残暴，欲望无边，所以激起了天下义士的反抗，义兵开始大举讨伐他，其中孙坚以长沙太守的身份最先到达，董卓对他深为惧怕，孙坚也因此立下了讨伐董卓的头功。所以裴松之在为《三国志》做注之时，说孙坚最配得上忠烈之士的称号。其实不然。

长沙本属荆州管辖，因此孙坚理当受荆州刺史王叡的统管。起初，王叡曾同孙坚一同清剿零陵（今湖南永州）、贵阳（今湖南汝城）一带的农民起义军，此时王叡认为孙坚不过是一介武夫，所以言语间对他不甚重视。到了王叡欲起兵讨伐董卓之时，孙坚趁机假借案行使者的命令，将王叡杀死，以泄私愤。后来孙坚便以长沙太守的身份领兵讨伐董卓，当时的南阳太守张咨，是与长沙太守同一个官阶的邻郡的二千石官，因为他没有按照孙坚的命令及时地为他提供物资军饷，孙坚便执意将他斩首示众，以示惩戒。孙坚不过是一个区区的郡将而已，竟然因为一时兵权在手，就私自杀死了自己的上司和邻郡的太守，如此不忠不仁之人难道还能称得上忠烈之士？又何以得勤王的称号呢？

后来刘表在荆州掌权，对皇室忠心耿耿，那时的刘表一心想辅佐王室，重振江山社稷，而袁术则一心想篡夺帝位，实为忤逆犯上，而孙坚却归依袁术，并奉命去攻打刘表，结果被刘表的部下黄祖杀死，自取灭亡。以上所说的这些，都说明应该对孙坚一生的功过进行重新评议。

孙权封兄策

汉朝之后，三国鼎立，孙权建吴国称帝，他即位之后，便追封其兄孙策为长沙王，并封孙策之子为吴侯，仅此而已。实际上，孙氏政权之所以能够占有长江、汉水流域的广大疆域，功劳多是孙策努力，而孙权只是在孙策死去之后，毫不费力地继承了其兄开创的基业而已，但是他对孙策的报答却与他的功劳不相称，所以陈寿在《三国志》中发表评议说："孙氏割据江东之地，完全是孙策一手之功，而孙权在建立吴国之后，对孙策的尊崇却远远不够，只是赐予孙策的儿子侯爵之位，未免有些薄情寡义了。"而孙盛的看法则不同，他认为："孙权实在称得上是深谋远虑，他深知事物盈虚转换的规律，为自己正名定本，合理安排爵位的赏赐，防患于未然，在动乱未兴之时就开始治乱了。"真想不到他的观点竟然愚昧荒谬到这种地步！

汉室中兴之时，刘秀深知汉室能够重振的功劳始于自己的哥哥刘縯（字伯升），可惜的是功业将成之际他却死于非命，于是建武二年（26 年），刘秀便封其兄的两个儿子为王，而直到一年之后，刘秀才为自己的儿子封爵。

司马昭继承了其兄司马师的基业，掌握曹魏的大权，接着便把自己的次子司马攸过继给司马师为后，之后还经常提及此事，并说："此时的天下应是景王（司马师）的天下"，并打算把江山传给司马攸执掌。

孙权的作为，若与这两者相比，实在是天壤之别，不可相提并论啊！

贼臣迁都

自从汉朝以来，乱臣贼子若想篡夺国家政权，图谋改朝换代，一定会首先迁都以求避开敌对势力，巩固自己的政权。

董卓入京篡夺朝政，因为眼见东部各势力都要起兵反抗，便打算把都城从洛阳迁往长安，于是数百万百姓被迫入关，沿途人马相杂，一片混乱，以致死伤无数。离开洛阳时，董卓将洛阳的宫庙、官府、宅院统统付之一炬，一时间，辉煌至极的都城变成了一堆废墟，残垣断壁，一片荒凉，二百里内竟无鸡犬鸣吠之声！

高欢欲将东魏的都城由洛阳迁往邺城（今河北临漳西南），下令三日之内，所有百姓都要起程前往，于是便有四十万百姓仓促之间离乡背井，狼狈而行，赶往邺城。

朱温趁动乱之时，吞并其他势力，建成最强的藩镇，然后胁迫唐昭宗移驾东都洛阳，长安的民众都要随之迁徙。临行前，他下令拆毁焚烧长安所有的宫室和官署衙门，富丽堂皇的长安城瞬间便灰飞烟灭。

容斋随笔精粹

董卓迁都之后不久被吕布所杀，未能如愿。曹操把汉献帝掳到许昌以令诸侯，最终颠覆了刘氏汉朝江山。东魏和唐朝的国家社稷，也在迁都后被高欢和朱温篡取。乱臣贼子的狼子野心已经积虑多时，其缘由及目的自古以来都是一样的。

第十一卷

武官名不正

文官中的郎、大夫的官职和武官中的将军、校尉的官职，自秦汉时期就已经设立了，而各级官吏的品级、俸禄、衣饰，则是到了魏、晋时期直至唐朝才逐渐地形成定式。

唐代的文散官一共有二十九级，从开府、特进往下，有大夫十一级，郎官十六级。有武散官四十五级，将军十二级，校尉十六级，除此之外，还有专门封给少数民族的酋长及其辅臣的怀化、归德大将军，还有司戈、执戟等职。

宋朝一直都是沿用唐朝的旧制，直至神宗元丰年间更改官制，废除了文散官之称，重新改为原来的省、部、寺、监之称，称为郎、大夫等，并把这些官职统称为寄禄官。到了徽宗政和年间，朝廷又将负责铨选的七种官阶也全部改称为郎，并计划用将军、校尉等名称取代横行以下诸使及三班借职的名称，但是内阁中的当权者认为这两种官职的仕途差别太大，所以也奏请同样改为郎、大夫之称，由此，这些官名就渐渐被一些下等的小吏甚至是充当杂役的苦工玷污了，失去了原来的意义，后来甚至把节度使、刺史的重任交由武臣来担当。

在汉代，郎、大夫等职位只有当时的贤人名流方可胜任，而观察使在唐代则是最高的地方行政长官，刺史在汉代则是负责监察百官的监察官员，唐代称为郡守。这些举足轻重的、事关朝廷重大政事决策的官职岂是武臣或者一时受宠的小人所能担当的？因而武官的名称尤其名不副实。

名将晚谬

从古至今，立下盖世功勋并由此威名远播的将军，若在迟暮之年失节或败落以致不得善终，多半是建立功绩之后便恃功自傲、骄横轻敌之故。

　　东汉末年，关羽跟随刘备在乱世中争夺天下。他骁勇善战的威名，众人皆知，他曾经只身闯入千军万马之中，并手刃了袁绍手下的名将颜良、文丑二人，竟如探囊取物般干脆利落。后来攻打樊城（今湖北襄阳樊城）的曹仁时，又统领部下，水淹于禁七军，从而威震华夏，就连枭雄曹操也顾忌他的锋芒而想迁离许都。由此可见，当时关羽的名气可谓是鼎盛一时。但是关羽后来渐渐有了轻敌之心，没有识破吕蒙、陆逊的欺诈，落入了孙权设下的陷阱，父子二人均被擒，蜀汉的江山大业也由此受到致命的打击。

　　西魏时期，王思政奉命驻守玉璧（今山西稷山西南）之时，高欢连营四十里围攻此地，付出如此大的代价但却毫无所获，不久粮草便出现匮乏，又因天气寒冷，士兵们饥饿难耐，四十里士兵全线败退。后来王思政被调往荆州镇守，他临行前力荐韦孝宽代替自己驻守玉璧。高欢见王思政离开此地，又率山东之军前来攻打，以为这一次必可以取胜，以雪前耻。谁料长达五十余日之后，还是惨败而归，这也要归于王思政的治理和举荐之功。后来他打算把长社（今河南长葛）作为行台治所，并为此特意给崔猷写了一封信，详陈此事。崔猷回答说："襄城之安危与京师和洛阳紧紧相系，是兵家必争的军事要地。若在襄城建立行台治所，即使有突发事件，各地也可互相照应。而颍川（今河南许昌）则濒临敌方的领地，而且没有任何奇峻之天险作为天然屏障。我认为应该派重兵屯守襄城，然后派良将率一支精兵全力驻守颍川，如此便可表里兼顾，内外都固若金汤，军心也可由此大振。照此计划行事，即使偶发不测之险，也绝对不会惊慌失措，那还有什么忧虑的呢？"当时的西魏丞相宇文泰同意崔猷的看法，便下令依照崔猷的计策执行，但是王思政却固执己见，一意孤行，而且立下保证，即使敌人水攻一年、陆攻三年，也绝不会请求朝廷的军队前往救援，自己完全可以应付。他的轻敌和固执最终毁了自己，不久便被东魏的高澄包围而无计可施，沦为阶下囚。

东魏名将慕容绍宗曾率军大败侯景，其功绩之显赫，当时的将帅无人能够企及。但他后来在进攻颍川时，却进退失据，攻守无度，最终跳水自绝而死。

陈朝衰微之际，吴明彻在薄弱的后备之下，却能够率领军士北伐高齐。由此所表现出的智谋与才略令众臣折服，其雄才大略在当时首屈一指。他所率领的军队，所向披靡，攻无不克，战无不胜，数月之内，便将长江以北的失地尽数收复。但是，在后来进攻彭城（今江苏徐州）时，他却犯了策略错误。当时吴明彻所率领的军队被周将王轨所困。王轨的计策是想切断陈朝军队的退路，于是吴明彻的手下萧摩诃便请求带兵阻止王轨的行动，但是吴明彻却因此大怒，斥责萧摩诃说："奋力杀敌，拼杀疆场才是你分内的事情，至于军队如何作战，我心里自有分寸，你无须多虑！"萧摩诃闻听此言，便不再作声。结果不到十天的时间，陈军的水路便被周军截断，生机已无法维持。萧摩诃再次请求领兵突围，但是吴明彻却坚决与周军决战，最终与手下将士三万人全都成了周军的俘虏，无能幸免。

以上四人的过失如出一辙。

唐帝称太上皇

在唐朝的历代皇帝中，被称为太上皇的一共有四个皇帝，他们是高祖、睿宗、明皇（即唐玄宗）、顺宗。其中的唐顺宗是因为身患失音之疾，无力处理朝政；高祖是因为秦王李世民于玄武门杀死了太子建成和齐王元吉，无奈之下，只有让位给李世民；明皇时安史之乱爆发，他狼狈逃往四川避难，太子李亨便占据了皇位。以上三者都是出于无奈，而睿宗却是主动让位，诚心反省，接受上天的惩戒，因此赢得了世人的称道，并被载入史册。

但是仔细考证当时的情势即会发现，事实并非如此。睿宗虽然于先天元年（712年）八月把皇位传与太子，但是此后他仍然每五天就要接受朝臣的参拜，而且三品以上官员的任命以及其他重大朝政的裁决还是要由他裁决后方可实施。当时皇帝之子嗣直、嗣谦、嗣昇封王，都是太上皇睿宗颁布诰命予以册封的，甚至皇帝出巡边境也要经由太上皇指派方可行动。这种情况一直延续到先天二年（713年）七月甲子日，太平公主被赐死，次日太上皇才正式归政于玄宗皇帝。这些事情说明，睿宗的退位并不像人们所想象的那样是心甘情愿的，同样也是无奈之举。纵观古今，能像尧、舜那样有诚心禅让之美德的君王，唯有宋朝的高宗皇帝、至尊寿皇圣帝（孝宗）了。

祖宗朝宰辅

在宋朝太祖太宗执政时期，宰辅的职位是百官之中地位最为尊贵的，就算只是担任枢密副使，其地位也在官至一品的太师之上。不过一旦担任此职的人被罢免之后，他的地位就不再显赫，其官职的任免就与一般的官员没什么区别了。李崇矩曾任枢密使，后被罢免为镇国军节度使，接着又改任为左卫大将军、广南西道都巡检使，此后不久，朝廷又派遣使者下诏，调派他为海南四州都巡检使，这些调任都是平级调任，既不是升迁也不是贬谪。他一直在南方为官，多年之后，才被调入京师任金吾街仗司通判，不久便终于此任。他死后被朝廷追封为太尉。

赵安仁曾经担任过参知政事（副宰相），后来被改调为判登闻鼓院。张瑢也曾担任过知枢密院，后来改任过监督诸司库务。曾孝宽本是签书枢密使，后因回乡服孝而被停职，回任后被改任为司农寺。张宏、李惟清则由现任的枢密副使升职为御史中丞。除此之外，还有一些原任宰相而被改任为三司使、中丞的人。至神宗元丰年间的官制改革之后，还有很多的宰执大臣改任为六曹尚书之职，一直到徽宗崇宁年间之后，这种状况才得以改变。

百官见宰相

《天圣编敕》一书中，记载有文武百官拜见宰相时的礼仪。文中所载的具体内容如下：

从文明殿学士至龙图阁直学士，全都于都堂（尚书省）的台阶之上排列成行，垂手而立，接着堂吏高喊："请安，不拜。班首上前致词。致词完毕，退归原位。列拜，宰相答拜。"两省官员拜见宰相的礼仪与此相同，不再赘述。上将军、大将军、将军、御史台官，以及南班文武百官，都要按照等级次序排列于中书省的门外，地方节度使和刺史也缀在本班之列。待侍御史中丞作揖之后，其他官员便依次跟进门内。这时，宰相方走下台阶，向南立正，而文武百官则分列为东西两班，朝北站立。台官南行，然后从东边上前之后，面向北方，大喊道："百官拜，宰相答拜，完毕，退。"

从内客省使至门使拜见宰相、枢密使，都是在台阶以下并列而拜，宰相无须答拜，拜见参知政事、枢密副使、宣徽使时，都是以客礼恭拜；皇城使以下的诸司使、横行副使，拜见宰相、枢密使，都是在台阶下并列连姓称职的恭拜，无须答拜，拜见参知政事、副枢密使时，则并列而立但不参拜。如果诸司副使、门祗侯拜见参知政事、枢密使，也无须答拜。

宋朝的上下等级制度森严如此，不过后来日渐疏松，直至被废弃。仁宗至和年间，文彦博、富弼被朝廷调入京师为相，仁宗下诏，义武百官要在城门口列队迎接，但是竟然有人说此举不过是用虚礼来表示朝廷对二人的重视。神宗元丰年间，官制改革，当时

王禹玉（王珪）、蔡持正（蔡确）二人担任仆射，他们二人就职之时，曾重新使用过上述的礼仪，但是后来又被废止了。孝宗乾道初年，魏仲昌担任枢密使，后来因为机缘巧合一跃升迁为副承旨。他每次去公府拜谒时，总要与侍从官同席而坐，并共乘一辆车离去。当时叶子昂为宰相，偏偏与魏仲昌作对，不许他这样做，并且屡次强迫他与卿监共同进出，而且让他列在右班，还不得骑马。到了王扑担任都承旨并兼任观察使时，承旨所受的礼仪才与侍从官等同。

东坡自引所为文

苏东坡曾经为文彦博作《德威堂铭》，文中说："元祐初年，朝廷起用文潞公为平章军国重事，但是任期刚满一年文彦博便主动请求离职。皇帝下诏相劝道：'古时西伯侯（周文王）善于养老，因此姜太公便欣然为他效力，而鲁穆公对子思怠慢，没有派专人在他身旁侍奉，于是当时有学问的长者便纷纷离他而去。你现在辞去朝廷的职务，虽然对你自己有利，难道你就没有为国家和朝廷的大局着想过吗？'诏令中还说：'唐太宗为了

成守边疆、抵御外敌，还可起用已经年老体迈的大将李靖，但是唐穆宗、唐文宗在国家安定之时，却不能任用身体尚算康健的贤相裴度。之所以会出现治与乱的不同效果，从这件事上便可见一斑了。'文潞公看完皇帝的诏书之后，为自己的做法感到深深地惭愧，并为皇帝的诚意所感动，于是对于离职之事便绝口不提了。"以上所列举的诏令，是元祐二年（1087年）三月，文潞公上奏请求告老还乡时，朝廷对他的奏折的审批，而且都是由苏东坡执笔草拟的。另外，在《缴还乞罢青苗状》中还说："不久前在贬斥吕惠卿的诰词中说'吕惠卿首先提倡实行青苗法，接着又主张推行助役法'。"这篇诰词也是苏东坡所作。《张文定公（齐贤）墓志》中有针对其文章的三百二十字的评价，这段文字的结尾处说："当世以苏轼为知言。"文章中另外还有记叙其劝谏用兵时的谏言："老臣现已不久于人世了，如果将来能够在地下与先帝相见，我也可以有托辞了。"这些其实都是苏轼所做的，其中还有对吕惠卿的斥责之言，同样是出自他的手笔。乾道年间，我担任翰林院直学士一职，受朝廷委派，负责起草批奏步帅陈敏的诏书，我在诏书中说："周亚夫治军老成持重，小棘门、霸上之将军闻风丧胆；而程不识担任统帅，屯兵驻守，统领长乐、未央之卫尉，也是首屈一指的。"后来我又为陈敏作神道碑，碑文中也引用了这段话，这种做法正是效仿苏轼而来。

第十二卷

妇人英烈

无论是已嫁为人妇，还是待字闺中，女人总是会在自己的闺房中把自己打扮得光鲜靓丽，并以柔顺静专作为自己的美德。一旦遇上伤痛之事，便泪洒妆台，不能自已；遇上突发之事，便坐卧不安，茫然失措；面对死亡时，更是吓得魂飞魄散，不能自持。不过这些都是女人的自然反应，无可非议。但是女人在大义面前，若能凛然而立，不徇私情，能够用义理和智谋来谋划大事，甚至做到视死如归，那就可与男子汉大丈夫相提并论了。

齐国被攻破之后，齐湣王丧失了王位，被迫出逃。王孙贾追随左右，但是中途却与湣王走散，再也寻不见湣王的下落，于是便折回家中。其母见状，斥责说："以前你每次清晨出门，若晚上迟迟不归，我就会倚在门上盼你回家；你若晚上出去，不能回家，我就站在巷口盼你回家。但是现在你本该在潜王的身边侍奉，却不知潜王的下落，你还回来干什么呢？"王孙贾听到母亲的斥责之后，深感羞愧，于是便急忙跑到闹市，号召国人攻打加害于潜王的楚将淖齿，接着流亡在外的齐国大臣也尽力寻找齐国王室的后代，并辅佐潜王的子孙重新建立功业，最终齐国由此得以复国。

东汉末年，马超背叛朝廷，发动叛乱，杀掉了当地地方大官，于是凉城（今甘肃张家川回族自治县）参军杨阜即刻前往历城拜见姜叙，与他商议讨伐马超的具体事宜。不过姜叙惦念老母年事已高，处境堪忧，心里还在犹豫，此时叙母说："韦太守遭害一事，你也难辞其咎，现在你只要做你该做的事情，尽快发兵讨伐叛贼马超，不要牵挂我。"姜叙由此解除了后顾之忧，与赵昂合力对付马超。马超为了牵制赵昂，便扣留了赵昂的儿子赵月做人质，使赵昂无法安心作战，赵昂对妻子说："现在我要专心对付叛贼，我们的儿子怎么办呢？"妻子王异忍着泪说："你大可放心去做，为了为君父报仇雪恨，别说是一个孩子，即使为此身死家亡又何足挂齿？"后来马超攻占了历城，抓住了姜叙的母亲，并予以羞辱，姜母厉声骂道："你杀君背父，大逆不道，你岂能长容于天地之间，难道你还有脸面对世人吗？"接着姜母便被马超杀害，赵月亦被害。

东晋时期，苏峻叛乱，卞壶奉命率军抵抗，结果战死沙场。后来他的两个儿子继承父志，继续抵抗，结果亦不幸战死。其母伤痛之状可以想见，她抚尸而泣，用颤抖的声音说："父亲可称忠臣，儿子堪称孝子，我这一生还有什么可遗憾的呢？"

前秦国主符坚一心想扩展疆土，不顾现实情况，准备攻打东晋。当时他所宠爱的姬妾张夫人劝说他不要鲁莽行事，并引用禹、稷、商汤、周武王的事情，耐心劝道："朝廷的大臣们都认为此事目前不可行，难道你非要一意孤行吗？"可惜符坚并没有理会张夫人有理有据的劝说，还斥责她说："国家大事，你一个妇道人家不要从中干预！"

南北朝时期，刘裕率兵平定桓玄的叛乱，同谋之人孟昶深知前路凶险，便对他的妻子周氏说："我意已决，但此生都会担负叛贼之名，我不想连累于你，我们还是尽早离异吧。"周氏回答说："你的父母尚在人间，你若想做出重大的决定，成就非同寻常的大事，岂是我一个妇道人家所能干预的？如果你将来身败名裂，不能成就大事，即使我沦为奴仆，受人驱使，也要尽力奉养两位老人，绝对不会离你而去，更不会与你离异的。"孟昶闻听此言，便准备起身离开，这时周氏拉住他的衣襟，让他重新落座，对他说："看你的意思，并不是要我参与意见，不过是为了成就大事却没有钱财而忧虑罢了。"此语说得孟昶哑口无言。她接着指着自己怀中的儿子说："如果你缺少资费，即使卖掉我们的儿子，我也绝无二话，绝对不会阻拦你的。"于是就把家中所有的财物干净利落地收拾停当，尽数交给了孟昶。何无忌也是刘裕篡权建宋的同谋者之一，何母乃是名将刘牢之的姐姐。

一日入夜，何无忌在家中的阁楼中草拟讨伐叛逆的檄文，恰巧何母登上梯子看见了一切，何无忌还欲隐藏，何母哭着说："我的儿子若能够成此大业，我今生也就无憾了。"并询问同谋者都是何人，待何无忌告知她有刘裕之后，何母更是高兴，而且给儿子列举了很多举大事者如何成就大业的道理，这些话更坚定了何无忌的信心和意志。

唐初，王世充的军队被唐军围困，窦建德前往救援，此时唐军已经在虎牢关（今河南荥阳西北）设下埋伏，准备拦截他。部下劝说窦建德采用其他的战略，他不听，一意孤行。此时窦建德之妻又献计策，建议他趁唐朝京师空虚之际，先不管王世充的窘境，只要突袭关中，唐军必定会班师回朝，到时不仅可以重挫唐军，王世充之围自然也就解除了。此计实乃万全之策，但是窦建德却意气用事，不愿听从妇人之见，说："这些事岂能听从女人的浅见，你们女人怎么能弄得懂呢？"

唐末，晋王李克用被朱温围困于汴州的上源驿，情势十分紧张，李克用性命堪忧。当时李克用的部下中有些自己的性命落荒而逃，狼狈逃回之后，便向李克用的妻子刘氏禀报战况，告知河南的军队发动了叛乱。刘氏闻听此变，不动声色，先是命属将将擅自逃回的士兵斩首示众，然后速招各路大将商讨军事，严格规定约束军中的士兵，尽量保存实力，全身而退。后来在刘氏果断的决策之下，李克用得以突破重围，归来之后便想

立即出兵征讨汴军，刘氏急忙阻拦道："夫君应该把这件事诉诸朝廷，如果你私自出兵攻打，那不知内情的天下人又怎么能辨别出其中的是非曲直呢？"于是李克用便放弃了行动计划，一切从长计议。

黄巢入京之后，没能保住实力，后遭到李克用等军的重创，黄巢在虎狼谷兵败被杀。黄巢的外甥林言斩下了他的首级，打算献给时溥，不料中途被劫，不仅没能讨好时溥，反而因此丧命。后来时溥派遣使臣把黄巢及其兄弟的首级，还有他从各地征来的妻妾一同进献给朝廷。僖宗问黄巢的妻妾说："你们个个都是功臣显贵的后代，世代蒙受朝廷的恩泽，为什么要跟从一个叛贼呢？"这时，站在前排的一个女子应声道："叛贼逞凶作乱之时，朝廷拥有百万之师，尚不足以自保，眼见宗庙社稷毁于贼寇之手，却无力抵抗，只能流落巴蜀之地暂时苟安。现在陛下反倒来责问区区弱女子为何不能抗拒敌寇，那您又将朝中的所谓公卿大臣置于何地呢？"僖宗无言以对，便将黄巢所有的妻妾于集市斩首，人们都争抢着给严辞应对的那个妻妾敬酒。其他的人都因临死而畏惧，哀号哭泣者大有人在，个个神情昏暗，目光迷离，只有这位妇人临危不惧，没有流一滴眼泪，直到临刑的前一刻，依然神色安定，一脸的安详之色。

李存勖攻打幽州，刘守光失守，携妻儿老小逃走，后被俘。李存勖欲将他们斩首示众。刘守光见死期已到，不禁下跪求饶，哀求不停，而他的妻妾李氏与朱氏却满脸正色道："兵败必定被杀，事已至此，还有什么话说！即使苟活于人世又有何意？妾身先行！"于是便引颈就戮，其惨烈如此！

刘仁赡驻守寿春（今安徽寿县）时，其子刘崇谏无视军纪，私自于深夜驾船偷渡到淮河以北。事发之后，刘仁赡不顾私情，坚决要将幼子按律斩首，监军相劝无效，只好遣人请刘夫人出面前来相救。没想到刘夫人竟然正色相拒，说道："我并不是不心疼自己的儿子，只是军法如此，我怎能徇私呢？如果现在夫君因我的请求而勉强赦免了崇谏，那我刘家的忠烈之名岂不在我之手毁于一旦？"接着忍痛要求丈夫尽快将幼子处斩，之后含泪为崇谏发丧。

后唐末年，王师（宋军）压境，围困金陵，李后主临危之时，授命刘澄为润州（今江苏镇江）节度使，但是刘澄却打开城门归降吴越，于是后主下令诛杀他的全家，此时刘澄的女儿已经是待嫁之身，虽未过门但已定亲。后主有意免她一死，但是刘澄的女儿却说："叛贼之后，本无赦免之理，按理不应苟活于世。"于是主动请死。

以上所提到的十多个女人，她们的忠义之气和英魂至今仍深深地感染着后世之人。虽然她们的事迹在史书上已经被记载下来，但是我在这里还是要特别提出来予以赞颂。此外还要提及一例，唐高祖自太原起兵时，他的女儿，也就是后来的平阳公主，还在长安居住，她的丈夫得知岳父起兵的消息之后对她说："你的父亲已经于太原起兵，准备讨伐京师的乱臣贼子，我一定会随同前往相助，但是你却不能一同前去，你看如何是好？"平阳公主领会丈夫的意思后说道："你尽管去吧，不用因我有所牵绊，我自有办法。"待丈夫走后，她便火速奔往鄠县（今陕西户县），用自己的家私临时招募逃往南山的流民，组成军队，并招降当地的强盗，她所组建的军队纪律严明，法令公正，很快军队的人数就达到七万人之多，而且战斗力很强，在关中颇有名气。后来，她带领着军队与秦王李世民在渭北会师，分定京师。平阳公主如此伟烈之举，绝不弱于男子汉大丈夫，更不是一般人所能企及的。

无用之用

庄子曾有过这样的论述："世人都知道有用之物的作用，却不知道无用之物的作用。"他还说："明白无用之处，方可谈论有用之处。土地辽阔无边，但是每个人所占据的地方也不过是立足之地而已。但是如果把没有占据的其他地方全部挖空，一直挖到黄泉之下，那自己所占据的那一块仅供立足的地方还有何用？从这可以看出，无用之物可变为有用的道理就很明显了。"庄子的这个说法最早起源于《老子》中的"三十根辐条系于一个车毂，正因为车毂中间的空洞，才能有车轮的正常运转，起到应起的作用"一章。

《初学记》中说："鼓声虽不列于五声（宫、商、角、徵、羽）之内，但是五声中若没有鼓声，就会显得不够完美；水虽然并未列于五色之内，但是五色若没有水色相衬，就不足以显现其艳丽。"这其中的道理与庄子、老子所说是一样的。飞禽在天空翱翔，靠的是扇动双翅，但是若在其飞翔的时候被捆住双脚，那也同样无力飞起；奔跑靠的是双脚的敏捷，但是若在奔跑之时被缚住双手，那同样也跑不快。在科场上比试高下，看重的是突出的才学和技艺，但是资质平凡之人也并非一无是处；要想在战场上战胜对手，勇猛善战当然是重要的，但是那些年老或胆小之人的谨慎之见也是很有用处的。照这样来看，有用与无用之说又怎么能够一概而论呢？因此，治理天下的君主，若不用"无用"之说来看待天下的士人，能够人尽其才，那么很多棘手的事情都会迎刃而解了。

渊有九名

《庄子》中记载壶丘子拜见季咸一事时说："鲵在水中掀起漩涡的回流为渊，断流的水的回流为渊，流动之水的回流也为渊，渊一共有九种说法，这里提到了三种。"《列子·黄帝篇》中详细地记载了关于渊的九种说法："鲵在水中掀起漩涡的回流为渊，断流的水的回流为渊，流动之水的回流也为渊，涌出之泉的回流为渊，自上往下流动的泉水

的回流为渊，从旁边流出的泉水的回流为渊，壅塞之水的回流为渊，流水停聚的沼泽之水的回流为渊，同源异流之水的回流为渊，这就是九渊。"

《尔雅》中说："滥水正出。"（即滥水从正面溢出）这里说的就是槛泉。"沃泉下出，氿泉穴出，灉之水溢出而复归，汧水决出而不流。"还有"水决出而如沼泽为汧，同源而出但不同流则为肥。"这些渊的名称都是由大禹命名的。《尔雅》一书并不是周公所作，大概是为了解释《诗经》中所用的晦涩之字而编的。不知道列子在世之时，此书是否已经存在？繁琐细碎的虫鱼鸟兽的名称，列子是不会多加留意的，难道是偶然出现了相同的地方吗？《淮南子》中有九璇之渊的说法，而许慎则说："至深为渊。"贾谊的《吊屈赋》中曾出现"袭久渊之神龙"的句子。

颜师古说："九渊，九旋之川，也就是最深的地方。"从上面的说法可以看出，人们对九渊的看法是不尽相同的，许、颜二人与《庄子》《列子》中的说法就不一样。

古迹不可考

目前地方各郡县的山川古迹，因为朝代变更时经历的战乱，还有自然的地形变迁、地貌的风化，大多已经失去了原貌，不复往昔了。比如尧山、历山之类的山名，几乎到处都有，都被认为是尧、舜曾经生活过的地方，而且竟然还无一例外地被编进了地方的图志当中，让后人无法辨识。

会稽有一处地方被称为是大禹的墓穴，此墓穴在一个高丘的最顶端，地势宏伟，但是真正的墓穴不过是一个被假意命名的自然的山石缝隙而已，甚至连一个手指头都很难插进去，又如何能被称作是大禹的墓穴呢？真不知道当初司马迁是如何探身大禹的墓穴的。

上古舜在位时期，都城就在蒲坂，也就是今天的河中府（今山西永济西）。既然是舜城遗址，就应该世代享受修缮和祭祀，被人们所敬仰和爱护。但是根据张芸叟在《河中五废记》一书中说："蒲州的城西有两个门可供出入，两门之间便是舜城了，舜庙就在这舜城之中。"唐朝时张宏靖曾驻守此城，为了保存遗址，还将这座舜庙修葺一番。这样一直到神宗熙宁初年，舜城的城墙还是相当坚固的。但是此后不到五年的时间，城墙的砖瓦泥土就被烧制陶器的工匠挖空运走，用作原料了。传说中的舜城便从此销声匿迹。此后，有人在河的中央建造了一座孤零零的小岛，起名为中，不过这与舜城没什么关联，不过是做固定桥梁之用而已，但不知建造这座岛的具体时间，有种说法是唐朝的汾阳王郭子仪所建。此岛以铁柱为根基，上面建有一座河伯庙，且四面临水，草木繁茂，将小岛掩映其中。但是就是这样一座小岛也未能幸存。

宋仁宗嘉祐八年（1063年）秋天，蒲州洪水肆虐，侵袭了这座名为中的小岛，洪水退去之后，此岛被冲得不见了踪影，找不到任何残存的痕迹，中从此便消失了。从上述的记载中可以看出，如此重要的古迹都没有得到妥善的保护，最终不留痕迹地从历史上消失了，更何况是其他的古迹呢？苏东坡在凤翔（今属陕西）逗留时，曾做《凌虚台记》，文中说："我曾经登到台上向东眺望，眼中所见的是当年秦穆公时所建的祈年宫、橐泉宫；向南眺望，眼中所见的是汉武帝时所建的长阳宫、五柞宫；向北眺望，眼中所见的是隋朝仁寿宫、唐朝九成宫。这些有名的宫殿当时都是富丽堂皇，坚不可摧的。不过数世之后，别说想欣赏一下当年的壮观景象，就是寻找残留的断壁残垣也并非易事。当年宫殿所建之处，只剩下一片荒凉的废墟而已。"这段文字的意思是说，历史的兴衰成败都是不可预知的，如果单凭已经灰飞烟灭的陈年古迹想去探个究竟，那更是不可能的了。不过这番话中有些细节不够确切，据《汉书·地理志》中记载，今（指南宋时）扶风雍县（今陕西宝鸡凤翔）确有橐泉宫，不过乃是秦孝公时期所建，而祈年宫则是秦惠公时期所建，并非秦穆公时期所建。

容斋随笔精粹

容斋三笔

序

右将军王逸少（王羲之），乃是晋、宋之间的风流人物，超凡脱俗，不慕浮华。他弃官场的名利于不屑，不落俗套，不言世故，可能这便是他平生的志趣所在。自从辞去会稽内史的官职之后，他就再也没有担任过其他的官职。他曾经在其亡去的双亲坟前立下重誓，听来让人不禁心生苦涩，眼中含泪。我曾深深地体味过其中的含义，也为他感到深深的悲哀。后来我又读到他写给谢安石（谢安）的一封信，信中说："胸怀闲逸之心，才得以了却平生的夙愿。近来曾与安石（谢安）一同东游山海，颐养闲暇之余，便想到与亲朋故友举杯同乐，觥筹交错，推杯换盏之间谈论着农耕桑田之事，以为抚掌之乐，这种恣意欢快的场景，难道是用语言可以表达的吗？我常对陆贾、班嗣的处世态度心向往之，我又何尝不想达到那种境界！"当时王逸少不过五十余岁，有此心境实属难得，但是那些作史之人却不理解他的高尚情怀，竟然对此做一些琐碎狭隘的议论，认为王逸少退职是与王述之不和的缘故，这种见解真是太肤浅了。

六年前，我也是从会稽任上退职归乡的，转眼至今已有六个年头，追忆往昔，思贤而叹，也不过是驽马视天骥之心而已。我自知无法与古代贤人相比，况且我现在已经是逾七望八之年，根据常规早已到了脱去官服的年龄了，也无须再到墓前宣誓了。幸好我现在思绪还比较清晰，可以于寂寞无聊之际，快乐闲暇之余，尽情地浏览群书，握笔自耕，随自己的兴趣作一些有价值的著述，虽然称不上是千古奇文，但只要意愿达成，我也就可以沾沾自喜、聊以自慰了。于是累月成年之后，便有了《容斋三笔》。作成之后，小儿子说："成书之后，不能没有序。"于是便写下了这篇序，以表达心中的感怀之情，并表达对王逸少之清高品格的仰慕之意，借此驳斥《晋史》中不明就里的妄论，以此明示儿侄后代。

若有生之年还可成就《四笔》，就留待他日再续嘉话。

宁宗庆元二年（1196 年）六月晦日序

第一卷

邳彤郦商

东汉光武帝刘秀，出兵讨伐王郎时，河北诸郡的军民都已经臣服于王郎，背叛了光武帝，只有巨鹿（今河北邢台平乡任泽一带）和信都（今河北邢台信都）两地的将士誓死不降，为光武帝坚守城池。鉴于两地将士的忠心，有人建议让两郡的兵马全体出动，护送刘秀暂回长安，从长计议。众人皆认为此计可行，只有邳彤一人认为此举不妥。他认为，如果执行了这个错误的方案，不仅会白白地丢掉河北的领地，甚至会惊动三辅（今陕西中部地区）之地。虽然目前两地的士兵坚守城池，一旦刘公率大军西撤，那么邯郸的士兵必定不肯心甘情愿地离开河北，背离自己的故土，跟随刘公回千里之外的长安，这样必然就会出现士兵中途溃逃的现象，那时的局面将无法控制。光武帝认为他的话很有道理，就取消了西撤的计划。苏轼对此评价说："此举事关东汉政权的生死存亡，邳彤能够力排众议，慧眼识势，真可称得上是东汉的开国功臣啊！"在云台的诸位将领中，邳彤一直不被人们所重视，直到苏东坡此论流传开之后，人们才明白为什么要把邳彤列入云台二十八将的图像之中。

汉高祖驾崩之时，诸多将领驻守边疆未归，吕后在朝执掌朝政。她与审食其秘密商谈，说："现在朝廷的重臣名将全都是与高祖一同打天下的开国元勋，都曾与高祖同为平民百姓，现在他们却要辅佐少不更事的少主（汉惠帝），一定会有动乱之事发生，倒不如把他们尽数诛杀，否则天下难有安宁之日。"两人商定之后，就暂时没有向天下宣布高祖驾崩的消息。郦商闻知此计后，对审食其说："如果真的实施这个策略，那天下势必大乱。目前，陈平、灌婴率领大军十万守卫荥阳，樊哙、周勃率领二十万大军驻守在燕（今北京一带）、代（今河北蔚县东北）一带，这两股大军的势力不可小视。若他们得知高祖已经驾崩，各位功臣被诛杀的消息，一定会义愤填膺，掉头进攻关中，那时再无高祖掌控全局，江山社稷危在旦夕，灭亡之日不远矣。"审食其听信了郦商的话，并立即入宫将此事告知吕后。吕后也认同了郦商的观点，于是便取消了原先的计划，即刻宣布高祖已经驾崩的消息。此时汉室初定，高祖驾崩使汉室面临危机，若处置不当，汉室难保。而郦商在平静的谈笑间便将此事的利弊分析得如此透彻，轻松地化解了一场危机，这难道不是天大的功劳吗？但是却没有一人对他的功绩予以褒扬，实在不公平。不平之事还不止于此。吕后死后，吕禄掌握北军的大权，无人能与之抗衡，汉室大权旁落。此时，郦商之子郦寄见强拼不行，便巧用策略，先是诱骗吕禄外出游猎，再通知周勃趁机入北军夺权。由此可见，郦氏父子对于汉朝江山可谓是鞠躬尽瘁，立下了不可磨灭的功绩，真称得上是两代社稷功臣。此后，郦寄又与刘揭一同冒死前往吕禄的营帐，劝说吕禄主动交出印信，效忠汉室。事成之后，汉文帝论功行赏，刘揭不仅得到了赏金万两，而且被加封为侯，但是同样立下大功的郦寄却没有得到丝毫的奖赏！曾经受益于郦氏父子的陈平、周勃对此事也是避而不谈，不为郦寄说一句公道话，这也太不近人情了，真是令人费解！尽管后来郦寄继承其父的侯爵之位，但是没过多久又因罪被剥夺，真是可惜啊！

象载瑜

汉《郊祀歌·象载瑜》一章中说："象载瑜，白集西。"颜师古对此的解释是："象载，也就是象所运载的车，即象车。若象车自山中而来，便是祥瑞之兆，乃是吉祥的车。"另外，《赤蛟》一章中说的"象舆"，也就是象车上用来穿绳的大环，此句中的象舆所指的也是此意。但是对于《景星》一章中类似的说法，颜师古却有不同的解释。此章中说"象载昭庭"，颜师古在对此的注释中说："象，意思是悬象，此句的意思是说，悬象乃秘事，却昭显于庭堂之上。"虽然是同样的两个字，而且同出一处，但是颜师古对此却有着两种完全不同的解释，其间的差距太大，很难讲得通。根据乐章中的词意来看，"象载"之意指的就是吉祥的车，此句的意思就是吉祥的车都明显地排列在庭堂的前面。三刘对于汉《郊祀歌》的解释也与此相同，这才是正确的解释。但是他们却把"白集西"解释为西郊雍水（今陕西宝鸡凤翔）中的麒麟，这种说法就不对了。汉《郊祀歌》一书共十九章，每一章都把篇名写在文章的后面，其中《象载瑜》篇名的前一行写道："汉武帝驾车巡幸雍水，喜得白麒麟而作。"并说前一篇是"朝陇首，揽西垠"的篇章，所以此篇名就不可能再重复出现在后面的篇章中。

管晏之言

《孟子·梁惠王下》中记载："齐景公想到各地游览，于是问晏子说：'我欲前往转附（今山东芝罘山）、朝（今山东成山）两山巡视游览，并打算沿着海岸线继续向南行，一直到琅琊山（今山东诸城市境内），此乃大事，应当谨慎从之，依你看，我要如何去做，才能同过去的圣贤之君的出巡相提并论呢？'晏子回答说：'圣贤的天子、诸侯从不做毫无意义的事情，他们出外巡游的目的都是与国家、百姓的大事紧密相关的。春天出巡视察田间耕作，是为了避免有遗漏的土地没有被耕作，对于贫困无力耕作的人予以补助；秋天出巡是为了了解收获的情况，对于那些因荒年无收而不能自给的人予以补助。但是现在的情况却大不如从前，如今诸侯出外巡游，必然劳师动众，大肆铺张，目的无非是向百姓征收粮米。这些昏庸国王的作为已被民众所熟知，若从上游顺流而下沿途吃喝玩乐，肆意享受忘记了返回，就叫作流；从下游逆流而上前往上游，沿途游玩赏景忘记了返回，就叫作连；若整天沉溺于打猎的乐趣中不能自拔，不知自律地到处游猎，就叫作荒；肆意浪费粮食酿造美酒并饮酒不止，便叫作亡。古代的圣贤君王绝不会贪于流连之乐、荒亡之行。'齐景公听完晏子的此番见解之后，受益匪浅，心中非常高兴，于是便通令全国，以此为戒，而且做好了接济贫苦百姓的准备。"

《管子·内言戒篇》中的记载与此非常相似，书中写道："齐威公打算到东部出巡游览，临行前问管仲说：'我准备前往轴山，然后到斛山，接着再向南到琅琊。司马说，此举乃是圣贤之君所为，而且是先王曾经出巡的路线，他为什么要这么说呢？'管仲回答说：'圣贤的先王出外巡视，目的是非常明确的。春天出巡是为了弥补耕作时的遗漏，叫作游；秋天的巡视是为了救助收获不足以度日的农户，叫作夕；若出巡之时，毫无限制地搜刮百姓的粮食财物，劳民伤财，叫作亡；若出巡的目的只是为了寻欢作乐而不知归，就叫作荒。圣贤之君有游夕之责，但绝不应有荒亡之行为。'齐威公退后再拜管仲，深表信服，并把他的这段话视为治国的法宝。"只要把晏子和管仲的这两段话稍作比较就可看出，其中的结构和细节是如此的相似，为什么会出现这样的情况呢？难道传记中所记载的内容是可以相互调换、模仿的吗？《管子》一书本就是一部独立的传记，一定不会因为传承的错误而出现误载，如此说来，就要对《晏子春秋》一书进行进一步的详细考证了。

共工氏

《礼记·祭法》和《汉书·郊祀志》中都有关于共工氏的记载，书中说，共工氏虽然也曾称霸天下，统管九州，但是他并不是通过正规的途径顺应天命为王，而是自立为王，所以称他为"霸"。《历志》一书中则说："共工虽然具备水德，但是其水德却夹在火德与木德的中间，这就违背了五行的正常次序，不符合五行的运行规律。"共工只靠要计谋、加重刑律来显示自己的强大，并妄图以此来征服天下，而不知道以仁德之心为重，因此

只能称之为伯，而不能称之为王。因为共工在五行中的次序被周朝人做了变动，所以《周易》中所记载的帝王并没有他的事迹。《历志》的注文中还进一步解释说："因为共工不符合五行的正常规律，所以《周易》中将他剔除，不予记载。"

《史记·律书》中有这样的记载："颛顼帝因为采纳了水官共工的建议，才得以平息水患。"文颖对此注释说："共工本是主管水的官吏，自从少昊氏衰败之后，他便利用手中的职权肆意作恶，虐待民众，所以颛顼帝才兴师讨伐他。因为他的职责本是专管水利，因此居于五行中的水德。"但是在《左传》一书中，郯子对黄帝、炎帝等五帝时代所任命的官职都做了记载，其中共工因为治水有功而被任命为水师，并以水名作为官名。杜预则说："共工氏以诸侯的身份雄霸九州，这是在神农之前、太昊之后的事情，而且他也禀受了五行之中水德的祥瑞之兆，所以用水作为自己的官名。"由此可见，共工与炎、黄各帝，同样都禀受了五行的祥瑞之兆，并没有什么高下之分，这足可以说明共工也曾称过王。他的儿子名为后土，也曾经平定过九州，直到现在人们还对他尊崇有加，把他作为灶神来供奉祭拜。照此分析，前面的"周朝人剔除了共工在五行中的排列次序"这一说法恐怕就不足为信了。至于所谓的"共工怒触不周山，使天倾西北，地陷东南"之说就更显得荒谬可笑了。洪这个姓氏本就来源于共工氏，原本就叫作"共"，如《左传》中所记载的晋国左行共华、鲁共刘，这些都是共工氏的后裔。之所以改为洪氏，是因为后来人们推演出共工氏的水德之源，便在"共"的左边添上一个"水"字，由此变成了"洪"。《尚书·尧典》中所说"共工防治水患，已初具功绩"一句中的共工，指的是虞舜时期被流放的共工，而不是前面所说的共工氏，当时是以共工作为水官之名，所以禹也曾被舜任命担任这个职务。

朱崖迁客

唐代的韦执谊本位居宰相，后因故被贬为崖州（今海南琼山）司户。无奈，他只好远行前往崖州赴任。到任之后，崖州刺史任命他为摄军事衙推，而且还撰写一纸任命书。任命书中这样说："你在朝廷为官多时，长期担任宰相，因此对公务非常熟悉，希望你能尽心辅佐本刺史处理州中公务，不用过于担心忧虑，心有恐惧，以免束缚了自己的才能。"这纸任命书简直可笑，竟然如此小视韦执谊！一时间此事便被传为笑料，不过这还不算过分，毕竟还没有到侮辱、压迫他的地步。

卢多逊的遭遇就更为可悲了。他也在担任宰相之时被贬，后被流放到崖州。当时的知州乃是牙校出身，一介武夫，卢多逊虽被贬崖州，却风范不减，其女更是清秀端庄，实乃大家闺秀。知州欲与卢多逊攀亲，便替他的儿子向卢多逊的女儿求婚，卢多逊怎愿意让自己的女儿嫁给莽夫之子，所以坚决不同意。知州由此怀恨在心，伺机凌辱欺压卢多逊。此处天高皇帝远，卢多逊一个被贬之人哪有力气反抗？为了不致被害丧命，卢多逊只好忍气吞声，无奈之下，不得不勉强同意将女儿下嫁给知州的儿子，其酸涩可想而知！

宋高宗绍兴年间，胡邦衡被贬至新州（今广东新会），后来又被迁至吉阳，此时的吉阳就是朱崖州。当时担任军守之人名为张生，同样是下层官吏出身，不懂礼节，所以对被贬的胡邦衡甚为蛮横。每次胡邦衡向他上报公务进展的情况时，都要像一个囚犯一样俯首低眉，立于庭下接受他的训斥。胡邦衡忍辱负重，含垢而生，不过他并没有因此积怨在心，而是尽力以上下级的礼节来侍奉他，而且在军守的生日时为他作五十韵诗，为他祝寿。即使如此，军守依然动辄对他横加指责，胡的性命可说是朝不保夕，时刻处于危难之中。当地有一个黎族的酋长，久闻胡邦衡的大名，对他颇为敬仰，而且命令自己的儿子尊胡为老师，潜心求学。一日，酋长邀请胡邦衡前往族中做客，胡欣然应允。酋长居住之地离官衙足有三十里地，待胡邦衡赶到此地时，竟然看到军守被绑于园内的廊屋下，而且身上还带着沉重的枷锁。胡邦衡深感意外，此时酋长指着被绑的军守说："此人乃一介莽夫，残忍成性，暴虐无常，我今天要为民除害，要了他的性命，您的意见如何？"军守一听，想到平时对胡邦衡的种种作为，不禁冷汗直流。但是胡邦衡却说："正如您所说，此人暴戾成性，确实死有余辜。如果您能把他的性命就此了结，一定是大快人心之事，足以泄民愤。不过既然您询问我的看法，我就说说我的不同意见。您命自己

容斋随笔精粹

的儿子跟着我苦研学问，到底是什么目的呢？我想首先要学习的便是君臣上下的礼仪之道。军守固然凶残无道，但毕竟是一州之主，算是朱崖州的最高长官。如果要惩戒他，一定要到海南安抚司处联名上告，然后再经广西经略司视案情处置。若这两处都不能秉公办理，那就再向中央枢密院申诉，到时他自然会得到应得的惩罚。如果我们动用私刑，擅自将他处决，那就不符合法制，是不应该的了。"酋长听后，心悦诚服，便下令释放了张军守，并让他自己写了罪状。军守有幸捡回了一条命，对胡邦衡再三叩谢后急忙退去。次日，胡邦衡从酋长处返回，张军守主动登门谢罪，并发誓要痛改前非，对胡邦衡的救命之恩再三言谢，从此之后，待胡为上宾，不再有任意欺压之事。胡邦衡凭自己的一身正气赢得了军守的尊重。至孝宗隆兴初年，胡邦衡重回朝廷，担任侍从官一职，其间曾手抄他自己所作的《生日诗》给我的二兄文安公洪遵看，而且详细地回忆起往昔的艰难时日，不胜感慨。

从以上数人的遭遇可以看出，古往今来，被贬斥流放之人，总是离家万里，身陷九渊，每日与死神交手，与艰难为伴，其苦楚皆如出一辙啊！

张士贵宋璟

唐太宗在位时期，非常重视对军队的管理，经常亲自视察兵营的备战情况，监督士兵们的操练。有一次，他在观看士兵们演习的时候，发现部队的列队不够整齐，便命令在旁一同观看的大将军张士贵，用木棍杖打负责操练的中郎将等人，以示惩戒。因为张士贵不忍下手，所以唐太宗认为杖罚太轻，一怒之下，将张士贵投入了监狱。魏徵立刻就此事进谏说："大将军的职责是率领将士保家卫国、奋战沙场，您让他操起木棍责罚下属，就已经违背了常理，不值得后人效法，更何况仅仅因为责罚太轻而将他投入监狱呢？"太宗觉得魏徵的话有道理，自己确实不该如此行事，便下令释放张士贵。

唐明皇开元三年（715年），宋璟任御史大夫，一次受皇帝之托在朝堂上监督杖罚，因为责罚得太轻而被贬为睦州（今浙江建德）刺史。同朝为相的姚崇眼看宋璟被贬，却无力阻止此事，只能暗自叹息。当时卢怀慎也身为宰相，他不顾自己的性命安危，冒死向皇帝直谏，为宋璟求情。他说，宋璟乃是当朝重臣，是明察大事的有用之才，而所犯之错误却微不足道。若因此而将他贬斥边陲，于国于民都毫无益处。希望皇帝能够重新审视此事，以浩荡隆恩赦免他的过错。皇帝经过深思熟虑之后，认为卢怀慎之言极是，便采纳了他的建议，撤回了贬斥宋璟的诏书。

唐太宗、唐明皇都可称得上是唐朝的圣贤之君，但是却仅仅因为杖人稍轻，而加罪于大将军和御史大夫，显得有失刑政的恰当和公允。

第二卷

汉宣帝不用儒

汉宣帝不崇尚儒学，甚至认为儒学粗浅鄙陋，不懂得人情世故。他厌恶儒学总是颂古抑今，使人们在虚名与务实的问题上迷惑不清。所谓的儒家学者根本弄不清楚自己到底该信仰什么，这样的人怎么能够委以治国的重任呢？

匡衡是汉朝著名的儒学家，他当时任平原郡（今山东德州陵城区）的经学教授，博通古今，所以有很多学者上书推荐此人，称赞他学识渊博，通晓古今，当今世上无人能与之相比，如此难得的人才长期滞留在偏远的平原郡实在可惜。鉴于朝臣的大力推荐，宣帝也不好推托，于是便派萧望之、梁丘贺二人代理此事。萧望之向皇帝上奏说，匡衡对于经学的研究师承前人，又自成一家，他对于经学的精通程度绝对值得皇帝亲自审视一番。但是可惜的是皇帝对经学并不感兴趣，更不乐意任用儒生，皇帝审视的结果竟然是让匡衡重新回平原郡担任经学教授。

司马光说，粗陋的儒生当然不值得重用，更不可以让这样的人担任要职，如果有真正的儒生可以治理国家，辅助朝政，为什么不能够给予礼遇并加以重用呢？更何况所谓颂古抑今的说法乃是秦始皇、李斯明令禁止的，目的是麻痹人们的思想，盲目地尊崇个人的统治，现在的明君又怎么能够效仿秦始皇如此荒谬的做法呢？正是因为皇帝不推崇儒学治国，压抑有才学的儒生，反而专门任用宦官执掌朝政，身担中书令要职，才使弘恭、石显等人得以独揽朝政大权，最终酿成了汉朝的外戚宦官专权的大祸。身为一国之君，在治理国家、掌管朝政之时，难道不应该以此为鉴吗？

刘项成败

汉高祖刘邦、西楚霸王项羽乃是秦末两个叱咤风云的人物，在他们起兵之初，曾相约共同侍奉楚怀王。待两人兵分两路之后，其做法就截然不同了。刘邦进驻关中之后，一举击破秦军，秦王子婴见大势已去，便主动请降。此时，诸将中深受秦暴政迫害者，皆主张立刻杀掉子婴，而刘邦却不为所动，沉着地说："当初怀王之所以派我进驻关中，就是因为我能宽以待人，平和行事，现在我若在冲动之下杀了子婴，岂不辜负了怀王对我的信任？更何况子婴已经投降归顺，若还要取他的性命，定会招来不祥之事。"于是将士们便不再坚持。接着刘邦就命令手下将子婴交给狱吏看管。但是项羽的做法却截然不同，他入关之后，不仅杀死了已手无寸铁无力抵抗的子婴，竟然还在咸阳城内大肆屠杀

无辜的民众。接着，他又命人告诉怀王，自己要在关中称王。怀王说，按照当初入关前的约定，"先入关者王其地"，照此约定，应该让刘邦称王才是。项羽不以为然地说："楚怀王不过是我的叔父武信君所立的一个傀儡而已，没有占领过一寸土地、一个城池，毫无战绩功劳可言，凭什么在我面前指手画脚，擅自主持所谓的盟约呢？现在天下已掌控在我军手中，各位军中将领和我项羽才是头等功臣，楚怀王没有任何指派的权力，既然天下为我等所得，就应该由我等有功之人瓜分统治。"于是就不顾怀王的劝阻，执意称王，表面上尊称怀王为义帝，其实不过是缓兵之计，最终还是将怀王杀害。

现在我们来分析一下刘邦和项羽两人在这件事情上的作为：刘邦虽已经进驻关中，灭秦之事也已大功告成，但是仍然谨记入关前怀王对他的告诫，没有冲动地将子婴杀掉；而项羽入关之后，就居功自傲，不再理会当初立下的盟约，后来为了称王，甚至大逆不道，杀掉了楚怀王！即使没有先见之明的人，从这件事情上也可以看出两人成功和失败的端倪。刘邦出身低微，曾在咸阳服徭役，尝尽苦难。他曾经远远望见于仪仗之中浩荡出巡的秦始皇，其壮观的气势带给他很大的震撼，他不禁叹息道："男子汉大丈夫理当如此啊！"同样是见到此景，项羽观后的话语却与刘邦迥异，他说："总有一天我要取而代之！"这件事虽然只是史家记载，其言语难免有夸饰渲染之嫌，不过这两人秉性的差异，也可从中窥见一二。

绛侯莱公

汉朝初期，吕氏作乱。当时周勃任太尉，掌管北军。吕产死后，周勃便与陈平等人诛灭了吕后的宗室，并拥立刘恒为皇帝，即汉文帝。刘氏的汉室江山由此得以重新稳定。汉文帝即位之后，任命周勃为右丞相，主持朝政。每次早朝退去之时，周勃总显出得意之色，而且文帝对他也是敬重有加，经常在朝堂之上目送他远去。爰盎见此情形便向皇帝进言说："陛下认为丞相是怎样一个人呢？"汉文帝回答说："当然是朝廷重臣。"爰盎又说："臣认为绛侯（周勃的爵位）只能称为功臣，而不能称为重臣。所谓重臣，君主在则同在，君主亡则同亡。早在吕后专权之时，周勃就担任太尉之职，执政兵权。当时诸吕肆意作乱，擅自自封为王，但是周勃慑于吕氏家族的势力，不敢过问，任由他们祸乱天下。吕后死后，诸臣一同谋划诛灭吕氏，此时太尉依然执掌兵权，诛吕之事非他莫属，他便将计就计，趁势诛灭了吕族的势力，拥立皇上为帝。因此只能是时局造就了他的功绩，而不能称他为国家的重臣。况且现在他对皇上已显傲慢之色，如果皇上还纵容此人，对他依然敬重谦逊，就会丧失君臣之道。臣以为这种情形不应该再持续下去，否则后患无穷。"自此之后，每次上朝之时，汉文帝就一反常态，对周勃不再有恭敬之色，而是庄严以对。周勃不明就里，深恐大祸降临，便有畏惧之色。不久，周勃便被捕入狱，几乎因此丧命。

宋真宗在位时期，莱国公寇准主持签订了"澶渊之盟"，与辽国达成了暂时的和平协定，真宗因此对他倍加器重。王钦若觉得寇准的作为威胁到了自己在朝中的威信，因此对他十分忌恨。一日早朝之后，寇准因事提前离开，王钦若趁机对皇帝说："陛下对寇准如此恭敬，是不是觉得他为朝廷的安定立下了功劳？"真宗回答说："正是。"王钦若立刻作出义愤填膺状，大声地说："臣没想到陛下居然有如此想法！对于澶渊之盟，不仅不引以为耻，反而因此认为寇准有安定国家的功劳，真是不可思议啊！"真宗听王钦若说出这种话，很震惊，便紧接着问道："你为何会有这样的想法呢？"王钦若振振有词地说："陛下难道真的不明白吗？两国交战，直到兵临城下而无力抵抗，这时才勉为其难而结盟，这种懦弱之事就连春秋时期的小国都以为耻辱而不屑为之，而朝廷以堂堂大国之尊贵，竟然做出此等事情，于城下与敌人结盟而求自保，难道还有比这更耻辱的事情吗？"真宗听了王钦若的话，脸色骤变，无言以对。从此之后，受到王钦若进言的影响，真宗对寇准的信任度大减，没过多久，寇准的宰相之位就被罢免，后来被贬至海康（今广东雷州半岛东部），并客死此地。天啊！绛侯、寇准为当朝所立下的功绩，简直可以与日月同辉，光耀当世，仅凭爰盎、王钦若的进言，两人就失去了皇帝的信任，可见谄言之害，实在可怕，所谓人言可畏，从这两件事中也可窥见一斑了。

无名杀臣下

《左传》中有句话说："欲加之罪，何患无辞？"在古代，想要惩罚或处死某人，都会找一个相对合理的理由，以堵悠悠众口。然而也有人无辜被杀，勉强找出一个莫须有的罪名强加于人的情况。

汉武帝时期，张汤为朝廷铸造白鹿皮币。当时的大司农颜异认为此举不妥，会导致农商的本末倒置，于国于民都是不利的。因为这件事已经得到了武帝的批准，所以武帝听到颜异的说法后大为不快。再加上张汤与颜异素有矛盾，所以二人的关系因此更加不合。一次，颜异与客人谈话，提到了朝廷刚刚实施的货币制度的利弊问题。客人就此事询问颜异的看法，颜异没有直接做出回答，而是将嘴角微微翘起，以示不屑。不料此事被张汤得知，他便向武帝上奏说："颜异身担九卿要职，应当以国事为重。他认为朝廷的政令不够恰当，却不在朝堂之上启奏陛下，或与群臣商讨对策，而是在心里非议诅咒。此举实在有辱臣纲，应当处死。"从此事之后，便有了"腹诽"这一罪名。

三国时期，崔琰曾被曹操重用，后来因为小人的诬陷和迫害，而被贬斥为徒隶。受此屈辱和诬陷，崔琰心中当然会有不快，所以后来曹操派人去看望他时，他便流露出愤恨的情绪，言辞之间不但没有任何讨好求饶的意思，反而更显孤傲。事后，看望崔琰的人向曹操禀报此事，曹操便说："崔琰虽已是戴罪之身，却依然顽固不化。面对前去探望之人，不但不感恩，反而吹胡子瞪眼，其愤怒之情绪显而易见。"于是便赐崔琰自我了断。

隋炀帝处死高颎之后，开始讨论实行新的政令，但是持续了很久，还是不能做最后的决策。薛道衡素仰高颎的才华和威信，于是在一次讨论的时候，无意之中说出了这样的话："如果高颎在世，恐怕这些新的政令早就决定，而且已经顺利地实施了。"有好事之人将他的这段话告诉了隋炀帝，说薛道衡的话是在暗地里指责皇帝的失误。隋炀帝听后大怒，随即将薛道衡交由执法官处置，但却一时找不到合适的罪名。此时与薛道衡素有嫌隙的裴蕴向皇帝启奏说："薛道衡蔑视皇上的英明决策，将政令不能得以决定的罪名推脱给朝廷，无中生有，制造谣言，惹起祸端。如果要明确指出他的罪行，似乎无法界定，但是只要稍稍推断一下他的本意，就不难看出，此人心中确有大逆不道的想法。"隋炀帝听后非常满意，说："爱卿真是一针见血地指出了薛道衡的逆乱之心，巧妙地揭露出他犯上作乱的本意。"于是迫不及待地发布诏令，命薛道衡自尽。

这三个人死得真是太冤枉了。

容斋三笔·第二卷

平天冠

祭祀之时所穿戴的礼服中，冠冕是非常重要的，只要参与祭祀活动，无论是天子王侯还是普通的卒吏，都要戴上特制的礼帽。通常是用礼帽上的横脊以及礼帽前后所悬挂的玉串的数量来区别等级和尊卑。其中平天冠就是为皇帝特制的冠冕，只有贵为天子才能佩戴。范纯礼担任开封府尹时，曾经审理过一起谋逆的案件，案犯不是什么大人物，只是淳泽一个村子里的普通村民。为什么谋逆之罪会与一个普通的村民联系到一起呢？原来此人是个戏迷，经常到戏院中看戏。一次看戏回家的路上，正好途经一个木匠的家，恰巧木匠在制作水桶，这人一时兴之所至，便取来一个套在自己的头顶，大声地说："大家来看看，我的装扮像不像刘先主（刘备）啊？"在旁的木匠见他如此做法，便将他扭送到官府问罪。官府不知如何处决此人，便在第二天上朝之时，向皇帝禀报此事。徽宗询问群臣的意见，范纯礼便建议道："他不过是个不懂礼节的乡野村夫而已，其作为纯属无意。如果因此而判他谋逆之罪，恐怕有损于皇上宽大为怀的美德，我看只需杖责几下，让他知错便是。"

根据《后汉书·舆服志》中的记载，汉朝时就有平天冠之称，蔡邕对此做注说："鄙人也不认识，不能确定为何物，人们都称之为平天冠。"由此可见，平天冠的名字古已有之。

进士诉黜落

宋真宗天禧三年（1019年），滑州（今河南滑县）应考进士的杨世质等人向京西（今河南洛阳）转运使胡则申诉，说滑州负责筛选试卷的长官有意剔除他们的试卷不予录取。于是胡则就取出这些人的试卷原本，重新交由许州（今河南许昌）通判崔立重新审核。崔立复查之后，认为杨世质等人的试卷没有明显的错误，完全符合录取的标准。胡则便命令滑州按照相关的规定，重新录取被漏选的杨世质等人。事过不久，真宗得知此事，便下诏转运使胡则，质问他为何不事先上奏朝廷，竟然擅自做主命令滑州录取杨世质等人，让他就此事作一个详细的汇报，找出合理的理由。因为朝廷的过问，滑州并没有录取杨世质等人，而是遵照皇帝的旨意，将这些人的试卷交送朝廷审核。待试卷上交朝廷之后，真宗便命贡院立刻予以严格审核，并尽快做出一个公允的评断。贡院审评的结果说，杨世质等人的答卷低劣庸俗，答非所问，毫无文理可言，根本不符合录取的标准，于是便重新把他们的名字从录取名单中删去。既然如此，那胡则、崔立二人就有渎职之嫌，因此遭到贡院的弹劾，结果都被判滥用职权之罪。因为当时的贡举条例还不是很完备，所以会出现落选者因各种原因而向上级申诉的现象。这种现象并非尽是坏事，尚书省和礼部的省试中也有此类事情发生，如叶齐等人，就是在被黜免之后，因不服而上诉，最终通过考官的复审之后而登上科第高位的。不过后来这种风气逐渐就被禁止了，估计是贡举条例已逐渐完备的缘故。

后汉书载班固文

班固所撰写的《汉书》，其制作之精工，文理之精深，就像是《英》《茎》《咸》《韶》等乐曲，其音节已经达到了超高的境界，精妙绝伦，后人无法企及。后代撰写史书的人，无人能与班固的造诣相提并论，无论是体例还是内容，《汉书》都称得上是尽善尽美。不过看了《后汉书》之后不免会令人心生疑惑：为什么《后汉书》中所载的班固的文章与《汉书》中的文章竟然像是两个完全不同的人所写，其风格与造诣简直有天壤之别！如《谢夷吾传》中所载，第五伦担任司徒，让班固撰写一篇奏文作为谢夷吾的荐文，没想到班固在这篇奏文中竟然用了"才兼四科，行包九德"之句，另外在文中的其他类比中，竟将后稷、契、咎陶、傅说、伊尹、吕尚、周公、召公、管仲、晏子等十多个古代圣贤哲人的美德集在一起，用在谢夷吾一人身上。更为可笑的是，文中竟说，唐、虞、商、周历朝历代中的最优秀的圣贤者也比不上谢夷吾！这简直是无稽之谈，事实上谢夷吾不过是小小术士，仅仅被列于《方术传》中，他平生所学不过就是观天象、看风水、测福祸之类的伎俩。如此平常之人，班固居然对他做那样不切实际的赞美，这也太荒谬了！

赵充国马援

西汉时期，先零羌族进犯中原西部边塞，汉朝出兵讨伐，由赵充国担任主帅，不久羌族便被平定。接着他便在金城（今甘肃兰州）设立了属国，用来安置投降归顺的羌人，从此，西部边塞逐渐得到了安定，边疆百姓得以休养生息。为了表彰赵充国的功绩，汉成帝命扬雄作赋来歌颂赵充国的功德，颂扬他的安边之道，甚至因此把他比作周朝的方叔、召伯虎等定国的功臣。

东汉光武帝时期，西羌再次入侵汉朝边境，并迁居到边塞以内，定居繁衍。于是来歙上奏说，陇西（今甘肃临洮）之地已被羌族侵扰，朝廷疆土被侵，百姓深受其害。羌人来势凶猛，除非马援出战，否则难以平定。光武帝听从了来歙的建议，任命马援为陇西太守，追讨被羌族强占的疆土，并将羌人尽数逐出边塞。西羌无力抵抗马援，便请求臣服于汉朝，并自愿与东汉和亲，以求和平共处。从此，陇右（泛指今六盘山以西黄河以东之地）之地很久相安无事。

　　不过自汉明帝永平年间起，一直到汉灵帝时期，这十代皇帝在位期间，羌族一直在边疆作乱，从未有一时的止息。因此，范晔在他所著的《后汉书》中发表议论说："两汉时期，虽然都曾经平定西部少数民族，但是却没有治其根本，以致后来的祸乱不断。先零侵犯边疆之时，为了图一时的安宁，赵充国将他们迁到了内地；东汉时期，当煎再次叛乱，马援将他们迁往三辅之地。他们为了贪图一时的安定之功，便制造安定和平的假象。羌人只是表面归降，他们却信以为真，甚至为羌人提供更优厚的生存条件，以图他们暂时的臣服。如此没有远见的权宜之计，怎能成定国安邦的大计？这些鼠目寸光之人缺乏长远的谋略，难道这不是见识短浅之人的作为吗？治国安邦的大事岂能靠这种耽于小利的人来完成？"这段文字中所提到的马援将当煎迁往三辅之事，我没有见过类似的记载。只有《后汉书·西羌传》中记载说："马援平定了西羌之乱，并接受了他们的降服，之后将其迁到天水、陇西、扶风三郡加以安置，这件事情的详细记载可见于《马援传》。"但是翻看《马援传》后会发现，其中并没有关于这件事情的任何记载，只有段纪明与张奂上奏讨伐东羌一事时，于奏疏中对此事作了激烈的争论，其中提到了赵充国与马援平定边疆的功过，说他们不仅没能安定边塞之事，反而给后世留下了祸根。

赵充国、马援乃是汉朝的著名良将，其功绩有目共睹，而段纪明为了说明自己的观点竟然将他们贬斥到如此不堪的地步，范晔为了为自己的议论提供依据，竟然也把他们的功绩一概抹杀，难道他们所说的真的符合当时的实际情况吗？若没有确凿的根据，就不可对前世之人妄加评论，更何况是不留情面的诋毁呢？

魏收作史

北魏一朝的国史是由魏收修撰的，不过价值并不高，多为有违史实之作。当时参加修撰此书的人，大多都被收录于书中，而且用夸大的言辞予以赞美颂扬；而那些与魏收素有冤仇之人，无论德行如何高洁、功绩如何显耀，都被埋没不计。他不但不加以掩饰，竟然还公开叫嚣："你们这些小人物，算什么东西，竟敢与我魏收不和。我若要看重谁，谁便可以上天；我若要贬低谁，谁就要被踩在地下。"此言一出，舆论哗然，众人皆称《魏书》为逞一人之威的"秽史"，没什么价值。而那些遭魏收刻意贬低的人的子孙后人，不断地向朝廷申诉，或说他们的家世职位被遗漏，或说他们先辈的光辉事迹未曾得到任何的记载，还有的说魏收固执己见，任意诋毁诽谤他们的先人。事实上确实如此，魏收所做的史书内容就是这样。不过因为魏收是受朝廷委托修撰国史，所以当时申诉之人有的以诽谤国史之罪被流配边疆，甚至有人因此丧命。

魏收负责修撰的《魏书》至今仍流传于世，从内容和体例来看，这部书在南北朝八史之中，最为荒谬繁琐，没有条理，更无事实依据。只要看看这部书的自序就足以证明这一点，自序中说："汉代初年，魏无知被封为高良侯，其子叫魏均，魏均的儿子为魏恢，魏恢之子名为魏彦，彦子魏歆，歆子魏悦，悦子魏子建，魏子建的儿子名为魏收。"这便是他对自己家世的追溯，中间一共记录了七代人，但是却足足经历了七百余年的时间，如此荒谬之事，让人如何相信。对自己家世的追溯，尚且如此不合事实，那叙述他人之先祖家世，就可想而知了。

第三卷

北狄俘虏之苦

南北朝时期，拓跋家族建立了非常强悍的北魏政权。北魏将士作战凶猛，锐不可当。他们攻破江陵之后，把所有被俘虏的人，无论士人百姓，不问贵贱，全都贬为奴隶，无一例外，可能这就是北方少数民族的惯例吧。

宋钦宗时不幸遭遇靖康之变，大片疆土沦入金人之手。同时沦为金国俘虏的王孙贵族、官宦世家也为数不少，他们全都沦落为奴隶。要么侍奉金人，要么被罚做劳役，苦不堪言。金人每个月只发给他们每人五斗稗子，而且要自己舂成米才可食用，待舂成米后，不过得一斗八升而已，这便是整整一个月的粮食。每人每年只分给五把桑麻，命令他们自己纺织成布，制成衣服，除此之外，再没有其他一分一毫的收入，其艰难程度可以想见。有的家中只有男子，无法纺织，只好整日赤身裸体，无论冬夏。严冬季节，金人中有好心者见他们处境悲惨，便把他们带回家负责生火做饭，聊以抵寒度日。这样虽然能够在火灶边取暖御寒，但是待柴火烧完之后，便要出门去取，等到取柴回来之后再坐到灶边，因为温差太大，皮肉便自动脱落，不过数天便因此无力支撑，活活痛死。那

容斋随笔精粹

些稍有技艺之人，境遇也并不好过。比如医生、绣工之类，平日就被安置于荒凉之所，如囚徒般团坐于地上，劳作不止，最多有一张破席或芦草御寒。每逢主人家有客人时，其中会奏乐歌唱之人就被唤去侍奉在旁，或吹奏，或弹唱，待酒尽人散，又恢复如初，回到自己的位置盘坐刺绣，依旧要劳作不止。这些人的生死已如草芥般无人在意。先父曾出使金国，对此事感触尤深，他在英州逗留时，曾向英州太守蔡氏提及此事，蔡太守遂将此事记录于《甲戌日记》中，由此流传后世。后来蔡太守之子蔡大器与我相识，便将此文抄于我阅读，此事在《松漠记闻》（洪迈之父洪皓所作）中被遗漏了，没有记载。我现在记录于此，正好可以补缺此书的遗漏。

太守刺史赠吏民官

西汉时期，薛宣曾经担任过左冯翊之职。当时的池阳（今陕西泾阳西北）县令打算举荐县内的狱掾王立为廉吏，鉴于此人平时表现确实清正廉洁，可当此任，薛宣便采纳了池阳县令的举荐。可惜王立还没等到正式的征召，就自我了断而死。原因是他得知妻子私自接受了一名囚犯家属的钱财，深感羞愧，终至忧惧而自杀。薛宣被他的气节感动，当即向池阳县令发下公文，公文说："即刻将'府决曹掾'之职刻于王立的灵位上，以表彰他的高洁品质，告慰他的英灵。"颜师古对此注释说："薛宣以此举追赠王立。"

北魏时期，并州有一任刺史与薛宣之作为相似。当时并州辖区内有一个名为吴悉达的人。他们兄弟的贤孝德行在乡里尽人皆知，口碑极好。后来刺史闻知此事，为了表彰他们，便临时决定赠授吴父渤海太守一职。

上述这两件事都是由太守或刺史临时决定赠予吏民官职，未经朝廷批准就擅自做主，而且他们并不认为这种做法是自己的过错。按当时的情景论断，确实情有可原，不能算是越权行事，不过现在的太守、刺史是断然不敢有此做法的。

其言明且清

《礼记·缁衣篇》中记载："有一首诗说：'昔吾有先正，其言明且清，国家以宁，都邑以成，庶民以生。谁能秉国成？不自为正，卒劳百姓。'"郑玄在对《礼记》作注释时并没有说明此诗的来历。如今流传的《毛诗·节南山》中的某一章中，只有此诗的最后三句，而且还稍有不同。而《经典释文》一书中说："这首诗第一句到第五句的'庶民以生'，在现在流传的诗中从未见到过类似的诗句，估计应该是亡逸失传之作。"据我所查阅的《昭明文选》中的张华的《答何劭》一诗说："周任有遗规，其言清且明。"由此句看来，此诗应该是古代史官周任所作。不过，李善在为这首诗作注释时却说："《子思子》中有诗说，昔吾有先正，其言明且清。"他认为此诗出自《子思子》，可是现今流传的《子思子》一书中，并没有关于这两句诗的记载，不知道李善在作此注释时的依据是什么？大概当时此书中确实有这两句诗的记载，否则李善不会有此说法。若没有依据，岂不成了胡诌乱扯？不过他只对上文所引张华之诗的后一句作了注释，对前一句"周任遗规"的含义却避而不谈，连在一起的两句诗，却只注释后一句，这就有些蹊跷了，真是不懂到底是什么原因。

曹子建七启

韩愈曾写过一首描写沙场征战的诗篇，名为《雉带箭》，诗中说："原头火烧净兀兀，野雉畏鹰出复没。将军欲以巧伏人，盘马弯弓惜不发。地形渐窄观者多，雉惊弓满劲箭加。冲人决起百余尺，红绫白镞随倾斜。将军仰笑军吏贺，五色离披马前堕。"苏东坡认为这首诗是韩诗中极为精妙的一篇，而且用大字把它誊写出来，足见对这首诗的喜爱。

最近我偶然读到了曹子建的《七启》赋，赋中讲到了羽猎时的紧迫情势和其中的快意，说："人微网密，地带势胁。"由此而知，韩诗的诗意便是引自此处。《七启》中还说："名誉玷污了我的心灵，权势拖垮了我的身体。"这句话很有佛理，与佛教的《八大人觉经》中所说的"心乃是万恶的根源，形体则为千罪之渊薮"同义，都是修身养性的箴言警语。

奸鬼为人祸

春秋时期，晋国的晋景公身患重病，危在旦夕，晋国无人能够医治。于是晋景公便派人前往秦国求医，秦伯希望晋景公的疾病能够得到最好的救治，便派秦国最有名的医生缓前去晋国为他治病。在秦国的名医还没到达晋国之前，景公就做了一个梦，梦中见到了两个年幼的孩子，其中一个说："听说这次他们请来了秦国的名医缓，他绝非一般人物，一定会对我们不利，我们还是赶紧逃跑吧！"而另一个却满不在乎地说："现在这个病人的疾病已经是在肓之上，膏之下，即使名医又能如何呢？他也拿我们没有办法。"待缓到达晋国之后，听说了晋景公的梦境，然后便对晋景公说："你的病已经没有必要再医治了，怎么努力也是徒劳无功的。"

隋文帝时期，秦孝王杨俊突患疾病。隋文帝爱子心切，急召隋朝名医许智藏为杨俊医治。许智藏未到之前，杨俊神志迷糊，恍惚梦见自己的王妃崔氏，崔氏在梦中向她哭诉："我本来想来迎接你与我同去，可是现在许智藏要来从中作乱，他与我有怨，一定不会放过我，你说我该怎么办才好呢？"杨俊梦醒之后，惊了一身冷汗。到了第二天，他

又于梦中与崔氏相遇，崔氏说："我现在已经想出对策了，我可以藏匿于你的灵府之中躲避他，他就没有办法伤害我了。"此时杨俊早已不知自己身在何处了。待许智藏入宫之后，急忙为杨俊把脉诊断，接着便叹息道："此病已经深入人心，没有挽救的办法了。"这两个奸鬼召病人之魂的办法如出一辙，其害人之法虽然可怕，但最关键的还是病人控制不住自己的心魔。

近世有人名为许叔微，此人家中有一个妇女，睡梦中见两个仆隶一前一后朝她走来，前面一个说："到了没有？"后面一个说："到了。"接着他们便用手中之硬物朝妇人的心窝猛然刺去。妇人尖叫而惊醒，觉得心口疼痛难忍。许叔微问清缘由之后，便拿来神精丹给她服用，以安其心。片刻之后，妇人的疼痛逐渐消失，不久便痊愈。这件事情与前面两件事有相似之处，不过结果却相差甚远，可见，奸鬼虽害人不浅，十分可怕，但真正为祸的还是人自身，所以遇奸鬼上身，定心方为上策。

监司待巡检

如今的监司前往各郡邑巡视之时，当地的巡检、巡尉必须到本郡邑的边界垂首迎接。他们要身穿正式的官服，在道路两旁恭敬地站立，不敢有丝毫的怠慢。监司路过时，便在车内命属下向地方官致谢，就此了事，从不亲自下车，而地方官还要作揖回拜，才可退回，很少有监司以客人之礼对待地方官的。还有一些趾高气扬的监司更加过分，其高傲蛮横让人生厌。若某地方桥梁道路不够平坦，他们便命地方巡检、巡尉于车前开路，而且只能与随行的步兵公差一同步行，以示责罚。

不过我最近于《缙绅旧闻》一书中看到的事情却与上述所说不同。此书乃张文定公（张齐贤）所著，其中记载了这样一件事："我担任江西转运使一职时，曾到虔州（今江西赣州）巡视，当时的巡检殿直（后为保义成忠郎）为康怀琪。他是个热心之人，我还未到虔州地界，他就乘船到三十里地之外迎接我，令我颇为感动。离开虔州时，他又执意将我送到大庾县（今江西大余），于是我们

便同行。到达大庾县之后，于县内的驿馆住宿。馆内的正厅有东西各一间客房，我便住在左边的那一间，而康怀琪则于右边一间休息。当天晚上，我们一同用过晚膳之后，意兴所至，便一同出馆散步，相谈甚欢。待天将黑时，方尽兴而归。不料夜里康怀琪突觉身体不适，我听说后立刻赶往他的房间，见他已收拾好随行物品，打算回虔州养病，心中顿觉不舍。过了一会儿，几个随行的人便搀扶他上了船，我不忍就此离别，遂拄着拐杖将他送至船中。"这里所写的状况与前面所说的那些监司的做法实在是有天壤之别。张齐贤身为监司巡使，不仅毫无蛮横之举，而且与地方巡检住在同一个驿馆中，同桌而食，随和交谈，而且亲自将他送至船中。如今这样的情景已经很少见了，为什么好的风气总是如此容易消失呢？

公孙五楼

东晋十六国时期，南燕政权与东晋并立，当时正值慕容超执掌南燕政权。慕容超掌权之后，对大臣公孙五楼极为信任，所有的国家大事几乎交由他一人处理，公孙五楼受命于危难之时，尽力为南燕政权的存续鞠躬尽瘁，但是大势不可挡，当时的南燕政权已经处于覆灭的边缘了，公孙五楼也只能尽力而为。

不久，东晋大将刘裕掌握东晋兵权，率军讨伐南燕。进军之前，军中有人担忧道："南燕军队若死守大岘山，恐怕对我军不利。因为大岘山乃天险屏障，若我军贸然前进，而敌方坚壁清野，则必定不能全身而退。"刘裕笑道："鲜卑族乃贪得无厌之辈，根本没有长久的远见，定会认为我军不能持久作战，他们最多是进军临朐（今山东临朐南），退守广固（今山东青州）罢了，又怎么会坚壁清野，据守大岘山之天险呢？"

此时南燕国主慕容超已知大敌当前，便急召大臣出谋划策，公孙五楼首先提出建议说："东晋大军此次前来，路途遥远，必定会轻装上阵，所以他们定会发挥速战速决之优势。照此看来，我们不可与之正面交锋，而要躲开他们的锋芒。我军应该死守大岘山，借助天险把他们堵在山外，坚决不让他们进入。同时派人在各个险关彻夜把守，并把暂时放弃的地界的所有物资尽数销毁，连禾苗也不留一根，这样敌军就没有可以掠夺的物资，没有供给的军资粮食，而他们又都是轻装上阵，自然支撑不了多久，那时我们就可以坐收渔利，待他们物资匮乏、军力疲软之时一举歼灭。如果放弃大岘山，而与他们对战，兵力相差悬殊，情势必对我军不利。"公孙五楼之计策确实把当时的战况分析得头头是道，合情合理，可惜慕容超这次却没有采纳他的策略。结果可想而知，刘裕轻易就占据了天险大岘山，而燕军还是闭关不出，刘裕见大势已定，不禁大喜，遂率大军轻而易举地灭掉了南燕。分析公孙五楼的计谋，正好是刘裕担心害怕的。只可惜慕容超平日对公孙五楼百般信任，唯独生死存亡的关键时刻却一意孤行，大概这便是所谓的天意吧！公孙五楼此人堪称有勇有谋的智者，完全可与李左车相提并论。后世为臣之人，或奸佞擅权，或愚钝无能，因此而连累国家、贻害后世者多矣，或许缺少的就是公孙五楼这样的智慧和谋略吧！

兄弟邪正

王安石为了推行自己制定的新法，不惜任用奸佞无道的小人，而其弟王安国却极力反对他的这种做法。韩绛为了附和王安石的新法，制定所谓的三司条例，并由此而得到王安石的提拔，身居宰相之位，韩绛之弟韩维不仅不攀附哥哥的权势，反而极力劝阻韩绛之举；哲宗元符、徽宗靖国年间，曾布为非作歹，肆意陷害忠良，其弟曾肇得知此事，便寄信与兄，信中言辞恳切，极力劝阻哥哥的恶行。虽是亲生兄弟，天性应无差别，为何其正邪之分竟如此明显！

第四卷

三竖子

战国时期，秦军攻打赵国，赵国被困。情势危急之下，赵王便派平原君赵胜前往楚国求救，但是楚国却没有立即出兵相救。楚王权衡其中利弊，难下决定。此时平原君的门客毛遂道："秦将白起，不过是个乳臭未干的竖子而已，不值得如此忧虑。再说，他曾经发兵与楚国作战，不仅攻占了楚国的鄢（今河南鄢陵）、郢（今湖北荆州）两座城池，而且竟将夷陵（今湖北宜昌东南）的楚国先王的陵墓焚烧，如此奇耻大辱怎能不报，这乃是百世难消的仇怨啊！"其实毛遂所说并不符合事实，当时白起已经是秦国的一员重将，多次为秦国立下大功，而且曾经在长平（今山西高平西北）与赵国作战时大胜而归。

汉高祖时，有人向高祖揭发韩信，说他有谋反之心。汉高祖便找来诸将商议此事，诸将都做出一副义愤填膺的样子，说："请皇上下令，赶紧出兵将此竖子诛杀！"高祖听后，并没有受到诸将高昂情绪的影响，而是许久缄默不语。此时陈平却认为，汉朝的兵力虽多，但目前还不如韩信所掌握的兵马精良善战，而且，汉室虽然武将颇多，但却没

有一个人用兵的谋略能够超过韩信。

后来又发生了英布叛乱一事，举报的文书传到高祖手中时，高祖又找来朝中大臣们商讨解决此事的办法，大臣们还是不约而同地说："一定要尽快发兵镇压他，活活坑埋此竖子以儆效尤！"

上文所提到的白起、韩信、英布三人，都有着超乎常人的才能，尤其是在领兵作战方面，其谋略不可轻视。如果此三人都可称为竖子，那天下就无人能称得上是壮士了。可是为什么还有人称他们为"竖子"呢？毛遂之所以称白起为竖子，并不是鄙视白起的才能，他的目的是激起楚王对白起的怨恨，申明合纵抗秦的利弊，从而下定决心出兵救赵，所以才会在楚王面前如此贬低诋毁白起。至于高祖手下的那些人，也就是周勃、樊哙之流，并没有认清韩信、英布的实力。虽然韩信后来中了陈平等人的计谋，被遣回长安，栖身于列侯之间苟活残生，于惴惴不安中度日，近乎沦落成一介匹夫，但是其征战沙场时的功绩谁人也不可轻视！当初樊哙也曾经因为他作战的才能超过自己而对他十分的喜爱和仰慕，每每见到他都要趋迎拜送，甚至在他面前称臣，可见韩信之谋略和威信绝非一般人可比，又怎能称之为竖子呢？更何况后来韩信已拥有万乘之地，实力强弱怎么能同日而语？英布叛乱之时就曾经宣称："汉朝诸将中，唯有淮阴侯韩信与彭越值得我忧虑，至于其他的人，都不足畏惧。现在两人都已经死了，还有谁值得我畏惧呢？"可

见当时汉朝诸将竟然称韩信为竖子，实在是有勇无谋的愚蠢行为，或者是一时嫉妒的气愤之说罢了，就像张仪曾经诋毁苏秦是个反复无常的小人一样，其心态应该非常相似吧。所以高祖对诸将的说法沉默以对，一定是认为他们将韩信称为竖子是毫无道理的。至于陈平，他的想法和见识自然是常人所不能比的，所以才会有清晰透彻的分析。

韩信曾经称魏将柏直为竖子，并不是刻意诋毁轻视他，而事实就是如此。柏直本就是个庸碌无能、毫无名气的平庸之辈，汉高祖也曾说他不过是个乳臭未干的臭小子，是个真正的竖子。

三国时期，阮籍曾登上广武山，在山顶感叹道："如今的时代是无英雄之时，以致竖子能够扬名。"他的意思大概是当世没有出现古时那样叱咤风云的人物，并没有讥讽的意思。而当时的世俗之人不明事理，妄加揣测，竟然认为阮籍的目的是讥讽汉高祖小人得志，虽然李白也如此理解此事，但是这种说法是完全没有根据的。

银牌使者

金国有制度规定，凡是被派遣出使的使者，必须佩戴腰牌，其中尊贵者佩戴金牌，地位稍次的则佩戴银牌，所以使者通常被称为金牌、银牌郎君。北方人认为自契丹统治时期就是如此，而且要在金牌、银牌上篆刻六七个字，有人说这些字可能是他们的先王阿骨打的花押，好像此做法源于契丹，殊不知这其实是承袭汉人的制度。五代之后，百废待兴，那时被派出的使者，只要有枢密院开出的公文，就可以乘车出使国外。宋太宗太平兴国三年（978 年），叛贼李飞雄骗取了使者的车辆和马匹，并谎称自己是使者，妄图犯上作乱，后被识破。虽然李飞雄最终被朝廷诛杀，但是这件事足以引起朝廷的重视。不久，皇帝下诏，从此以后，凡是奉命出使的使者，都赐予一个专用的银牌，以作为验证身份的标志。国史在记载此事的时候，说从这开始又恢复了前代的旧制。可以看出，这项规定并非起源于少数民族。到了太宗端拱二年（989 年），皇帝又下诏说："以前规定的出使的使者必须发给有篆书的银牌，从现在开始取消。此规定被废除之后，使者继续使用枢密院所签发的凭证。"真不知道这其中到底是什么原因。

省钱百陌

作为货币流通的铜钱，原本都是足有一百文的，并无一文的出入。南朝梁武帝时期，政局混乱，经济也深受影响，再加上当时改铜钱为铁钱之故，奸商们便从中使诈，逐渐破坏了一百文的规矩，私下流通的时候已经不足一百文。如南岭以东地区，以八十文为一百文，名为"东钱"；而江、郢以西地区，则以七十文为一百文，名为"西钱"；当时

容斋三笔 第四卷

京城的情况稍好一些，以九十文为一百文，名为"长钱"。梁武帝大同元年（535年），这种情况越来越严重，梁武帝便强行干预，下诏全国必须用足百文钱。但是诏令颁布之后，却很少有人执行，钱陌的数量反而越来越少。造成钱陌不足的原因是很复杂的，要改变这种状况并不是一朝一夕的事。随着梁朝实力的逐渐削弱，到了梁武帝末年，竟然到以三十五文为一百文的地步，钱陌不足的现象愈加严重。唐朝建立之后，国势大增，人们的财力也日渐丰裕，钱陌便日渐充足，基本上市面流通的都是足百钱。但是到了唐哀帝天祐年间，战乱频起，经济又出现匮乏，朝廷便下令以八十五钱为一百。后唐明宗天成年间，又从中减掉了五文。到了后汉高祖乾祐年间，王章担任三司使，又下令从中减掉了三文，只剩七十七文。宋朝继续沿用后汉初的规定，凡是向朝廷交纳赋税的钱，都要以八十文或八十五文为一百文。虽然明文是如此规定，但是各州暗自挪用的情况很多见，甚至私下里有以四十八文为一百文的。至太宗太平兴国二年（977年），朝廷下诏规定，无论官府或民间的缗钱，全国都要统一以七十七文为一百文。从那以后，天下都遵循此项制度，无论公私交易，都要如此，并将此做法命名为"省钱"。但是近十年来，市面上又出现了所谓的"头子钱"，每贯只有五十六文。现在，除了中都地区以及军队所耗费的俸禄和军饷之外，其他各地方州县的官吏百姓所遵循的惯例是每支出一百文钱实际上只是七十一钱四分，每收回一百文钱只得到八十二钱四分，至于所谓的七十七文为一百文，早就无人遵守了。而民间所用数目的多寡就更不均等了。

旧官衔冗赘

神宗官制改革之前，宋朝一直沿用晚唐、五代的旧例，造成官阶、官衔过于冗长繁赘的现象，给各项事务造成不必要的麻烦，关于此事我已经多次向朝廷提出建议。

下面举一个例子来说明这个问题。最近我看到了仁宗皇祐年间李端愿所书写的三个字"雪窦山"，这三个字左边的题名是"镇潼军节度观察留后、金紫光禄大夫、检校刑部尚书、使持节华州诸军事、华州刺史、兼御史大夫、上柱国"。仅仅三个字的题名，竟然有四十一个字的官衔，实在累赘。神宗元丰年间之后，这种状况得到了一定的改观，不仅更改了诸使的官名，而且罢除了文散官阶、检校官、持节、宪衔、勋官。若按照改制后的规定来称呼，那原先的四十一个字就可简化为"镇潼军承宣使"六个字，两相比较，足足少了三十五字，简单明了，便于使用。

旧有官制的弊端是显而易见的，而且不止上述一处，会稽的大禹庙中，有一块唐昭宗天复年间越王钱镠立下的碑石，碑文的落款处所刻的官衔竟然有九十五字之多，旧时官名的繁琐累赘可见一斑。

隶胥侮洗文书

据我调查了解的结果，现在郡县中负责处理文书事务的小吏，经常做出涂改案册卷宗的不法行为，尤其是乡司一级的小吏最为猖獗。比如老百姓若已经按照规定交足了租税，就应该在簿册中户主的名下用朱笔作一个清晰的标记，或者勾画掉户主的名字。但是有些可恶的乡司胥吏贪得无厌，以权谋私，威胁户主另外缴纳钱财以充私囊。一旦户主拒绝，就将朱笔所作之标记清除，做出此户还未缴租的假象。县官若不慎重，就难以察觉，自然会督促户主重新交纳。如此一来，无论是百姓还是官府，都惹上了麻烦。户主已经交足租税，自然就不愿再交，即使交了也要重新拿出赤钞（交税的凭证）讨一个公道，那官府就要重新查证。来回辗转，就要耽误很多时间，即使最终官府不再索要，百姓讨回了公道，无形的损失已经造成，无法挽回。乡间的这些篡改卷册之事还只能算是小事一桩，此类事情在台省中也并不少见，其影响自然更加严重。

在我被授予翰林学士的当天，被告知委任状上写有"可特授依前正奉大夫充翰林学士"的字样。委任状上一般都是采用制书上的全文，所以官告院以此格式签发，也无可非议，但是负责传发之人要根据实际情况重新拟定委任状。但是当我看了此状之后，发现我的委任状上也把官衔写成"告正奉大夫充翰林学士"，我立刻去找吏部尚书萧照邻，对他说："若按照状上的写法，那学士系的官衔就要屈于直系大夫的官衔之下，这与律例不符。若我现在要上奏一个谢恩表，你看我应该怎么在表上签上我的官衔呢？"萧照邻听后很是惊愕，立刻派吏部主事和官告院的属吏随我将状纸取回，重新修改。第二天又送回来，这时委任状已经被改动，把学士的官衔移到了直系大夫官衔的上面，而且去掉了一个"充"字。若仔细观察，只能看出字体的间距稍微稀疏了一些，而封面的印文，还有字迹颜色的浓淡，根本看不出一点被修改的迹象。由此可知，其涂改的技巧竟如此纯熟，这样绝妙的修改若用于得当处尚算好事，但是若因此走上歧途，其祸害则不可估量啊！

宣告错误

在士大夫所写的申报告命书中，偶尔也会出现不可预知的错误。若是文官碰到这种情况，还可以根据自己的理解加以辩解，向房吏说明情况，而且中书省、吏部的房吏也不会刻意与之为难；若是武官遇到如此情况，就会挠头作难了，尤其是行伍出身的武官，斗大的字不识得一个，若被房吏为难，就更值得同情了。

在我担任检详密院诸房期间，就遇到过这样的情况。当时泾原（今甘肃平凉）有一个副都军头向朝廷请求调换官职，但是告命书中却多出了一个"副"字，因此被房吏扣押了。此人并不识字，所以不明白到底是怎么回事，自然也就不能自己说明情况，只在房吏跟前手足无措，又不肯离去。于是两位枢密使便把这件事交给我来处理。我仔细将全文看了一遍，并未发现其他不当之处，而且这个"副"字与其他的字字体相同，大小无异。我便向两位枢密使说道："如果要求迁官之人作奸，一定是妄增自己的品级，怎么会在都头的前面加上一个'副'字，自降其官衔呢？这一定是起草此书之人的一时笔误罢了，没什么值得深究之处。"枢密使认为我说的有道理，便将其中的"副"字纠正过来，并给都头调换了官职。

武翼郎李青，本来应当经过考核后提升品级，升官加禄。但是在文书的检验中却出现了错误，尚书左丞在验证他的请求文书时，发现文书上的人名是"大李青"，房吏以此为由，便认为他定是冒名顶替之人，李青不明就里，一时百口莫辩。当时周茂振暂时代理吏部尚书一职，把李青的委任状看了十多遍，仔细分析后认为，李青的告命书中虽然前面用了"大李青"一名，但是文书的正文中不小心漏掉了"大"字，而后面的都这样承袭下去，只说"李青"，由此可见，一定是写此文书的人不慎为之，并无大碍。于是当即放行，并允许李青迁官升禄。周茂振还特意给他写了一份凭据，以免他再受为难。

这两人因同样的原因被困于房吏之手，差点因此而误了终生的大事，幸好最终事情得到了解决。不过并不是所有的武官都像这二人如此幸运，为此蒙冤受屈而无法申辩的一定为数不少。

军中抵名为官

宋高宗绍兴年间以来，由于战事频繁，军中事务便繁杂混乱，因此难免会出现一些不合理之处。有些军营中，若有将士被迁官升职或被贬职，主帅因事务繁忙，往往只告诉此人被委任的新的官职，至于委任状之类的凭证，都被积压在帅帐之中，无人理会。如果被委任之人战死沙场或因其他原因丧命，也无暇向中书省申报，撤销此人的封授和军籍，而是直接把此人的官职交由其他人来担当。在这种情况下，有的人竟然能从一个普通的无名小卒，一举登上郎、大夫的高位。此现象固然源于军中的特殊环境，但是也须尽量避免，否则也会出现很多难解的矛盾。

杨和王担任军中殿帅时，因为手下的一名将领违反军纪而将他罢免，并将他贬回旧部。事后，杨和王就此事向枢密院申报说："这个人本来名为许超，只是一个校尉。后来有个修武郎名为李立，请求让许超顶替他担任修武郎，许超便由校尉之职升任修武郎。之后，许超屡立战功，便逐渐被提升，直至武显大夫。现在既然他已经被罢免了武显大夫的官职，就应该让他恢复从前的姓名和职位。"许超得知后，深感不平，便到枢密院为自己申诉，但是一时又说不出自己的理由，只能把委屈积郁在心里。我当时担任检详兵房，非常同情许超的遭遇，便想助他摆脱尴尬的境地。于是便为他申辩说："当时他冒李立之名担任修武郎，也是经过主帅的允许的，并不是他擅自冒名。即使修武郎之职他不应领受，但是武显大夫之职却是他自己征战沙场、立下战功而得，与李立毫无关系。如果他战死沙场，那死的并不是李立，而是许超。所以我觉得即使要他恢复原来的姓名，也应该只革除他冒李立之名而得的几个官职，而其他的官职和俸禄按理应当依然归他所有，这样处理才既合乎人情，又不违事理。"我陈词之后，便询问两位意见，他们也很是赞同，便立即奏请执行了。

福祸有命

秦桧赴金议和之后，便受到了众人的推崇和徽宗的重用，由此开始了他独揽朝政、卖国求荣的历程。他掌握朝中大权之后，为了巩固自己的实力，便使用了更加严厉的刑法，以控制士大夫的言论和思想。只要士大夫的言语和文章中出现一句的偏差，或者稍微有一点语意可以挑出毛病的，秦桧必定小题大做，兴起大狱，予以严惩。或遭贬斥丧命，或遭流放至南海涯。正因为秦桧急于巩固自己的实力，压制贤臣，亲近小人，因此有很多奸佞无耻之徒，凭诬告诽谤而被提升官职。

赵超然因为说了"君子的恩泽，五世而断绝"这句话，就被贬到汀州（今福建长汀）；吴仲宝因为作《夏二子传》被流放到容州（今广西容县）；张渊道因为写了一首《张和公生日诗》而差点被人用柳条责打，后来侥幸免此一难。这些都是活生生的例子，可见秦桧当政时的官场混乱黑暗之状况。

我曾在福州担任教授，其间曾亲身前往拜访何大圭。我们正相谈甚欢，他忽然问我："你懂得观测天象吗？"我如实回答："没有涉猎过这方面的知识。"他又问："难道连南方仲夏时出现的一些星宿也不会识别吗？"我说："这些常识还是略懂一二的。"于是何大圭接着说："那您今晚回府之后，试着看看荧惑（火星）会出现在何处。"当时荧惑正位于南斗星的西边。数月之后我再观察的时候，正巧碰上连续的阴雨天，待天象可见时，火星已经转移到斗魁星的东面去了。此时何大圭预言："若此行进入南斗的中间，则天下必有大事发生。"听完他的话，我甚是惊愕。第二天，何大圭又来我家中拜访，对我说："其实我本不懂得什么天象，只是昨晚叶子廉前来拜望我，谈到了这个话题，当时他的神色难堪，皱眉蹙鼻，说道：'其实此星并非火星，而是魏星，但是这颗星现在无人能识。'"我不禁疑惑，说道："据我所知，十二国星，从来都只是在牛郎、织女星的下面，而恒星的位置都是固定不动的，怎么会出现转移呢？"大圭解释说："既然天象能够显示人间的变化，那还有什么是不可变的呢？叶子廉对我说：'东汉建安二十五年（220年）之时，也曾经出现过此类的情况。'"当时秦桧的职位就是魏国公，显然何大圭之意是把秦桧比成了曹操！这在当时的情景下是异常危险的说法，我当时就大为惊骇，不知该对此事表示什么样的看法，只好沉默以对。

后来，我与谢景思、叶晦叔二人谈及此事，说道："若让我因此去诬告何先生妖言惑众，诋毁朝臣，我绝不会去做这等事，只是若我隐瞒不说，此事也可能会泄露出去，到那时可如何是好啊？"二人也没有什么好的办法，只是说："那只好静观其变了，与这等人相识，或许就是命中的劫数。不必多想，听天由命吧。"这件事发生之时，乃是高宗绍兴十九年（1149年），六年后，一切安然无恙，而秦桧已亡归西天，我这才松了口气，祸患终于彻底消除了。

真宗北征

宋真宗景德元年（1004年），皇帝听从了寇准的战略计策，亲自前往澶渊（今河南濮阳）督战，指挥大军征讨契丹，由此促成了退敌的大功。这件事不仅提高了皇帝在群臣万民中的威信，寇准也因劝服圣上出征督战而扬名。

其实在这件事发生前的五年，也就是真宗咸平二年（999年）己亥，当时契丹就出兵进犯我北部边境，真宗已经决定亲自带兵出战，讨伐契丹。待大军至澶州、大名府时，前方有战报传来，说范廷召已经与莫州（今河北保定）大军攻破契丹，不日就会凯旋而回。所以真宗此行未能成行，就率军返回京都了。当时担任宰相之职的是张齐贤、李沆，只是并不知道此计是谁提出的，因为皇帝并未真正出战，所以此事并没有得以流传，但是从这件事情可知，真宗并非如世人所传，是个只会贪图安逸享受、贪生怕死的皇帝，所以寇准建议御驾亲征之言，很容易就得到了真宗的肯定。

文臣换武使

自宋朝开国以来，列祖列宗承袭的规定，凡是文臣调任武职，都不得越级提升。如钱若水由原任枢密使调任工部侍郎，接着又外任并州

（今山西太原）知州，后又改任邓州（今河南邓县）观察使；王嗣宗原任中丞、侍郎，李士衡任三司使，李维任尚书，王素任端明殿左丞，改任武职也都只任观察使。仁宗庆历初年，陕西四位将帅正忙于防御西夏和羌人的进犯，并立下了大功，因此皇帝打算赐予四人优厚的俸禄，于是韩琦、范仲淹、王沿、庞籍四人都以枢密使、龙图阁直学士的身份改任廉车之职。在这些文官改为武职的迁调中，都没有官阶的提升。

这一制度至南渡之后，便有了改变。如张澄原任端明殿学士，杨原任敷文阁学士，后都被调任为节度使。最近，赵师夔、吴琚二人又以待制的身份升迁为承宣使，不过数月，又承蒙皇恩，荣建节钺。还有，师揆、师垂二人都以秘阁修撰的身份改任观察使，这些都是超乎常规的任命，确实是得到了皇上和朝廷的格外垂青和特殊的恩泽。若按照南渡之前的规定，这些情况是绝不会出现发生的。

第五卷

孔子正名

子路曾问孔子说："假若卫国的国君辄请您去协助治理朝政，您准备最先采取什么行动呢？"孔子毫不犹豫地说："当然是要最先纠正卫国名分不正的歪风。"子路却不以为然地说："您真是太迂腐了，卫国的名分不正之风，您又如何去纠正呢？您认为有此必要吗？"孔子当即训斥子路的言语鲁莽。孔子为何会有此说呢？因为当时孔子尚在卫国，而且在卫国逗留已久，他亲自经历了卫国国君辄抗拒其父的意旨，并篡夺了王位，所以才会想到要纠正卫国名分不正的现象，孔子已经表达得非常清楚明了。可是孔子为什么要在名分不正的卫国逗留这么久呢？孔子曾经打算到晋国去游历，途中听说晋国人赵子简无故杀死了窦明犊，到了河边后当即掉头返回，因为他认为晋国人竟然无罪杀死贤明之人，实在不可忍。从这件事可看出孔子对于名分礼节的重视。有一个里邑名为胜母，因为此地的名字显出不孝之意，所以曾子不愿前往此地；还有个县邑名为朝歌，墨子闻之，掉转车头而回，他认为此地名不善，有忤逆之嫌，这两个人都不愿意前往名称不合时宜的是非之地，更何况是闻名于世的圣人孔子呢？他又怎会苟活于无父之国、侍奉不孝之子呢？这一点是毋庸置疑的。至于孔子为什么要在卫国逗留，也是有他自己的理由的。凡是孔子历经之地，当地的百姓都会被孔子的学说感化，即使无人强制，他的学说都会得到普遍的实施。他并不大张旗鼓地宣扬自己的学说，但却能在很短的时间内得到广大民众的信任和敬仰。假若卫国国君辄不是个顽固愚蠢、拒绝建议的人，一定会任用孔子辅助国事，如此一来，孔子就可以将他引导至顺应天理之道，回归自己的本真状态。如果国君辄真的能够做到这一点，即使让他驾着虚着左边位置的空车去迎接他的父亲也未尝不可。这样不仅可以与其父重归于好，还可赢得一个好名声，这难道不是两全其美的好事吗？这就是孔子迟迟不离开卫国而甘愿生活在一个名分不顺的国家的原因所在。但是卫国国君辄并没有任用孔子执掌国事，所以孔子最终还是怀着愤懑之情离开卫国，返回了鲁国。于是卫国国君辄的狂妄忤逆之天性就无法更改，其愚昧无知、违背天命之行为必然会受到上天的惩罚。而子路却没有洞悉孔子话语中的深刻含义，仍然执迷不悟，最终死于卫国之难，实在不值得啊！

永兴天书

宋真宗大中祥符年间，出现了所谓的上天颁布天书的事件。这件事本起源于奸佞谄媚之臣的虚妄之说，不足道，但是寇准当时正在永兴军做官，竟然被朱能的谗言所骗，参与了此事，并因此得以被重新召入京师，而且重登相位。不过有些事情福祸难断，这件事情虽然使他重回京师，却也最终导致他被贬雷州（今广东海康县）的灾祸，并因此毁了一世的德行名望，实在让人觉得遗憾！

《天禧实录》中记载说："周怀政与奸佞谄媚之小人朱能等人伪造灵命，欺骗圣上，妄图以此获取皇上的恩宠，并且每天向皇上进献药物，以显示自己所谓的忠心。宰相王钦若洞察其险恶用心，屡次向皇上进言指出其真正意图，而且秘密陈述自己的劝诫，以期皇上能够远离奸邪的小人。周怀政得知此事，害怕皇上听信宰相王钦若的劝诫，便与朱能联名进献谗言，诬陷王钦若说：'近日捕获一名道士，名为谯文易，此人窝藏禁书，并身怀邪门法术，非常危险。经查，此人与王钦若素有来往，而且关系密切。'王钦若没预想会遭小人陷害，竟因此被罢去相位。"朱能假借灵命，事发之后，王钦若想以此诋毁寇准，以阻止他入相，这确实是王钦若的真实目的。至于说他向皇上陈述劝诫，就肯定不是他的初衷。如果不是因为寇准已经参与此事，那么以王钦若的为人，肯定早已跃跃欲试，迫不及待地加入朱能等人的行列了。《天禧实录》这本书，是王钦若担任提举时进献给朝廷的，因此多是对他的溢美之词，即使如此，又怎能消除后人的公议呢！

张咏传

忠定公张咏堪称一代贤臣，尤其是他治理蜀地的政绩更为卓越。但《实录》所记载

的事件却没有翔实地反映其平生的事迹，对其治蜀之功更是全然没有涉及，只是说："此人由朝官外迁，任益州知州，随即加官任兵部郎中，后又入京为户部尚书。后来马知节由益州调往延州赴任，朝廷一时难以找到合适的人选代理马知节的益州知州的职务。朝廷认为张咏以前曾出任蜀地，在当地的贼寇作乱被平定之后，安抚百姓有功，而且他当政期间，政治清明，百姓得以长时期休养生息，安居乐业，所以就特别命令他再次出任益州知州。"如此而已！《国史》本传中的记载与此大致相同，只是增写了他敦促招安使上官正出兵一事。《实录》与《国史》中另外的内容基本都是对他的贬抑之辞，批评他在任陈州（今河南淮阳）知州时损公肥私，暗地经营自己的私人产业，而置公务于不顾，并且把他和周渭、梁鼎等五人放在一起，合为一传，这样做实在是不妥之举。

事实并非如此，从当世之人对他的评价中即可证明。韩琦曾为张咏作神道碑，碑文中说："忠定公以其超乎常人的杰出才能，抓住当世之机遇，奋发向上，其智谋胆略更是出神入化。上述才华终促成他立下显赫的功勋，震惊当世，不愧是一代伟人。"道州（今湖南道县）现存所刻之书帖，其中有张咏写给谭牧的一封信。王安石见信，题跋其后说："张咏离世为时已久，而他的英名至今仍然在士大夫中间传扬，这不正是表明像他这样刚毅正直而又立下一世功勋的人少之又少了吗？"文彦博也曾说："我曾经出任驻守过蜀地，亲眼看见过张咏遗留的画像，看着他的画像就像是他的仁爱还惠泽民间，我对他真是敬佩之至。"黄浩说："忠定公之德行如此高洁、功绩如此显赫，竟然没有担任过宰相的职位！但是有张公如此过人的才识和谋略，即使从未担任过宰相的职位，对他来说又有什么损害呢？而有宰相之位，却没有张咏那样的才能，那对宰相来说又有什么益处呢？张公虽然已经年老离世，无须再就此问题争执不休，不过即使张公依然在世，又怎肯用他的才能来换取宰相之位呢！"综观这四人对忠定公张咏的评价，可见张咏绝非《实录》《国史》中所说，而撰写史书的人却没有将张先生的美德与光辉尽显于世，那就不仅仅是有负于张先生，更是有负于历史，有负于后人了。

绯紫假服

唐宣宗在位时，非常重视对于服饰制度的规定，朝臣们必须按身份等级来着装，不可随意为之。牛丛原任司勋员外郎，后被调任睦州刺史。皇上因此赐给他一套紫色朝服，牛丛谢过皇恩之后，又走上前一步，对皇上说："臣现在所穿的大红色朝服，乃是刺史官特许穿的。"皇上立即回应道："那朕就姑且把这件大红色朝服也一并赐给你。"从这件事可以看出，按照唐代服饰制度的规定，借服色必须要在皇上面前着装，而按照宋朝的服饰制度，就大为不同了，宋朝规定，在朝堂上不许穿借服色。

宋孝宗乾道二年（1166年），当时我担任起居舍人一职，侍立在朝堂上服侍皇上左右。一日，我看见浙西路提点刑狱姚宪入朝问对，身着绣有金鱼的紫袍朝服。退朝之后，一位门小吏紧跟其后，窃窃私语。两天之后，姚宪辞别皇上回归平江，拜见皇帝时却又改成大红色朝服。我当时对此事甚为不解，于是就向主管门的曾觌请教说："听说临安知府和本路监司都允许穿所借色的朝服，而姚宪起先穿紫袍上朝，今天却又改穿大红袍子，这是什么原因呢？"曾觌回答说："监司或提刑一类的官职仅仅是在京都设置的办事机关才允许借穿朝服，比如转运使就是可以如此；如果是京城之外的州郡，而且未在京城设立办事机关的就不能穿。前天姚宪误穿紫色朝服，负责引见的谒吏因为疏忽而没有告诉他，现在已经决定要处罚他，并且已备好公文，所以今天姚宪只能穿他本来的大红色朝服进入朝堂。"姚宪大概入朝前没有考虑周全，才犯了这样的过失。然而朝廷考察官吏功过的标准一般都不公之于众，所以他也难以知晓其中的具体规定，仓促间犯了这样的错误，也是情有可原。

长兄文惠公（洪迈之兄洪适）曾出任徽州知州，当时他穿借紫色朝服。后来到江东任提举常平时，却只给了他委任状，而不再借朝服给他。据我所知，借穿朝服的规定最近并没有发生变化，于是我便与郎官薛良朋谈及此事，他决定写出一个凭据让其改借。

后来我在江西路看见转运判官张坚穿着大红色朝服，张坚早年曾经担任过泉州知州，那时他穿的是紫袍，我与他列举以前的说法，并告知他曾觌所说的规定，于是张坚欣然同意立即申报他的功绩，旋即主管部门便下了命令，但结果却是不予批准。我不明其中原因，便前去询问，得到的回答说："知州可借紫服，只限于在本路任职的，就算是转运判官、提举官都要遵循这个规定，如果任命为其他路官员就不能享受这种待遇了。"如果照此说法，我就弄不明白服制到底该怎么说才算对了，这样的规定既显得含糊其辞，又有些复杂。如果曾经因为知州、知府借紫服，而后知军、州时，他的朝服也可以借，就不应该分本路他路了。最近吴镒以郴州（今湖南郴州）知州的身份被任命为提举湖南茶盐，却仍然可以借紫服，我想这应该是按以前旧例执行的吧。若按照刚才所说，岂不又是不合规定！

旧例与新规的承袭，确实是个很麻烦的过程，不过我认为规定一要从严，二要从简，两者同样重要，否则就会难以自圆其说，那众人又怎么去遵循呢？

仁宗立嗣

苏东坡曾经作过《范蜀公墓志》，文中说："自仁宗即位三十五年以来，一直没有可以继位的子嗣。嘉祐初年时皇帝偶患疾病，便使得朝廷内外惊恐不安。当时情势紧迫，

所有人都唯恐出现国无君主之状况。后来先生便上疏皇上，乞请选择宗室中的贤人，用特殊的礼节来扶助他，立为继嗣，以此来安定群臣，使天下人得知皇室后继有人。"他为此事先后共上了十九次奏章，可谓心诚。到了哲宗元祐初年，韩维向皇上进言时，称赞范蜀公首先提出提前置立储君的建议，从那以后大臣们才有此类的论奏。

司马光所做的《司马温公行状》中说："仁宗至和三年（1056 年）时，仁宗皇帝的身体大不如前，甚至已有生命之忧。但是当时仁宗皇帝并没有继位的子嗣，所以还没有确立储君为何人。因此天下人心有恐惧不安之意却都不敢言语，此时仅有谏官范镇一人首先提及此事，建议皇帝设立储君，以安定民心。我当时正担任并州通判，听到范镇的这个建议，认为此举大有必要，于是起而响应，也奏请皇帝尽快置立储君。"按照此文所做的时间来看，仁宗至和三年（1056 年）九月，便改为嘉祐元年了，这一年为丁酉年。

其实早在仁宗皇祐五年（1053 年）甲午时，就有一个名叫张述的建州人，时任太常博士，担忧皇嗣没有确立，天下人心不定，便向皇帝上疏说："陛下如今已年至四十四岁了，虽正值壮年，却也过不惑之岁了。关于宗庙社稷的继承人的人选，目前尚未有寄托。若因嫌疑而犹豫不决，这不是孝道；而群臣因忌讳圣上的寿命而避而不谈这个问题，也称不上忠臣。臣请陛下于皇亲宗室之中物色有才能和贤良、能够担当此重任的人，以特殊的礼仪予以教化，并给予职务来试用他，这样不仅能使国家之主有一个合适的人选，

还可使朝廷内外都知道皇上的心思有所归属，民心也可就此安定。"但是这次的进言没能得到皇帝的认可，至仁宗至和二年（1055 年）丙申，张述再次上言，奏请皇帝设立储君一事。他前后共有七次就此事向皇帝上疏。尤其是最后一次，其上疏之言辞尖锐激烈，态度诚恳，感人至深。若推究上疏的时间，可以肯定张述的建议是在范镇、司马光二人之前，可惜的是当世以及后世之人都很少有人知晓他上疏之事。

油污衣诗

我年将十岁时，曾路过衢州（今浙江衢州）的白沙渡口，偶然看见江岸上有一间临江而建的酒馆，其残垣破壁之间，竟题绝句两首，其中一首诗名为《犬落水》，另一首诗名为《油污衣》。《犬落水》一诗写得庸俗不堪，毫无特别之处，不值得特意摘记于此，更不值得世人传诵。不过后一篇名为《油污衣》的诗，写得却颇有意趣，现记于此。其诗为："一点清油污白衣，斑斑驳驳使人疑。纵饶洗遍千江水，争似当初不污时。"当时我看完之后，深为诗中简略而深邃的意旨吸引，于是十分喜爱这首诗。自那时至今已六十余年，但对此诗却记忆犹新，历历在目不能忘怀，所以随意记在这里。

州郡书院

容斋随笔精粹

宋太宗太平兴国五年（980年），朝廷任命江州（今江西九江）白鹿洞主明起为褒信县主簿。白鹿洞位于庐山之南，此处曾聚集学生数百人之多。南唐李煜在位时期，曾为此书院做了很多益事，划出数十顷良田，送给白鹿洞书院，以取田租供给书院生员生活之用；又从太学之中挑选精通经学的人，让他们负责掌管白鹿洞的日常事务，并且择日为院中生员讲解经书的要义。但是明起上任之后就建议将朝廷所赐之田地重新交还给官府，明起因此被封爵位，而白鹿洞却由此逐渐衰落，甚至一度被废弃。

至真宗大中祥符二年（1009年），应天府（今属河南商丘）有一百姓名为曹诚，此人多行善事，他出资在楚丘百姓戚同文旧居的基础上建造一百五十间校舍，并广泛搜集经史子集及各类图书，达数千卷，藏于书院之中。一切就绪之后，便四方延请生员，一时应天府中研经讲习蔚然成风，影响很大。应天府尹便将曹诚的办学事迹呈报给朝廷，皇上得知此事后，立即下诏赐给匾额一幅，名为"应天府书院"，并且命奉礼郎戚舜宾亲自主持院中的各项事务，同时命令应天府幕僚协助掌管书院的日常事务。除了对曹诚特别嘉奖之外，还任命他为府学助教。大宋朝兴起之后，办学事宜主要还是由朝廷独掌，自此开始，天下州府之学开始兴起，紧接其后，潭州（今湖南长沙）便建立了岳麓书院。到了仁宗庆历年间，朝廷下诏各路州郡都要设立学校，设置专门的官员负责教授学校的生员，从此之后，州府书院便与官办学校合而为一了。现在岳麓、白鹿书院得以重新营建，各自招收各方的青年才俊，著书立说，演习经书，风气焕然一新。因这两所书院乃州郡办学之起始，所以朝廷给予他们的待遇往往要超过其他州郡所兴办的书院。最近，巴州（今四川巴中）也开办了书院，如此一来，一个地方就有两所学校。大学与辟雍并置，本就于义理不合，尚且不可，更何况是一个地方两所学校呢？

第六卷

贤士隐居者

古时的一些士大夫为了完善自己的德行和修养，往往专心治学，潜心修行。为了避免世俗常人的打扰，便独善其身，不求于人，一般人也无幸得知此类人的事迹。这样的高洁之人世间罕见，即使间或有之，他们的事迹也难以流传，我时常为此痛惜不已。近来有幸见到上虞（今属浙江）李孟传记载的关于贤达隐士的四件事，因此恭敬地抄录下来，以供后世流传。

第一件事说，慈溪（今浙江慈溪东）有个学识渊博之人名为蒋季庄，此人生于徽宗宣和年间，因为鄙视王安石的"五经新义"，对他的变法之说也颇不认同，于是便拒绝参加科举考试，而隐居于清静之地，闭门研习经书，从不轻易和外人有所来往。唯独一人例外，此人就是高抑崇。当时高抑崇居住在明州（今浙江宁波）城中，每年都要抽出时间前往慈溪拜访蒋季庄，最少也要四五次，而且每次都会受到蒋季庄的诚心接待。只要蒋季庄听说高抑崇前来，无论在做什么事情，定会急忙出去迎接，时常有倒屣之举（因为太过急促，而将鞋子穿倒了）。之后二人就对坐于斗室之中，促膝而谈，兴致甚酣，往往是夜以继日，废寝忘食，分秒也不忍虚度。当高抑崇拜别之时，蒋必会将其送出数里之外，送别时二人依旧相谈甚欢，依依不舍，足见二人之友情笃厚。

有人对此不解，便问高抑崇说："蒋季庄从不喜与人交际，为何却偏偏与你

无话不谈，关系如此融洽和谐，而你也乐于同如此怪僻之人交往，我愿听其中的缘由。"高抑崇莞尔笑曰："我终年读书，凡是遇到自己无法解决的疑难之处，或者自己所缺乏了解而不明白的事情，都积累起来，拿类似的疑难问题达到数十条时，就前往拜访，以求其解，而且每次只要见到他，得到他的指点，所有的疑惑顿消，问题也迎刃而解。"蒋季庄的长处，别人未必能知道，世人所称的知己不就是如此吗？

第二件事说，有一人名为王茂刚，居住在明州的林村，这是一个隐于山谷深处的小村子，王茂刚有个弟弟不喜欢读书习字，所以王茂刚就让他专事劳作以养家糊口，而自己则潜心做学问，很少踏出家门，更不谈与人交往。此人对《周易》一书的研究十分精深，其造诣深邃，当世无人能及。沈焕担任明州通判时，曾亲自前往此人家中拜访他。与之交谈之后，便赞不绝口，说他对《周易》的见识旨趣远远超出为此书作传之人。但是他却从不以此为傲，而是气质谨严、性情持重。从他所研读之学问、做人之境界来看，定是个才气横溢且学无止境之人。

第三件事说，有一个人称"顾主簿"的人，无人知道此人原籍何处，只知道他在高宗南渡后寓居于慈溪。他一生廉洁耿直，安于贫贱，其德行虽高洁清廉，却从不祈求世人赞扬。待人接物之间更是诚信当先且有条不紊，即使是蝇头小事也一丝不苟。他每日都要天明起床，待卖菜的人经过家门时，便询问菜价多少，从不讨价还价，无论卖者索要多少，都会如数付给。其他吃穿用度的购买皆是如此。久而久之，人们对他的作为都非常信服，也不忍心与如此诚心之人使诈，所以他从不计较得失，也无人欺骗他。备齐了一天所需之后，他就开始闭门研究典籍经书，不善于和外人打交道。若里邑中有不安分守己、蛮横无理之人，大家就嘲笑讽刺他，说："你难道以为自己是顾主簿吗？"

第四件事说，有一人名叫周日章，此人乃是信州永丰县（今江西上饶）人，其人操行廉洁耿直，县里无人不知，所以都对他十分敬重。他于自己家中开门授徒，所得之收入仅够自给而已，不义之财则一毫不取。他只以传授知识为要，至于学资却并不强求，因此家中很是贫困，经常整日断炊，邻里中有心善之人，有时会送给他家一些吃的东西。即使如此，家中还是时常上顿不接下顿，但是他宁愿和妻子一同忍饥挨饿，也不愿向别人乞求。隆冬季节，数九寒天，他仅仅披着纸一样的薄裘御寒。即使此时有客人来访，他也不会因此而觉得窘迫尴尬，而是高兴地延请接纳，与客人探讨学问，竟可忘了寒冷。观其容貌，听其谈吐，无不使人心生敬仰之意。县尉谢生见他家境如此贫寒，冬日也无寒衣遮体，便送给他一套衣服，说："我自知先生未曾有求于我，这仅仅是我自己的一片敬意，所以接受它也并不影响您做人的准则。"周日章则笑着回答说："一套衣服和万钟粮食一样，如果无理由地接受，都是不能分辨礼仪啊！"最终还是辞而不受。汪圣锡对

容斋随笔精粹

他的德行操守也有所耳闻，认为他的作为近乎古代的独行君子，让人不由肃然起敬。

这四位君子的事迹，真应该写进史书里，永世流传。

择福莫若重

《国语》一书中，记载了范文子士燮所说的一句话："择福莫若择重，择祸莫若择轻。"此句的意思乍看起来，颇让人费解。若论君子士大夫们的为人之道，大多都能乐天知命，顺应天道的安排，懂得命运的限度，并以此来保全自己，远离是非祸害，又怎么会等到灾祸及身之时，再去选择其中的轻重而被迫承受的道理呢？这种理解并没有洞悉此句的深意。韦昭对于《国语》的注解，对此句的含义解释得非常清楚，他说："此句的意思是，若人生同时有两种福祉降临，就要选择其中的优厚者；若同时有两种灾祸加身，又必须承受，那就要选择其中的轻微者。"若照此说法推究起来，这句话的意思就很清楚了。他是在告诉世人，若因人生中不可避免的不幸而与灾祸不期而遇，被情势所迫不容逃避，那就应该坦然面对，权衡其中的轻重利害，顺受其中较轻的一种，这才是最健康积极的心态。

同样，对于善与恶的轻重选择也应当如此，关于这个问题，《庄子·养生主》中的一篇有所阐述，说："做善事不会立刻扬名，做坏事也不会马上受到惩罚。"坚持做好事，不因行善不能扬名而倦怠，这本应是君子所为，又怎能恣意作恶，甚至以逃脱惩罚而自以为得意呢？其实此句的本意并非如此，而是有另一种理解，这里所谓的坏事，不过是与善相对而言，虽然并不合乎德的标准，但也绝不似市井小人拿性命去触犯刑罚而自招惩罚之举，两者有着本质的区别。所以在《庄子·养生主》中，此句的下文又说："（如果这样做）可以保全生命，可以保全自身，可以享其天年。"这里的宗旨是很明白的，它体现了庄子的一贯处世态度，一切顺其自然，而不做刻意的规范。

用人文字之失

读书人做学问，必定要研读古人之作品，因此在自己的文章中，不免经常引用古人说过的话，此乃正常之举。不过在引用前人之句时，一定要深入探究它内在的意旨，若不加以详细地揣摩，就可能会误解原本的含义，必然会招致世人的非议，弄巧成拙。

宋高宗绍兴七年（1137 年），朝廷命赵鼎先生将《哲宗实录》重新修撰，他倾其所能将此任按时完成，书成之后，被转迁为特进官，而他在制词中所说的一句话却不太恰当，他说："唯宣仁之诬谤未明，致哲庙之忧勤不显。"（唯有宣仁高皇后诬陷诽谤之事一直未能查清真相，以致哲宗之治国之功，不能以忧愁和勤劳而扬名于世。）这里所引用的是范纯仁先生所做的遗表中的话，虽然只改动了其中的两个字，但是其含义却已经相去甚远。范纯仁的原话是说"致保佑之忧勤不显"。此句中的"保佑"一词是专指皇帝之母后而言，与实际情况恰好相符，而赵鼎把"保佑"改为"哲庙"，就显然与原意不符。

宋高宗绍兴十九年（1149 年），那时我正任福州教授，负责为知州作《谢历日表》，文中有歌功颂德的一联，说："神祇祖考，既安乐于太平；岁月日时，又明章于庶证。"我自以为所做十分恰当，既含蓄又能彰显其功。到了孝宗乾道年间，外郡有人也上表谢历，而且其中引用了我所做的这句话。虽承蒙其厚爱，却不敢苟同其作为。很多人读完他的文章之后，认为其文对偶华丽精工，而且引用得十分恰当，其实不然。为了澄清句中的要害之处，我便笑着对他们说："此句虽精巧，但不可随意引用，因为句中所说利害关系重大，现在赵光尧仍居德寿宫，尚在人间，怎么能称之为'考'（死去的人称考）呢？"听完我的解释之后，在座的客人都吓得张口结舌，接着神态开始紧张起来。如此看来，引用他人之言，确实需要仔细查考其最初的含义才行啊。

白公夜闻歌者

白居易有一首著名的诗作，名为《琵琶行》，据前人考证，乃是于浔阳江上为商人妻而作。商人长年在外奔波，此去乃是前往浮梁采购茶叶。而他的妻子却整日独居于小船之上，对着客人弹奏曲子。于是白居易就顺声前往，夜登妇舟并与她把酒而酌，全然没有男女有别的忌讳，难道因为此妇人曾是长安的倡女，乐天对他十分熟悉，所以就不用避嫌吗？

在白居易的诗集中还有一篇题为《夜闻歌》的诗作，乃是白居易自京城长安被贬谪浔阳时所作，当时还未到浔阳，于途中夜宿鄂州（今湖北武昌），所以此诗做于《琵琶行》之前。诗中说："夜泊鹦鹉洲，秋江月澄澈。邻船有歌者，发调堪愁绝！歌罢继以泣，泣声通复咽。寻声见其人，有妇颜如雪。独倚帆樯立，娉婷十七八。夜泪似真珠，双双堕明月。借问谁家妇，歌泣何凄切？一问一沾襟，低眉终不说。"此诗亦是说诗人偶遇一神情凄切的独身女子。陈鸿在《长恨传序》中对白居易这类诗做了说明，序中说："白居易精于作诗，又擅长音律，而且其诗多是有感而发，触景生情。他每遇到感伤之事必然渗入自己的情感加以吟咏，而并非有意贪恋美色。"不过巧合的是他在鄂州所见的同样是夫君在外的独身女子，如此巧合之事多次发生在他身上，难免会有瓜田李下的嫌疑，不过唐代看重的是他的诗作，对其是否贪恋美色并不在意，所以并不觉得有什么可讥讽之处。

容斋随笔精粹

现在诗人已经很少论及此诗，我怕日久为世人所遗忘，所以重新把它抄录于此，供后人研究。

谢朏志节

荀彧辅佐魏武帝曹操，刘穆之辅佐宋高祖刘裕，高德政辅佐齐文宣帝高洋，高颎辅佐隋文帝杨坚，刘文静辅佐唐高祖李渊，最终都成就了大业，篡夺了汉、晋、魏、北周、隋朝的江山，这几人都可算是当朝的功臣，但其下场却非常悲惨。荀彧因知伏皇后之情而不报，后又力阻曹操夺九锡（权力之象征）篡汉，最终被迫自饮毒酒而死。刘穆之镇守丹阳时，宋高祖刘裕北伐，而要求加九锡的命令此时已从北方传来，刘穆之自觉惭愧，终因忧惧而死。高德政为人不善屈就，锋芒毕露，后因劝高洋弃恶从善而被杨愔的谗言所谮毁，死于刀戮之刑。高颎因担任宰相之后立即纳妾，被独孤皇后进言谮毁，身败名裂。刘文静因不满裴寂而被自己的内弟告发，并因此被裴寂的谗言所害，同样难逃被诛的厄运。

刘宋后期，萧道成野心膨胀，意欲篡夺刘宋政权。因为非常仰慕谢朏的才华，便打算同他一起策划此事。于是便找机会躲开旁人的视线，欲与谢朏单独密谈，而谢朏却始终一言不发。但是萧道成却强行任命他为左长史，协助自己成就篡权之事。为了能够劝服谢朏心甘情愿地为自己效命，萧道成还旁敲侧击，用晋人石苞的事委婉地劝说他，当年石苞因为没有及早助司马昭继承皇位，待司马昭死后才后悔莫及。萧道成以晋文帝司马昭自比，而谢朏依然不为所动，他的回答还是不合萧道成的意愿。

后来，萧道成还是攻克了刘宋政权并取而代之。此时谢朏正担任刘宋政权的侍中之职，萧道成夺取皇位之后，谢朏竟冒死抗拒，说什么也不肯将任刘宋侍中时佩戴的印章丝带解去，先是引枕而卧于当庭，接着又突然步出府门，行为反常无礼。萧道成之子萧赜忍无可忍，要拔剑将其处死，但是萧道成怕得权之初就遭到公众的非议，落个滥杀无辜的名声，就阻止了他的儿子，说："此等猖狂之辈虽死有余辜，但是现在杀了他反而成就了他的名声，毁了我们的威信，所以应当暂时纵容他于法度之外！"于是就罢免了他的官职，放他回乡而去。至海陵王萧昭文登上皇位时，谢朏再次回朝任职，并再次被任命为侍中。不久，宣城王萧鸾欲夺取萧昭文之帝位，于是在朝中收买人心，招揽了许多朝中名士，而谢朏这次同样不愿与篡权者为伍，但又无力阻止，于是就请求放任吴兴太守，避而远之。当时谢朏的弟弟谢瀹在朝中任吏部尚书，也是萧鸾收买的重要对象，于是兄弟二人对饮之时，谢朏为弟弟上酒，并恳切地说："你只要尽力饮完这杯酒了事，不要屈从，也不要参与他人之事！"此时，谢朏心中虽厌恶萧鸾的作为，但是一己之力有

限，所以只能如此，心中苦闷可想而知啊！谢朏一生的志向节操，凛然不屈，身处乱世能有如此德行，已属可贵，而司马光却还因一些小事讥笑他，我认为他的那些所谓的缺点都是可以宽恕的。我已在《二笔》中记叙士旬、韩厥之事时，对此人的事迹略加提及，但未曾详述，所以又在这里将他的平生作为详细地论述一下，以表敬意。

琵琶亭诗

　　江州有琵琶亭，因为历代文人墨客的歌咏而天下闻名。这座亭子地势奇特，亭下紧邻大江渡口，气势非凡。自宋朝建立以来，于此地穿梭往来之文人日渐增多，所以题咏琵琶亭的诗句也越来越多了，其中不乏精工巧妙之诗，被人们广为传诵。

　　宋孝宗淳熙六年（1179 年）七月十五日，蜀地文人郭明复路经琵琶亭，并作《古风》一章，他在诗前的序中说："当年白居易流落浦溢之时，曾作《琵琶行》一诗，此诗将人生福祸生死忧患得失之境界尽数收入，其胸怀之宽广，意境之高远，实乃常人所不能及。这种面对磨难依然恣意开怀之境界，若不是深刻领悟人生道理的人，又怎能做得到呢？贾谊因受到诬陷，被贬谪长沙之后，因无法承受人生之重压而郁闷致死；陆相被流放于南方边远之地，与世隔绝，不再出世，甚至沦落到从狗洞中爬出去寻找食物度日。这两

位已非常人，尚且牵累于世，迫于名位与生计而无法坦然面对，不能和白居易一样落得洒脱自然、逍遥自在。我又何以自处呢？我今天也路过九江，亦系舟于琵琶亭下，因此附《古风》一篇，以抒胸臆。"此诗说："香山居士头欲白，秋风吹作浔城客。眼看事世等虚空，云梦胸中无一物。举觞独醉天为家，诗成万象遭梳爬。不管时人皆欲杀，夜深江上听琵琶。贾胡老妇儿女语，泪湿青衫如着雨。此公岂作少狂梦，与世浮沉聊尔汝。我来后公三百年，浔阳至今无管弦（鉴于白居易《琵琶行》中的'浔阳地僻无音乐'之句）。长安不见遗音寂，依旧匡庐翠扫天。"郭明复乃成都人士，于孝宗隆兴元年（1163年）考中进士，虽才华出众，仕途却不顺利，始终未能入显达之位。此诗虽然与白居易诗意境相仿，但诗中却有一处史实出错，贾谊被贬长沙之后，又被召回，后任梁怀王刘楫的太傅并卒于此任，这一点与他在诗序所说有所不同。

在我的家乡饶州余干县（今江西上饶余干）东干越亭之下，有一处地界名为琵琶洲，唐朝的刘长卿、张祜等人，都曾经题诗于此。宋高宗绍兴年间，王洋曾仿照王勃的送别诗，写了一首绝句，说："塞外烽烟能记否，天涯沦落自心知。眼中风物参差是，只欠江州司马诗。"仔细体味，此乃绝妙佳句啊！

唐昭宗赠谏臣官

唐僖宗曾亲身巡幸蜀地。皇帝离京之后，所有的朝中政事都由宦官田令孜一手遮天，任其胡作非为。一时间，朝廷内外被搅得乌烟瘴气。左拾遗孟昭图、右补阙常濬无法容忍其过分的行为，于是便上疏论事，欲扶正朝纲。结果孟昭图因此被贬官，后被田令孜派人暗害，沉于蟆颐津江水中溺死，常濬也不幸被赐死。《资治通鉴》中对这件忠臣遇害之事作了详细的记载。不过此事并未就此完结。

后来我读《昭宗实录》一书，书中记载，唐昭宗即位之初，就为这两位忠臣平反，赠孟昭图为起居郎，赠常濬为礼部员外郎，因为他们二人直言敢谏而被杀害，所以要在他们死后予以褒奖。当时黄巢起义刚被平定，天下形势还是一片混乱，国势危急，救亡图存的大事已经让朝廷应接不暇，而昭宗即位之初就能顾及这件事，可见其对直谏之臣的重视，实在很难得。但是《资治通鉴》却漏记了此事，确实有些可惜呀！

第七卷

孙宣公谏封禅等

宋真宗景德、大中祥符年间，宋朝与辽国交好，一时显出天下安宁平定之景象，那些善于阿谀奉承的奸佞之臣，便借此宣扬这是所谓的祥瑞之兆，妄图以此蒙骗英明的君主，并在民众中混淆视听。王钦若、陈彭年等便是此类奸臣的代表。因朝中无人提出反对之说，皇上便听信了这些人的奉承之言，下令祭祀封禅。诏书颁布之后，便开始东封泰山、西祀汾阴，并于太清宫祭祀老子，依次地进行，大张旗鼓，声势骇人。当时满朝文武之中，端方正直之士并不在少数，但是几乎无人愿意直言不讳地来遏制这种奸邪气焰，揭穿所谓祥瑞之兆的假象，深恐扫了众人的兴致，更怕因此惹怒了圣上，连寇准这样为国尽忠的人，竟也主张祥瑞封禅。此时，唯有孙奭先生一人独自上疏力阻此事，一而再再而三，不肯轻易罢休。因为《真宗实录》的修撰主要由王钦若负责，所以对孙奭上书之事未做详尽真实的记载，所以后人很少知道孙奭上疏的事迹及奏书的具体内容，所以我略摘其中的大概内容记载于这里。

第一章中论述的是西祀汾阴之事，说："关于汾阴祭祀地神之事，并未记载于经史典籍之中。至于古时皇帝前往汾阴祭祀都是有特殊的理由的，如西汉建都长安，离汾阴很近；而河东之地，乃是唐代起兵夺天下的最初发源地，而且后来又建都长安，所以汉武帝、唐玄宗才会到汾阴祭祀地神。但是朝廷之京都，距离汾阴路途遥远。陛下若要前往，必须经过重重艰难险阻，还要远离京师重地，此举万万不可取。古代贤明的君主，都是在国家安定昌盛、百姓安居乐业、生活富余之后，再图敬神之事。而朝廷正大兴土木之工，且已持续多年，再加上历年来水旱灾害不断，灾祸不息，百姓们正面临饥馑之险，倘若如此情况下还要劳民伤财以侍奉神灵，难道神灵能安心享受吗！唐明皇耽于美色，亲近小人，以致奸臣当道，朝纲败坏，终于导致祸乱，自己流亡，国家受难。现在主张封禅的人却援引玄宗开元时期之旧事蛊惑皇上，认为其盛大轰烈之举值得皇上效仿，对于如此荒谬之说，臣不敢苟同。现在朝中的谄媚小人，因为先帝英明，下诏暂停封禅之事，他们无机可乘，所以怂恿陛下来做这件事，竟以为此举能够继承先帝遗志！况且当年先帝欲平定幽朔边远地区，西取西夏之时，没有一人提出过可行的一谋一策，来辅佐

容斋随笔精粹

陛下。这些人只会做卑下之事，置朝廷利益于不顾，而赏赐给契丹大量金银货币以求和，甚至割让朝廷疆土，赏给爵位，以安抚辽国，求得一时的安逸。奸佞卑鄙到如此地步，主辱臣死早已成为一句空话，反而以诬陷欺压同僚下属，欺瞒怂恿皇上为能事，假托祥瑞，迷信鬼神，不惜祸国殃民以求皇上的宠幸。东封泰山之举才过，现在又鼓动皇帝向西巡幸，这些奸邪之人是在用祖宗社稷之大业，作为诏媚取宠的资本，臣忍不住要为此长叹痛哭啊！"

第二章是向圣上直言天降符瑞之事的真相以及众奸臣附和之理由。奏书说："现在有些人极尽诏媚之能事，就连野雕山鹿有什么奇特之处，都要写于奏疏之中，向皇上齐奏。甚至秋旱冬雷之事，都要冠以祥瑞之名加以庆贺。如此荒谬可笑之说，若欺骗上天，上天是不可欺的；若愚弄万民，万民也不可愚弄；若将此类事情记于史书流传后世，则后世之人不仅绝不会相信，还会因那些无耻之徒的做法暗自讥笑我辈的愚蠢，至于有识之士，更是如此。"

第三章论述真宗行幸亳州之事，说："臣以为圣上近来总是仿效唐玄宗在位时的所作所为，甚至以唐玄宗之举为典范，此举甚为不当。即使有德之君尚有不足之处，不能全数效仿，更何况唐玄宗并非有德之君，纵观其一生的作为，由于他的过失而导致的灾祸和失败，足以让后人引以为戒，而圣上反而对他如此仰慕！而近臣们明知如此不妥却不加劝阻，难道还称不上是奸佞之臣吗？唐玄宗前往蜀地逃难，路经马嵬坡，此时杨国忠已经获罪被诛，唐玄宗告谕全体军士说：'我之前不识大局，耽于享乐，用人不当，以致酿成今天的灾祸。近来我自省之后已经觉悟。'不过此时祸乱已成，为时已晚，陛下宜早日觉悟，斥逐身边的奸佞小人，不重蹈唐玄宗危亡败乱的辙印，那是社稷之幸、万民之福呀！"

第四章的内容主要是批判朱能编纂的所谓的天书，说："奸邪无知的小人，不明事理而出诞语，在书中妄言符瑞之兆，而陛下竟然相信书中所说，自降尊贵之身来迎拜它，居然将其供奉于秘殿之上。百官黎民为此痛恨不已，人人讥笑讽刺，却都不敢直言相劝，深恐祸及己身。臣不怕因此获罪甚至被处死，只是一心为社稷担忧，为百姓请愿，至于是借鉴还是怪罪，臣恳请皇上决断。汉朝时，文成将军李少翁、五利将军栾大，妄言符瑞，事后并未应验，汉武帝因此将二人处死；先帝在位时期，侯莫陈利用邪恶的方书假托祥瑞之兆，后被揭穿，杀之于郑州；唐玄宗得到的所谓灵符宝券，其实是王鈗、田同秀等人所为，说什么今天见老君于大殿之上，明天见老君于深山之中，大臣明知其荒谬不可信，却安于自己的禄位而任其胡作非为，甚至假意逢迎，而正直之士也因惧怕惹祸上身而沉默。至安禄山叛乱之时，李辅国威逼迁都，帝王的命令已然倾衰，前功尽弃。

现在朱能所作所为正是与此无异。愿陛下远观汉武帝之雄才大略，近仿先帝之英明果断，其间再借鉴唐明皇因纵容奸人招致的祸乱，方可使灾害不生、祸乱不起，永保社稷安定、国家繁盛。"

孙先生的此番直谏之言，恳切入理，环环相扣，即使是魏徵、陆贽也不能相提并论啊！

赦恩为害

赦免过失、宽宥罪行之举，古已有之，历朝历代都没有间断过，这本是显示朝廷宽大为怀的行为，但是如果经常如此，就会助长奸恶之风，惠及歹毒之人，小人因为经常受此恩惠而得不到应有的责罚，便会愈加肆无忌惮地行恶，带来更大的危害。所以即使是宽恕罪恶的善行也应当行之有度，否则只会适得其反。

后唐庄宗同光二年（924年），李存勖下令天下大赦，先是说："无论罪行轻重，凡是一般的赦免所不能宽恕的罪行，此次大赦都可得到赦免。"后面又说："但是十恶五逆、屠杀耕牛、私铸钱币、故意杀人、擅造毒药、持杖抢劫、官吏贪赃犯法，则不在此次大赦的范围内。"李存勖颁布的这一诏书，正体现了大赦的宗旨，尺度把握得很好，既显出朝廷赦免之宽容，又不至于纵容大奸大恶之人。唐庄宗在国势不稳、百姓离散的混乱年代，尚有如此见识，可见其治国之方略也有可取之处，不过现在大赦时的做法就不是很合适了，宽严尺度往往把握不准。

代宗崇尚释氏

唐代宗本来好祭祀祖先、修缮宗庙之事，但是却不甚重视佛教。当时元载、王缙、杜鸿渐三人担任宰相，这三人都是虔诚的佛教信徒，潜心向佛。一次，皇上问他们说："你们都对佛教颇有研究，佛说世间有因果报应，你们如何看待此事？"元载等人立刻回答道："如果想让国家运道绵延万世，长久繁盛，平常若不多多行善造福，为百姓着想，又怎么可能一时达到呢？若国家平定无灾，君主贤明有道，则福业已定，即使有些小灾害侵扰，也终究不会动摇根基。正是由此原因，安禄山、史思明才会有子弑之祸；仆固怀恩进军长安，未及作战中途就因疾病丧命；回纥、吐蕃士卒大举深入夺取中原，最终却不战而退，这些都不是人力所能掌控的，而是来自佛所说的因果报应。现在您看世间有无因果报应之说呢？"唐代宗听后，似恍然大悟一般，深信不疑，从此以后就常在禁宫中款待僧人，礼遇有加。若有敌寇入侵，首先便让僧徒讲解《仁王经》，以祈求战无不胜，待敌寇退去后，也不管功劳归谁，就大加赏赐僧人。有胡虏之僧人，法号不空，竟

容斋随笔精粹

因深得皇帝信任而官至卿、监，爵位为国公，甚至可以自由出入宫廷，权倾朝野，这件事情被记载于唐史上。我家中收藏有严郢所写的《三藏和尚碑》，由徐季海书写，碑文中所讲的就是不空僧人，说："不空，西域人，其氏姓不为中国人所闻，此僧历任玄宗、肃宗、代宗三朝国师，权重势大，无人能及。代宗即位初年，他被任命为特进、大鸿胪，以示褒扬。后来不空患病，代宗又加封他为开府仪同三司、肃国公，加封仪式就在他的卧室内进行。不空归天之后，代宗竟因此废朝三日，以示哀悼痛惜之意，另外又赠司空之职。"一个僧人受到的待遇竟是如此优厚，让人惊叹。唐代宗时期，还有一个法号大济的僧人，因为经常为代宗修明功德，也官至殿中监之职，俸禄优厚。代宗还任命大济的父亲惠恭为兖州刺史，其父去世之后，由官府出资为他父亲置办丧事，而且皇上还亲自书写敕葬的碑文，此碑文至今尚存于世。当时战乱还没有完全止息，为国家鞠躬尽瘁、拼战沙场的元勋老将得到的赏赐和功爵尚不至于此，反而对僧人如此看重而没有节制，也是不合情理了。

光武苻坚

汉光武帝建武三十年（54年），群臣奏请光武帝前往泰山举行封禅仪式。光武帝非常恼火，颁下诏书说："自朕即位三十年来，虽竭尽全力，励精图治，但是百姓们仍然怨声载道，边乱也从未平息，现在举行封禅仪式，我欺骗得了谁呢？难道是欺骗上天吗？如果地方郡县的长官千里迢迢、费尽周折派遣官吏前来为我上寿，我一定不讲情面，必然要处之以髡刑（剃掉鬓发），然后罚他到边疆屯田。"此诏令一下，群臣中再也无人敢说封禅之事了。光武帝当时的做法真可谓英明。然而此后才过两年的时间，光武帝只因读到《河图会昌符》，书上写有"赤刘之久，会命岱宗"之句，便心生封禅之意，于是下诏索要《河图》《洛书》中关于吉凶应验的文字，命人找出其中所说的九世应当封禅的话，准备东下封禅之事，如此转变，真是自相矛盾。

前秦皇帝苻坚执政之初，禁止全国研究迷信的图谶之学，尚书郎王佩因为触犯了这个规定，私读谶书，苻坚便下令将他处死。众人见苻坚之意如此坚决，都不敢冒险犯戒，于是学习谶书的风气就此断绝。过了两年战事失利之后，苻坚被慕容氏困于长安，此时他因失势而情绪低落，自己也开始读起谶书来。他见谶书中说"帝出五将久长得"，就立即出宫，向五将山奔逃，谁知刚到五将山便被羌族首领姚苌生擒。苻坚起初命令禁止别人学习图谶之学，没想到自己最后竟然因为迷信谶书之说而丧身亡国。谶书中所指"久长得"的预兆，难道是说不久就会被姚苌所擒获吗？又姚与遥同音，乃久远之意。

无论地位或功勋，苻坚都不能与光武帝同日而语，不过在这件事上却非常巧合，起因结果都非常相似，还是值得议论的。

周武帝宣帝

北周建德六年（577年），武帝宇文邕亲自率军讨伐北齐，代齐而立北周之后，中原大地尽数掌于他一人之手，至于地处江南的陈朝自然不在话下。此时的天下几乎归他一人所有，不过他一直都是个十分简朴的人，不喜张扬铺张，建立北周之后节俭之意更加坚定。饮食起居、日常用度皆是如此，以后宫的设置为例，他的后宫仅设置妃子二人，世妇三人，御妻三人，就算加上其他如保林、良使等女官，估计最多也不过几十人而已，这种节俭收敛之美德，历朝历代都是罕见的。但是北周政权传到他儿子周宣帝时，情况就发生了天差地别的转变。周宣帝不仅庸碌无为，而且整日奢侈荒淫醉酒放纵，竟自比于天！与其父的作为形成鲜明的对比。宣帝继位之后，便迫不及待地从全国各地广泛搜集美女，用来填充后宫，甚至直接下令仪同三司官员以上的女儿不许擅自出嫁，以备后宫之需，后宫内同时立有五个皇后，其寡廉鲜耻之举实在可恨。为何父子贤恶之差距，竟达到这种程度呢！

唐观察使

唐代时，朝廷在各道都设置按察使一职，后来此职的名称改为采访外置使，其治所设于各道的大郡中。继而又将采访外置使改为观察使，其中有军队的道，开始设置节度使。

唐代将全国划分为四十多道，其中较大的道一般管辖十多个州，较小的管辖两到三个州。本来观察使只负责访察地方官吏的善恶，民风的优劣，并协助地方官吏处理官府中一些重要的大事，然而这些观察使到任之后，将掌管地方军队、财赋、民俗之大权尽数包揽，被称为都府。他们的权势极重，位于任何地方官吏之上，还掌有生杀大权。其中有些观察使专门偏私他的治所所在的州，而置其他各州的利益及百姓之生计于不顾。

元结曾任道州（今湖南道县）刺史，其间曾作过《舂陵行》，文中说，诸观察使索要传达命令的符牒竟有二百多道！可见其管辖范围之广。还有《贼退示官吏》一篇中，认为观察使"无视百姓生计艰难，只顾横征暴敛，没有限度"。阳城担任道州刺史时，就遇到了贪得无厌的观察使。当时的官府总是不定时地征收赋税，而观察使从不问具体情况，只顾聚敛财富，以饱私囊。因道州贫困多灾，所以赋税难收。观察使便数次厉声责问，而且派遣判官亲自监督刺史收税，阳城无奈，既要给观察使一个交代，又不忍苛责百姓，只好自己把自己囚禁于狱中。后来判官离开，观察使又另派其他官吏来审查他，并负责监督道州赋税的征收，一点儿也不肯放松。

韩愈在《送许郇州序》中说："担任刺史的官员往往会偏私于本州的百姓，或谎报自己的政绩，不能将实情告知观察使；而担任观察使的官员则急于征收赋税，从不顾及州府的实际承受能力。长此以往，就会出现地方财源枯竭而赋敛不止，百姓已经赤贫无靠而赋税却更加沉重紧迫的情况。"韩皋担任浙西观察使时，就为了加快赋税征收的进度，用责杖将安吉县令孙澥活活打死。由此可见，催逼赋税严酷到何种程度！当时的情况大致都是如此，所幸当时每道不过只有一个观察使行凶作恶，但也近乎到了水深火热无法承受的地步了。更何况现在的州郡中，负责州郡事宜的按察诸使通常达五六人之多，他们如何治理州郡，台省官吏从不加干预，任由他们肆意妄为。无论是受到百姓的诽谤也好，称赞也好，都与上级台省无关，与唐代只有一个观察使相比，现在地方官吏和百姓的境遇不知要凄惨多少倍！

冗滥除官

自汉朝建国以后，官员设置繁杂泛滥的现象就日渐突出，因此民间有很多贴切的谚语反映这种现象，如更始皇帝刘玄在位时，有"灶下养，中郎将，烂羊头，关内侯"的谚语（意思是说在灶下生火的人都可以任中郎将，把羊头煮得很烂的厨子也可以做关内侯）；西晋赵王司马伦专权时期，有"貂不足，狗尾续"（古代的王公显贵都用貂尾做冠上的装饰，因官员过多，貂尾不足，便以狗尾充当）的谚语；北朝后周时期则有"员外

常侍，道上比肩"之谚语；唐朝武则天当政时期，官员同样冗多繁杂，有"补阙连车载，拾遗平斗量"的谚语，这些都是历代官员繁多臃肿最为突出的例子，民间的谚语也是官员冗滥最有力的凭证。

自唐中期以后，官员的任命更加疏松无序，以致官员泛滥更加严重。张巡担任雍丘（今河南杞县）郡守时，所率领的仅仅是一县的一千多兵马，其中大将就有六人之多，还有其他官阶，如开府特进之类，也不在少数，真是让人难以置信。更可笑的是，竟然有人以大将军的委任状为资，与人赌博或换酒喝。

唐德宗于奉天避难之时，浑瑊家中有一家奴，名为黄芩，因为护驾有功，立即被封为渤海郡王。于是僖宗、昭宗时期，就有"捉船郭使君，看马李仆射"之语。周行逢占据湖湘一带时，大肆封官，以收买人心，于是湖湘境内就有"漫天司空，遍地太保"的讥讽之言。李茂贞驻扎在凤翔时，官职品级混乱，连内外掌握钥匙的人，也都被封为司空、太保等官职，简直太可笑了。韦庄的诗集《浣花集》中，有一首名为《赠仆者杨金》的诗，诗中说："半年勤苦茸荒居，不独单寒腹亦虚。努力且为田舍客，他年为尔觅金鱼。"可见当时大户人家的家奴腰缠金带、身穿紫袍，身居高官之位，也并非不可能的事情。

太一推算

宋神宗熙宁六年（1073 年），司天中官正周琮说："根据《太一经》推算，熙宁七年乃是甲寅年，太一有阳九，百六之数，到这一年为复元（术数家以四千六百一十七年为一元）之起始，所以《太一经》中说太岁有阳九之灾难（入元的第一个一百零六年，内必有旱灾九年，谓之阳九），太一有百六之厄运，都发生在入元最后一年或复元的初年。由此推算，癸丑、甲寅这两年乃是众多灾难厄运的交会之年，如果能得到寿、富、康宁、德、善终这五种福气，则消灾避难的元气移入中都，就可以将灾气厄运转为吉祥之兆。据我的潜心观测和暗自详查，五福元气自太宗雍熙元年就进入东南巽宫，所以于京城东南的苏村修建东太一宫。宋仁宗天圣七年（1029 年）时元气进入西南坤位，所以又于京城西部的八角镇修西太一宫。希望陛下考证前代的旧例，高建宫宇以避灾除恶。"于是皇上便立即下诏丈量土地，于集禧观以东修建中太一宫。

不过即使如此，国家还是多灾多难。当时王安石为相，主掌朝政，变乱祖宗法制，祸害宗庙社稷，朝廷便从此无宁日，即使修建中太一宫，元气降临，也无法挽救人为的灾难。光宗绍熙四年癸丑、五年甲寅，乃朝廷的多事之秋，此时正临寿皇圣帝驾崩，而泰安（指宋光宗）又因久病退居宫内，无法处理正常的朝廷事务，此时朝廷内外人心惶惶，个个自危，生怕国家大乱祸连及身，无一人能够掌控如此混乱的局面。当时并没有星官历翁考究星体的运行和推算那些幽深玄妙的元气，又怎么知道这不是处在入元、复元之际呢？

第八卷

徽宗荐严疏文

宋钦宗靖康元年（1126年），金兵大举南侵，刚刚避难回京的宋徽宗被金国俘虏，贬为庶民，后于高宗绍兴五年（1135年）驾崩。当时先父忠宣公（洪皓）正奉命出使金国，因被扣押而不能返回，滞留冷山。但是先父念主心痛，为表忠心，就派遣使臣沈珍前往燕山，在开泰寺修建为徽宗诵经超度的道场，并亲自作了一篇功德疏，说："（徽宗）年老之后，厌倦了尘世的繁杂而离去，却不能安心地登上仙路，天下人都停止了一切声响，哀悼怀念，就像死去自己父亲一样哀痛悲戚。再加上旧日的宫殿现在已经成了残垣断壁，杂草横生，野禽出没，让人更添伤悲。即使能够迁居异地，像晋惠公那样食用秦国丰盛的食物也是食之无味，悲意不减。新庙之中，前来瞻仰的大臣们垂首而立，江南之地，招魂曲蔓延不绝。虽在河东之地置有安顿之所，但也止不住偏安江南的哀痛。被遗弃的百姓因失望而痛心不已，我们这些被久拘他国的囚徒，也只有哀伤以致呕血。唯愿江山社稷之基业，能够传至百代更加昌盛，愿亡主在天之灵，继夏、商、周三代之英魂而永垂不朽。"滞留北方沦为亡国奴的宋人，甚至金国的百姓读后也都为之感慨落泪，争相传抄歌颂。后来徽宗的灵柩南还，忠宣公这时也已经被迁到燕地，就率领誓死为国、不忘君恩的旧臣，出城北迎接徽宗的灵柩，个个捶胸顿足，大声恸哭。所幸金国之风俗也崇尚忠义之人，他们才不至于因此获罪。

四六名对

做四六对偶的骈俪之文，对于做学问写文章的人来说，实在是一件简单易行的事。正因为如此，上自朝廷任命诏令、册封诰词，下至地方缙绅之间书信、祝颂之词，几乎没有不用这种文体的。采用此文体撰文记事，应当扼要精切，对仗精工，使人读后振奋

昂扬，反复吟诵玩味而不厌，才能称得上达到此文体的妙处。现姑且摘取前辈中撰写骈文的名家以及最近编缀的较为精致的数联，与意气相投之人互勉。

首先说一下王元之所做的《拟李靖平突厥露布》，此文是叙述突厥首领颉利先是求降于唐朝，而后又谋划逃窜一事，说："阱中饿虎，暂为掉尾之求；韝上饥鹰，终有背人之意。"另外他在《蕲州谢上表》中有一处写得也是十分精妙，说："宣室鬼神之间，敢望生还；茂陵封禅之书，已期身后。"

范仲淹先生年少家贫，功成名就之前曾冒姓朱，后来名声在外时才归回族姓，于是有一书札中记叙此事，说："志在逃秦，入境遂称于张禄；名非霸越，乘舟偶效于陶朱。"此联的绝妙之处在于他所引用的范雎、范蠡改姓的典故，都可算是本家的旧事，而且对仗工整，文理相符。

邓润甫所做的《贵妃制》中说："《关雎》之得淑女，无险诐私谒之心；《鸡鸣》之思贤妃，有警戒相成之道。"

哲宗绍圣年间，有人做《百僚请御正殿表》，表中说："皇矣上帝，必临下而观四方；大哉乾元，当统天而始万物。"

诗文大家苏东坡在《坤成节疏》中说："至哉坤元，德既超于载籍；养以天下，福宜冠于古今。"又在《慰国哀表》中说："大哉孔子之仁，泫然流涕；至矣显宗之孝，梦若平生。"另外在《谢赐带马表》中也有佳句，如："枯羸之质，匪伊垂之而带有余；敛退之心，非敢后也而马不进。"

王履道所著《大燕乐语》，文中有："五百里采，五百里卫，外包有截之区；八千岁春，八千岁秋，上祝无疆之寿。"他还做过《除少宰余深制》一篇，文中说："盖四方其训，以无竞维人；必三后协心，而同底于道。"当时朝廷内连蔡京在内共有三人为相，因此称为三后。他在《执政以边功转官词》中说："惟皇天付予，庶其在此；率宁人有指，敢弗于从。"

翟公巽所做的《外国王加恩制》一文中说："宗祀明堂，所以教诸侯之孝；大赉四海，不敢遗小国之臣。"他担任越州（今浙江绍兴）知州之时，因为私自做主，将常平仓的官米擅自发放给灾民，以解灾荒之急而被降官，他在呈奏的谢表中说："敢效秦人，坐视越人之瘠；既安刘氏，理知晁氏之危。"

孙仲益曾参加词科的考试，做了一篇《代高丽国王谢赐燕乐表》，说："玉帛万国，干舞已格于七旬；箫韶九成，肉味遽忘于三月。"还有"荡荡乎无能名，虽莫见宫墙之美；欣欣然有喜色，咸豫闻管龠之音。"后来，孙仲益以中书舍人之位出任和州知州，待他走近和州边界时，原任的官员横行无礼，竟阻拦他进入和州之境，他并不强行进入，而是用书函致各郡僚，函中说："虽文书衔袖，大人不以为疑；然君命在门，将军为之不受。"众人见此书函，便恭迎他入境就职。时过不久，邻郡因为没有及时上供钱米而受到朝廷的追究，朝廷命孙仲益负责调查此事的缘由，他体谅邻郡之难处，没有严加惩办，而是尽力平息了此事。事后，邻郡长官亲自骑马送来谢罪信，孙仲益回答说："包茅不入，敢加问楚之师；辅车相依，自作全虞之计。"语中可见其谦和正直之美德。

汪彦章所做的《靖康册康王文》一文说："汉家之厄十世，宜光武之中兴；献公之子九人，惟重耳之尚在。"他担任中书舍人之职时曾在潭州（今湖南长沙）主持乡试，发现进士何烈的试卷中称臣达到圣人的水平，详查之后，没发觉其有舞弊的行为，也没有足以治罪的过错，于是罢去官职，他在谢表说："谓子路使门人为臣，虽诚悖理；而徐邈云酒中有圣，初亦何心？"又说："书马者与尾而五，常负谴忧；网禽而去面之三，永衔生赐。"

宋齐愈曾为金人立诸臣状，因为其中直接书写了"张邦昌"字样，而被送到御史台官员处责问，汪彦章谴责说："义重于生，虽匹夫不可夺志；士失其守，或一言几于丧邦。"还说："眭孟五行之说，岂所宜言？袁宏九锡之文，兹焉安忍？"斥责张邦昌的责词说："虽天夺其衷，坐愚至此；然君异于器，代匮可乎？"后来汪彦章出任徽州知州，这是他的家乡，能在此任职他感到非常高兴，于是在谢书说："城郭重来，疑千载去家之鹤；交游半在，或一时同队之鱼。"

何抡曾被拜为秘书少监之职，不过任职时期并不长，原因是不久后便遭受谗言陷害，被朝廷派遣出任邛州（今四川邛崃）知州，他在上呈给朝廷的谢辞中说："云外三山，风引舟而莫近；海滨八月，槎犯斗以空还。"

杨政被朝廷拜为太尉，汤思退先生为此起草制书说："远览汉京，传杨氏者四世；近稽唐室，书系表者七人。"句中的四世分别指杨震的儿子杨秉、杨秉的儿子杨赐、杨赐的儿子杨彪，四代都做东汉的太尉。李德裕因自觉无心无力为官曾自请辞让太尉之职，他说："我大唐对太尉之职，十分看重，谨慎任命，因此二百年期间只有七人担任过此职。"可见，汤岐公写制书时用典精确到何种程度。

蒋子礼官拜右相之时，王诏所致的贺书中说："早登黄阁，独见明公之妙年；今得旧儒，何忧左辖之虚位？"此句中几乎都是采用杜甫诗语句："扈圣登黄阁，明公独妙年""左辖频虚位，今年得旧儒"，而且借用得十分巧妙，对仗精准，也是值得称道的。

唐贤启状

家中所藏之旧书中有一卷《唐贤启状》，此书的封端已经不够整齐，破损严重，而且其中都是泛泛而论的题记。书中标有常州独孤及、信州刘太真、长源陆中丞、衡州吕温所做的文章，各有数十篇，但是几乎没什么值得传诵和称道的内容。可能当时的人认为他们都是当世名流，所以他们的作品才会被合成文集流传到今天。不过此书也并非无一点可取之处，其中有一篇独孤及的《与第五相公书》中说："承蒙您不吝将《送丘郎中》两首大作送与我观赏，其文词清雅，意蕴深厚，绝非一般人能写出的。'阴天闻断雁，夜浦送归人'两句尤其让我爱不释手，除了深得浓丽闲远的意蕴之外，其文风之凄恻哀婉，也值得称道，比最近垂示给我的那些诗，更能显示他的才华。所以我不仅自己经常吟诵叹咏，而且与吴地文人共赏。"又说："昨日又见其《送梁侍御》诗共六韵，清新艳丽，典雅自然，妙语绝伦于当世，其雅致隐约掩映于《国风》《离骚》之中，吟诵百遍而不厌。"

唐人第五琦本是朝廷中专门理财的官员，并不以文字见长，因此在文坛上也不足称道，只是偶尔兴之所至，吟哦数句而已。但是他的诗作却得到独孤及如此的褒奖，证明他的诗作确有值得称颂之处。再看独孤及在文中所特别提出的十个字，的确堪称佳句，由此可知唐时精于作诗之人比比皆是，不一定非是作诗名家的作品才值得传扬称道。

容斋随笔精粹

第九卷

赦放债负

宋孝宗淳熙十六年（1189 年）二月，朝廷颁布《登极赦》，赦文中规定："凡是民间所欠债务，无论年代远近，数量多少，一律加以免除，不许再追究讨还。"如此规定实在不合理，这样一来，有些人刚借出去钱才十几天的时间，就竹篮打水一场空，不仅没得到一点利息，连本钱也无处可要了。人们认为这样的规定太不公平，纷纷提出抗议，这一规定对于以后的借贷也有很大的影响。债主的利益得不到保障，谁还敢外借呢？当时何澹担任谏议大夫，曾向孝宗谈及此事，建议将赦令做一些合理的更改。孝宗也意识到赦令的不合理之处，于是又下令欠债者须偿还本钱，利息可免。谁知此诏令一出，一些小人贪利无义，原以为可以一分钱也不用偿还，现在要他们偿还本金，竟然觉得自己的利益受到损失，便纷纷喧闹起哄，实在是贪得无厌之徒。光宗绍熙五年（1194 年）七月，朝廷又颁布了赦令，规定免除民间的部分债务关系，不过这一次稍微合乎情理一些，规定只赦免三年以前积存的旧债。

我曾经考察过后晋高祖天福六年（941 年）八月颁布的赦令，赦令中说："凡是私人之间的债务往来，若债主已经收取的利息达到本金一倍的，都加以免除，不得再追还。"我认为此赦令颇为得体。另外还有一条规定，说："天福五年（940 年）十二月年底以前，过去残留的赋税一律予以免除。"按照此规定，当年的残税都可以免除不缴。现在朝廷免除官税，常常是以两年作为断限，一般情况下，两年之后百姓基本已经把税钱或实物按数交纳给官府，这样的赦免百姓不会得到任何的实惠。只有民间的租赁欠负，以一年以前为期，之前的都加以赦免。由此看来，今天的赦免程度和小小的五代相比，反而不及后者。

冯道王溥

五代时期，冯道担任宰相，经历了数个朝代，但没有一个朝代是长久的。后汉隐帝时，他曾写有《长乐老自叙》一文，自叙其平生之经历，文中说："我早期曾从燕地逃归

容斋三笔·第九卷

河东（今山西太原），后侍奉后唐庄宗、明宗、愍帝、清泰帝，后晋高祖、少帝，契丹主，后汉高祖以及当今皇上，曾三代赠官太师、太傅，官级由将仕郎升到开府仪同三司。武职由幽州巡官升到武胜军节度使，官衔由试大理评事升到兼中书令，正宫由中书台人升至戎太傅、后汉太师，爵位由开国男升为齐国公。平生立志为家尽孝，为国尽忠，不说不道德之语，不取不义之财，下不欺骗地，中不欺骗人，上不欺骗天，自问无愧于人，亦无愧于天地。但是纵观我的一生，还是有遗憾的，那就是不能为我侍奉的其中一个帝王完成统一大业，安定四方，想来心里就觉得十分惭愧，叫我如何报答天地对我的宠爱和恩泽呢？老而自乐，我又如何快乐得了呢？"冯道的这篇自叙被收载在范质的《五代通录》一书里，但是他在文中对自己的评价并没有得到世人的理解和认同，欧阳修、司马光二位甚至以此讥讽过他，认为他没有原则，不知廉耻。

王溥也不止在一朝任职宰相，他从周太祖末年开始就担任宰相之职，直至宋朝太祖乾德二年（964年）才被罢相，他也曾做类似自叙的诗篇，名为《自问诗》，叙述他平生的经历。他在此诗的序文中说："我二十五岁时便考取进士甲科，之后跟随后周太祖南征北战，征伐河中（今山西永济）之地，后改任太常丞，当时与我同时考取的人大多还没有释褐入仕。没有多久，我又被拜为宰相。我一生担任宰相达十一年之久，历经了四朝，去年春天皇上施恩，改任我为太子太保。每忆及此生之际遇，深感自己才学微薄浅陋，却屡得荣耀，仅仅十五年的时间就擢升为宰相，官至极品，若论读书人的幸运，恐怕最幸运的也不过如此吧。我今年已经四十三岁，已经退离相位，在公事之外的闲暇时间，只是安居家中，吟诗诵佛，坐享太平盛世，也心满意足了。因此做《自问诗》十五章，以记载我平生始末。"此序被收录于《三朝史》本传，但是《自问诗》却没有得以流传。论其作文之初衷，和《长乐叙》颇为相似，也可以加以议论。

钻鉧沧浪

唐朝文学家柳宗元曾作过一篇《钻鉧潭西小丘记》，文中有这样的记载，说："这块小山丘的面积还不到一亩，景色宜人。我便问它的主人此处的归属，主人说：'这本是唐氏废弃之地，卖也卖不出去。'我又问了价钱，主人回答：'只要四百钱即可。当初我因为怜惜这块雅致而无人赏识的小山丘而将它买下。凭着这个小丘的独特幽静之景，如果把它放在京城近郊之地，达官显贵一定争着买它，作为居家别院，估计一天就能增价千金，有人想买还买不到呢，而今却被废弃在这里，连农夫、渔父路过都视而不见。虽然这么一块好地方价钱只有四百钱，还是无人问津，已经好多年啦，至今还是卖不出去。'"

苏舜钦在《沧浪亭记》中也记载了这么一个好地方，他在文中说："我曾在吴中游

历，途经郡学的东面，偶然间看到一块丘陵，草木郁郁葱葱，中间隆起，四面有清水环绕，不似城中一般喧嚣。傍水之处，有一条蜿蜒的小径通于杂花长竹之间，沿此向东走数百步，便可见一片废弃之地，三面环水，近旁并无人居住，林木遮蔽，花鸟藏匿于中。清静幽雅。我看见后备感惊喜，徘徊不去，索性用钱四万将其买下，细细玩味。"

我认为这两处风景之雅静令人叫绝，堪称人间胜景，当时的人为什么都废弃不用呢？他们又怎么会知道后来终有名人来欣赏它并将它买下呢？

如沧浪亭，现在为韩世忠家所有，价值数百万钱。不过钻鉧潭至今仍被埋没，无人赏识，依然独处世外，远离喧嚣之地，独守一份宁静。其实士人生于当世，被赏识或不被赏识的际遇也与此相同啊！

老人该恩官封

晁无咎曾作过一篇《积善堂记》，文中提及朝廷尊老封官一事，说："宋徽宗大观元年，颁布诏令大赦天下，若百姓中有超过一百岁者，男子给予封官，妇人给予封号；若有子在朝为官者，其父母年若达到九十岁，所封之官和百姓达百岁者一样。"

原漳州军事判官晁仲康已经去世，他的母亲黄氏现已九十一岁，于是她的第四个儿子晁仲询便前往京师请求朝廷为其母封号。省中为其母请求此事，理由是晁仲康虽已离世，但是诏令的规定中并没有对其子在世与否加以区别，丞相也认为可以给予封号，上报之后，便封晁仲康的母亲为寿光县太君。自孝宗乾道年间以来，朝廷对于老者的恩典更加优厚，凡是官员的父母，只要年近七十、八十岁即能得官封赏。不过有些老者，其子本来担任官职，但是已经离世，而他的家人又不曾为之陈述理由，请奏给予封赏，因此也就无法享受朝廷的恩惠了，这种情况真是有些可惜啊！

容斋随笔精粹

君臣事迹屏风

唐宪宗元和二年（807年），皇帝下诏，命人编制了《君臣事迹》一书。宪宗在位时期，边疆无事，百姓安康，天下一派祥和之景。皇上见天下太平，朝中事务只需留意便可，于是就留心于典籍史书的阅读和编纂。他每次阅览前朝史书中所记载的兴亡得失之事，都再三斟酌吟诵，并与群臣讨论。后来便有心将其集成一册，于是摘取《尚书》《春秋后传》《史记》《汉书》《三国志》《晏子春秋》《吴越春秋》《新序》《说苑》等书中的典型事例，并选取其中可以作为君臣治国安邦的可以借鉴的事迹，集成十四篇，亲自为之作序，书于屏风之上，分列放置在御座之右。另外又命人书写屏风六扇置于中堂之上，以此训示辅政宰相及诸位大臣。

此举完成之后，李藩等大臣都上表道贺。白居易当时担任翰林学士，负责为皇上起草诏书，回答李夷简以及百官严绶等人的贺表，诏书的大致内容是："摘录这些事迹作为借鉴，并将其书写于屏风之上，有利于百官效仿。与其散见于各家图书典籍，只是心生艳羡之意，还不如将这些事迹清晰而又条理地书于洁白的绵帛之上，每日目睹进而亲身加以实行，希望你们能够亲力亲为，而不单单只是仰慕古代人的光辉形象。"还有："森然在目，如见其人。论列是非，不日将成为众臣的座右铭；如果能够诚心地加以采纳并进一步发扬光大，也就足以开启臣子的忠心，完善为臣之道。"白居易代宪宗起草的这些话，确切详尽地表达了宪宗的旨意。

从这件事情也可以看出唐代上呈答谢程序的繁琐，皇帝每做一件事都要接受朝廷内外士人的祝贺，而且皇帝还要赐给答谢的诏书，同样殷勤如此，中间的过程太过琐碎，显得冗繁累赘。唐宪宗主持编纂的这本《君臣事迹》一书中，还收录了《辨邪正》《去奢泰》两篇文章，是他自己所作，其意旨清晰，论述严谨有道。但是他晚年却任用皇甫镈这样的奸臣，让忠臣裴度遭受奸佞小人的欺压和排挤。他荒于游玩宴乐，最后惨死于宦官之手，当初书写屏风的本来用意，恐怕早已经被抛到九霄云外了吧？

射佃逃田

汉朝的法令制度可谓周全完善，但其中的大部分都是沿袭秦朝的制度，然后按照汉朝的实际情况略加修改，虽然取法于秦朝，但是并没有对汉朝的江山社稷有任何的妨碍，同样成就一代伟业。

同样，唐代的法令制度也都是沿袭隋朝的政策，然后稍加整理而成，虽然隋朝以残酷严苛的暴政而臭名昭著，但是对其典制中合理之处的借鉴，对盛唐之大业也丝毫无损。

宋朝伟业建立在五代衰乱之后，建国之初的情况与秦、隋之末的混乱局面如出一辙。虽然五代时期的社会状况杂乱无序，各朝各代也是频繁更替，无章可循，但这并不代表他们的政策就没有一丝的可取之处。五代遗留下来的法令，若细加研究，还是有不少可以借鉴的地方。后周世宗显德二年（955 年），皇帝曾下诏书说："凡是逃亡户的房屋田产，都允许他人承继租赁，并一律由国家收取税租。如果三年内田主归乡索要，其原有的桑田不论荒废丰收，都必须交还一半给本田主户；如果五年内回来的，只需交还三分之一；如五年之后才归来的，除了原户的祖宗坟地之外，一律不在交还范围之内。若邻近北部边境各州陷入少数民族的户主归来时，五年内应交还三分之二，十年内归来的交还其田产的一半，十五年内归来的则交还三分之一。除了以上所说之情况，都不在归还的范围之内。"此诏书无论是条令阐述还是最终目的都很明白，百姓们可以很容易理解，而不像现在的格式文书，整整堆满几案，就为解释某一个很简单的法令，以致成为狡猾的官吏舞弄文墨、收取贿赂、获取私利的工具。因而出现了已经丢弃祖宗田产达三五十年之久的人，回乡后便谎称自己是某逃户的子孙，再用钱财买通当地的官吏，制造虚假的凭据，将人家耕种了几十年的土地生生夺去的情况，真是令人叹息。

周世宗好杀

据典籍史书中记载，后周世宗柴荣虽治国治军有道，但是做法有时太过严厉，无论是高官或是小吏，举动稍有不慎，就会被处以死刑。关于以上所说，我已在《续笔》中

有所提及。薛居正的《旧五代史》中对这些事情的记载非常详细完备，但是欧阳修主持编纂的《新五代史》中则将这些内容删掉了。为了避免年代长久之后，这些史实被遗漏，现在将关于此事的重要事件简略记载于此。

樊爱能、何徽因用兵不当，带头从战场逃窜，如此胆小怕事的将领按军法当斩，处死这二人无可非议。但是对于另外一些人的处置就显得过分而且有失公道了，如宋州巡检供奉官竹奉璘，因为没有按时抓住盗贼而被处死；左御林大将军孟汉卿因为监督纳税领取损耗而被查办；刑部员外郎陈渥被处死的原因则是丈量田地有失准确；济州的马军都指挥使康俨因为修理桥道不完备而被处死；内供奉官孙延希因为督修永福殿而工匠中有用瓦片吃饭的而被查办；密州防御副使侯希进因不听从使者命令去检查夏苗生长情况予以斩首；左藏库使符令光因为没有完成制造军士袍襦的任务而被处以死刑；楚州防御使张顺因为无意将税钱遗落，也被处以死刑。公道而论，这些人中有的确实犯了不可饶恕的罪过，但也罪不至死。

第十卷

朱梁轻赋

唐末，朱温杀昭宗、诛清流、篡唐而自立梁朝，大逆不道，罪孽深重。关于此事，欧阳修先生在《五代史》中所做的斥责，最为犀利尖锐。不过梁朝建立之后，还是制定了一些利民的举措，其中主张减轻赋税之举，就深得百姓的爱戴。此事在《旧五代史》中有记载，而《新五代史》却忽略了此事。

据《旧五代史》中记载：梁太祖朱温开国之初，正是黄巢起义大乱将要结束之时，朱温单凭夷门一镇之地，对外严密防止外敌入侵，对内则抓紧垦荒造田，奖励耕桑，同时减少百姓的徭役和赋税。士兵们虽然饱尝战争之苦，但并不孤立，百姓们乐于做他们坚强的后盾。如此军民一心，不过二十多年的时间，便成就了霸业。

到了后梁末期，后梁末帝与后唐庄宗两军对垒于黄河之上。黄河以南的后梁民众，虽然辛苦地为军队运输粮饷，搞得疲惫不堪，但却没有一人临阵逃亡。为什么后梁会得到百姓如此全心全意的支持呢？没有别的原因，就是因为后梁制定了合理的赋税政策，百姓便留恋家乡故土，愿意舍命保卫，不会轻言放弃。

容斋随笔精粹

后唐庄宗灭掉后梁，恢复唐室，此举本来是得到很多人的支持的，但是唐庄宗目光短浅，任用胥吏出身的孔谦为租庸使，此人严于执法，而且作风严苛。他用严格的法令来限制和盘剥百姓，用横征暴敛得来的财富取悦于皇上。没过多久，百姓好不容易积累的财产都被榨取的一干二净，即便如此，军队的粮饷还是异常紧缺，再加上战事连绵，饥荒不断，后唐建立不到三四年的时间，江山社稷就岌岌可危了。为什么后唐刚刚建立，就如此不得人心呢？答案也非常明显，就是赋税劳役太过严苛，百姓对朝廷失望了。

我详细考察了这段历史事实，认为这一论点真实可信，很有说服力。这一事例，值得坐拥天下、统治万民的君主认真地借鉴。只可惜《资治通鉴》中也没记载这一段史料。

河伯娶妇

褚少孙在《史记》中补记了这样一个故事：战国时期，魏国的百姓屡受洪水的侵害，田园被淹没，房屋被冲毁，人们苦不堪言，却又无计可施。这时有巫婆传播谣言，说河伯喜欢年轻貌美的女子，只要每年给他送一个美貌如花的女子做老婆，他自然就不会再危害百姓。无知的百姓听信了巫婆的话，每年都要送一个年轻的女子和大量的钱财给河伯，渐渐成了一个约定俗成的习俗。

魏文侯时，西门豹担任邺县县令，经常深入民间，关注民众的疾苦。他见邺县满目荒凉，人烟稀少，百姓各个衣不蔽体，面黄肌瘦，到处可见携儿带女四处逃窜的人，便询问其中的原因。长老回答说："我们每年要花费大量的钱财为河伯娶妻，以致生活如此贫困不堪。"西门豹不明白为什么要为河伯娶妻，便细问其缘由，长老接着说："邺县的三老、廷掾常常以此为借口，掠取百姓的钱财，总数能达几百万，他们只用其中的二三十万为河伯娶妻，剩余的钱财都与祝巫瓜分了。祝巫整日在县中巡视，若发现穷人家有年轻美貌的女儿，就把她定为河伯要娶的妻子，送去聘礼。娶妻之前，他们会在漳河边上修造斋宫，并精心地将少女打扮一番，之后便命人用席子卷上，狠心地抛入河中，少女先是在河中漂浮，然后眼见她慢慢地沉入水底，亲人在岸上伤痛欲绝，也毫无办法。因此，百姓中谁家若有美貌的姑娘，都提前携家带口，远离这是非之地，所以城中逐渐人烟稀少。"

西门豹听后，心中非常愤慨，没想到自己所辖之地竟然有如此野蛮的习俗，便对长老说："若到为河伯娶妇的时节，一定要通知我，我也来祝贺。"不多久又到了为河伯娶妻之日，西门豹就以河伯之令为由，命令手下把为首的大巫婆及她的三个弟子和三老都扔到河里，并从此废弃了这个惨无人道的习俗。从此以后，邺县再也没有人敢提为河伯娶妇的事了，为此担惊受怕的百姓欢呼雀跃。

据我考证，此事大概只是出于当时的杂传故事，未必真有其事。不过《六国表》中也有此类的记载，书中说，秦灵公八年（前417年），"初以君主妻河"。此句中所说的初，是指从这一年开始，但是不知道这一风俗至何时停止，为此书作注的人也没有另加说明。司马贞《史记索隐》则说，"初以君主妻河"，意思是说，"从这一年开始招认平常百姓家的女儿为君主，君主也就是公主。妻河，是说将这些招认的公主嫁给河伯，可见魏国一直保留为河伯娶妇的风俗，大概是一种自远古流传下来的遗风。"不过此类事情并非只发生在魏国，在秦国也有这样的事，《六国表》中的记载便可作为明证。

鄂州兴唐寺钟

鄂州城（今湖北武昌）之北、凤凰山之阴，坐落着一座佛教古刹，名为兴唐寺。此寺中的小阁楼里有一座钟，钟上题有"大唐天祐二年（905年）三月十五日新铸"的字样，另外还刻有两个人的官阶和姓名，分别是金紫光禄大、检校尚书右仆射、兼御史大陈知新和银青光禄大、检校尚书左仆射，兼御史大杨琮。在钟上刻官员的品级官阶并无奇怪之处，奇怪的是官阶中的"大"字后面，本应当有个"夫"字，但在这里却全都删去，读起来十分拗口，凡是观看的人都充满疑惑，弄不明白怎么回事。而且《旧五代史》《新五代史》《九国志》中都没有关于此事的记载，只有刘道原在《十国纪年》一书中，对此事作了初步的解释。文中所载，唐哀帝时，杨行密独占淮南大片领地，后来又出兵攻打鄂州，占据了杜洪的地盘，自此，鄂州也成了杨行密的天下。杨行密的父亲名怤，怤与夫读音相同。于是他的将领为避他父亲名讳，便命人将钟上的"夫"字删去。杨行密的儿子杨渭建立吴国之后，便把文散官中各大夫的官职名称一律改为大卿，把御史大夫一律改为御史大宪，此事正好可以说明为何大钟上"大"字后没有"夫"字。除了兴唐寺中的古钟之外，鄱阳浮洲寺中有一座吴国武义二年（920年）所铸的铜钟，安国寺有吴国顺义三年（923年）的钟，都是刺史吕师制造的，上面题写的官称也有避讳的说法，所刻之字为："光禄大卿、检校太保、兼御史大卿。"官称中没有出现"大夫"一职。不过也并没有称为"御史大宪"，不知为何故。

王得臣在《麈史》中也曾就此事作出考析，他的说法是："杨行密派刘存破鄂州，陈知新、杨琮都未曾参加此次征伐，所以志书传书中都对此略而不记。"我参考大量史书传记考证，得知杨溥掌权时期，刘存担任鄂岳观察使，并兼任都招讨使，而陈知新则以岳州刺史的身份任团练使，二人共同率兵攻打鄂州，后陈知新被杀死。况且陈知新作为刘存最得力的副手，怎么会不参加这次征讨呢？可见王得臣所说确实有误，不可轻信。

祢衡轻曹操

东汉末孔融非常欣赏祢衡的品德和修养，便屡次向曹操举荐祢衡，说此人"品质高尚磊落，才学不凡，嫉恶如仇，眼光高远，其才识与修养比任座、史鱼有过之而无不及，堪称当世不可多得的稀世奇才"。

在孔融的大力举荐下，曹操打算见见祢衡，看他有何能耐竟然得到孔融如此高的评价。但是祢衡却执意不肯前往，他平日就看不惯曹操的所作所为，并且屡次出言不恭。曹操听说后非常气愤，就派人把他抓来，命令他去击鼓，祢衡就脱去衣服赤身裸体向曹操表示抗议。孔融大惊，深恐曹操加害于祢衡，便再次拜见曹操，说祢衡方才突发癫狂症，现在已经恢复清醒，愿意即刻登门谢罪，以示悔过。曹操一听此言，心花怒放，既为自己有了脸面而高兴，又为得到了一个奇才而欣慰。于是就立刻吩咐守门人，若有客来访，无论早晚，都要让他进府，并且准备好上等的宴席。谁知祢衡并非前来道歉，而是端坐在营门口，并不进府，而且言语中满是不敬甚至对曹操的作为大加羞辱，曹操这次真是怒不可遏，认为此人绝不可久留，即刻将祢衡送给了刘表。

祢衡乃是由孔融所举荐的，即使他自己不主动显示难驯之性，恐怕曹操也难以容他。苏东坡说过，以孔融的观点来看，曹操奸诈险恶，不过是个图谋篡权的鬼蜮奸雄，他们二人绝不可同世相容，不是你死，就是我亡，不是孔融杀掉曹操，就是曹操灭了孔融。既然如此，祢衡又何以自保呢？祢衡平生虽才学超人，众人艳羡，但他只与孔融和杨修交好，与他人素无往来。他常常这样说："大儿孔文举，小儿杨德祖。"说的就是他与孔融、杨修的关系情同父子，而孔融、杨修都是死于曹操之手，祢衡若想安然于曹操的手下，实在是难上加难。

《后汉书》中说祢衡是个恃才傲物、卓尔不群而且与世不容的人，但是并没有分析他当时为何如此，估计是因为他不愿臣服于曹操，甚至鄙视他的作为，已深知自己身陷绝路。而祢衡又是个言语狂放不羁之人，一定会严厉斥责曹操篡夺大权的贼子野心，如此怎会不惹怒曹操呢？曹操把祢衡推给刘表，刘表同样也不能容祢衡，转而把他送给了黄祖，祢衡最终被黄祖所杀，嫉才的罪名落到了黄祖的身上。祢衡所写的《鹦鹉赋》，是专门用以自我比况的，他把自己的志趣和意愿都融入赋作之中，一篇赋中，屡次申明了自己的立场和态度，不愿同流合污，不愿容于乱禽之中。赋中说："嬉戏于崇山峻岭之间，栖息在幽林深山之中。飞行时不妄与其他鸟类纠集，翱翔后定会择林而栖。虽然都是用羽毛飞翔，但却殊志异心。若要与鸾凤相匹媲美，又怎能与众禽混杂、比翼而飞？"又说："古时的圣哲遭遇祸患之时，也要择幽静之地暂时休养生息，更何况像禽鸟这些弱小的生命，又如何在乱世的袭扰中安身立命呢？"后文又说："可叹爵禄之命运多么衰微屏弱，为什么会遭到如此多的艰难险阻？这哪里是言语不谨慎引来的灾难，完全是不依附权贵带来的祸害。"又说："看到自己的翅膀已经残破不堪，即使想振翅高飞也无能为力，况且又不知该飞向何处；内心想归去又无计可施，若理想无法实现，只能躲在一隅自怨自艾，怨恨世道又有何用呢？"此赋的结尾处又说："即使想为当今的事业竭尽全力，可是又怎能违背良心忘掉初衷呢？唯望以死来报答恩德，情愿把心中的话一吐为快，并以此尽忠。"我每次读到本篇，都要反复吟诵，并为之伤痛不能自已。

李白曾为此做诗说："魏帝营八极，蚁观一祢衡。黄祖斗筲人，杀之受恶名。吴江赋鹦鹉，落笔超群英。锵锵振金石，句句欲飞鸣。挚鹗啄孤凤，千春伤我情！"李白在此诗中对祢衡及其《鹦鹉赋》的评述，可谓精当独到，鞭辟入里。

容斋随笔精粹

桃源行

东晋陶渊明因官场险恶而退身隐居，于乡间耕田务农，自得其乐。他在《桃花源记》中描绘了一个远离尘世、风景宜人的世外桃源，在交代桃花源人的来历时说："自云先世避秦时乱，率妻子邑人来此绝境，不复出焉。乃不知有汉，无论魏晋（他们自己说，先代人为躲避秦时战乱，带领妻子儿女和乡亲来到这个绝境，从此不再出世，于是不知有汉代，更不用说魏、晋了）。"此说在桃花源诗中也有所交代，说："嬴氏敌天纪，贤者避其世。黄、绮之商山，伊人亦云逝。愿言蹑轻风，高举寻吾契。"自从陶渊明向世人描绘了这么一个避世之所以后，后世之人以《桃源行》为题写诗作赋者不计其数，其主旨大都是羡慕仙家远离尘世的逍遥自在，只有韩愈作诗说："神仙有无何渺茫，桃源之说诚荒唐。世俗哪知伪与真，至今传者武陵人。"不过韩愈的诗中只是怀疑并没有桃源之所在，并没有涉及陶渊明写作《桃花源记》的用意。

据《宋书》本传上的记载："陶渊明认为其曾祖陶侃曾担任晋代宰辅，而自己若屈身于取代晋朝的王朝，实是耻辱之事。所以他也曾入仕为官，担任县令，但自从宋高祖刘裕的事业逐渐兴隆之后，就再也无心留恋仕途，便退居乡野。他所写的文章和诗作，大都写明年月。东晋安帝义熙以前，就题写晋代的年号，不过自南朝宋高祖永初年间之后，则只题写干支而已，不再记年。"五臣在注释《文选》时就引用这样的说法。《宋书》中还说："此意乃是对为两个姓氏的帝王做事感到耻辱，所以前后题写年月的方式不同。"这种说法虽然为前辈所记，但我个人认为，陶渊明所作《桃花源记》，大概是以逃避秦时战乱为借口，隐射当时的战乱。至于文中所说的"无论魏晋"，那是在暗指南朝武帝刘裕，之所以寄托于秦世，不过是借此来讽喻罢了。近时胡宏（字仁仲）曾就此事写过一首诗，曲折有韵，含义深远蕴藉，值得称颂。其诗说："靖节先生绝世人，奈何记伪不考真？先生高步窘末代，雅志不肯为秦民。故作斯文写幽意，要似寰海离风尘。"诗中的看法，应该是最接近陶氏的本意吧。

辰巳之巳

《史记·律书》中对天干十地支十二子之意义的论述，与今天所讲的大致相同，没什么太大的出入。只有在谈到四月时，说十二地支中为巳。所谓巳的含义，就是说阳气已经枯竭耗尽了。若根据这一点，那么辰巳中的巳，就是读"矣"音。而其他人引用二十八宿，说柳是注，毕是浊，昴是留，这些说法也都见于《毛诗》注以及《左氏传》中，这种观点就如同《诗经》中说营室为定星一样。

容斋三笔 第十卷

容斋四笔

序

从我开始写作《容斋随笔》直到写成，一共花了十八年的时间，写《续笔》一共花了十三年，《三笔》花了五年，而《四笔》只用了不足一年的时间便完成了。年纪越大的人，著书立说的速度就会越快，这个说法看来是很有道理的。前些日子，我从越州府告老还乡，从此阻断了与外界的应酬，谢绝了外人的来访，但是唯有著书的兴致依旧未减。我现在忙于采集逸闻趣事，以继续《夷坚己志》的写作，对其中的事件予以整理和评论，不觉间就疏忽了《四笔》，对这本书的关心就减少了。此举却引起了小儿子的注意，他每次看到满桌都是《夷坚己志》的手稿，便对我说："《夷坚己志》和《随笔》都是您最喜欢的两本书，同样倾注了您的心血，可是现在您却只顾着增删修改《夷坚己志》，而对《随笔》不闻不问，这不就有些厚此薄彼了吗？"自此他几乎每日都在我的书案边观察，一定要等我改好了一篇《随笔》之后，才肯离去。他如此诚心，我便不忍违背他的心意，就仔细地回忆曾经发生的事情，开启我所有的记忆，把能想到的都记下来。我这个儿子，天性嗜读，即使睡觉之前，枕边也要放一本书，以便天刚亮就可以拿起书来读，但是上天似乎对他颇为不公，他现在都已经二十岁了，自身的潜力还是没有能够开启，不过我相信以他的勤奋好学之功，总有一天能够云开月明、出人头地吧。大丈夫对幼子的怜爱，从我身上也可见一斑了，所以才把这件事情写到此序中，以表示对幼子勤奋好学的奖励。

宁宗庆元三年（1197 年）九月二十四日序

第一卷

孔庙位次

自唐朝至今，世人一直把孔子的高徒颜渊和子夏等十人称为十哲，这十人一同受祭于孔庙的正堂之上。后来颜渊又升为配享，与孔子一起共享祭祀。于是便把曾子提到了十哲的位置，在正堂享受祭祀，地位在子夏之下，填补了由颜渊而空出的十哲之缺。但是颜渊的父亲颜路和曾子的父亲曾点，却身居正堂周围的廊屋里，以陪从受祭的身份入列，这样就变成了儿子的身份位居父亲之上，若儿子的神灵地下有知，还能安心地享受自己得到的祭祀吗？人们都说，即使儿子的声名显赫，甚至可与圣人同列，他的待遇也不能在自己的父亲之上，说得真有道理。

后来孟子也与颜子一样位于配祭之列，而孟子的老师子思和子思的老师曾子却位居孟子之下，这种情况于情于礼都是不合适的，只不过世代相传的旧例就这样一直沿袭着，无人敢提出异议而已。

亭榭立名

凡新建的亭榭建成之后，其所拥有者必定要请人为亭榭取名。因为历代的亭台楼阁比比皆是，数不胜数，所以所取的名称很容易出现雷同因袭的现象，既不可以取太俗气之名，但若要取离奇艰涩、生硬难读的名称也未必合适。

苏东坡曾受人之托为新建的亭台取名，但一直苦无思绪，某日见到一位客人，听说他近来正研读《晋书》，便问他说："你在书中曾经看到有好的亭子名称了吗？说来听听。"苏东坡是打算从史书上的亭台名称中寻找灵感，可见给亭子取个好名称真的要费尽心思，一代文豪尚且如此，更何况是常人呢？

秦楚材在宣城（今属安徽）之时，曾在城外的长江边上建造了一个亭子。此亭临江而建，气势独特，秦楚材给它起名为"知有"。此名源于杜甫诗中"已知出郭少尘事，更有澄江消客愁"两句中的"知""有"二字。王仲衡曾在会稽（今浙江绍兴市）居留许久，那时他在自家庭院后面的山上建造了一座亭子，日夜监工，甚为喜爱，并取名为"白凉",这也是源于杜甫诗中"越女天下白,鉴湖五月凉"两句中的"白""凉"二字。这两人为亭子所取的名字可谓新颖独到,但细细品味之后,总感觉有些牵强,并不是特别妥当。

江西庐山中的一个寺庙里有一亭子,环境幽雅清静,亭子居山石之上,古木之间,实属难得之地。有人给这座亭子起名为"不更归",源自韩愈的一首诗中末句的三个字,想来让人觉得可笑,其中并没有什么互相的关联,显得做作。

毕仲游二书

宋哲宗元祐初年,司马光开始为相执政。他上任之后,立刻将王安石在任时推行的新法全部废除。数以千计的士大夫们整日讨论新法的利害,对王安石的新政是敢怒不敢言。当听说司马光执政后要更改新政时,个个欢欣鼓舞,准备大加庆贺。在众人欢呼雀跃,沉浸在新法被废的喜悦中时,唯有毕仲游一人冷静沉着,他没有盲目乐观,而是给司马光写了一封长信,信中对新法的提出及实施的利弊作了详尽的分析,其大致内容是说:"过去王安石为相时,声称自己的新政能够振兴国家,革除弊政,不仅能够稳住大宋的江山社稷,而且可以重振边疆的雄威。神宗皇帝顾虑国家财政不足,资金短缺,国势减弱,便支持王安石的新政。因此,新政中凡是可以获取钱财的措施,无一不被朝廷采用。比如散发青苗钱、推行市易法、收取敛役钱、变更盐法,就是相关的具体措施。振兴大宋,补足财政之不足,这种忧国之情是他说服众人的根据。如果不能推翻王安石等人以新政振兴国家的论调,而武断地强行禁止青苗、市易、役钱、盐法等聚敛民财的措施的推行,即使用一百种说法劝说一百次也是无济于事的。

若现在立即废除青苗,罢去市易,蠲免役钱,变更盐法,把过去聚敛钱财而且于民有害的新法一概废除,这样不仅收效甚微,而且会激起那些倾心于推行新法而受到重用的人的不满。这些反对者,不仅要说青苗不可废,市易不可罢,役钱不可蠲,盐法不可变,而且还会以国家财政不足为借口,极力申辩新政的作用,并以此来动摇皇上废除新政的决心。一旦涉及国家的利益,即使石头人倾听了他们的论说,也会为之感动,无力辩驳。如果事情真的照这样的事态发展,即使暂时废止了也可以再实行,暂时罢除了也可以再重新制定,蠲免的可以再收敛,取消的也可以重新收回,那时一切就会前功尽弃。所以,若要废止新法,为什么不考虑如何在事先消除新法的支持者对财政不足的顾虑呢?当务之急,应当全力振兴国家的财政,深入详细地了解财政收入和支出情况,清理各路所剩余积压的钱粮之账目,所有国家收入的财物归户部负责统一掌管,以保证国家经费足可支付近二十年之用。如果真的能照此方法实施,财政增长不久便可十倍于今日。

容斋随笔精粹

假使皇上能够确切知道天下财物有大量余存，便可消除原先的顾虑，那么，财政不足的理由就不再成立，这样过去所制定并实行的新法才能永久废除，不会再出现反复。

王安石执政时，极力拉拢势力，满朝文武几乎都成了他的支持者，所以他所制定的新法才能够得以推行。现在若要革除新政的弊端，一定要从根本上肃清这些人的思想。现在皇帝身边的侍从、职司使之类的官，十有七八是王安石在任时的耳目，即使重用一些德高望重的君子和旧日的大臣，势力也还是很微弱，在数百官僚之中也才仅有这十几人而已，在这种形势下怎么有能力彻底地废除新法呢！如果此时操之过急，武断冲动行事，那么即使新法一时被废去，也还是可在众人的反对声中再次实行，何况现在还没有废除呢！如果用这样的办法去革除新法造成的弊端，就像一个垂危之人稍有好转，他的父兄子弟虽面有喜色，但并不敢放下紧悬的心，更不会为此祝贺，因为这个病人的病根未除，仍然可能旧病复发，再次陷入危机之中。"

毕仲游与苏轼一向私交甚笃，此事之前，苏东坡曾在馆阁任职，因为不满时政，便经常利用这个机会写文章发表自己的观点，规诫、陈述时政利弊，言辞非常激烈。毕仲游担心他会因此惹祸上身，白白葬送了自己的前途，就写信告诫他说："孟轲情非得已时才开口争辩，孔子常把自己的想法积存于心而不轻易吐露，古人之所以深谋远虑，谨慎从事，并不是贪生怕死，而是以此保证功业成就，延长寿命，才会采取这种明哲保身，以图他日实现理想的做法。您自入朝为官以来，从未说过关系到自身祸福利害的话，其实不过是吝惜你的言语而已。大凡由于语言而受牵累的，多不是出于口的话语，而是其他表现于诗歌、赋颂、碑铭、序记中的言论。现在你只是谨慎出于口的话语，对于形诸文的语言却丝毫没有顾忌。你总是在文章中直接说明自己的好恶，你认为做得对的就大加称赞，被肯定者自然高兴；你认为做得错的就大加指责，同样，被你指责的人自然会对你产生怨恨。结果，被你肯定的人未必能对你的事业有什么帮助，而对你怨恨的人则可能断送你的前程。

现在天下人评论你的文章，就像评论孙膑用兵、扁鹊行医一样，往往指名道姓，有的放矢。即使你的文章中没有论断是非功过的话，也有述说是非的嫌疑，何况你的文章中能有几篇不是直接评论是非的呢！你官非谏臣，职非御史，而非议别人未曾非议的事情，赞同别人未曾赞同的观点。你不惜让自己处于危险境地，而去触犯众人忌讳的问题，这样下去，不但不能救民于水火，反而会徒增自己的麻烦，这就像是抱着石头去营救溺水的人，救不了别人，自己反而会被溺死。"

司马光、苏东坡二人接到以上两封信后，非常震撼，恍若醍醐灌顶。事实证明，毕仲游的预见是正确的。不久前我参与编修国史，偶然看到了毕仲游的文集，有幸读到这两封信，便打算将他们载于国史中。尽管毕仲游官位普通，家世平常，但我还是为他单独写了传记，并记下了他的文章。

韦孟诗乖疏

《汉书·韦贤传》中记载了韦孟写的两篇诗和他的孙子韦玄成写的一篇诗，其风韵与《诗经》三百篇颇为相似，但是其内容却非常荒诞，不足为信。如韦孟在劝谏诗中说："肃肃我祖，国自豕韦。总齐群邦，以翼大商。至于有周，历世会同。王赧听谮，实绝我邦。我邦既绝，厥政斯逸。赏罚之行，非繇王室。庶尹群后，靡扶靡卫。五服崩离，宗周以队。"应劭在对此诗的解释中说："赧王不明是非，听信谗言，罢黜了豕韦氏，自此以后周室便政教废弛，王命得不到执行。"诗中韦孟自叙了祖宗的经历，说法竟然如此荒唐无据、乖张粗鲁。东周时期，赧王执政时仅剩下七处城邑，周室唯恐拉拢不及，这七处城邑也接着背叛，便极力维持，又怎么可能主动与邦侯国家断绝关系呢？而且周朝灭亡的因素是多方面的，是历史的大趋势，已无可挽回。由此可见，周朝并不是因为取消了豕韦的官爵与封地，才导致五服范围内分崩离析的，这种荒诞的言论本来已经不攻自破，无须多费口舌，而应劭却沿用这种说法又加以补充说明，就显得更加可笑了。

《左传》中记载了范宣子的一段话，说："我范匄部的祖宗乃显耀世家，在商代为豕韦氏，在周代为唐杜氏。"杜预的注释中说："豕韦氏建国都于东郡的白马县（今河南滑县旧城东），商朝末期建国都于唐（今山西境内）地，周成王在位时派兵将其消灭。"

这一记载有根有据，能够真实地反映豕韦氏的兴亡盛衰，可惜颜师古却弃而不用。

匡衡守正

西汉元帝时期，贡禹就宗庙的设立一事向皇上启奏说："朝廷供奉的天子七庙中，亲缘关系已尽的宗庙应该予以撤除。地方郡国所设立的庙宇中，供奉祖先有与古代礼法不符的，都应当厘正改定。"汉元帝并没有立即做决定，而是把此事交由臣下商议，就在商议的过程中，贡禹就去世了，没来得及看到他的建议得以实施。不久后，皇帝便下令先罢去各郡国的庙宇，接着又规定皇室七代以前祖先的寝庙和园陵，都不得再修缮重建。谁知这些诏令颁布后不久，皇上便身患急病，卧床不起，并于病中梦见祖宗指责他罢去郡国庙宇。汉元帝不知如何是好，便下诏询问当时的丞相匡衡，准备恢复已经撤除的郡国庙宇。匡衡极力陈述恢复庙宇的弊处，认为既然已经废除，就绝对不能重蹈覆辙。很长时间过去了，太医们方法用尽，可皇上的病依然未有任何的好转。匡衡开始为此惶恐不安，于是到高祖、孝文、孝武庙前祈祷说："皇上祖先的庙宇应该统一在京师建置，这

容斋随笔精粹

是符合礼仪规定的。而现如今皇上有病久治不愈，并于病中梦见祖宗告诫毁庙之事，皇上悲伤恐惧过度，心急如焚，立即诏令我商议再度修复宗庙的事宜，我极力劝阻。假使先帝们认为此举确实不符合礼仪的要求，有违祖宗的心愿，那么就把错误全归咎在我一人身上，这种灾难性的惩罚应当让我一个人来承受。"同时他又向被毁的庙宇的神灵祷告说："迁移各地祠庙合并祭祀，这是长久之策。现在皇帝身染重病，便考虑再度修复庙宇举行祭祀。臣匡衡等认为若再度修复庙宇在礼仪上并不合适，如若此举不符合各位先帝的遗愿，罪责都由臣匡衡等人一力承担，我们应当受到惩罚。现在皇帝诏令朝臣就建立或毁罢庙宇之事上奏陈述意见，我个人认为，天子的祭祀按照礼仪是应当有界限的。现在的问题是要制定恢复祠庙的文件，却找不到遵循的先例。如果说这有什么不当之处，其罪责全由臣匡衡一人承担，无须罪及皇上。"

据我往日对匡衡的了解，此人平常善于巧言谄媚，一味附和石显，以图谋取高官厚禄。然而从这件事中可以看出他遵循原则，谨守礼仪的另一面。他的祷告神灵之文，差不多与《尚书·金滕》中记载的周公祈祷的话相同，但却没有为后人所称道、流传。《汉书》也没有把此文列入匡衡的传记里。正因为人们憎恶他，所以不愿记述他值得称道的一面，但还是应该知道他有好的方面的，这样才能对他作出客观合理的评价。

《郊祀志》中说，南山的巫人专门设立祠堂祭祀秦中。秦中指的就是秦朝的第二代皇帝胡亥。巫人认为胡亥是被逼迫而死，其魂魄变成了恶鬼，所以立祠祭祀他，免得伤及无辜。到汉成帝时，匡衡上奏废除了秦中祠，这件事也算是匡衡所做的益事，也可写进史书中。

西极化人

《列子》中记载了一件奇异的事情，西周穆王在位时，在最西部的一个国家里，有个会幻术的人。一天，他游历到周朝境内，周穆王对他尊崇至极，像神一样供奉他。这个会幻术的人为了显示自己的仙术，便邀请穆王同他一起出游仙境，穆王刚拽着化人的袖口，化人随即猛然向上飞腾，一直到半空方才停止，周穆王深为惊叹。之后他们来到了化人的宫殿，稍微停留片刻就有恍如隔世之感，不愿再返回故地。后来这位化人又请穆王一起出游，这次的出游与前次大不一样。穆王这一次神志迷乱，浑然不知所在，就主动请求化人让他返回故地。穆王苏醒之后，发现自己仍然坐在原来所坐的地方，在他身边陪伴侍候的人也还是原来侍候他的那些人。再看面前的桌上，杯盘依然如故。穆王便问旁边侍候的人，他刚才从何处而来，左右的人都说："穆王您一直默默不语地端坐于此啊。"穆王因此怅然若失了三个月，依然疑惑不解，就问化人上次的出游是怎么回事，化

人回答说："我与穆王您一起在仙界神游，只是意识超然物外，形体又何需移动呢？"我读了这则记载之后，才明白唐朝人所著的《南柯太守》《黄粱梦》《樱桃》《青衣》之类的东西，都是来源于此。

诏令不可轻出

俗话说，君无戏言。君主的每一句话都重于泰山，所以绝不可唐突地说出任何未经思考的话，更何况是以诏令形式下达于四方呢！

东汉光武帝继位之初，就已册立郭氏为皇后。当时阴丽华为贵人，光武帝对她宠爱至极，有意改立她为皇后。阴氏自知身份卑微，坚决推辞。后来郭氏又产下皇子，阴氏更不肯夺其皇后之位。光武帝建武九年（33年），皇上下诏说："我认为贵人阴丽华有为天下女子做表率的美德，有身为国母的风范，应该立她为皇后，但她坚决推辞，不敢升居皇后之位，而安心居于姬妾之列。为了奖赏她谦让的美德，朕准许册封她的所有兄弟入朝为官。"于是朝廷就追赠她的父亲和弟弟为侯爵，这是以前的嫔妃亲属所不曾有过的待遇。但皇帝改立皇后之意并未就此消除，到了建武十七年（41年），竟然执意废去了郭皇后和太子强，最终还是册立贵人阴丽华为皇后。既然建武九年（33年）的诏令已经施行，就不能再随意更改。况且光武帝改立贵人为后的主意已经显而易见，从诏令中很容易看出皇帝的意图。如此一来，郭皇后怎么还能够安居于皇后之位呢？

第二卷

轻浮称谓

　　南齐有名士陆慧晓，为人处世清廉恭敬，不慕富贵。他曾担任诸王长史，虽然官位显赫，但凡遇有僚佐下人来拜见，也必定起身迎接恭送。有人向他建议说："长史官位高权重，不应该随便自谦自屈去接待下人。"他坦然回答道："我生性厌恶人不懂礼节，同样严于自律，不容许自己无礼对待别人。"他从未对士大夫们以"卿"相称，有人问其缘故，陆慧晓回答说："对贵人不能用'卿'相称，对卑贱的人才能以'卿'称之。人生在世怎么能把身边的人分成高低贵贱呢？"他一辈子对别人都是以官爵相称，以示尊敬。

　　现在世俗轻薄，有的年轻人只是担任了很小的官职，同长辈师长谈话时，若提及同辈人，必称"某丈"，谈到他们所侍奉的知州、监司时居然也如此称呼。甚至于在他人父兄尊长面前提起对方的孙子、外甥、女婿时，也称"某丈"。还有的人狂妄至极，丝毫不顾礼节，竟然直呼宰相执政这些显官贵人的名号，这些都是不懂事体、没有分寸的言行。事实上，他们只是受现今社会风气的影响，逐渐养成了一种说话无礼的习惯，究其内心，并没有怠慢、轻蔑之意。即便如此，这种做法也是不可取的，我常常以此来告诫我的子孙们，切不可随波逐流。

鬼谷子书

　　鬼谷子在给苏秦、张仪的信中说："你们两位虽然已经取得了赫赫功名，但春花若到了秋日，必有凋谢之时，不可能久盛不衰。如今你们两位贪恋像晨露一样易逝的荣誉，而忽略建立长久传世的功业；轻视像乔木、松树一般常青不老、声名永垂，而崇尚一时之虚位。你们是否明白，大凡女子对男子的爱情不等席子磨损就开始消逝，男子对女子的爱情不等车轮磨损就会丧失。我为你们误入歧途感到痛心啊！"

　　《战国策》中记载楚国江乙对安陵君所说的一段话，阐明的见解同样精彩，值得借鉴。江乙说："友情若建立在钱财的基础上，钱财没有了，友情自然也就随之断绝；爱情若建立在美色的基础上，容貌衰老，宠爱也就随之消失。所以受宠的女子不等宴席结束

容斋四笔 第二卷

就会失宠，得宠的臣僚不等车子坏了就会失宠。"吕不韦曾劝华阳夫人说："依靠美色取悦于人，容貌衰退则宠爱自然消失。"《诗经·氓》的序言中也有此类的说法："女子容貌衰退，就会心相背而遭遗弃。"以上诸多说法的意思大抵相同，都是以女人的美色作比喻来告诫人们不要贪慕一时的享乐。如今的士大夫们只知道追求晋升高位而不知道反省自己，完善自己的修养，道理与此相类似，务必以此为鉴啊！

用兵为臣下利

宋仁宗时期，富弼奉旨出使契丹（辽国），当时情势紧迫，契丹皇帝声称要发兵南下，大举攻宋。身为宋使，对于避免战争，富弼有义不容辞、不可推卸的责任。于是富弼向辽国国主力陈攻宋的利弊，他说："你们若与朝廷相互通好，君王可以独享由此所带来的利益好处，而大臣们则得不到什么现成的好处；若辽国对宋用兵，则所得之利益全归臣下所有，君王不仅一无所得，还要承担引发战争的责任。所以贵国那些纷纷要求出兵的权贵大臣们，都是出于自身利益的考虑，并非真心为你们国家着想。况且现在双方胜负还未可预知，即使你们胜了，那么战争中损失士兵、马匹、劳民伤财的责任，是由臣下承担还是由君王承担呢？"当时，富弼这段精彩的论断被记录下来传到四方各地。苏洵（字明允）看到这段话时，问在旁的人说："如此精辟的议论，过去有没有人有过类似的说法？"当时不到十岁的苏东坡正巧在旁，便不紧不慢地回答道："我记得西汉时期

的严安曾上书说：'皇上今日带兵巡行占领南夷地区，强迫夜郎送来大批的朝贡，并攻掠
蕨州，建置城邑。军队横扫边境，深入匈奴地区，焚烧龙城（匈奴祭天、大会诸部的地
方。在今蒙古人民共和国境内）。这些功绩得到了一些人的极力称颂，那是因为能给他
们带来好处。这种种作为虽然可以逞一时之快，却并不是治理天下的长久之计。'严安
所说的与富弼的观点正是同一个意思。"苏洵对苏轼的记性和理解力大加称赞，认为他
说得很有道理。

我又由此事记起北魏太武帝时期，南部边防的将领们联名上表，声称刘宋人已经开
始准备粮草马匹，准备入侵。边防的将领们请求先发制人，主动发动攻击，以免被动抗
敌。北魏的公卿大臣认为这个意见很好，都予以支持。只有崔伯深不同意这种做法，他
进言道："朝廷群臣和西北边区的镇守将领，曾跟随陛下在外征伐多年，西占赫连，北攻
柔然，连连得胜利使他们拥有了许多美女和珍宝。因此南边诸将听到后十分羡慕，也要
向南进攻以掠取资财，像北方的将领一样满载而归。他们之所以极力主张与刘宋人作战，
都是为了贪图私利，谋取战争中所得的利益，如此一来，却给国家制造事端，所以不可
盲目听从他们的意见。"由于崔伯深透彻入理的分析，北魏太武帝便放弃了出兵攻宋的打
算。崔伯深的这番议论也同前面两处一样，用国家和朝廷的利益来阻止战争的发生，为
朝廷积德，也为百姓驱祸造福。

志文不可冗

苏东坡曾为文定公张齐贤作了一篇墓志铭，历时很久才完成，其间给其儿子张厚之
（张恕）写的一封信中说："先父的墓志铭我已在路途中作成大半，到了此地后，因事务
繁忙、公事缠身，一直拖拉至今，还没有写完，估计再用十天半月工夫可以作成。不过
目前仅仅是叙述大事的纲要，其中的小节都简略不提，已有六千余字。如果再把细枝末
节都填充进去，恐怕一万字也叙述不尽，这种情况自古也没有先例，希望你能明白，墓
志铭并非是越长越好。"大概当时张厚之有希望苏东坡能为父亲的墓志铭多写点内容的意
思。苏轼在另一封信中又说："我最近请假数日，才将墓志铭完成。现在派人送上，请你
收纳。我已年老体弱，头昏眼花了，精力大不如从前，因此所作文辞不佳，不知道是否
可用？"现存的这篇墓志铭的正文共七千一百字，铭诗一百六十字，在当时已属字数较
多了。

现在的人做各类文章都繁冗琐碎，我的同乡士人为一个大夫级的郡守长官作行状，
就有九千字，衢州（今浙江衢州）有位士人到京师给朝廷上书长达二万字，读此类文章
怎么会让人感到厌倦呢！做文章的人应以此为戒。

上面提到的苏东坡所做的志文帖现收藏于梁氏的竹斋，后来赵晋臣将它镌刻于湖南提点刑狱司的楚观内。

抄传文书之误

当今所传抄的各类文献书籍中，缺字错字甚至成行脱漏的现象非常多见，这大多要归咎于传抄者的不负责任，在传抄时不够认真严谨。

我在三馆任职时，借来庾自直的《类文》，先用正本点校，结果发现其中有好几卷都是把后面的内容移到了前面，顺序十分混乱。于是我让书库官整理后再录用。其他的书中也有很多相类似的情况。

周益公曾将《苏魏公集》交付太平州制版印刷，事先也做了校勘，结果发现其中的《东山长老语录序》一文中有这样一段："侧定政宗，无用所以为用；因蹄得兔，忘言而后可言。"这段话中的前一句意思含糊不明，而且与下句的文意互不连贯，理解起来很有难度。于是周益公便屈尊写信向我询问此事。我记得《庄子》里有一段是这样说的："世间的土地并非不够广阔，而人们能够占用的只是立足之地而以。然而当人离世而去，被埋入黄泉时，这个时候方知无用的土地也可以变为有用的土地了。"从这个典故中可以证明上文中所说的"侧定政宗"是错误的，应该是"厕足致泉"才对，这样才能与下文的文意相吻合。真是太荒唐了，原文中的四个字竟然全都弄错了！由此我又想起曾纮所抄写的陶渊明《读山海经》诗，其中有"形夭无千岁，猛志固常在"之句。我看了之后，怀疑这句诗有谬误之处，因为上下文意不相连贯，于是就取来《山海经》详细对校，发现原书中介绍说："刑天是一种野兽的名称，口中经常衔着干戚起舞。"从而可以知道此句应该是"刑天舞干戚"，这样上下句的文意才能讲得通。曾纮所抄的诗中竟然又是五字全错！我气愤地将此事告知友人岑公休、晁之道，两人都拍手以示惊叹不已，并马上取出各自所藏的本子对此句进行校正。这样的错误，与《苏魏公集》中的错误类似。

颜鲁公帖

颜鲁公（颜真卿）的忠义气节人所共知，各类史书中有关他的事迹的记载处处可见，而且都非常详细，几乎没有什么遗漏之处。一次很偶然的机会，我在临汝（今属河南）一个石刻上看到了他的一段话："政策法令所规定的应该遵守的法令，任何人都不可以不遵守。所以我去年因为上书议论政事而被判罪，虽然不服但也要服从。即使如此，我也不能与自己的原则背道而驰，苟且于时俗，成为千古罪人。所以就算我被贬到荒僻的凄凉之地，终生也不会感到有什么羞愧。你们应该知道，只要我下定决心，是不会半途放弃的。"

这段文字是他独自一人前往被贬谪之地的途中，写给他的子孙的，现已无法考证其具体时间。即使时隔千年，人们读这段话时，依然可以感受到颜鲁公一身的浩然正气，让人肃然起敬！

待制知制诰

宋仁宗庆历七年（1047年），鲁公曾公亮得到升迁，官位由修起居注晋升为天章阁待制。当时担任宰相的只有陈恭公（执中）一人，所以这次的升迁主要也是由他做出的决定。他的弟媳王氏，是冀公王钦若的孙女，乃曾夫人所生。

当次月初一的清晨，家人出来拜见族人，行间安礼的时候，陈恭公迎上去问弟媳王氏："六新媳妇，你曾老三被任命为侍从官，你娘家人想来应该十分满意高兴吧？"

冀公孙女当即鞠了一躬，应声回答说："我家曾三舅能升任天章阁待制，多是承蒙您的提携，全家感恩不尽，只是外婆却满心的不如意。"恭公不解，便询问其中缘由。王氏回答道："外婆看见三舅来拜谢，就责备说：'你参加科举考试得第五名，按照惯例应当晋升为中书省官员，为皇帝起草文书。想必是因为你完全荒废了学业，如今朝廷才安排你去担任这样的职务。'"陈恭公听后心里很不是滋味，默不作声，自觉在安排曾公亮的职位上有闪失之处，最终还是让曾公亮改任知制诰。

由于陈恭公不是正规科举出身，对国家的典章制度及任免的先例并不是很熟悉，所以才会受到王氏的讥讽。而王氏与他对答之前，根本未曾到娘家去，更没有所谓外婆的责备，全是她表达自己的想法的托词而已，可见她的机敏聪慧，竟达到如此高的程度。

按照宋朝旧制，修起居注官若得到升迁，必为知制诰，只有赵康靖公自己认为欧阳修官位居他之下，要让欧阳修先晋升，而司马光坚持不同意，于是当时三人都被任命为待制。由此可见，朝廷授职应该是有严格的顺序的，一般都是按资历依次进行。

裴行俭景阳

裴行俭曾担任定襄道大总管，在任时期率兵征讨突厥。大军浩荡前进，不久便到达突厥单于驻地的北面。当时天色已晚，军队便开始安营扎寨，挖建壕沟，一切准备就绪之后，裴行俭却命令把军营全部拆除，迁移到高岗之上。士兵们得此命令后都满腹怨言，手下的将领也建议说："一切战前准备都已就绪，士兵们已辛苦多时，现在都安歇在有防护设施的军营里，还是不要打扰了吧。"裴行俭却执意迁营，并催促士兵们尽快行动，否

则按军法处置。士兵们无奈，只好听从，但还是不情愿，有些士兵还发起了牢骚。不过营寨还是在天黑前迁到了高岗上。天黑之后，突然大风肆虐，乌云满天，不一会儿便下起了瓢泼大雨，原来营寨所在的空地上，不多时便积水一丈多深，一片汪洋，这时所有的将士无不惊骇不已，庆幸营寨提前迁到了高岗上，否则后果不堪设想。事后，将士们依然满心疑惑，便问裴行俭是如何得知大雨将至的，裴行俭回答说："从今以后，你们只管听从我的命令便是，无须问我是如何预知的。"

《战国策》中记载的一件事与此事非常相似。书中说："战国时，齐、韩、魏三国联合攻打燕国，楚王见燕国有难，便派景阳率兵前往燕国救援。于是景阳便率领大军赶往燕国。当晚将黑之际，景阳命令左右司马官各自选择扎营地点，修筑壁垒，当筑墙的木柱、标记建立起来以后，景阳前往巡视，生气地说：'你们怎么选择这样的地势安营扎寨呢？若遇到大水，所有的标记都会淹没。'说完便下令士兵们立刻改换营地。第二天一早，倾盆大雨不期而至，以致山洪暴发，可想而知，原先扎营的地方，早已被水淹没，所有的标记也不见了踪影。此时士兵们才对景阳的预见佩服不已。"

以上所说的两件事出奇地相似，而景阳的事迹却没有得以流传，特记于此。

第三卷

李杜往来诗

李白、杜甫二人在身为布衣时，曾经一同游玩于梁、宋地区，并成为以吟诗畅谈、饮酒交心的至交好友。

通读杜甫的文集，可以发现其中称道、怀念、赠送李白的诗文篇目甚多。例如："李侯金闺彦，脱身事幽讨""南寻禹穴见李白，道甫问讯今何如""李白一斗诗百篇，自称臣是酒中仙""近来海内为长句，汝与山东李白好""昔者与高李，晚登单父台""李侯有佳句，往往似阴铿""忆与高李辈，论交入酒垆""白也诗无敌，飘然思不群""昔年有狂客，号尔谪仙人""落月满屋梁，犹疑照颜色""三夜频梦君，情亲见君意""秋来相顾尚飘蓬，未就丹砂愧葛洪""寂寞书斋里，终朝独尔思""凉风起天末，君子意如何""不见李生久，佯狂真可哀"等，诗中提及与李白情谊的作品至少有十四五篇。而李白的诗中提及杜甫的，却极为罕见。有人认为，《尧祠亭别杜补阙》就是他赠给杜甫的诗，实际上并非如此，杜甫只官至右拾遗，并没有担任过补阙一职。再者，他自从解除右拾遗职务之后，便出任华州（今陕西华县）司功官，接着又辗转避难于四川，再没有到过东州，怎么会有这样的诗篇呢？更不用说是写给杜甫的了。此诗中"饭颗山头"之类的嘲弄之语，也并非是李白的诗风，恐怕也是好事之人杜撰出来的。

李太白怖州佐

李白在《上安州裴长史书》一文中写道："我对您的高风亮节发自内心的仰慕，能追随在您的左右倍感荣幸。谁曾想世事难料，众人对我的诽谤之言呼啸而来，极力攻击诋毁我，我深恐您会像听信流言投杼（梭子）而逃的曾母一样，相信众人那些诽谤我的虚妄之言，进而大怒，对我施威。如果事实果真如此，我自当领罪，用兰芳之浴以示清白，并自愿接受鼎烹之刑，是生是死，全听凭您的判决。但事实并非如此，所以我希望您能惠施大德，以大度之心理解我的处境。如果能再蒙您善待，我必能以我的精诚感动上天，使真相能够长虹贯日般大白于天下。倘若您听信谣言，勃然大怒，那我同样会怀着敬仰之心，跪行至您的面前，再拜之后决然离去。"文中所提到的裴长史，不知是何等人物，竟然能让李白如此屈尊，极力赞颂他的高贵和贤明。据传，此人号称"飞天京"，才智超群，高贵非凡，甚至超过李白，而且行事有大家之风，慑服万物，威风凛凛。只是不知此说是否可信。

若以我的观点来分析，李白写作此文的原因并非完全因为裴长史此人的出众之处，想李白以无功名、无背景的平民身份进入众才荟萃的翰林院，而且以他的盖世英姿、出众才智，使宠臣高力士当殿脱靴，难道会对一个小小州佐如此惧怕吗？我估计是由于情势所逼，大丈夫能屈能伸，定是他不得已而为之。有才华的人若得不到重用，犹如虎落平阳、神龙困于蝼蚁之地，真是可悲可叹啊！

李白在这封书信中述说自己的经历时说："我曾经与四川友人吴指南同在楚地游玩，不幸的是指南竟死于洞庭湖上。我悲痛欲绝，身着丧服涕泪纵横，为他祭悼，炎热的夏天热浪滚滚，我丝毫不觉，仍伏在他的尸体上不肯离去，即使此时猛虎突然来袭，我仍将坚守不动。迫于当时的条件，只好暂且把他埋葬在洞庭湖边，之后我才恋恋不舍地离去。时隔数年之后我重到此地，看到他的遗骸尚存，忆及往昔，不禁泪流满面，并手持刀刃将他的遗骨清理干净，然后用布裹起，日夜随身携带，生怕不慎遗失了他的骨骸。就这样他的骨骸随我四处辗转流离，直到我借贷将其安葬在鄂城（今属湖北）。"从这段文字可以看出两人的交情竟达到如此深厚的程度，也足见李白是个重情重义之人。

在他的自叙中还有一事，说："我曾与隐士东岩子避居岷山多年，整日居于山中，从不涉足尘世，并自得其乐。那时我们饲养上千只的珍贵鸟禽，只要一声呼叫，它们便展翅飞来，于手掌之上取食，丝毫无惊怕之感。"两人于山中修身养性，忘却尘世的烦忧，情趣之雅令世人羡慕。可惜的是此事在史传当中并没有被记载，可见史传中也有很多疏漏。

祝不胜诅

齐景公突患重病，卧于床榻之上无法起身。梁丘不去求医问药，为国君分忧，反而据此请求齐景公处死负责祈祷的祝史官，认为国君患病是祝史官祝祷不力所致。这一无礼之举引起晏子的反感，他说："若祝祷能对人有好处，可保健康长寿，那么诅咒同样也会带来坏处，致人多灾多病。现在，聊、摄以东，姑、尤以西的大片地区，数不清的百姓整日诅咒国君。即使祝史官善于祝祷，他一人之力又怎么能够胜过亿万人的诅咒呢？"

晋国中行寅身患恶疾，行将离世。临死前，他召见太祝官祝简，认为他祈祷无功，要以此治他的罪。中行寅说："你身为祝祷官员，斋戒之心不够虔诚，以致我身患重病，国家面临覆亡之灾，你该当何罪？"太祝官祝简据理力争，回答说："你奢华无度，舟车

的装饰豪华无比，赋税繁重严苛，以致百姓心生怨恨，诅咒之言难以计数，这与臣又有何干系？若说祝祷真的有益于国家的长治久安，那么诅咒之力也同样不可小视。现在是我一个人祝福，而天下人诅咒，一人祝福怎可敌过万人诅咒，如此看来，国家覆亡、国君病重乃是必然，这岂是我一个负责祝祷的小小官吏所能左右的事情，我何罪之有啊？"

　　以上两段论说道理极为相似，简直就像出自一人之口，都称得上是对症下药的金玉良言啊！

吕子论学

　　《吕氏春秋·劝学》中有这样一段鞭辟入里的论说："上天造人之初，便赋予人各种能力，所以人才能有耳可听，有目可视，有口可言，有心可以思考，但这并不代表人善于利用这些本能。若利用这些本能虚心学习，那么他所听到的远不如聋子，所看到的远不如盲人，所说的话远不如哑巴，他的智力远不如精神失常的疯癫之人。所以，学习不但能使人受益终身，而且是为了知晓天性之理，使之能够充分发挥上天所赋予的各种生理机能的作用，使耳、目、口、心都能有所作为而不致沉沦或被废弃。如果能够真正地发挥这些器官的本能作用，就可以说是善于学习的人了。"这段议论十分精辟独到，丝丝入理，但却很少为学者所称道，因而特地写于此处以自戒。

实年官年

　　士大夫在叙述自己的仕宦官龄时，有所谓"实年""官年"两种说法，而且其中的差距多少不定。这种情况在以前的官方文书中从未见到过。

一般布衣出身的读书人参加科举考试，一定会将自己的实际年龄减小后上报，其原因有二：一是希望及第后，凭着自己年轻有为的条件，可以向皇室或富贵人家的小姐求婚，以求得一个稳固的靠山；二是如果不幸考场接连受挫，不得已走上特奏名的官路，只有年龄在六十岁以下的人才可以被委任官职。所以，他们不得不预先考虑自己的年龄问题，以免到时错过良机。

而达官显贵们却不会这么做，相反，他们会多报年龄。其中的奥秘在于位居公卿的子孙虽然可以通过祖辈父辈的恩泽做官，但也有年龄限制，若想让自己的子孙尽早登入仕途，便要谎报年龄。因此有的高官之子还处于幼童时期，就入朝为官，就是因为他们虚增年龄，年岁不定。不过有些恪守信义的士大夫仍认为，若自己的子孙还未踏入仕途，其父辈们就误导他们心怀鬼胎，欺骗朝廷，这对他们今后在官场上的威信有百害而无一利，我认为此说甚是。

以前无论年龄多大，都没有不可为官的限制，导致年长之人为官，不分是非，办事稀里糊涂。后来因为朝臣屡次上言请求此事，朝廷才规定年满七十者不准再担任监司、郡守。自从为官有年龄限制之后，官员们大多惴惴不安，深恐自己因年龄问题被逐出官场，所以争相以少报或多报年龄的办法来确定自己的去留。由此便出现了很多官龄与实际年龄不一致而导致的诸多问题，如江东提点刑狱使李信甫，虽已年过古稀之年，而官年却只六十五岁，因无力处理公务而坚持要求退休。朝廷因为他官年不够七十，不到退休的年龄，所以只好安排他到外地去担任祠禄官（宫观官）。房州（今湖北房县）知州章�实际年龄六十八岁，而官年却虚增三岁，已到退休年龄，所以也趁机请求退休。有关部门见他精力尚好，便根据实际情况，极力要求他留任，所以，朝廷下令准许他等到本届任期终了再议，到时自愿决定去留。严州（今浙江建德县东北）知州秦请求辞任祠禄官的上疏中说："我实际年龄六十五岁，而官年已超过了七十岁。"于是，朝廷准许他离职。齐庆胄（字宁国）请求退职时也说："我官年虽只有六十七岁，而实年已经七十岁了。"可见，为官之人若想长居官位，便将年龄减小；若想回乡养老，便将年龄增大。如此一来，实年、官年之语便出现在皇帝的诏令和其他文书中，于朝野内外到处传扬，究其本质而言，这就是君臣上下、朝臣之间的公开欺骗。这种情况已泛滥成灾，而且不合为臣之道，若还将其记录在史册上，那不等于是自取其辱吗？

雷公炮炙论

《雷公炮炙论》一书中，记载了一些药方，能治好临危的重疾，不过现在行医者已很少使用，姑且抄录于此。

其中有："头发眉毛脱落，涂半夏汁可立即生长。目歪眼斜，服用五花即可正视。脚生鸡眼，捆系莨菪根便可治愈。腹中翻腾、尿频而急，晚上煎熬竹竿服用即可有所改善。体虚腹胀，可吃鸺鹠。经血过量，可调和瓜子服用。若咳嗽不止，配酒服用熟雄。全身出现斑疹，调配生侧冷服。肠虚腹泻，须用草零。口渴心烦，宜喝竹子汁。要消腹中硬块，全靠服用硝石和硇砂。若要增加食欲和酒量，须煎熬芦根、厚朴汤服用。强筋健骨，要服用苁蓉和鳝鱼。润面延年，可蒸煮神锦服用。要知道症疮位于何处并治好它，就把阴胶点入口中。产后肌皮松弛，酒服甘皮。头痛，要往鼻子里撒入硝末。心痛，速找延胡服用。"以上共十八种治病秘方。书中所说非常简单，下面我来详细地解释一下。

先说毛发脱落的病，榨取生的半夏茎汁涂于脱落处，毛发很快就可以再生。五花就是五加皮，此植物的叶子有雄雌两种，三片则为雄叶，五片则为雌叶，治此病必须用五片的雌叶碾碎成末，泡在酒里服用，方可治好眼斜。脚上长鸡眼的病人，取来莨菪根，把它系于患处，便可根治。小便多而频，煎熬草薢服用，就会永不起夜。如果患腹大如鼓的病，用米汤调配鸺鹠肉末服用，腹部很快消胀。经血过多的妇人，把甜瓜的子仁捣碎成末，再漂去油腻，调入水中服用，症状即可缓解。咳嗽不止的人，将天雄炒过后，用酒调配一钱，用勺子慢慢送服。患斑疹者，可把旁生的生侧果实捣成碎末，与冷酒一起吞服，斑疹便可渐消。肠虚拉痢疾的人，可将五倍子研成碎末，用开水冲服。腹中结硬块的人，把硇砂、硝石两种东西放在药钵中研成粉末，放在火炉上煅烧，配酒服用，功效奇特。食欲减退、饮酒量少的人，煎熬水芦根和厚朴两味药物，和汤水服用。若把苁蓉和鳝鱼两味药研成末状，再用黄精汁水做成药丸服用，体力可比平常猛增数倍。天然的黄精汁调拌研成细末的神锦，放在柳木的甑器中蒸上七天以后，用蜂蜜做成药丸服用，面部容色可像少女般娇嫩。阴胶就是甑器中的气垢，在口中稍微点一些，就会知道五脏六腑发病的地方，这种东西会一直渗透到患处使你感觉疼痛，可发现患病之处，以便延医诊治。产后若肌肉松弛，全身浮肿，可用酒和甘皮一起服用，体形便可尽快得到恢复。头痛的人，把硝石研成碎末，滴入鼻子中，立即神清气爽。患心痛病者，可用延胡根研成粉末，配酒服用便可治愈。

治药捷法

中医的药理和药品的制作是一门很深的学问，其中的奥妙若不是钻研多年是无法掌握的。能治重疾的药不一定是珍稀昂贵的，有些药物非常便宜而且容易得到，又为人们治病所常用，但是加工制作的过程却非常繁琐，很难掌握，如香附子、菟丝子、艾叶之

类的药物，就是这种情况。有些行医者不了解这些药物的特性和研制方法，即使终日废寝忘食、劳心费神，也无法制成可服用的成药。

下面我摘取《本草》中一些研制药物的方法，供后人选用："菟丝子的加工方法是用热水淘去表层的沙土，将水滤净后再用温酒浸泡，一夜之后，再捞出晾晒，直至呈微白色时，用药具捣碎。若有坚硬不碎的，再次用酒浸泡三五天后捞出，再晾晒到微干，这时定会易碎。"

菟丝子颗粒细小，不易加工，即使《本草》中所说的这种加工方法也很麻烦。不过据我所知，还有简便的加工方法，不妨尝试一下。只要点燃几根纸条放在菟丝子上，周围的菟丝子很快会变软成粉，非常容易。

香附子的加工方法是先洗去皮毛，再放锅里炒焦，然后放进水里，等到泡透以后，再捞出在日光下暴晒至微干，放入盛器中捣烂，此时定一捣即碎。艾叶柔软不好用力弄碎，如果加入三五片白茯苓一起碾磨，就可立时成为细末。

陈翠说燕后

战国时期，秦国攻打赵国，赵国无力抵抗，很快就失去了三座城池。于是赵太后向齐国求救，齐国不愿出兵，要求让赵太后的小儿子做人质才肯出兵相救。赵太后不忍心，拒绝了齐国的要求。赵国左师触龙用自己的亲身体会规劝皇太后，让长安君做人质，他用自己疼爱幼子的心态，说明怎么样才是真正疼爱子女，由此感动了太后。我在《随笔》中曾论述过这件事。

此事记载于《战国策》《史记》和《资治通鉴》中。然而《战国策·燕策》中又有关于陈翠的一段记载，其内容与此事非常相似。《燕策》中是这样说的："陈翠在齐国与燕国之间周旋游说，打算让燕王的弟弟到齐国去做人质，以促成两国之间的交往。燕国太后听说后非常反感，说：'陈翠不能为我们国家想出好的谋略，办不成大事，也就罢了，怎么还想出这样让我们母子分离的馊主意呢？'陈翠听说太后的话之后，便入宫面见太后，希望能用自己的话劝服他，他对太后说：'臣认为您疼爱自己的孩子，竟没有一般百姓爱孩子爱得那样深切。您不只是不爱自己的孩子，对自己的丈夫更是没有任何疼爱之心。'太后听后甚为不解，忍不住问道：'你怎么会这么说呢？'陈翠有条不紊地答道：'太后您把自己的女儿嫁给诸侯，以黄金千两作为陪嫁。现在国君愿意册封您的儿子，而大臣们却认为，他没有为国家立下任何功劳，不该受封。现在终于有了让您的儿子立功的机会，让他去齐国做人质，并将以此为功册封他，太后您却要坚持拒绝，这难道还不是不爱自己的儿子吗？况且，虽然目前太后您和国君都健在，所以您的这个儿子暂时还

能够衣食无忧。一旦你们离世之后，太子即位，谁还会怜悯您的儿子呢？到那时您的这个儿子定会落魄不堪，甚至贫贱如老百姓一般。所以，如果不趁太后您和国君在世时册封您的这个儿子，给他立功受赏的机会，恐怕他一辈子也得不到任何的册封了。'太后听罢，非常佩服陈翠的说法，当即向陈翠道歉说：'老妇见识短浅，不如您考虑得长远，还望谅解。'说完，当即下令为公子准备行李盘缠，前往齐国做人质。"这段话与触龙所阐述的道理有异曲同工之妙，结果也都得到了太后的认同，但是此事《史记》中没有记载，甚至在《资治通鉴》也没有见到。

水旱祈祷

天气的阴晴雨雪本就变幻莫测，气候变化并不能完全被人所预知，即使是同一时间，各州郡所处的地区不同，气候也有所差异。作为当地的守令长官，如果注重民事，善于观察，就一定知道根据季节的不同、旱涝的差异选择何时祭天祈求，而并不是僵硬地死守上级的指令安排。

不过三省六部的官员查实灾情的旧制度，只是以都城周围的气候和司天监颁布的节气为准。这些命令下达给诸路转运司，让他们巡察管辖内的各州县，分别到各名山灵祠，进行虔诚恭敬的祈祷。实际上这种事情不该作统一的规定，各地气候不同，怎能一概而论呢？

　　宋孝宗乾道九年（1173 年）秋天，赣州（今江西赣州）、吉州（今江西吉安）地区接连数日暴雨倾盆，河水猛涨，随时可能冲破堤坝。当时我正担任赣州知州，眼见涝灾将至，立即多方准备土袋，塞堵各个城门，以防洪水入城，两天后水势渐退。可笑的是，就在全城抗洪之际，朝廷竟然下令祈天降雨，真是让人哭笑不得。我压着朝廷的诏令，没有下达实行，然后将赣州的情况据实上报。不久后，我听说吉州出现了祈雨祈晴同时出现的情况，先是在行礼用的小厅中设立祈晴道场，而把大厅作为祈雨的地方。我询问其中的缘由，知州无奈地说："祈求天晴，是因为本州同贵地一样正遭受涝灾，而祈天降雨，是朝廷下达的命令，实难抗命啊。"这个吉州知州，思想竟如此僵化，不知变通。竟到了侮辱迷惑天地之灵的地步，天底下的事情还有什么可依据呢？

　　如今民间流传着这样一个笑话，说："两个商人同日前往神庙，祈祷生意兴隆，万事皆顺。其中一个人打算走陆路，便希望天晴，并许诺此愿若能实现，要以猪头酬神。另一个人打算走水路，便希望下雨，并许诺此愿若能实现，要以羊头酬神。庙中的小鬼听后难以取舍，便问庙神如何应付。这位庙神就对他的小鬼说：'天晴我们吃猪头，下雨我们吃羊头，何乐而不为呢？'"这个故事正是嘲讽上述所说的愚蠢做法。关于祈天之事，苏东坡有诗句说："耕田欲雨刈欲晴，去得顺风来者怨。若使人人祷辄遂，造物应须日千变。"这里的意思是说上天的意志如何，要随天而定，不能为世俗凡人所左右，否则，便晴也不是、雨也不是了。

第四卷

今日官冗

　　宋神宗元丰年间，曾巩任判三班院，也就是现在吏部侍郎右选。他在给皇帝的奏折中就阐述了这个问题，他说："朝廷在真宗景德年间的垦田面积共有一百七十万顷，当时的官员数量仅有一万人。至仁宗皇祐年间，垦田量增多至二百二十五万顷，此时官员数量达两万人。再到英宗治平年间，垦田量是四百三十万顷，官员达二万四千人。从这个数据统计来看，虽然各代的垦田面积日益扩大，但官员人数也随之增加，并且后来的南郊祭祀费用也比前高出一倍。以三班院这三年来的在册人数相比较，其中登入仕籍的官员将近七百人，而死亡和免退者却不足二百人，照此算来，入官的人数每年都至少以五百人的数量增长，而且无休无止。因此，用财之道，任人之制，应当令有关方面的官吏进行讨论，探求其利害关系，使天下财富收入达到治平的水平，而用于官员消费的财政支出降低到景德时的水平。这样通过三十年时间的平衡调配，就可以节省出十年的财物积蓄了。"当时，宋朝处于全盛时期，仓库财物多有封存余积，然而由于官员的猛增犹有这种担忧产生。

宁宗庆元二年（1196年）四月，官员数量的无节制增加，在朝臣中引起了激烈的反响。某日上朝时，有臣下激昂地陈词："孝宗乾道年间，京朝官有三四千人，选人有七八千人。光宗绍熙二年（1191年），吏部四选司所铨注的官员名籍中，尚书左选有京官四千一百五十九人，尚书右选有大使臣五千一百七十三员，侍郎左选有选人一万二千八百六十九人，侍郎右选有小使臣一万一千三百一十五人。总计四选司注册的官员数竟达三万三千五百一十六人，从这些数字中可见官员冗多的程度之深，已数倍于国家全盛时期的人数。最近的四年中，京官数量虽然没有大额度的增加，但地方的选人数增至一万三千六百七十人，比绍熙二年增加八百零一人，大使臣增至六千五百二十五人，比绍熙二年增加一千三百四十八人，小使臣增至一万八千七百零五人，比绍熙二年增加七千四百人，而且这个数字还没算上今年的科举人数和明年的举荐人数。若总共算起来，定不少于四万三千人，对比前四年的官数已增长了一万人，难道这些还不足以担忧吗！"

近年来，由于朝廷连续大赦施恩，举行庆典，而宗室的亲属推恩，也渐渐不分亲缘关系远近，凡是参加过三次省试考试未被录取的一律通过特奏的方式受到特殊的优待，予以录用。即使原来没有具体职责的助教也晋升为正官。从金朝归顺宋朝的归正人每州有几十个、几百个，现在的官员冗多之状，就如同病入膏肓的将死之人，即使俞跗、扁鹊那样的名医在世，也束手无策了。

栾城和张安道诗

文定公张方平（字安道）曾任职于四川，当时得以与苏洵及苏轼、苏辙父子三人相见。初见面时，张方平就认定此三人乃国家之栋梁，而且当即许诺推荐他们入朝做官。

宋神宗熙宁年间，张方平调任陈州南都（今河南境）长官，便邀请苏辙做他的府署官员。至元丰初年，苏轼因得罪当朝权贵而被贬谪齐安，其弟苏辙也遭受牵连而被贬到筠州（今江西高安）做监盐漕务。临别之时，苏辙与张方平依依话别，张方平深感不舍又无可奈何，只好忍痛酌酒相祝，并亲手题诗一首："可怜萍梗飘蓬客，自叹匏瓜老病

身。从此空斋挂尘榻，不知重扫待何人？"

七年之后，苏辙终于自筠州被召还，并在南都与张方平相见，二人相谈甚欢。至哲宗元符末年，苏辙又从龙川（今属广东）回到许昌（今属河南），他的侄子苏叔党拿出了苏轼所留下的遗墨给他看，偶然翻出了过去张方平赠给他的那首诗，回想往昔，不觉已过几十载，此时张方平已离世十年之久，念及故人，苏辙禁不住泪流满面，不能自已。忆及往日与张方平相处之岁月，诗兴遂起，于是追和张方平诗道："少年便识成都尹，中岁仍为幕下宾。待我江西徐孺子，一生知己有斯人。"以上两首诗作都表达了两人相知情深，但对世事却没有任何的怨言，只是悲叹二人诚挚的友谊，直到今天，人们在读这两首诗时，都会对其中的深情厚谊感触颇深。

再看如今世上的那些世俗浅薄之人，个个薄情寡义，毫无真情可言，即使一时接受他人特殊恩惠，转眼之间便抛到九霄云外，好像从未相识一般。苏辙与张方平，一个已入黄泉，一个尚在人世，而活着的人尚且能对死者如此真诚，念念不忘，可见两人的深情厚谊已超越了生死的界限，真是值得当今之人重整衣冠郑重行礼，以表恭敬之意。

和范杜苏四公

五代时期，后晋宰相和凝，在后唐明宗长兴四年（933年）担任主持科举考试的知贡举官，当时范质参加此届的科举考试，并被录取为第十三名进士。按照后唐旧制，知贡举官选拔进士，对他自己及第时所排列的名次最为看重，称为"传衣钵"。估计范质被录取为进士，同样是因为这个原因，和凝在后梁末帝贞明年间及第时排行为第十三，所以取第十三名的范质为进士，并且对他说："你今后的仕途定会如我一样。"后来范质果然也晋升到了宰相的位置，并被封为鲁国公，官至太子太傅，当世之人将此事传为美谈。另外，两人的生年也很相似，和凝享年五十八岁，范质死时五十四岁。《三朝史·范质传》中对这件事作了详细的记载，《新五代史·和凝传》中也有记载，但记载有误，此书中把范质及第名次误记为第五名，按照《登科记》的记载，这一说法是错误的。

宋朝杜祁公（杜衍）被罢相之时，身份为太子少师，并以此位退休。不久后，朝廷在南郊举行祭礼时，因当时杜衍年事已高，便特许他免于随从官员出席，祭礼之后颁布恩典，杜衍又被晋升为太子太师，之后不久便去世，享年八十岁。苏颂（苏子容）曾在家中占卜自己的仕途，当时任南京判官。杜衍此时正巧在南京家乡休养，与苏颂见面后，饶有兴致地告诉他自己一生的经历，最后说："你以后的经历，也和老夫我一样。"等到苏颂进入仕途以后，他的名声、德操和杜衍果真非常相似。苏颂的《文集》中有一篇《谢杜公书》，文中所叙述的正是此事。更为巧合的是，苏颂年老被罢相之后，同样是以太子少师的身份退休，而后又被晋升太子太保，并于八十二岁时去世。

据先代的贤人所说，高贵的人之所以善于预测他人的一生起伏，是由于他们阅历丰富、经历曲折的缘故。和凝、杜衍二人对范质、苏颂的官爵、年龄都预测得如此精准，的确与众不同啊！

外台秘要

《外台秘要》一书中，记载了一种制伏老虎的方法，具体如下："首先于山下停留片刻，闭住气深呼吸三十五次，此时当地的山神就会让老虎的魂魄来到你跟前，于是你就想象着肺中有白帝出现，收取老虎的两只眼睛，又把它塞到腹中，这时再吐出肺气，然后自然上升覆蔽于山林的上方。之后再停留片刻，接着同样闭住气呼吸三十五次，双手向前并拢睁大眼睛前进三步，每步都先抬右脚，三步后停住，口念咒语说：'李耳，李耳，你不就是李耳吗！你偷走了黄帝的犬，黄帝让我来问你这是为什么。'说毕便向前走，这样即使深入森林也不会遇见老虎。即使仓促间遇上了老虎，也无须惊慌，只要正面站立，尽力张开左手的五指斜指着它，用尽力气跳跃，手上下摆动三回，并在跳跃中大声呼叫，呵斥说：'虎，北斗君使汝去！'这样虎自然会摇尾离去，不敢伤害你。"

此说真是可笑，若有人仓促间撞见猛虎，惊恐万状，逃避躲闪还来不及，怎么能够镇定自若地靠近它，并凭着简单的八字咒语就能顺利脱身呢！偶然读到这一制伏老虎的怪法，姑且记录下来，权当笑料而已。

　　这本书为唐代王珪的孙子王焘所作，《新唐书·王焘传》中说："王焘因母病多病，所以多次向名医请教医术，并对所学的医理作了进一步的探讨，集结成书，其中的论述精到明确，世人视为世宝。"至于此书到底如何，这里就不深究了。

王荆公上书并诗

　　王荆公（即王安石）议论问题的见解高深而新奇，但刚愎自用。

　　宋仁宗嘉祐初年，王安石担任三司度支判官，曾就国家财政法令等问题上书仁宗，称为《万言书》，内容是："现在国家的财力日渐困竭，风俗渐趋败坏。这种祸患的根源在于没有具体的法令制度可供依据，没有遵循先王的政令。遵循先王的政令，就是要效法其强国富民的本意。只有效法其根本所在，我们所实行的改革政策和措施才不至于是危言耸听，天下人便不会惊骇不解，而认为是顺乎自然，适应当今的形势。根据天下所具有的能力，创造天下的财物。利用天下的财物，供应天下的消费。自古以来君主治理天下，财力不足从未曾成为整个国家患难的原因，真正的问题在于没有正确的理财制度。如果居于执政之位的人缺乏才能，而地方上又缺少可利用的人才，那么情势就十分危急了。难道宗庙的延续，疆土的守卫，陛下您能仅靠天意而侥幸长期保持下去吗？万一遇到意外的事故又如何维持呢？我希望您能认识到苟且因循的弊病，明确诏令臣子们，从

容斋随笔精粹

现在做起，推行改革之道，以此来适应当前社会形势的变化。臣在这里所讲的，是平庸之辈都不敢涉及的问题，也正是被那些议论是非的人看作迂阔和腐烂不堪的东西，请皇上放开眼界，支持臣的做法，以消除那些无能之辈的顾虑。"

此时，富弼、韩琦二人任宰相，读到王安石这篇上书后很不高兴，料定王安石一旦执政，必定会变法生事。事实果真如此，后来王安石当了宰相，他所实行的改革，大体上都是根据这篇上书中所表述的内容。他怜悯贫民，不忍从他们身上获取钱财，而且非常憎恨富人，要让富人散播钱财，以便使贫民得到好处，实现削富济贫之志。他曾写过一首题为《兼并》的诗，这首诗中就表达了他的这种思想，诗中说："三代子百姓，公私无异财。人主擅操柄，如天持斗魁。赋予皆自我，兼并乃奸回。奸回法有诛，势亦无自来。后世始倒持，黔首遂难裁。秦王不知此，更筑怀清台。礼义日已偷，圣经久埋埃。法尚有存者，欲言时所咍。俗吏不知方，掊克乃为才。俗儒不知变，兼并可无摧。利孔至百出，小人司阖开，有司与之争，民愈可怜哉！"这首诗句称不上典雅，但所言之意非常清晰，句句有力。到他当朝为政时，实行青苗法以夺取富人的利益，平民无论贫富，除缴纳两税以外，都要缴纳青苗借贷的利息钱十分之二。后来吕惠卿又根据此法，实行自报丁产实况的"手实法"，终于导致更为严重的社会弊病，百姓苦不堪言。此法的根源应归咎于王安石的《兼并》诗。苏辙认为有史以来，从来没有任何一首诗作像《兼并》诗一样产生如此恶劣的后果。真让人为此而感到悲伤啊！

李郭诏书

唐代宗即位后，大唐重臣郭子仪遭到他的亲近之人的诋毁，再加上朝中嫉妒他的人很多，也趁此机会纷纷进诽谤之言。他担心皇帝轻信谗言，以致祸及其身，连累全族，便主动向代宗进呈了他自灵武（今宁夏青铜峡县东北）、河北（今河北大名东北）一直到绛州（今山西新绛）任官时玄宗、肃宗皇帝赐给他的诏书共一千余卷，以显自己的耿耿忠心。郭子仪的家传中有记载他上奏时讲的一些话，其中大多都是这些诏书中的内容。

我又在韦端符的《李卫公故物记》中见到这样的记载："三原（今属陕西）县令的门客中有一个叫李丞的人，乃是名将李靖的后代，家中收藏有太宗皇帝李世民赐给的诏书二十道，其中大多的内容都是商讨征战之事及慰劳之语，如'有关军政事务都托付给你去处理，我不作过多的干预'。后来李靖身患重病，弥留之际，皇帝又屡下诏书慰问，其中一份诏书中说：'如果有年长的妇人昼夜观察你的病情，请每天让其中一个来我这里禀报，我要详细了解你日常起居的情况如何，方才安心。'权文公（权德舆）曾看到过这份诏书，当场感动得涕泣俱下，说：'君臣之间的关系竟能达到如此亲近的程度！'"

《新唐书》记载李靖的事迹时，交代了这些诏书的归属问题，书中记载："李靖的第五代孙子李彦芳，于唐文宗太和年间任凤翔府（今陕西凤翔县）司录参军，将唐高祖、唐太宗时期赐给李靖的诏书数函上交给皇上，皇上都把它保留在宫中，以示纪念，同时又下令把这些诏书摹写一份副本回赐给李彦芳。"从以上郭、李所受诏书的数目和内容来看，唐代明君宠爱、礼遇贤臣名将的真诚之心实属难得，其关怀的程度达到如此深挚的地步，这是汉代、晋代以来的历代皇帝都比不上的。

两道出师

国家举兵出师，无论是征讨叛军还是出战边塞，都有各路同时并进的策略，若各路的战况不同，其胜败功罪的裁决，就要根据各路的实际情况而定。只有采取这样赏罚分明的政策，才能使将士们知道如何去发扬优点，自我勉励。

汉武帝时期，匈奴进犯边境，朝廷派卫青、霍去病率兵讨伐匈奴。结果霍去病因领兵有功而被加封，他的部将中有四人被封为列侯。而卫青虽官高位重，却并没有在此次讨伐中立下战功，所以没有得到一丝一毫的加封，他手下的官兵吏卒也没有得到任何的奖赏。

汉宣帝时期，朝廷又派遣田广明等五位将军率兵进攻匈奴，同时又令常惠联合乌孙兵力一同出击，最后田广明等五位将军都没有立下战功，其中田广明和田顺还因领兵不当而被判死罪。而后续部队的将领常惠却因完成了联合乌孙的任务，而且使匈奴兵力受到重创，被朝廷封侯。

南朝宋文帝时期，出兵讨伐北魏，兵分两路前进。雍州将领柳元景等人，在攻克了弘农郡的陕城（今河南陕县）之后，又进驻到潼关（今属陕西）一带，战绩显赫。而东路军王玄谟部却连连败退，于是宋文帝便下令把他们全部召回。结果王玄谟被贬黜，而柳元景则因功受赏。

以上所举之例，都算是赏罚分明的，但宋朝之举措却并不尽然。

宋高宗绍兴七年（1137年），淮西边区的大将刘锜因治军无功被罢职，而当时驻军湖北的岳飞又因母亲去世回归故里服丧，并因悲痛难抑，无法服从朝廷要他停止服丧而上任军职的命令。一时间营中无将，高宗无奈，只好任命兵部尚书吕安老（吕祉）、兵部侍郎张渊道二人分往淮西、湖北两部，不久便任命二人为宣抚使，正式执掌军权。岳飞当时身在九江（今属江西），见朝廷另派将领入营为帅，担心兵权一旦失去，就很难再收回，便日夜兼程赶赴鄂州（今湖北武汉），后来朝廷下令恢复岳飞之职，张渊道则被召回，并任命他为枢密都承旨。而吕安老却因庐州（今安徽合肥）郦琼叛降而命丧他乡。当时有人弹劾张浚擅离职守，张浚因此被撤职。而张渊道接着也因此事而受到牵连被罢免。这就有点不太公平了。至孝宗隆兴年间，金军再次大举出兵进犯我大宋，此时由张浚担任督帅，派李显忠、邵宏渊进攻符离（今安徽宿州符离），中途便遭到金军阻击，全线溃败，因此所有将官都受到贬斥或降级的处分。当时汪庄敏以参知政事身份督查荆州、襄阳两地的军务，因为没有协调好东西两路的军事部署，也因符离战败之事被治罪贬谪。古代和现代在军事方面的奖惩之道竟然有如此大的差别，实在难解。

唐明皇赐二相物

唐玄宗时期，以李林甫为右丞相，国家之事，无论大小轻重，唐玄宗一概托付于他全权处理，当时的左丞相牛仙客、李适之、陈希烈等虽处在同等官位，却不过是充数的幌子而已，根本不敢过问政事。李林甫死后，这种宰相独揽朝政的状况并未得到改观，反而更加严重。那是因为接任宰相之职的不是别人，而是另一个宠臣杨国忠。他担任右丞相之后，唐玄宗对他的宠爱更甚，简直到了无以复加的程度。天宝十三年（754年），皇上在跃龙殿门大摆豪宴款待群臣，当场赐给右丞相一千五百匹绢、三百匹彩罗和五百匹彩绫，但赐给左丞相的却只有三百匹绢，以及彩罗、彩绫各五十匹而已。同样是宰相之职，所赐财物之多寡，竟达五倍！于情于理皆不容啊！像陈希烈这样的庸碌贪财之人，眼见朝廷如此宠信右丞相，艳羡之余，怎么能够不像奴才一样去巴结右丞相呢？这大概就是他甘心臣服于安禄山的原因所在。

第五卷

饶州风俗

宋仁宗嘉祐年间，吴孝宗（字子经）曾撰写了一篇《余干县学记》。此文中有关于各地学术风气及民俗的介绍，文中说："自远古时期至朝廷之前，中原地区一直是政治经济的中心，朝堂之地，繁华无比。而江南地区在国内经济文化中的地位，远远不能与中原地区相提并论。不过自朝廷建国以后，七闽（即今福建），二浙（浙东、浙西，即今浙江），及大江东西（今长江西下游南、北两岸的地区），学识风气渐长，攻读诗书者日益增多，以至才俊辈出，其数量之多，居于国内首位。而饶州（今江西鄱阳）则是江南中首屈一指之地，由于此地土壤肥沃，环境优美，气候宜人，适宜于多种动植物及农作物的生长，百姓生活因此富足有余，家有白银百两的也不能进入富人之列。若是天下安宁太平无事的时候，饶州人还乐于行善积德。好学之风更是兴盛，做父亲兄长的，往往为自己的儿子、兄弟不用功读书而感到羞愧；做母亲妻子的，往往为自己的儿子、丈夫不舞文弄墨而感到内疚。这里的社会风尚竟是如此善美纯朴！让人无限向往。"

近年来，饶州的百姓却不如上文中所说的那样了，虽然百姓家中可算富足，可已无法与昔日相比。高楼巨栋拔地而起，田地绵延不断，景象虽好，但往往被坐享其成者拥有。至于那种乐于助人、好做善事、勤奋好学的社会风尚，也不像吴孝宗所说的那样盛行了。回想起从前家乡饶州的种种好处，不禁扼腕叹息，现将吴孝宗所说录之于此，以表达我的惋惜之意！

勇怯无常

"人性中的勇敢并不是持久具备的品质，同样，胆怯之心也并非一成不变。若精神饱满则内心充实，内心充实则勇敢；若精神萎靡则内心空虚，内心空虚则胆怯随之而至。胆怯勇敢，空虚充实，其中的依存关系十分微妙，不可不知。勇敢的人战无不胜，胆怯的人遇战必败。战而获胜的人，是由于他作战时勇敢；战而败北的人，是由于作战时胆怯。胆怯与勇敢不是固定不变的，而是不时变化的，人往往都是时而勇敢时而胆怯。人

们往往不知道它的变化的方法，把握不了勇敢和胆怯转化的规律，只有圣人才能发现这一变化的原因和方法，并运用自如。"这是《吕氏春秋·决胜篇》里的一段论述。我非常喜爱这段话，觉得其中阐述的道理非常精辟深刻，所以将它抄录于此。

韩文公荐士

唐朝时期，科举考试中的取士大权完全交给主持考试的主考官，那时还没有实行考试密封姓名的办法，因此徇私舞弊之事便在所难免。那些交往密切、关系深厚的亲朋往往想方设法从中周旋，向主考官行贿送礼，以期能够得中，当时人们称这种做法为通榜。

为显示公平，每次科考录取之后，主考官害怕众人的讥讽议论，就责令有关考官，严格考选，秉公审核。也有迫于权贵势要的压力，或受亲朋故友的干扰，或为子孙门生所连累，这些都是人情世故所难以避免的。如果是公正贤明的主考官，情况绝不会如此。在未举行正式考试之前，对贡士学问的高下的情况予以了解，这样就可以做到心中有数，不会受到其他因素的干扰。

韩愈在《与祠部陆员外书》中说："若执事官与掌管选拔贡士的官员相识，那最好不过了，这样掌管选拔贡士官便可与执事官密切配合。前者的职责在于为朝廷发现人才，而后者的职责则在于为朝廷选进贤能的人才。如果选出的确是人才而授之以官，便可两全其美、人尽其才。据我所了解的人中，有侯喜、侯云长、刘述古、韦群玉四人，应当首先得到推荐，只希望他们能够得到录用，我才算了了一桩心事。另外，沈杞、张弘、尉迟汾、李绅、张后馀、李翊，同样是出众的青年才俊，选拔录用他们六人亦是众望所归。为朝廷录取真才实学之人才，也正是主考官所孜孜以求的，所以我据实以告，希望

容斋四笔 第五卷

能助一臂之力。以前，陆相公曾负责选拔贡士，我也有幸列于其中并被荐送至京师。那次通过考试所选取的人，在当时都是很有声望的人。之所以能录取到这样的人才，还在于得到补阙梁肃、郎中王础的辅助。梁肃举荐八人，没有一人落选，其余都是与王础共同商定的，陆相公与王础、梁肃密切合作，互相信任，如此用心尽力选拔人才，至今仍然传为佳话。"此信收于韩愈文集中，但没有注明写信的年份。

《唐摭言》一书有关于此事的记载："唐德宗贞元十八年（802年），由权德舆主持科举考试，员外郎陆傪负责通榜，韩愈推荐十人给陆。权德舆主持考试，发布三榜，共取其中六人，其余未被录进的，不出五年，都及第高中、金榜题名。"

又据《登科记》一书中的记载，唐德宗贞元十八年（802年），权德舆以中书舍人担任知贡举，主持考试，录取进士二十三人，尉迟汾、侯云长、韦纾、沈杞、李翔均在此次科考中被录取。贞元十九年（803年），权德舆又以礼部侍郎之职担任知贡举，主持考试，共录取进士二十人，侯喜便是在此次科考中高中榜首。唐顺宗永贞元年（805年），权德舆再次以礼部侍郎之职担任知贡举，录取进士二十九人，刘述古及第。以上三榜，共录取七十二人，其中韩愈所推荐的士子占七人。唐宪宗元和元年（806年），礼部侍郎崔邠担任知贡举，主持考试，李绅及第。元和二年（807年），张后馀、张弦考试及第。这些记载都与《唐摭言》中所说相吻合。

陆傪在唐德宗贞元年间，享有盛名，韩愈对他敬重有加。韩愈所撰《行难》一文，就是专门为陆而作。文中写道："陆先生的贤能，闻名于天下。他是非分明，凡是对的就给予肯定，不对的就给予否定。自越州（今浙江绍兴）召还之后，任职于祠部，京师的官民前去拜访的，门庭若市，络绎不绝。陆先生曾说：'现在选官用人也不详细进行考察，在朝做官的人，值得我称道的人寥寥无几。而在下面的人才多于在朝任职的官员。能够与我交往的只是数人而已。'"此外，他在送陆到歙州（今安徽歙县）担任刺史时所写的一篇序文中说："陆君出任歙州刺史，朝中的贤能大臣，地方上旅居京城的有识之士闻知后，无不为之涕泪横流，都说不应当调你离京外任。"陆一向以天下之人和事为己任，他出任歙州刺史是在贞元十八年（802年）二月。权德舆在发布进士录取榜时，他已经离京上任去了，但权德舆对他的主张依旧照行不变。选取人才取其声望而不违背众人的意愿，这种做法与陆宣公（即陆贽）的做法是一致的。

韩愈在给陆傪写这封信的时候，刚刚被任命为四门博士，官位卑微，居于文武百官之最低层。然而他仍然以为朝廷举荐人才为自己的本分，从不因官位的低微而自我贬低。正因为如此，他在所撰的《权公碑》中说："在您主持科举考试的时候，向您推荐人才的人，如果他说的话可信，您就不会因为他出身平民就不予以采纳；如果他说的不可信，即使是达官贵人你也丝毫不改初衷。"碑文中还说："权公前后主持进士考试及在殿庭策试士人，所选拔的人才，有的相继入仕，官居宰相高位，其他也都在御史台、馆阁及地方官府中任职，总计有百余人。"

梁肃及陆修都是后来考取进士的青年人的领袖，在当时有"龙门"之称。即便如此，他们在朝中的官位一直都很平平，从未涉足高位，这难道不是他们善于识别选拔人才、不以身份取人而为当权者所嫉恨的原因吗？韩愈在《答刘正夫书》中说："那些想考取进士的读书人，对先前考取进士者都是十分信任和敬重的，所以想尽一切办法前去求教。而我们这些先考取进士的人，对于后辈来应举考试的人，一旦见他们前来求教，怎么有理由不热情耐心地回答他们的问题呢？对于所有前来求教拜访的人，都要热情接待，对于他们提出的问题要仔细地给予解答，所有士大夫，都应该如此。遗憾的是，事实并非如此，士大夫往往自视颇高，只有我韩愈才乐于热情接待后进者并大力的扶持。"由此来看，韩愈留心培养、选拔人才在当时的士大夫中是最为突出的。

王勃文章

唐初王勃、杨炯、卢照邻、骆宾王等四人的诗作中，所用典故都精确恰当，而且都有它的来历。他们作记、作序，以及撰写碑铭，多用骈体文，因为当时流行的文体和格式就是如此。而后人却并不知情，对此颇多非议。

杜甫在他的《戏为六绝》这首诗中写道："王、杨、卢、骆当时体，轻薄为文哂未休。尔曹身与名俱灭，不废江河万古流。"就是针对唐初四杰所用文体而发的议论。这里所说的，"身与名俱灭"，是用来谴责那些轻薄文人的。而"江河万古流"，则是指王、杨、卢、骆唐初四杰的作品流传万世。韩愈对撰写《滕王阁记》的王勃的成就给予了很高的评价，他说："江南风景秀丽宜人，引人入胜，其中有许多景点可以供人游览观赏。而在众多的游览景点中，最令人心旷神怡的，要数滕王阁。后来见到王勃、王绪、王仲舒三人所写序、赋、记等诗文，深感钦佩。"这一段话的下面，有注文说："王勃作《滕王阁序》。"韩愈又说："御史中丞王仲舒命我为洪州滕王阁写篇记文，我自己也为将自己的名字留在滕王阁上而深感荣幸，况且我的文章能排在王勃、王绪、王仲舒三王记文之后，也是一种无上的荣誉，遂欣然应允。"从这段文字来看，韩愈对王勃的推崇，绝非一时兴起，而是早已有之。王勃一生所写的诗文，现在留存的共二十七卷。

蓝田丞壁记

唐代文学家韩愈撰有《蓝田县丞厅壁记》，柳宗元撰有《武功县丞厅壁记》，其中蓝田、武功两个县，都是京兆地区的属县。在唐代都隶属京城管辖，基本情况大致相同。而韩愈的文章，气势磅礴，空前绝后，柳宗元的文章与它相比，简直是天差地别，如同将石头与美玉同论。莆田（今属福建）方崧卿得到一种蜀本，与原文对照，发现有几处与现在所见的不同。其中有"破崖岸而为文"一句，后面接着是"丞厅故有记"。蜀本中此句没有"而"字。详细考订上下文的意思，应在"破崖岸为文丞"这一句中断句时将文丞连在一起。文丞，犹言摆设、滥竽充数，语言奇崛怪僻。如果将这里的"丞"字断为下句，便成为丞厅记了。然而这里接着又说"丞厅故有记"。即使初学写文章的人也不会有这样的写法。除此篇之外，其他各篇就没有必要更改了。

我的侄孙洪倬，近来要到宣城县（今属安徽）去做县丞。他对韩愈等人的厅壁记很感兴趣，于是就写了一篇《题名记》拿来给我看。我告诉他说："其他文章都可以根据自己的能力功底下笔去写，至于写这样的论文，则要谨慎为之，怎么能够轻易地犯这样的过错呢？"我的警告并没有来得及阻止他，他已经将《题名记》刻在了石碑上，对此，他深感懊悔。近来我又见到这种情形。我洪家的侄孙多为京官调选，如再改调，必定有做县丞的。我担心以后还会有人这样仿效，所以，书之于此，以示告诫。

宋桑林

根据《左传》中的记载："宋襄公曾在楚丘（今山东曹县东）之地设宴款待晋侯，席间请求演奏《桑林》之舞。"后文的注释中说：《桑林》是殷商时天子乐曲的名称。接着又注释说："舞蹈开始之后，乐师举《旄夏》之旗。晋侯顿觉惊慌，急忙退避并赶紧离开。到达著雍之时，晋侯便开始生病，从占卜的结果中见到了桑林之神。荀偃和士匄想返回宋国请求祈祷，但荀不同意，认为没有必要。"

根据《吕氏春秋》中所载："周武王灭殷之后，封赐成汤的后人居于宋（今河南商丘一带）地，并让他们世世代代侍奉桑林。"高诱在这里作注说："桑山之林，成汤曾经祈祷于此，所以让他的后裔们世代供奉。"《淮南子》中说："成汤执政时，每遇到旱灾，便亲自前往桑山之林祈祷。"许慎在这句话的后面加注说："桑山之林，能够兴云唤雨，乃神奇之地，所以天子才会到此地祈祷。"

从以上的两种不同记载中可见，关于桑林的本意，有两种不同的说法：一说是乐曲的名字，一说是地名，是祈祷的地方。杜预在注释《左传》时，没有引用《吕氏春秋》及《淮南子》中的说法，难道他当年没有见到这两部著作？

第六卷

用柰花事

关于柰花一说，细心的人会发现前文所引的唐代窦叔向所作的《贞懿挽歌》中就提到此事，从"都人插柰花"一句中可见。此说源自晋朝，可见于《晋书》。说晋成帝司马衍在位时期，江浙一带的女子们头上都戴白花，远远望去如同白色的柰花盛开一般。相传这种习俗缘于天上的仙女织女死的时候，民间的女子为她戴孝而头戴白花。没有多久，晋成帝的杜皇后便离世，世人认为此事正好验证了这种习俗的来历。

宋高宗绍兴五年（1135 年），宁德皇后不幸于金国五国城离世，此消息传来，举国皆悲。当时的徽州（今安徽黄山）唐辉令休宁县（今属安徽黄山）县尉陈之茂写作了一篇文章表示哀悼。其中有这样一段话："十年罹难，终弗返于苍梧。万国衔冤，徒尽箬于白柰。"当时宁德皇后与徽宗作为俘虏被囚禁于金国。而陈之茂所撰此文，语句对偶如此精确，文意也切合无误，印证了白柰之说，可见其用心之深切。

王廖儿良

　　贾谊作《过秦论》，其中有一句说："六国时期，著名士人吴起、孙膑、带佗、儿良、王廖、田忌、廉颇、赵奢等人，都曾亲自统帅过军队。"后世中注释《汉书》的各家，对此句中的人名都没有做出过解释，只有颜师古在注释中提到"儿"字和"廖"字，而且仅注读音，"儿"为五奚反，"廖"读音为聊。其他的人名都未有题记。

　　上面说的这八个人中，带佗、儿良、王廖三人，不知到底为何地何国之人，史书中也无从查起，只在《吕氏春秋》中有这样零星的记载："老聃以柔和为贵，孔子以仁爱为贵，墨翟以廉正为贵，关尹以清白为贵，列子以空虚为贵，陈骈以齐整为贵，杨朱以自己为贵，孙膑以权势为贵，王廖以先行为贵，儿良以后进为贵。"此句中提到了王廖与儿良二人，后文中的注释中说："王廖善于谋略，出兵打仗时注重先发制人，是为了首获战绩，以克敌制胜。儿良著有《兵谋》一书，书中的谋略注重后发制人，精于总结作战的经验教训，以利再战获胜。"这里仅仅提到这两个人的名字，亦未能具体述及他们的生平事略。但从《吕氏春秋》书中对这八人排列的名次来看，王廖、儿良排在孔子、老聃之后，而汉代的四种军事著作，其中一种就是儿良的《权谋》。另外，贾谊在记事时，首先肯定了宁越、杜赫二人为六国抗秦出谋划策的功绩。关于这一点，《汉书》中亦未注释与说明。《吕氏春秋》中说，孔子、墨子、宁越都是平民出身的士人。宁越是中牟人，周威公曾拜他为师。又说杜赫曾用平定天下的主张游说于周昭文君。据此可知，宁越、杜赫都是善于谋划、精于策略之人。

　　以上各点，皆随意记下，以补《汉书》所记的缺漏。

徙木偾表

　　战国时期，秦朝重用商鞅，并支持他在秦国推行变法。变法之前，他担心百姓不相信国家的改革法令，为了能让百姓真正信服，他就命人在都城城门前，竖一根三丈长的木杆，并且公开宣布：谁能搬走那根三丈长的木杆，就赏给五十金。公告颁布之后，果真有个大力之人将这根木杆搬走了，商鞅知道后，立即履行诺言，下令赏给那个人黄金五十斤。此事很快在民众中传扬开来，百姓们开始对商鞅深信不疑，不久后，他便下令在秦国全面实行变法。

　　吴起曾在魏国担任西河（今陕西大荔）长官，为政之初，为了取信于民，他在一天夜里，派人在城南门外竖立一根表杆，并于次日清晨在城中公开宣布，"谁能将这根表杆推倒，就任命他担任长大夫之类的官职。"老百姓听到后，开始议论纷纷，各持一说。有人认为此事绝对不可相信，哪有这样轻易得官的好事。也有人说："不管是真是假，不妨去试一试，如果将那根表杆推倒，最多得不到赏赐，也没有什么损失。"于是就有人来到南门外，一下子就把那根表杆推倒了，众人见状，都为他喝彩，也担心吴起到底能否实现诺言。这人推倒表杆之后，便去求见吴起，告诉他自己推倒了南门外的表杆。吴起当即宣布任命他为长大夫。自此而后，魏国的军民对吴起实行的改革法令及赏罚不再有所怀疑。

我个人认为，商鞅取信于民的策略很可能是效仿吴起，因为他本是魏国人，后到秦国做官进行变法，而吴起以徙木取信于民的做法就是在魏国实行的。由此可见，吴起立木示信理应是首创的，可惜此事却未流传下来。

草驹聋虫

现在人们都称在野外放牧的野马为草马。其实草马一说原本并不是此意。《淮南子·修务训》的注释中说："马在幼年为草驹时，时时乱踢乱跳，翘起尾巴，四处奔跑，人们难以制服它。"在这一条后面又加注说："五尺以下的小马为驹，因为在草地上放牧，所以又叫它草驹。"这和现在人们的叫法有些相似。

这篇文章中接着又说："马虽是有形体、有头脑的动物，但它像其他动物一样，没有天生的教化，也不会自然服从于人的思想。它之所以可以供人驾驭负载，是经过人驯化的结果。马，又叫聋虫。马通人性，可以理解人简单的指示，但只有经过长期的驯化，才能供人使用。并非只有马必须经过驯化，其实人又何尝不是如此呢？不过驯化的过程长短难易不同而已。"在这段文字的后面又加注说："虫，本是无知之意。"把马称作聋虫，这种叫法形象有趣，而且非常新奇。

记李复中二事

宋哲宗崇宁年间，蔡京擅权独断。他先是想帮邢恕开脱诬谤宗庙的罪责。继而又重新重用他负责边事，意图让他建立战功以备日后提升之用。不久后，邢恕就被任命为泾原经略使，不日赴任。

他上任之后，立功心切，不顾现实条件的限制，谋划采用车战法，并打算造大船五百只，发兵直抵兴州（今陕西略阳）、灵州（今宁夏灵武北），直攻西夏。从当时的战况及地理状况来分析，他所作的决定根本不能成行，只会空费军资，白送性命。邢恕启奏之后，朝廷便将此事交付熙河漕臣李复具体经办。

李复是长安（今陕西西安）人，久居军旅之中，因此对边疆兵事十分熟悉。他得知邢恕的启奏之事后，上疏极力反对这一做法，言辞恳切，忠心可见。我在编写国史时，曾将此事顺记于邢恕列传之中，但只是简略带过。近来，我偶然见到上饶刻印的《潏水集》，此集便是李复诗文的汇编，他的文章大多收录于此，其中就有当初上呈的两篇奏文。一个小小的地方官，竟敢于驳斥上相门客，如此忠烈的英勇之气，值得钦佩。遗憾的是，史传中述之简略，未能彰显其精神。现将他的两篇疏文录之于下。

李复在《乞罢造战车疏》中说："臣已接到朝廷的旨意，令本司加紧制造战车三百辆。本该立即服从，加紧制造，但细想起来，有诸多不可行之处，望朝廷三思。臣查览有关记载，古时候军队出动，曾经使用过战车打仗。那时的军队从不轻举妄动，征伐作战有礼有节，不搞阴谋诡计，而且战事多在平原旷野进行，所以战车可以通行无阻。而如今邢恕作战的战场在西部边疆，再加上戎狄往往乘势而来，迅猛异常，即使是凶猛的飞鹰，也没有他们来得那样迅速。他们在安营扎寨的时候，各自选择在地势较高安全保险的地方，不易攻击。敌方若打算撤退，我方的战车来不及出动，即便准备有序，但他们的营寨多在地势险峻之地，易守难攻，兵车根本无法上前作战。到兵车无力攻击之时，我军必然不敢贸然行事，定在不久后撤回，此时敌方却会尾追袭击，兵车虽庞大有力但却不够灵活，一旦敌军突击，我军将士定会争先恐后退却，连自己的生死都无暇顾及，兵车怎么能收回来呢？今时不同往日，战车在古时可以为中原地区使用，而且战斗力很强，但现在的战争中绝不可照搬照抄。

"臣听说关于车战法的主意，出于许彦圭，而许彦圭是通过姚麟向朝廷进献此计的。朝廷为了消除边患，只顾采纳建议，哪里知道许彦圭的这种建议纯粹是一种轻率欺妄的想法。详考历史可以知道，唐代房琯曾用战车作战，结果在与陈涛科一战中一败涂地，十万军队，没有一人逃脱，全军覆没。当时的作战之地还是在京城附近的平原之上，尚且有此恶果，更何况现在是想施行于陡坡山沟河谷之间！还有，战车比普通车宽六七寸，运行起来不合辙，再加上笨重，所以牵拉极其费力。前日调集来的兵夫，因穷困不堪，大多形体瘦弱，根本无力拉动，只好典当出卖衣服杂物，自己拿钱租赁耕牛农具，一天从早到晚不停地行进，才不过五七里而已。最后实在无法，士兵和民夫只好纷纷逃亡，兵车被丢弃在道路上，成为各路大道上的阻塞之物。为此，恳请皇上降旨停止战车制造，如其他地方已有制作而成的，也不要将那些无用之物拉牵而来，以免徒增民怨，白费钱财。"

在另一篇题为《乞罢造船奏》的上疏中，李复写道："邢恕请求制作船五百艘，放入黄河，再使其顺流而下，至会州（今甘肃靖远）西的小河内停留存放，以备战时之用，此举真是愚笨荒谬，不合常理。而朝廷竟听信谗言，降旨臣监督制造，并限一年时间完成这一任务，这怎么可能呢？本路只有船匠一名，需要到荆州、江南、淮南及浙江等地去雇人来做。还有所需钉、线等各种造船物料，亦不是本地所产。并非臣有意推卸责任，细观邢恕的奏请主张，实属儿戏。若要制造五百艘船只，即使立时着手，备齐各种工料，亦得用数年的时间。船只制成之后，自兰州入河，顺流到会州，约计路程三百里。黄河北岸现已被敌军所占，怎么能够顺利通过呢？况且会州以西，河水窄而浅，水又是咸水，皆不可饮用，河身宽不到一丈，水深只有一二尺，怎么能够存放五百艘战船呢？黄河经过会州后，流入韦精山，这一带地势险要，石峡狭窄，水流湍急，有几处河水自上垂流直下，高达数十尺，船只难道可以飞翔而过？大河到了西安州的东部，分成六七条河，每条河的水流量都很小，且多沙滩，大船根本无法通过。即使这些困难都能克服，每只船所载去的也不过马五匹、人二十名而已，就算都能安全到达兴州（今陕西略阳），又能起到多大的作用呢？何况又不知需要几个月的时间才可到达！关于造船一事，一旦传出，必定沦为西夏人的笑柄，为后人所耻笑。为朝廷利益起见，臣不敢盲目遵依圣旨，深恐白白耗费国家钱物，终究误了国家大事，那时悔之晚矣，望圣上三思。"

李复的这两篇奏疏进呈之后，徽宗经过仔细的批阅之后，认为他所说甚是，而且纯粹出于一片忠心，没有丝毫的推诿之意，于是降旨停止造车、造船的计划。李复字履中，为关内名儒，官至中大夫、集英殿修撰。当时，有一个叫李昭玘的人，因仰慕他的为人，而专门写了一首诗赠给他，诗中说："结交赖有紫髯翁，鹤骨崭崭烂修目。五言长城屹千丈，万卷书楼聊一读。"从这首诗中，便可知李复此人的德行与修养。

东坡作碑铭

苏轼在其所撰《祭张文定公文》中说："我很少为世人撰写墓志铭，不喜这种歌功颂德之事。在我的一生中，只为五人写过墓志铭，那是因为他们确实有大功大德。"仔细查考他的文集，墓志铭共有七篇。其中富韩公弼、司马温公光、赵清献公汴、范蜀公镇及张文定公齐贤的墓志，是他亲自答应撰写的，而此外的两篇，即赵康敬、滕元发二人的墓志铭，则是他代张文定撰写的。虽然也出之于他手笔，但并非他个人的本意，可以不列入五人之数中。

《眉州小集》是苏东坡作品的一部集子，书中有他在哲宗元祐年间写的一篇奏稿。文中说："臣近日领受敕书之命，为已故的同知枢密院事赵瞻撰写神道碑并把撰文写在碑石上。臣平生不愿为人撰写行状、墓铭、墓碑，这是士大夫们人尽皆知的事。近来臣之所以为司马光写了行状，这是由于司马光曾为臣已故的母亲程氏撰写墓铭；为范镇撰写墓志铭，这是由于范镇与臣的父亲生前交情很深，臣不得不写；至于奉诏为司马光、富弼等人撰写墓碑，亦是不能推辞的。然而，终究不是为臣本人的心愿。况且，而今臣年老，

体弱多病，学业荒废，自问学识浅薄，不能满足作为子孙希望宣扬他的亲人功德恩泽的夙愿。所以臣恳请陛下另选贤能之人去撰写，以免去臣的这个不情愿的差使。"

依此奏文的内容来看，为人撰写墓志碑铭并不是苏东坡个人的意愿，即使自己已经为人撰写的五篇也是不得已而为之。而今所见的杭州刻本苏东坡奏议十五卷里并没有收录其文，所以详记于此。

洗儿金钱

宋朝都城自北南迁之后，高宗定都临安（今浙江杭州），自那时起，宫廷中诸位皇子的府中无论诞下男孩还是女孩，都要大肆庆祝。其中包括皇亲国戚、三衙的长官、浙江漕司官、知临安府等进献礼品表示祝贺。之后皇子还要随即进行答谢。作为答谢的礼物，除金币之外，还有洗儿钱果，往往回赠几十盒之多。这些洗儿钱果，装饰精致奇巧，花费很大。如果把金币和洗儿钱果加在一起计算，数目不可胜数，所用的花费更是难以计数。这种送礼及回赠制度，至今沿袭不衰只是不知源于何时。

仁宗嘉祐年间，刘原甫在他上呈的《论无故疏诀》中说："现在天下的臣民都有这样的看法，说凡是皇室中生了皇女，就要举行这样的庆典。恐怕这不是朝廷应该继承下来的好的典章制度。臣又听说在举行这种庆典时，要制作大量的金银、犀象、玉石、琥珀、玳瑁、檀香等钱币，还要将金银铸造成各种各色样式的花果，赏赐给臣下，从宰相到御史台谏官，每人都能得到一份赏赐。这种无益的花费，无名的赏赐，难道还有比这危害更大的吗？如果想用这种方式来炫耀皇家的富有豪奢，只能让一般人起艳羡之心，但若要借此来引导人们勤俭持家，无异于背道而驰。众所周知，宰相、台谏部是国家官吏中的要员，应当用良好的德行来辅佐朝廷，怎么能无功而受赏呢？没有一言上奏奉劝朝廷不要如此浪费，怎么能使这种庆典得到遏制呢？臣恳切地希望朝廷恭行节俭，以答谢上天的恩赐。臣认为不应再继续施行那些无缘无故的恩赏，以免伤害国家之政体，损耗国家之财力。"刘原甫的这些议论是很有远见卓识的，中肯地揭示了问题的要害，敢言他人所不敢言，其忠心自此可见。但欧阳修为他撰写的墓志铭中，并没有提及这件事，实在可惜。我撰写国史时，也并不知道此事，因而也没有将此事写入他的传记之中。直至今日读到他的奏章，方知此事，便记之于此，以表示对他的敬仰。

除此之外，唐人韩偓在他的《金銮密记》中说："唐昭宗天复二年（902年），皇上的车驾停留在岐州（今陕西凤翔），生了个皇女，三天之后，就款待群臣，并赐给臣下大量的礼物，有洗儿果子、金银钱、银叶坐子、金银铤子等。"此时的唐昭宗正处在颠沛流离的逃亡之中，对这些繁文缛节竟还如此讲究，而朝中文武官员竟也一一领受，没有一人出来上书进行规劝！这大概是宫中早有定制，代代沿袭，即使有谁觉察到它的弊端，也是大势所趋，个人已无能为力了。

诰命失故事

宋朝政权建立之初，设立掌管起草机要诏令的知制诰官六名。由于他们负责机要文件的起草，所以朝廷在选拔、委任知制诰时，都要慎重从事，即使是在京任职的京官亦要进行认真地考察。知制诰在朝廷选拔人才、改派晋级、奏荐门客、皇帝持恩授给的助教等方面，起着重要的作用，因为这些人的任免大抵都让知制诰起草文诰。然而，也有官居高位而不被长官推荐的，这大都决定于当朝宰相的意图。

刘原甫曾负责掌管外制（中书省，门下省拟定诏敕的正规机构），当时任颛被罢免官职，但朝廷没有给他免官的诰词，于是刘原甫便上奏陈述这种做法不符合制度的规定。皇上采纳了他的建议，随即颁布了关于任颛免官的敕令。后来，刘元瑜、王琪被降官，朝廷便直接给予他们敕牒。刘原甫得知此事后，再次上奏指出这一做法的不当，他认为这种做法与朝廷赏罚训诰、惩前毖后的意图不合。而今见到刘原甫的文集，内有《太平州文学袁嗣立改江州文学制》一文。文中说："以前先王将那些不遵照教导而又执迷不悟的人，发落到边远荒芜的地方，使他们终身不被录用，而且遭人唾骂。像你这样的所作所为，若在以前，怎么能够保全自己呢？现在朝廷依然让你录入仕籍，并安置到一个相

257

当好的地方上任，这是朝廷对你莫大的恩赐，希望你能趁此机会好好反省自己，悔过自新，不要再加重你的过错。"时过不久，袁嗣立又被调任洪州（今江西南昌）文学。在朝廷颁布的制书中说："你不久前触犯国家法典，被贬到寻阳（今江西九江），由于那里有你的亲戚，依据旧制规定应当予以回避。对那些意志薄弱又寡廉鲜耻的人，不应当让他在有亲戚嫌疑的地方为官。现将你改派到豫章，以便你反思悔过，痛改前非。"袁嗣立的事，不过是区区小事，竟先后两次颁布诰词。而今，读到这些诰词，可知此人的品德。所以顺手写下，以博他人之一笑。

第七卷

西太一宫六言

　　王安石曾写过一首名为《题西太一宫》的六言诗，其中的第一篇有这样的诗句："杨柳鸣蜩绿暗，荷花落日红酣。三十六陂春水，白头想见江南。"现在所见到的临川刻本《王安石集》中，将"杨柳"改为"柳叶"，其用意在于将柳叶与荷花对仗。但是，这么一改，原先的优美意境全失。如果这一点的改动尚有说法，可以不必深究，那将诗中"三十六陂春水"改为"三十六宫烟水"，绝对是荒唐可笑的，纯粹是多此一举，定是不懂诗意的好事者胡乱篡改的结果。

　　王安石作这首诗的本意是说自己久居北方京城开封，会不时想念故乡江南的秀丽宜人的景物，思乡之情便油然而生。这与皇宫烟水又有何干系呢？那些不学无术而自视高明的人，任意篡改王安石的诗句，其危害是显而易见、不容忽视的，我估计大概是由于他们认为太一宫是皇宫中的离宫的缘故。

人焉廋哉

人性的善恶问题历来是人们谈论的一个重要话题，孔子在谈到如何判断一个人的善恶时，开始说要"观察他与何人结交"，接着说要"观察他为达到目的所采用的手段，了解他行事的立场和出发点"，最后重复说："一个人的善恶怎么能隐藏得住呢？一个人的善恶怎么能隐藏得住呢？"以上这三句话，是孔子通过缜密的思考和详细地观察后所得出的结论。而孟子在谈到这个问题时却有不同的看法，他提出要以眼神来判断一个人的善恶。他说："观察一个人的善恶，再没有比观察他的眼神更准确的了。因为眼神不能掩盖一个人的丑恶。心正，则眼神明亮清澄；心不正，则眼神昏暗游离。听一个人说话时，只要注意观察他的眼神，这个人的善恶，又能往何处隐藏呢？"有人对此观点作了进一步的阐释，说："人在与人或其他事物接触的时候，他的神情集中表现在眼神上。心正，注意力集中，眼神就明亮。心不正，注意力分散，眼神就昏暗。正与不正，完全发自内心，不容掩饰。由此看来，一个人的心邪与心正是无法掩藏的。言语可以弄虚作假，但是眼神是不能弄虚作假的。关于这一点，孔子早已经有所论述，孟子亦深知孔子所说的宗旨，所以进一步阐发，更为简洁明确。"

过去曾听王季明说，太学的士子曾经戏作一篇文章，聊作调侃。大意是说："明白'一个人的善恶又能往哪里隐藏呢'这句话的意思，然后就会明白'一个人的善恶怎么能隐藏得住呢，一个人的善恶怎么能隐藏得住呢'这两句话的含义。反之亦然，明白'一个人的善恶怎么能隐藏得住呢？一个人的善恶怎么能隐藏得住呢'的意思，就会明白'一个人的善恶又能往哪里隐藏呢'的意思。孔子所说的'一个人的善恶怎么能隐藏得住呢？一个人的善恶怎么能隐藏得住呢'是详细地论述。孟子所说'一个人的善恶又能往哪里隐藏呢'是粗略地论述。孔子连用'一个人的善恶怎么能隐藏得住呢？一个人的善恶怎么能隐藏得住呢'，即是孟子所说的'一个人的善恶又能往哪里隐藏呢'。反过来说同样成立，孟子所说的其实也就是孔子所说的意思。不仅如此，继之而来的还有三次重复'一个人的善恶怎么能隐藏得住呢'这句话为一句话，虽然与单独使用或重复使用有所不同，而其所以三次重复写作'一个人的善恶怎么能隐藏得住呢，一个人的善恶怎么能隐藏得住呢，一个人的善恶怎么能隐藏得住呢'的原因，与单独使用并没有什么不同。"就这么一句话，甚至反复重述成好几百字，难道只是供人发笑吗？这简直可以看作是对圣人言论的一种恶意侮辱！

久而俱化

天地万物，皆无定数，都会随着时空的变化而变化，这是事物固有的规律。无论是有情感的还是无情感的，有知觉的还是无知觉的，都逃不出这个定律。

我曾经从衢州（今浙江衢州）人郑伯膺那里得到一对大雁，浑身纯白，乖巧驯服，非常讨人喜爱，即使把它们放到云壑园内，也只是互相追逐嬉戏，从不远飞。时过不久，其中一只因突患疾病死去，另一只孤独无依，整日不思进食，似有诀别之意。我心里非常着急，不想同时失去两只大雁，便想尽办法挽救。后来想起白鹅和大雁的颜色相同，二者性情和生活习性也非常相似，于是就找来一只白鹅与剩下的一只大雁做伴。起初，两个似有宿怨一般，根本不相理睬，每每遇见，立即就掉头而去，各奔东西，或者背对而立。虽然同在一个盆里喂食，它们也不在一起同时吃食。这样持续了五天，我心里十分担忧。谁知五天之后，情形大变，它们开始相互接触。十天过后，它们就像与自己的同类在一起一样相处和谐，十分快活。虽然它们的体形并不相同，一个大一个小，但是其他特征，如颜色、叫声都是一样的，而且鹅虽不能飞也能滑翔。如此天长日久之后，大雁也不知道自己是雁，鹅也不知道自己是鹅了，就好像是在一个巢里出生的那样亲密无间。世界上的万物都不是固定不变的，久而久之都会主动或被动适应新的环境，从这个例子中应该能够得到有力的验证吧。

现在有人把鹅叫作舒雁，或叫它为家雁，褐色的鹅被叫作雁鹅，在雁类当中最大的雁又称为天鹅。唐太宗李世民在位的时候，吐蕃人禄东赞在上书中赞颂唐太宗的功德，认为唐太宗功德无量，声闻远播，即使是大雁疾飞于空中，也没有唐太宗名声传播得那样快速。吐蕃人认为鹅就是雁，于是就用金子铸成一只鹅献给了唐太宗。探究本源可知，其实雁和鹅两种禽类本就是同一族类。

沈季长进言

宋神宗元丰年间，有一大臣名为沈季长。他曾经担任崇政殿说书，为皇上讲解经史，充当皇帝的顾问，其学识赢得了皇上的认同。有一次，皇上选派沈季长为主考官，主持开封府的进士考试。沈季长不负圣恩，成功地主持了此次科考。考试顺利结束后，沈季长进殿向神宗报告此次考试的情况。但神宗对科考之事好像并不关心，而是满脸怒色地质问道："《论不以智治国》这篇文章是何人所作？"沈季长如实回答说："是李定写的。"神宗又问："听说李定写这篇文章的用意是专门为了讽刺我，到底有没有这回事？"沈季长不慌不忙地解释说："李定此人陛下应该有所了解，他侍奉陛下已好几年了，一直对您忠心耿耿。不久前御史上书揭发他不讲人伦道德，不为父母守丧。陛下知道后，并没有立即惩治他，而是经过调查后，力排众议，才使他能一如既往在朝为官，接着又破格提拔了他。即使他怀有争名夺利之野心，也不敢忘记陛下对他的大恩大德，而是时刻将陛下的恩德谨记于心。臣据此敢断定他必无讽刺陛下的意思。《诗序》中说：'敢于提意见的人是无罪的，听到意见的人不要因此生怒，而要引以为戒。'《尚书》中也说：'小人怨你骂你，你要更加努力恭敬修德。'难道陛下自认是不以智治国之人吗？否则为什么要产生这种怀疑，以为李定的这篇文章是讽刺自己的呢？"神宗听了之后恍然大悟，高兴地对沈季长说："你说得太好了，我已完全明白你的用心。爱卿不愧为一位长者，喜欢替别人辩诬解谤。"沈季长立即自谦道："臣并不是喜欢替别人辩诬解谤，而是为了替陛下辨清那些无中生有的谗言。"

还有一次，神宗与群臣谈论前代的君臣，在谈到汉武帝时，与沈季长论说道："汉武帝晚年热心学习所谓长生不老的成仙之术，爱卿可知晓他的用意吗？朕认为他之所以这样做，只不过是他贪生怕死，想永远保住自己的皇位罢了。所以汉武帝晚年，有很多荒谬可笑的荒唐之举，不分忠奸善恶，以致祸及他的骨肉，几乎使国家覆亡。身为天子，想永远保持皇位，其祸害就如此之大，更何况身为人臣的想保持官位呢？那国家所遭遇的祸害更是不可估量。所以朕认为天下读书人中轻视爵位俸禄的人太少，所以整日为此担心忧虑，生怕会因此而祸及天下啊！"

沈季长耐心地听完神宗的忧虑之言，便为他阐述其中的道理，说："读书人若轻视官爵俸禄，对于其本人来说，可以修身养性，淡泊名利，是件不可多得的好事。然而，对于国家而言，可不是什么好预兆。如果皇上真有尊德乐道的志向，并以此奖励天下读书人，那么读书人都会以得不到官爵俸禄而感到羞耻，因为官爵俸禄就代表一个人的品行修养，哪里还有轻视官爵俸禄的人呢？如果读书人上书言事，因为违背了皇上的旨意，提出的建议便得不到采纳，这样，读书人才会产生消极辞官、遁世隐居的想法，自然会出现轻视官爵俸禄的情况，难道说这对朝廷来说还会是好事吗？"神宗听了这番话后，心境豁然开朗，满意地说："爱卿所说甚是，事实确实如此。"

据查，沈季长虽然曾经参与《起居注》的修撰，但是，后来长期担任幕僚，所以国史中没有为他立传。上述两段论述可见于王安石的弟弟王和甫为他撰写的墓志铭中，而我在史馆供职时却未曾见到，非常遗憾。他的儿子沈铢担任侍从时，也未能见到他父亲的这两段论述。后来我偶然得之，特在此记下，以弥补先前之缺憾。

替戾冈

苏东坡一生游历之处甚多，途经鹤林、招隐一带时，曾驻留游览，诗兴大发时，曾用冈字为韵，赋诗七首，其中第七首诗的最后一句是："背城借一吾何敢，切勿樽前替戾冈。"小儿见此诗后，不解此句之意，便问"替戾冈"三字出自何处，下面我便对"替戾冈"的出处加以考证。

根据《晋书·佛图澄传》中的记载，佛图澄善于通过铃的声音测知吉凶祸福，并凭此特长前去投靠石勒，被石勒收留。后来刘曜攻占洛阳，石勒准备带兵前去救援，他的部下认为不能盲动，纷纷劝阻，以为不可。石勒犹豫不决之时，想起佛图澄可凭铃音预知祸福，便前往拜访，询问此事。佛图澄在仔细聆听铃音后，告诉石勒说："相轮的铃音预示是'秀支替戾冈，仆谷劬秃当'一句。这是羯族的语言。这里所说的秀支，即军队。替戾冈，是出动的意思。仆谷，是指刘曜的名号。劬秃当，是被捉拿的意思。这句话的意思是说出动军队可立即将刘曜捉拿。"石勒得知，便坚定了出兵救援的想法，不顾众将的反对，立即率军出战，结果一举擒获了刘曜，大胜而回。苏东坡在诗里所采用的"替戾冈"一词，就是引自这个典故。

文潞公平章重事

宋神宗元丰六年（1083 年），文彦博以太师的身份退职还乡，此时他已七十八岁。两年之后，哲宗继承皇位，但因哲宗年幼，只有八岁，便由太皇太后垂帘听政，并起用司马光为门下侍郎，协助处理政事。司马光就任后，认为太皇太后垂帘听政并非长久之计，还有诸多不便之处，于是便上书请求朝廷召回文彦博，统领群臣处理朝政，以他的威信来镇服朝野，安抚天下。太后看到这个奏折后，就派宦官梁惟简前去向司马光宣布圣谕，

圣谕的大概意思说："彦博名位已重,又深得众人爱戴,而今天子年幼,若重召他回朝理政,恐怕会出现位高震主的恶果,到时局面就难以收拾了。况且辅相之位目前没有空缺,没有合适的职位安排给他,再说他已退休两年之久,召回再用,难平众议,此事不可妄行,容后再议。"司马光此时不过被刚刚起用,威信不足,既然圣谕已下,无论是何人之意,他也不便再坚持。

这样的局面一直维持到哲宗元祐元年(1086年)三月,司马光被任命为左仆射,此时他在朝中的威信已远远高于当日,眼见朝中无人主持大局,于是再次上奏,说:"《尚书》中说,'用人惟求年长',此说大概是因为老年人见多识广,经验丰富之故。我朝文彦博,虽已年长,但精力丝毫不减,处事依然沉着机智,善于出谋划策,又曾常年担任要职,因此熟知国家的政体,能助朝廷决断国家大事。况且此人自仁宗以来,一直身居朝中要职,出将入相,功绩显赫,为天下人所共知,其威信足可担任辅政要职。臣初任门下侍郎之时,曾经上奏朝廷,请求起用他,但未被采纳。承蒙太后派人宣谕,才知道不能起用他的原因。依臣看来,文彦博只不过是一介书生,而且已年过古稀,荣华富贵已到极点,还会再有什么贪求呢?何况他一不掌兵权,二不结死党,即使他重回朝廷担任要职又有什么值得畏惧的呢?如果起用他为宰相,一旦发现他有不轨之心,即可立即予以罢免,只不过是让学士多草拟一份罢免的诏书而已,制书一下,他就立即与平民百姓无异,又有什么难以制服的呢?若对这样的忠心不贰而且无力作乱的人还有位高震主的忧虑,恐怕是防范太过了,不免有杞人忧天之嫌。如果按照现在官制的规定,任用他做宰相,以太师兼侍中之职担任左仆射,有什么不可以的呢?如果念其已是年迈的老臣,不想以繁杂紧急的事务去叨扰他,那就可以将日常事务性的上呈文书,交给右仆射以下的官吏签字下发,只有在处理一些重大难办事情时,才向文彦博禀报请示,我认为这样再合适不过了。

从古至今,重新起用退休官员回来做官的,并不是没有先例。文彦博今年已经八十一岁。即使重新起用,也不过是能得到他仅存的数年之力为国尽忠。臣恳切希望陛下早下决心,趁他身体尚好时赶快任用,否则废弃如此有才能的老臣不用,实在是朝廷的损失。只要朝廷同意重新起用文彦博,臣愿以门下侍郎的身份来协助他,这样一来,定可稳定当今的时局。如果朝廷坚持不重新起用文彦博做宰相,而让臣做宰相,那就如同舍弃骐骥不用而去用劣马一样。臣为皇上的这种做法而深感痛惜。如果皇上认为已经任用臣做左仆射,不好无故另选他人取而代之,臣愿发布声明,向天下举荐文彦博,自愿让他来代替我的职位。"

司马光的这篇奏折言辞恳切,处处为朝廷着想,但此奏折进呈之后,依然如石沉大海,没有得到批准。后来,给事中范纯仁也上书请求召回文彦博,留作京城朝臣,但朝廷依然以没有空缺的职位为由拒绝召回。时隔不久，右仆射韩缜上书请求辞职，此时太后才赐给司马光一道密诏，想任命文彦博为右仆射，兼领侍中事。至于如何任命以及应该施行的加恩礼仪，让司马光拟定个方案奏报朝廷。司马光接到这个密诏之后，认为右仆射、兼领侍中事之位名分不正，而且不敢居于文彦博之上，请求任命文彦博为左仆射，自己做右仆射。为此，太后特意下诏书给司马光说："让文彦博位居你的上面，这不符合我对你的厚望，希望爱卿再仔细考虑一下。"司马光坚持自己的主张，上奏解释说："臣刚刚出任京官时，文彦博就已在朝为相。现在让他位居臣的下面，于伦理事体不合。"由于司马光的一再坚持，诚意相让，朝廷才下诏召回文彦博回朝，担任三省长官，主持朝政。

此举引起了朝中其他大臣的不满，紧接着，御史中丞刘挚，左正言朱光庭、右正言王观便先后上书说："文彦博年事已高，精力有限，不宜再做尚书省、中书省、门下省三省的长官。"司马光得知这一情况后，深恐朝廷变更诏令，便上书说："如果朝廷能下令让文彦博以正太师平章军国重事重新任职，也就足以表现出朝廷对元老重臣的敬重了。"于是这年四月，根据司马光的建议，朝廷发布制书委任文彦博为平章军国重事，让他一月两次为皇上讲解经史及治国安邦之策，六天上朝一次，到都事堂（宰相办公的地方）和执政大臣共商国是。朝廷有什么重大决策、政令的发布，都要让他与辅臣们共同商定后才可决断。

文彦博这次被重新起用，可谓历尽了波折。究其原因，就在于这样的任命不是出于朝廷和太后的本意，所以屡次被推却。客观而言，他的年龄实在太大，不免让朝廷和众臣担忧他为政的能力。在他被召回担任平章军国重事五年多的时间内，曾经多次因病请求辞职，最后终于得到准许。谁想到了哲宗绍圣年间，他竟因此遭到贬谪的厄运。

考课之法废

根据唐代的官制考核规定，由尚书省考功司专门负责内外文武官吏历年的官绩考核。凡是被选中接受考核的官吏，都要详细呈报当年的功过、所行事迹及其能力。本司及本州的长官要当众宣读评议优劣意见。官吏的考核标准，定为九个等次，然后报送尚书省审批。另外，还要选派职位高又有威望的两位在京官员，一个负责复审京官考核，一个负责复审外官考核。然后选派给事中、中书舍人各一人，一个监督京官的考核，一个监督外官的考核。京官的考核由郎中负责，外官的考核由员外郎负责，各司其职。考核的具体办法，是以四善、二十七最的规定作为标准，凡是具备一最以上和四善的官吏，列入上上等；具备三善或无最而有四善的官吏，列入上中等；具备二善或无最而有三善的官吏，列入上下等；最末一等，是居官谄媚且贪污确有实据的官吏，列入下下等。京城以外的州官吏的考核，由州衙门中的司录、录事参军主持，并按照考核所定的等级来确定官吏的升降。

唐代官吏的这种考核办法合理之处居多，所以宋朝建国之后继续实行，没有予以更改。仁宗庆历、皇祐年间，黄亚夫曾在一个府里任通判，在三个州里任幕职，因此在他的文集中，辑有考核评语十四篇。

其中《黄司理》篇中说："治理牢狱中案犯，两年一次。按照其罪恶大小，处以弃市（处死后将尸体暴露街头）的五十四人，处以徒刑、流放的三百一十四人，处以杖刑的一百八十六人。每一个案件，都能查明真相，在取得确凿证据后再按轻重判处。凡有冤屈者无不给予申冤，大多能够平反昭雪。如果没有才能和魄力怎能做到上述这些呢？其考核结果可定为中等。"

《舞阳尉》篇中说："舞阳县（今属河南）地域广阔，地形复杂，因此四处的盗贼集聚于此。仅在职一年的时间里，就出现强抢和偷窃的案件共十一起，其中的案犯大多已被官府捕获，只有一人尚在逃亡。能达到如此高的破案率，若不是干练而有魄力，是绝对办不到的。其考核结果可定为中等。"

《法曹刘昭远》篇中说："法，乃是礼制的保证。身为执法者，在执法之时，若能符合法理，兼顾人情，合理地处理案件，就能得到众人的拥护。有些刻薄的官员在执法时，不懂变通，往往拘于条文，显得薄情寡义，为众人所误解甚至记恨。法曹刘昭远苦读经书后考取进士，先在本州从低级掾吏开始做起，后来做了多年的法官，因此积累了很多处理复杂案件的经验。每次处理狱中案件，总是从经义中找到根据，然后才酌情处理，决定罪过的轻重，因此没有一个案件的处理不符合实情的，既合乎法理，又兼顾人情，深得民心。其考核结果可定为中等。"

容斋四笔 第七卷

此书中所载的其他考核评语，大致结构都是如此。但是不知道这种考核制度何时被废除了。现在只是责成士人按照定式将官绩填写在印纸上，上交朝廷。近来又令郡守来评定县令政绩的好坏高下，这种做法出自何处也无从知晓。如朝廷能逐渐地复用旧制，官吏的考核则能更为公平合理。虽然未必人人都能做到秉公据实，但朝廷任命的负责考核的官员应该都是德高望重者，因此至少多半的人都会秉公审核的。

小官受俸

宋朝沈括所著的《梦溪笔谈》，其内容包罗万象，涉及的方方面面多不胜数，其中就涉及宋朝建国之初的俸禄问题。

书中说，建国之初，州县衙门里小官的俸禄非常微薄，当时社会上流传着这样的说法："五贯九百六十俸，省钱且作足钱用"，意思是每月俸禄五贯九百六十文，每贯只给七百七十文，却要当作一千文来用。

宋仁宗皇祐年间，黄庶（黄亚夫）在为自己所撰文集《伐檀集》写的序文中，极尽自谦之语，并记述了他的俸禄数量，他说："我做过一个府、三个州的属官，历经十年，凡所任之州郡的政务，无论事大事小，都要过问参与，侧重于管理文书册簿，审理诉讼案件。一天到晚，心里所惦念的，都是如何效忠皇上，做有益于国家、百姓的一些事。仔细想来，竟不曾有一件事遂了我的心愿。然而，我每月向官府领取的俸禄，粟、麦通常是两斛，钱是七千文。月月如此，一分一毫都不曾减少。但是每当自问我做了些什么事时，内心便满是愧疚之意。我所做的，是任何一个普通人都能胜任的，我竟成了一个不劳而食、只知获取俸禄而无功绩的人。我用《伐檀》来作为自己文集的名字，也正是借此来表示自己心中的愧意。"

从宋朝现状来看，而今国家官吏的俸禄，日复一日的增加。如今即使是主簿、县尉这样的小官，其俸禄的数量也比开国之初增加了七八倍，即便如此，他们仍然不时有入不敷出的抱怨。当初黄亚夫的俸禄，两斛粮食、七千钱，现在只够发给一个书吏、小校之类的小吏而已。难道这不是社会风气日趋奢侈的表现吗？人们日常消耗增多，市场物价也日渐上涨，所以才会导致目前宋朝经费不足、国库亏空的紧张状况。

在这种社会风气日益堕落，官员人人为私的情况下，黄亚夫还能有这样高尚的志向和自我剖析的勇气，真是值得当世及后人的敬重。

据说，黄山谷先生，就是黄亚夫的儿子。

容斋随笔精粹

第八卷

得意失意诗

长久以来，社会上广泛流传一首五言诗，记述人生最为得意的四件事，说："久旱逢甘雨，他乡见故知。洞房花烛夜，金榜挂名时。"另有些多事之人，又仿照这首诗，续出四句，不过是描写人生最失意之事，说："寡妇携儿泣，将军被敌擒。失恩宫女面，下第举人心。"这两首诗，将人生最为得意、最为悲伤的情状，描绘得淋漓尽致。

承天塔记

黄庭坚一直仕途不顺，屡遭贬谪。为官之初，就因与当朝权贵政见不和而被贬到戎州（今四川宜宾）、涪州（今四川涪陵）等偏远的地区，历尽磨难，多年后终于被调回京城。

但他的厄运并未就此结束，刚回京城，还未扎稳脚跟的时候，便又遭谗言所害。当时的湖北转运判官陈举，得知黄庭坚与宰相赵清宪曾有过节，为了巴结赵清宪，便借此机会上书攻击他所写的《荆南承天塔记》，指责这是一篇幸灾乐祸、诋毁朝廷的文章，诬蔑黄庭坚是个唯恐天下不乱的祸端。黄庭坚因此又被除名，并被发配到宜州（今广西宜山），这一次黄庭坚再也没有机会回到京城，死在了这个荒凉的地方。

如今传之于世的《豫章集》中没有将此文收入，大概是因为该文是他遭难的开始，所以编者不忍心将它辑入集中吧？后来他的曾孙收集他的遗文，续编别集，为了保证集子的完整性，遂将该文辑入，从此才得以在世上流传。《荆南承天塔记》到底是一篇什么文章，能让黄庭坚遭此大难呢？该文大意是说："我因获罪流放至黔州（今贵州），路过江陵，寄居于承天禅院。这里的住持智珠正在计划建造一座佛塔。他临行时嘱托我说：'待佛塔建成之后，请你写篇文章记述其建造经过。'我一直谨记在心。六年之后，承蒙皇恩，使我得以东归京城。有幸再次经过承天禅院，只见七层佛塔，巍然屹立。于是就挥笔写了这篇记文。"文章最后说："读书人常说常为此事忧虑，说建造一座佛寺的花费，相当于中等人家一万多家的家产，实为侵吞百姓谷物钱财的蛀虫。我的观点亦是如此。

然而，国家积贫积弱的原因并不仅止于此。自从我记事以来，眼见满目疮痍，国家用兵打仗、土木兴建，向百姓征取赋税之政策，再加上蝗灾、旱灾、水灾，以及瘟疫流行往往蔓延数十州，这些都是百姓难逃的灾难，这些灾难所负亏的人力财力，不是单凭人力就能扭转的。"黄庭坚在文中所说，不过是如此。不仅无幸灾乐祸讽刺朝政的意思，反而是一篇直面现实、为国分忧的好文章。谁想就是因为这样一篇文章，朝廷就将他罢官斥逐边远地区以致冤死异地，岂不冤枉至极！

省试取人额

宋朝历次举行省试，都是由尚书礼部主持，在京城举行，时间从主考官入贡院院门加锁时算起，到主考官打开院门离开贡院，时间一般不得超过一个月。即使一个月内不能结束考试，延长时间也不得超过十天。每次录取名额，以十四人取一名为定数。这一制度，不知是从何年开始。

哲宗元祐三年（1088年），黄庭坚担任贡院参详官，他在一份书帖中写道："正月乙丑十七日入太学门，上锁之后，数出参加礼部考进士的士子共有四千七百三十二人。三月戊申一日，考试结束，上疏陈述录取进士五百人。"从这份书帖中可以推算出，从主考官锁院到开院之日，前后共四十四天，每九个半人中录取一名。这个考试的时间和录取的比例与现在考试制度规定的在院日期及录取比例都不一样，不知何时开始又发生了变化。此帖载于黄庭坚的别集之中。

茸附治疽漏

我曾在《夷坚己志》里记述过这样一件事：康祖患心痔病二十余年，整日受病痛的折磨。后来他使用《圣惠方》中一个治腰痛病所用的方子，就是将鹿茸、附子混合，没想到连续服用一个多月就痊愈了。之后我每次与医生们谈到此事，他们都会质疑说："恶性脓疮病的发作，是因为人体内蕴热达到了极点，无法排出之故，怎么还能使用热药祛病呢！"可我也只知其事，并不知其药理何在。后来有幸拜访福州一位名医，名叫郭晋卿，向他求教此事后，他解释说："脉陷则会患漏病，陷就是冷的意思。如果一个人的气血温暖，则漏自然就会去除，所患漏病也就痊愈，这正好得用热药鹿茸和附子。"按《内经素问生气通天论》中的说法："陷脉为瘘，留连肉腠。"在这一条后面加注说："陷脉是寒气陷缺其脉，久而久之，寒气积郁，经脉血液停滞不通，日子长了，就在体内淤积，结成肿块，因而形成溃烂病变，分泌物由瘘管向外流出，使得肌肤上的纹理相连。"这种解释将其中的药理说得明白易懂，故记于此，以解众人之疑，或许还有助于溃疡病的医治。

莆田荔枝

南方莆田盛产荔枝，其中有些著名的品种，核小汁甜，但不是借人工培养而成，而是自然的品种，人为种植绝对结不出这样的果实。有的虽然是用它的核作为种子种下，但是长出的荔枝树却与其母树有很大不同。就如同宋诚家的宋香之后再也没有纯正的宋香，培养出来的都是它的变种而已；陈琦家的陈紫之后再也没有陈紫，越过陈琦家院墙的，就叫小陈紫。一旦纯种出现之后，就很难再种出同样的荔枝树，种出的不过都是变种而已，口味大不如前。沈括在《梦溪笔谈》中提到一种嫁接的方法，说：有一种荔枝树名为焦核，当地人的培植方法是先取其树枝，去掉树根，用火将它的底部烧焦，再植于土中，用石头压在上面，不使它生出旁根，长出的荔枝核自然会小。但当地人的说法却并非如此，他们说荔枝果的形状，本就没有固定的，往往千姿百态，各有特点，是不可以用常规来限制的。比如有的像龙爪，有的像凤爪，还有像钗头红状的可以插在头上做簪子，绿珠子成行成串可做旁缀，这些岂能是人力所能强求的？

说到此处，还有一个关于荔枝的小故事值得一提，当初，方氏家有一种奇特的荔枝树，每年结果多达数千个，每到成熟季节，满树皆是，喜煞主人。方氏为了提高这种荔枝的知名度，就拿出二百个送给了蔡忠惠公襄。他担心蔡襄嫌弃数量太少，又不舍得多送，就装作很惋惜的样子对蔡襄说，我家荔枝每年结果最多二百颗。蔡襄不语，只是将方氏送来的荔枝定名为"方家红"，并在《荔枝谱》中予以著录，定下所结果实最多不过二百颗，以印证方氏所说的不实。从那以后，方氏家的荔枝，虽然枝叶茂盛，花开颇多，但到成熟的时候，所存的从不曾超过二百颗。当初的谎言就这样变成了应验的咒语。

　　这个教人以诚为本的故事，已被载入《遁斋闲览》一书之中，本郡人黄处权又详记其事。

双陆不胜

　　根据《新唐书·狄仁杰传》的记载，武则天称帝之后，整日噩梦连连，所以就经常让大臣们为她解梦。一次，她又召见大臣狄仁杰、王方庆等人，对他们说："昨天晚上我又做了一个梦，梦见我在做双陆游戏，结果每次都以失败告终。请问这是什么兆头呢？"二人不敢隐瞒，遂异口同声回答说："梦中做双陆游戏，结果是输，就是身旁没有儿子的兆头。这是上天在警示陛下！"武则天听后大惊，不敢轻视，就立即下诏将被贬的庐陵王召回。

　　《旧唐书》里没有记载这件事，《资治通鉴》里也只载有鹦鹉折翅一事而已，也未提及此事。只有《资治通鉴考异》的注释中指出："关于双陆游戏的故事，世传在《狄梁公传》里有记载。但世人认为此书是出自李邕的手笔，而且其中有许多都是鄙陋不堪、荒诞不经之词，所以怀疑并不是原书，因此弃而不用，并未辑录在内。"

容斋随笔精粹

《新唐书·艺文志》载有李繁所编撰的《大唐说纂》四卷，这本书现在已经很少见了。我家中还珍藏有此书，书中采用分条记事的方法，而且每条多是几十字而已，精简洗练。《新唐书》摘引了此书中不少资料。其中有《忠节》一篇，说："武则天曾询问石泉公王方庆说：'朕昨夜梦见在做双陆游戏，未能获胜，这是什么兆头？'王方庆回答说：'这大概是暗示您没有儿子在身旁，恐怕是神灵对陛下的警告。'接着又向武则天陈说当时天下人心向唐的形势。武则天听了之后，深恐天道惩罚，便下诏召回了庐陵王，恢复了他皇太子的身份，并任命王方庆做他的宫相，辅助太子学习理政。"然而，《新唐书》中，却同时采用了李邕、李繁的两种不同的说法，所以此事到底是狄仁杰还是王方庆所为，无法辨析清楚。而《资治通鉴》则干脆将此事删去不记，未免有些可惜。

文书误一字

在朝廷或官府发布的正式公文中，字字都要谨慎审查，就算一字之误，往往也会有重大的影响。此类的事情我亲身经历过三件，至今回想起来，仍不免后怕，甚至浑身战栗冒冷汗。

第一次是在宋孝宗乾道二年（1166 年）的冬天。承蒙朝廷恩典，召我回京任职。回京的路上经过衢州（今浙江衢州），当时的衢州知州何德辅问我，奏对时应该用几个札子。为了给他讲解清楚，我便拿出随身的草稿给他看。其中一个札子是请求蠲免鄱阳地区每年皇帝生日时向朝廷进贡黄金千两的事。札子中大概说的是这项岁贡不知道起于哪一年。有人说是宋朝太祖皇帝初下江南之时，当地郡中的仓库正好存有黄金，郡县的长官便将这些黄金取出，作为皇上生日长春节的贺礼献上。从此开始，成为一项固定的制度沿袭至今。由于我的疏忽所致，竟然把"长春"误写"万春"，而万春节则正巧是金朝皇帝完颜褒生日的名称。何德辅读到这里，立即发现了这一点，就用手指着"万春"二字对我说，应该是"长春"而不是"万春"。我看后大为震惊，顿时面红耳赤，立即改为"长春"。

第二次是乾道三年（1167 年）发生的事。当时我担任侍讲，负责给皇上讲解《毛诗》。在我事先准备的讲稿中，说到学习《诗经》的重要性时，引用了孔子在《论语》中所说的"不学《诗》，无以言"之句。我竟把句中的"言"字误写成"立"字，并且在讲读的正本中也是这样写的。经筵史袁显忠看到后对我说："立字恐怕是言字之误。"我听后觉得很惭愧，对他表示了谢意。

第三次是在孝宗淳熙十三年（1186 年）。此时我已在翰林院任职，负责起草《赐安南国历日诏》。诏书中有一句"兹履夏正，载颁汉朔"，而我却把"夏正"误写成"周正"。

我起草完毕后将诏书交给院吏，院吏也未察觉，就将诏书呈给宰相。周益公（周必大）看后，发现了这个错误，告知院吏。院吏回来后，又转达给我。我想当时造成这一错误的原因，可能是由于语音通顺，意思又有类同之处，所以才会一时疏忽而未能觉察。

贤者一言解疑谮

贤能的人只用只言片语，便可替别人辩明冤枉、解除患祸。历史上此类的例子并不少见，其中有两件事特别突出，值得借鉴和称颂，所以在此记述。

第一件事发生在秦桧当政时，当时先父忠宣公（洪皓）、资政学士郑亨仲、侍郎胡明仲、中书舍人朱新仲等人，都因不肯依附于秦桧而被贬，分遣到偏远的广东境内。那时，方滋任广南东路经略使，此人对这些德高望重的老臣十分敬重，处处以礼相待，视为上宾。秦桧听说后，心里很不是滋味，认为他是在跟自己作对，但又不敢确定此人到底是何心态。一天，一个门客来拜访秦桧，秦桧便趁机问道："听说方滋在广南任职，行径可疑，凡是因获罪于朝廷而被贬去那里的人，他都会特别用心保护，尽力款待。难道是为自己的将来留后路吗？或者是别有所图？"门客听后，回答说："若不是公相您主动向我提及此事，我是不敢随便乱说的。其实方滋的为人我很清楚，他并不是另有所图，而是天生就有忠厚长者的风范，无论何时，待人接物总是以礼为先，并非只是对被贬来到那里的官员是这样。"秦桧听门客这么一说，才消除了心中的疑虑和猜忌，释然道："原来方滋的为人确实如此。"假如秦桧当时问到的这个门客是一个阴险奸诈、善于谄媚的人，那结果就可想而知了。只要他稍稍有一点不实的说法，以秦桧当时的实力，方滋很快就会被问罪，而先父（洪皓）及郑亨仲等被贬到广东的人也会不得安生。这位识大体的门客，能在乱世吐真言，真可以说是个贤人君子，甚至可与古代圣贤相提并论。

第二件事是说曲江太守严陵（今浙江桐庐）人王大卞的事迹。当初他接到朝廷任命后，立即前往曲江（今广东韶关）赴任。正巧途经南安（今属江西大庾），此处是他的老师张子韶居住的地方，他便停留数日，前去拜见老师。王大卞见到老师后，不言他事，立即从容地向老师提出疑问，以解心结。他说："我不久前曾经在检院做官。后来由于御史中丞罗彦济上奏弹劾，被贬离开了京城。不久罗彦济自吏部尚书调出担任严州（今浙江建德）太守。我得知此事后，便改去兰溪躲避。罗彦济来到严州就任后，立即派人送信给我，说：'我和你有同年及第的交情，你为什么要对我避而不见呢？'我看到他在信中的说法，不好再拒绝，就回到严州。与他相见共叙旧事之后，他就轻声地对我说：'以前在御史台上书弹劾你并非我的本意，那份奏章其实是朱新仲写的，他写好后，托我进呈，我当时一时糊涂，欠加考虑，就将奏疏呈给了朝廷。事后便觉不妥，现在我还感到万分的后悔。'这件事虽已经过去很久，但我心中却无法忘怀。现在我要到韶州去任太守，碰巧的是朱新仲也正在那里任职。如果我们不期而遇，定会有尴尬不愉快的事情发生。您说我该怎么办呢？"张子韶暗自思忖，估计王大卞见了朱新仲后定会因心中冤屈而旧事重提，便劝诫王大卞说："做一个豁达的君子还是做一个狭隘的小人，就看你自己的抉择了。"王大卞听后，立即明白了老师的意思，忙应答说："我一定照你说的去做。"王大卞到韶州后，不计旧怨，不摆架子，努力与朱新仲和平友好的相处。如此过了两年，两人终于尽释前嫌，可能他们二人的交情本来就不错，所以才会在如此大的波折之后得以和谐相处。过去我曾与张子韶在一起闲谈，正巧提及此事，故追记于此。

第九卷

沈庆之曹景宗诗

南朝宋孝武帝时，常诏令群臣集会，并在宴会上当即赋诗。一日，皇帝大宴群臣，又命在场的大臣每人赋诗一首，于是群臣绞尽脑汁，开始暗自思忖，只有沈庆之在一旁焦急万分，原来他当时手不能写字、眼也不能认字，听到孝武帝又令群臣做诗，圣意难违，心中自然忐忑不安。就要轮到他的时候，无奈之下，只好奏明圣上说："臣不能写字，请允许我口述，让颜师伯记录下来。"孝武帝答应了他的请求，就命颜师伯代笔。沈庆之思索片刻之后，吟道："微生遇多幸，得逢时运昌。朽老筋力尽，徒步还南冈。辞荣此圣世，何愧张子房？"孝武帝听了极为赞赏。在座的文武大臣们，也都交口称赞此诗的语词典雅、诗意深蕴。

南朝萧梁时曹景宗出兵进攻北魏，两军短兵相接，大战之后，南朝军队胜利而归。梁武帝大喜，特地设盛宴庆祝，又命文武群臣赋诗连句助兴。首先让沈约提出赋诗时所用的韵，赋诗的人必须按照自己特定的韵脚作诗。沈约认为曹景宗乃武将，便没有分韵给他。曹景宗见沈约轻视他不能赋诗，心中很是不快。于是就请求武帝允许他赋诗，争回自己的面子。武帝劝慰他说："爱卿武艺超人，人才英俊，为众人羡慕，又何必为一首诗而斤斤计较呢？"此时曹景宗正在兴头上，饮酒已有醉意，再加上不服沈约的做法，便不听劝告，连声请求武帝允许他赋诗。原来拟定的韵字已快分完，只剩"竞""病"两个字了。曹景宗听罢，立即挥笔疾书诗一首。诗中说："去时女儿悲，归来笳鼓竞。借问行路人，何如霍去病？"梁武帝见此诗后，不禁惊叹不已，随即整日赞不绝口。沈约及当时在场赋诗的文武大臣皆赞叹不止，都说太出乎意料了。

我认为，凭沈庆之、曹景宗二人的文学造诣，很难作出这样令人叹服的好诗。所以我怀疑都为多事之人的杜撰。但是不管这两首诗是否为二人所作，两诗结合正好成就这样一篇佳对："辞荣圣世。何愧子房。借问路人，何如去病？"若后两句全部用上，也是非常恰当真切。

欧阳公辞官

欧阳修为官多年，谨遵朝廷的各项政令法制，自律甚严，从不轻易逾越。自他从亳州（今安徽亳州）调任兵部尚书负责管理青州（今山东青州）以来，就连续四次奏请辞官，其原因就是他认为自己的升迁并不符合官制的规定。他在上书中说："承蒙皇上圣恩眷念，使臣在短时间内得以多次晋升。臣自去年春天，由吏部侍郎转为尚书左丞之后，不到两个月的时间，又破格连升三等，晋升为刑部尚书。任刑部尚书到现在刚过一年的时间，又破格连升二等。尚书省下属有六曹，官员的晋升，是严格按照工、礼、刑、户、兵、吏的次序依次进行的。而臣在一年之内，竟连续晋升了五等，实在难安，恳请朝廷予以免除。"欧阳修辞官的上书，接连进呈了四次。朝廷每次看到他的奏请之后，都下诏推辞他的请求，最终也没能如愿。欧阳修所说，是宋神宗熙宁元年（1068 年）没有进行官制改革之前的事，所以现在有很多人都不知道为什么有这样的说法。因为宋代官制旧

容斋随笔精粹

制规定左丞、右丞位在尚书之下。所谓尚书左丞连升三级晋升为刑部尚书，是说没有经过工部、礼部直接转为刑部尚书。另外，下面所说连升两等，是说没有经过户部直接转为兵部。在兵部之上就只有吏部，所以欧阳修在上疏中说，自己在尚书六曹中，连续破格越级升迁五次，实在不合旧制。

南舟北帐

我不久前出门远行，在豫章（今江西南昌）的上蓝遇见一个辽州（今山西左权县）僧人，在路上与他相谈甚欢。他对我说："南方人不相信北方有可以容纳一千人的帐篷，北方人也不相信南方有可以装载一万斛粮食的大船。这种观点是由当地的自然条件和民间习俗的不同所致。在北方确实有可以容纳一千人的大帐篷，在南方也确实有可以容纳一万斛粮食的大船。由不得你不信！"另外，《法苑珠林》里也阐述过这个道理，书中说："长期生活在山区的人，不相信有比树还大的鱼，同样，长期生活在海边的人，也绝不相信有比鱼还大的树。北方的胡人见到丝织的锦，不会相信这是由蚕吃了桑树上的叶所吐的丝而织成的，而长期身在南方的吴人，也绝不相信北方有可以容纳一千人的用羊毛或其他动物毛制成的毡帐篷，等到南方人北行至黄河以北的地区并长期生活于此之后，他的后代也就不会相信南方有可以容纳两万斛粮食的大船了。"那位辽州僧人所说的话，与该书中所阐述的道理是一致的。

魏冉罪大

自汉代秦以来，评论者在谈到秦朝败亡的根源时，都会说原因在于商鞅、李斯的罪恶。具体说来，无非是因为商鞅在秦国推行变法，并没有给百姓带来好处，反而给百姓增加了负担，失掉了民心。而李斯在秦统一六国之后，竟然做出焚书坑儒的千古恶行，妄图让人们忘记历史，从而统治其思想。这种说法固然有其合理之处，可是，若仔细观察历史，就会有这样的认识：秦朝所以败亡、得罪于天下和后世的人们，主要原因在于秦善用奸诈之策，以致失信于民。具体来看，秦国先是以商於（今河南淅川县西南）六百里的土地为诱饵，引诱楚国与齐国断绝关系。随后，又约请楚怀王入武关（今陕西丹凤附近），却背信弃义将他扣留关内，言辞侮辱，将其视为藩臣尚且不算，甚至长期拘留不放，最终将其迫害致死。

楚怀王死后，遗体被运回楚国安葬，历经辗转之后终于抵达楚国，此时楚国上下举国深痛哀悼，如同自己的至亲去世时那样悲恸不止。当时，各个诸侯看到秦国这样残忍地对待楚国，皆气愤不已，于是约定不再与秦国交往，更不到秦国去商谈议事。就这样，此后不到一百年的时间，"三户亡秦"的预言就得到了验证。而为秦国出谋划策的罪魁祸首，便是张仪和魏冉。

张仪这个人已经是臭名昭著，其劣迹罪过显而易见，无须多说。而魏冉其人，却并不为人所知，此人诡计多端，手段阴险，而且隐而不显，因而还未受到正义之人的揭露和讨伐，实际上此人之恶绝不亚于张仪。秦武王死后，他的几个弟弟为争夺王位明争暗斗，骨肉相残。在这千钧一发、关乎秦国生死存亡的关键时刻，魏冉身为臣子不但不阻止这种恶行的继续，反而倾尽全力拥立秦昭王继承了王位。究其原因在于魏冉是昭王的母亲宣太后的弟弟，而此时秦昭王尚且年幼，他继位之后必然由太后管理国事，太后定会任用魏冉全权处理政事，此时大权必然落入魏冉一人之手。

倚仗太后在背后的支持，他肆意擅权独断，在秦国嚣张跋扈，无所顾忌，秦国无人不知，无人不晓。自此六年之后，便又用诈骗手段拘留楚怀王。事后又因楚怀王立太子之事而怀恨于心，又夺占了十六城的土地。这一年，秦昭王不过是个十余岁的孩子，这所有的恶行定是魏冉所为。后来，他因罪行昭著遭到范雎的攻击，无法在秦国立足，终于被罢官驱逐出去。

司马迁认为魏冉是秦国的有功之臣，原因是他拥立了秦昭王，使秦国避免了因争夺王位而带来的灾祸，并且施展其笼络之术，使各地诸侯恭恭敬敬地侍奉秦国，自此后秦国日益强大，最终统一六国。按照司马迁的说法，这些都是魏冉的功劳。其实不然，我认为这是司马迁没有认真详细地进行考察而得出的片面结论。另外，魏冉的罪恶行径还不止以上所说，他还暗中谋划约请赵王会盟于渑池，为了达到目的费尽心机，其实这次所采用的手段与诈骗楚怀王时的阴谋毫无二致。不过此恶计自有人能识破，赵国的蔺相如看穿了他的伎俩，揭露了他的阴谋诡计，这次就未能得逞。如果不是蔺相如，赵王就会落得与楚怀王一样的下场。魏冉以自己区区小人之计，竟然能在秦国横行多年，竟然还取得一时之效，不过却因此而使秦国落个不讲义气、不守信用的名声，以致为万世唾骂。魏冉的罪恶，简直是罄竹难书！

辩秦少游义倡

我在《夷坚己志》一书中曾记有潭州（今湖南长沙）的一位义妓的事迹。这个故事与诗人秦观有关，其大概情节是说秦观在被贬南迁之时，路经潭州，在此地遇到一位貌美倾城的潭州义妓，并且很快如胶似漆，到了生死相许的地步。后来，秦观失意离去，这位义妓竟然誓死为情守身，最终为秦观而死，其气节不弱于男子。当时的常州（今属江苏）教授钟将之从李结（字次山）那里得到这些传闻，为此女子的气节感动，就为此女子做传。

后来我将此事反复思考，并查阅有关材料，认为此事不可轻信。我在写《夷坚己志》时，没有做详细的考查，真是后悔莫及。从此事的具体情节分析来看，此事确实值得商榷。秦观在前往杭州去担任副职时，本来有其妾边朝华相陪，后来他觉得让边朝华陪同左右会妨碍修道，也耽误公事，于是忍痛让边朝华离去。时隔不久，秦观便身陷党祸之害，哪里还有心情再去与一个义妓眷恋不舍呢？

我记得国史里记载温益出任潭州知州，是在哲宗绍圣年间。当时被贬斥南迁的官吏，几乎都在他的管辖范围之内，如范忠宣纯仁、刘仲冯奉世、韩川原伯、吕希纯子进、吕陶元钧等人，都领教过他严苛的刁难甚至恶意的迫害。邹浩被贬南迁之后，也途经潭州，见天色已晚，无法再赶路，便在一个村寺中投宿。温益得知后，即刻派州都监带领数人连夜出城搜查，找到他之后，即刻逼迫上船，竟然不顾邹浩的死活，让船顺风而去，任意行驶，月黑风高，船无法驾驭，几乎导致船翻人亡之祸。从这件事情可见潭州知州温益是多么凶狠的一个人，他岂能允许同样遭受贬斥的秦观在潭州时与义妓终日厮守！这是无须多加辩明的。可见《夷坚己志》中所言他与潭州义妓之事，错误是很明显的。

誉人过实

凡是文人做文章，如果其目的是颂扬一个人的功德，其通病往往是言过其实，这是很多人都会在不自觉间所犯的一个毛病，就连班固那样著名的学者也不例外。

比如，班固为推荐谢夷吾而撰写的那篇文章，就有夸张之嫌。我在《容斋三笔》里对此文已有所论述。另外，唐代文学家柳宗元在《复杜温夫书》中也指出了这个问题，他在文中说：承蒙你的厚爱，多次来信，而且每次写信都长达千余言，信中把我比作周公、孔子，我怎么敢当呢？我认为评价一个人应当与他的同类相提并论，而不应该与圣人比较。你来到柳州（今属广西），见到刺史就把他比作是周公、孔子，现在你离开此地，途经连州（今广东连县），到达潮州（今属广东），见到二州刺史，又称颂他们是周公、孔子。后来又到了京师，京师乃名人汇集之地，善于写文章而且声名显赫之人不可计数，难道个个都是周公、孔子？那世上岂不是有千百个周公、孔子？为什么在你心中有这么多的周公、孔子呢？此时，刘禹锡正在连州，韩愈正在潮州，所以柳宗元在信中所说的二州刺史指的就是二人，虽然二人确有才华，但也不至于能跟周公、孔子相比。柳宗元的这篇文章，文笔犀利，文意清晰，在当时流传很广，几乎人人成诵。但是此文并不能阻止那些喜好阿谀奉承的人，他们仍然心安理得、若无其事地作虚妄之言，逢迎谄媚者屡见不鲜。我之所以重将它录之于此，目的在于让子孙引以为戒。

另外，还有一事值得一提，张说在祝贺魏元忠官位荣升时，称颂说："魏公您担负着伊尹、周公那样的重任。"这种言过其实的颂扬，立即遭到众人的攻击，他差点因此丧命。这些虽然仅仅是文字上的事，但其影响绝不容忽视。

书简循习

近来，读书人写书信好用离奇古怪、晦涩难懂的套语或名称，并相沿成习，即使品德高尚又有才学的人，也不能自制。

这样的古怪之处到处可见，形式也是五花八门。比如，有的人写封短信问候别人，在写到落款时，不明言直说，反而要标新立异写个奇奇怪怪的名字。我在赣州（今属江西）任太守时，所属兴国县的县令给我写了一封信，信中说："您若有事吩咐，激水自当从命。"此信中所说之激水，是兴国县境内一条小河，就连当地人也很少有谁知道它的名字。所以兴国县令用激水作为自己的代称有些莫名其妙，其实只要写作下邑、属邑就可以了，简单明了。

还有些做县丞的人，往往喜欢用《蓝田壁记》中"负丞某处"（即在某处担任县丞），"哦松我补"（即站在松树下吟诗却管不好县里的事），"涉笔承乏"（即拿起笔就想起自己没有尽职尽责等词语），实际上这些全是令人厌恶的陈词滥调，根本无须刻意引用。还有的人甚至直接称县丞为"蓝田"，更是可笑。

有些担任州郡长官的人，到任之后，总喜欢给人写信，内容无非是概述任职之地的情况，信中必然把前任长官的政绩批评得一无是处，往往会这样说："前任政事废弛，作风奢侈糜烂，以致官库空虚，不知如何善后"等，这也成为套语，抄袭成风。即使实际情况真的如所说的那样，也无法使读到此信的人相信，更何况上任长官也并非都是如此，难道被朝廷晋升高职的人也会这样吗？

我曾受命前往当涂县（今属安徽）任职，到达此地后，便给执政周必大写了一封答谢信，信中说："当涂的地界较小，公务清闲。我察看仓库中所存的钱粮，也还勉强够用。所以我才得以安心地坐在道院中吟诗做学问，这实在是我平生之幸。"周必大看了我给他的信后，马上回信对我说："收到你的来信，我很意外。从前收到外郡太守的书信，个个都说他们那里的财政是如何困难，公务如何繁重冗杂，唯独你的信与众不同。"这大概是由于周必大觉得我信中的内容与别人的差别太大，所以才这样说。

以上这两种写信时的恶习，都因循成俗，相沿成习。所以，我在这里予以记述，希望晚辈们注意，不要犯同样的错误。

文字书简谨日

无论是写文章还是写信，为了让阅读的人明白其中的内容，或者便于日后翻阅查找，都应当写明于某月某日撰写，如实记于落款处。如果仅仅标明书写的季节，就不免有些牵强，甚至会引出误会，沦为笑柄。比如福建麻沙书坊刻印桃源居士所撰写的题跋就出现了这种情形。至于亲眷友人之间的来往书信，更是不可不写明日期，否则定会误事。有些性情粗疏之人，在信中不仅没有确切的月日，甚至连季节都不写，让人看后摸不着头脑，不知此信是什么时候写的。我的门婿喜得贵子，便派人前来送信报喜。信中说："今日巳时（上午九点到十一点）得一子。"我看到此信后，竟不知他是于哪一天巳时得了一子。

还有一些人为求文体的新奇，用其他的方法来注明日期。我的姻亲孙鼎臣，每次给我家写信，在信的后面从不写月日季节，而是写出什么节气，或写作"小暑前一日"，"惊蛰前两日"之类。我的哥哥文惠公（洪适）看后，常常调侃说："每次看孙鼎臣的来信，须将历书放在桌子上去查，才知道他的信是什么时候写的。"这是因为除了元正（正月初一日）、人日（正月初七日）、三元（上元，正月十五日）、中元（七月十五日）、下元（十月十五日）、上巳（三月初三日）、中秋（八月十五日）、端午（五月初五日）、七夕

（七月初七日）、重九（九月初九日）、除夕（十二月三十日）这些日期为人们所熟悉外，像寒食、冬至这些都要特别留心才能记得住，何况那些更不常用的节气呢？谁能做到将所有的节气一一熟记啊？后生们在写信的时候，应以此为戒。

第十卷

亲王回庶官书

亲王与侍从官交往的礼仪，我在《容斋随笔》中已有专门的记述。近日又见钱忝的《行年杂记》中有关此事的记述，说："真宗的第六个儿子赵受益被封为升王时，钱忝正担任作少监，也像其他大臣们一样，进呈贺状表示祝贺。升王收到贺状之后回书答谢，命人将回书装在封带里，封带外面还贴有一个长纸条。后来，升王又被封为皇太子，三司判官一同前往祝贺，先用榜子（公文的一种）进行通报，然后同去皇宫内东门表示祝贺。通报被转入后，由宫中宦官出来传达皇太子的令旨。待受封大典的仪式完毕之后，文武百官还要列班恭贺，接着又到东宫祝贺。此时由宰相及各个亲王带头，百官在台阶下按照品级排定班次，皇太子走下台阶迎接，然后由宰相代表众臣上前向太子拜贺，并致贺词，致词完毕之后，众臣再拜。皇太子也都要一一答谢，而且致词表示谢意。"宋朝开国之后，很长一段时间内，亲王与其他官员之间来往的礼仪都是如此。

责降考试官

宋真宗天禧二年（1018 年）九月，朝廷颁布诏令，选派屯田员外郎判度支计院任布、著作郎直史馆徐奭、太子中允直集贤院麻温其，共同担任开封府考试的发解官。这年十月，又派兵部员外郎直集贤院杨侃、太子中允直集贤院丁度，共同担任国子监考试的发解官。十一月，各地派人解送贡士一百零四人至京，贡士第一名为郭稹。当月的十六日，朝廷下令让翰林学士钱惟演、盛度，枢密直学士王晦叔，龙图阁待制李虚己、李行简五人，重新考核开封的举人，原因是落解举人中有人上诉考试选取不公。重新考核完毕之后，又将录取名单进呈，郭稹的头名位置依旧未变，而且落选的人依然落选，原先考中的人很多也被除名。朝廷认为发解官有失职之嫌，因此于同年十二月，下令责降开封府考试发解官的官职，贬任布至邓州（今属河南）、徐奭至洪州（今江西南昌）、杨侃至江州（今江西九江）、丁度至齐州（今山东济南），而且都担任监税官一职。这件事，钱丕在《行年杂记》里有详细的叙述。同时委任五个侍从官重新考核解试，这是宋朝从未出现过的事情，相信以后也很少会出现。

闽俗诡秘杀人

世间总有些阴险凶残的狠毒之人，依仗权势肆意作恶，想方设法残害人命。其手段之残忍令人作呕，气愤之余恨不得立即将凶手绳之以法。但是世事往往不尽如人意，有些狡诈之徒总有钻空子的办法，若按照现有的法律治罪时，往往找不出具体的法律条文为依据。我认为若是善于惩治奸恶的人，应当依据案件的实际情况定罪，这样恶徒就无法逃脱严厉的惩罚。特别是在诡秘杀人的案件中，应当根据实际的案情来给凶手定罪，必能使其被诛。

诡秘杀人的案件各处都有，尤其在闽中地区最为严重。因此地偏远荒蛮，习俗恶劣，当地有刁民每每捉到敌对之人，就极尽其迫害虐待之能事，手段骇人听闻。有的将锯末放入酒中，威逼仇人喝下去，致使肺腑粘连，呼吸受阻，以致痰渴之疾，痛苦难当；有的把沙子炒热，使石蜡熔化，然后灌进仇人的耳朵里，以致丧失听力，变为聋人；有的用湿布层层敷于仇人的身上，然后用布包住卵石，狠狠地捶打，以致内伤严重，但从表面来看，却没有丝毫的伤痕；有的先为仇人按肩擦背，使皮肤肌肉放松，然后把铁针刺入其肩井穴，就再也无法拔除；还有的将小鱼钩暗藏于鳅鱼腹中，逼仇人吞入腹中，鱼钩在人腹内无法取出，时间久了，必会穿破五脏六腑，其人必死无疑。如此惨无人道、阴险狠毒的手段多不胜数。凶犯按照以上的手段作案之后，伤者往往不露伤痕，而且不会当即毙命，所以官府在检验查证时很难弄清受伤人的伤情及取得罪犯作案的真凭实据。

如何有效地惩治这种诡秘杀人的凶犯，在宋朝的法律条文中找不到明确的规定。是不是就让这些凶残之徒逍遥法外呢？如果只能如此，那天理何在？所以负责处理案件的官员们，一定要根据具体情况采取有效的策略对付这些残忍的凶徒。颜度在担任转运使时，就曾经发布告示，严禁此类凶杀案件的发生，一经查出，立处死刑，绝不轻饶。我在建宁（今福建建瓯）做知州时，也曾经追查过数起这类案件，最终将凶徒严惩。今后在吴、楚一带为官的士大夫们，若被派到闽中之地做官，一定要留心查处此类凶杀案件啊！

富公迁官

宋仁宗庆历二年（1042年），富弼以右正言、知制诰的身份担任朝廷使臣，回访契丹国。出使回国之后，返回京城复命，当即就被授予吏部郎中、枢密直学士之职，他却谢辞不受。不久，朝廷又授予他翰林学士之职，他依然拒绝。至庆历三年（1043年），朝廷又授予他右谏议大夫、枢密副使，他还是坚持辞去，于是，朝廷只好按照他的意思，改任他为资政殿学士，但官阶仍旧为谏议大夫。富弼接受了这一任命。任期五个月之后，朝廷又任命他为枢密副使。

按照宋朝过去官制规定，任免官员的文告一旦下发之后，凡是官职变动，都要及时签发关于官职升降变动的诰词。如果临时有新的任命，除非是升为执政，否则原来所加的官职仍可予以保留。若按现行的官职名称来对照，富弼的官职晋升的顺序，乃是由承议郎（旧时称正言），中书台人（旧时称知制诰）升为太中大夫（旧时称谏议）、资政殿学士。

吏部循资格

唐玄宗开元十八年（730年）四月，任用侍中裴光庭兼吏部尚书。在这以前，吏部选拔官吏，只看其人是否有才能，如有才能，便破格提拔。否则，便不予提拔，一直让他在地方上做官，按常理晋升，这样就使已经取得了做官资格的人，有的等了二十年，因为没有具体职务而得不到俸禄。州县官吏亦不分等级，有的自高位用为低职，有的当初任用为近官，后来又被改派为远官，这种情况都是随机而定，没有固定的制度。

针对上述情况，裴光庭就任吏部尚书之后，就向朝廷建议实行《循资格》制。其具体办法是，各级各类的官吏，都以罢官人数的多少为依据进行重新选派，官高的选的人少，官小的选的人多，不论官员的才能高低，政绩好坏，只要达到规定的选官次数就可以升官。各种官职的任职期限都有明确严格的规定，要逐级晋升，不能越级。除非是由于违反法令制度而遭到降官或斥逐，一般情况下都是只升不降。那些因平庸笨拙而长期得不到提升的人看到上述规定之后，皆欣喜若狂，甚至称赞《循资格》制是"圣书"；而那些才能出众、年轻有为的士人，正想靠自己的才能大展拳脚，早日步入仕途，位居高位，见到此规定后，无不怨愤叹息，心有不平。宋璟也反对这一做法，认为不利于官员才能的发挥，但他的反对没有得到朝廷的支持。

唐玄宗开元二十一年（733年），裴光庭病故。博士孙琬认为裴光庭提出的按照资格用人的办法，不利于奖勤罚惰，请求用"克"字作为他的谥号，这也是对他的一种讽刺吧。这年六月，朝廷在颁发的制书中说：从今往后，候选人员中若确有才能卓越者，无须受资格的限制，可让吏部破格任用。虽然下达过这样一道制书，但是各级官府都安于现状，认为《循资格》制对自己的晋升有利，仍然继续遵照实行。直至今日吏部的四选制，还是沿用了这一办法。

其实裴光庭的这种做法也是有旧例可循的，早在北魏肃宗神龟二年（519年），由于当时各级官员空缺数有限，而应选要求安排官职的人又太多，朝廷一时很难取舍。而吏部尚书李韶因为选官补缺工作不力，引起很多人的不满。这时候，崔亮代替李韶担任吏部尚书，他刚上任后，就上奏请求采用停格制，也就是不问候选官的才能如何，专以待用时间的长短为依据，那些长期得不到晋升的官吏都称赞崔亮有才干有魄力，大加赞扬。崔亮的外甥刘景安在给他的信中说："商、周时期，实行乡举里选，以乡塾向天子推荐士人；两汉时期，由州郡推荐人才；魏、晋时期，实行九品中正制，由中正选送人才。虽然各朝的举荐措施不是尽善尽美，但是所选用的人才十之六七都是能够胜任的。而如今朝廷选拔人才，只看他的文章写得如何，而不看重他自身的德行。访求考廉之人，只看他经书读得是否熟练，而不考察他有无治国理政的能力。选派推荐人才的中正官，不去考察官吏的才能品德，只看他的出身是否显贵。这些已经使有才之人受到了诸多的限制，无法为国效力。舅舅现在掌管选拔官吏的大权，理应改弦更张，剔除旧时的弊处，为朝廷选拔真正有才能的官员，现在反而以《停年格》来限制年轻有为的人，这样下去，天下士人，哪个还有动力去修养品德、勤奋做事呢？"不多久，洛阳县令薛琡也上书朝廷，在奏书中也论及了这个问题，说："天下百姓的命运，全部掌握管理地方的官吏之手。如果选拔官吏只依待用年限的长短，而不看重其才能如何，就像飞行的大雁排队那样，依次而进，拿着名册簿喊叫名字，这种不伤脑筋的事情，一个人做就足够了，那朝廷为什么要安排你们几个人来做这件事！这种精华糟粕同等相待的做法怎么能谈得上是考察选拔人才呢？因此，请朝廷下令让王公贵族推荐贤能的人，以填补郡县空缺的官位。"这一奏书的讥讽之言真是大快人心，此书进呈之后，皇上也曾下诏让公卿大臣们讨论现行官制是否得当，但是并未讨论出行之有效的措施。后来，甄琛等人接替崔亮之位，他们都认为《停年格》对自己的仕途有利，又便于施行，所以都是照例行事。北魏选拔人才有失，正是从崔亮而始。这种僵化死板的选派制度一直持续到了东魏孝静帝元象二年（539年），朝廷开始任用高澄兼任吏部尚书，才废除了崔亮以年限选官的制度，破格提升了一些贤能之士。这是用人制度上的一个很有意义的里程碑。

裴光庭的那一套办法虽说延误了很多有才之人的前程，为朝廷选拔人才造成了一定的阻碍，但他的做法纯粹是效法崔亮，而后人却很少有人谈及崔亮、高澄的主张及事略。

容斋四笔 第十卷

钱忠懿判语

王顺伯家中收藏有钱忠懿一则判语，其内容说："臣赞宁，右臣奉皇上旨意撰写疏文，现在进呈圣上，请求裁决。朝廷原定于设斋这天五更前登塔祭拜。臣擅自宣布重建新塔，请求于夜间在仁政殿前将文稿火化，否则，就去塔前火化。究竟如何处理，均由圣意裁决。判语说：这是要我等宣读圣旨之后，在真身塔前火化。二十七日。"状文前还有他的签名画押。

我认为，五代十国时期占据吴越之地的钱忠懿虽然三次改元，采用过三个年号，但若说他已经称帝，也是不确切的。纵观此状，其中虽有"进呈""圣旨"等语，这大概是与河西之人怀疑子夏即是孔夫子相似。他自己总是以称帝自论，以致别人都认为他已称帝，想来他所实行的别的举措，也是这个原因而得到别人的承认吧。

王逸少为艺所累

王羲之字逸少，身处东晋乱世，与温峤、蔡谟、谢安等人同为当世名流。由于此人视钱财权势如粪土，更不向他人谄媚逢迎，所以一生没有值得一提的功名成就。但是他高尚的品德，超群的真知灼见，宏博精当的议论，还有高洁独立的人格，同代中无人能

望其项背。当时的王公大臣久闻他的才识和度量，认为他实在是难得的人才，便屡次派人请他出来做官，他都婉言谢绝。

殷渊源（即殷浩）担任宰相的时候，也曾诚心劝他出来做官，并特地去信相劝，他在给王羲之的信中说："足下是入朝还是隐居，应以江山社稷的利益和需要为先，你怎么可以置国家的存亡于不顾，只想着满足自己的闲逸之志呢？你若能入朝为官，实乃社稷、百姓之福，望三思。"

不久后，王羲之收到来信，立即给殷浩写了回信。信中写道："我对入朝为官素来毫无兴趣，对权势金钱也并不在意。王丞相也曾想招我出仕，也被我坚决地回绝了。我当初立下的誓言手迹尚存，可知我隐居的心志由来已久，不是因足下做了宰相才有此想法的。自从儿女各自成家之后，我就心怀东汉人尚子平的志向，并且多次向亲戚朋友与生平至交郑重声明此事，绝非一时的意气用事。"

后来，殷浩打算为东晋扩展疆土，所以准备举兵北伐，王羲之闻听此事后，根据当时的形势分析，认为此次出兵北伐，定会大败而归。所以就写信给殷浩，劝他不要盲目出战。殷浩此时正雄心勃勃，哪里听得进去，毅然决定兴兵北伐，结果自然是大败而归。此事过后不久，殷浩竟又起北伐之意，王羲之得知后，再次写信给他，信中写道："区区江左之地，被朝廷经营到这个地步，这早就已经让天下人感到寒心了。自晋室发生寇乱南迁以来，朝廷内外的文武百官，肆意浪费国库的银两，各行其是，其结果显而易见，不仅无一功可言，无一事可称道，更没有一事值得载入史册。身为制定治国举措的人，岂能推卸自己对天下的责任，轻易做出劳民伤财又毫无用处的决策呢？如果此次出征仍像上次的北伐一样以失败告终，或者说你并没有胜算而只存侥幸，万一事情真的如我所料，天下虽然大，你又何以自容！"

王羲之的远见卓识不仅体现于这一件事情上，他在写给会稽王的信中也显出他对时事分析之透彻，他说："目前虽然也有值得欣慰的事，但若仔细思量就会发现隐藏的危机，心中忧虑的事就会比欣慰的事还要多得多。以区区吴越之地，去图谋收复天下的十分之九的疆域，岂有成功之理？所以我殷切期望您能命令北伐诸军退军，驻在淮河沿岸，力保淮河安全，待基础打牢时机成熟之后，再举兵北进，那时也为时不晚。"从此信中可见，王羲之并非无意北伐，而是对当时形势有着客观的分析和估计，谋虑深远，犹如自己掌控全局一般，只可惜如此真知灼见竟未被采纳。他的这些卓越见解之所以并不为世人所知，是因为其光芒被他的书法名声所掩盖，所以后人在对他作评论时，在意的只是他的书法造诣，其他的从不为人所重视。

《晋书·王羲之传》的"赞"语中的题作乃唐太宗御撰，其中专门颂扬了王羲之在书法上的成就和造诣，称其书法已达尽善尽美之境，以至于用"心慕手追"一词来表达自己的倾慕敬仰之意。但是题作中对王羲之的平生为人处世及精辟论断竟只字未提，找不到一句中肯的评论。可见他在书法上的一技之长，对他其他方面的才能的抑制之力有多大啊！

王献之是王羲之的第七子，他的志向如同其父王羲之那样高洁，与众不同。与其父同代的东晋大臣谢安想请他题写太极殿榜，作为珍宝万代相传，但与他素来没有深交，一时难以启齿。但谢安求字心切，便以三国曹魏时期韦仲将的故事进行试探，说"魏国陵云殿榜无人题写，工匠就把它钉在殿门上，也不再取下，就让韦仲将站在凳子上去写。写完之后，他已累得气喘吁吁。"王献之听了，心中十分明白谢安的用意，就正色道："韦仲将是魏国的大臣，若当时真有此事，那便是魏国即将灭国的预兆。"谢安听后不禁大为震惊，没想到他竟会有此论说，就不再逼他题写。由此事可知王献之的见地绝非一般人可比，但他与其父一样，是以自己的书法著称于世的，所以其他事迹并没有被广为流传。

王羲之、王献之二人之境遇尚且如此，何况其他才能不及他们的人呢？

容斋五笔

第一卷

虢州两刺史

　　唐玄宗时期，韩休担任虢州（今河南灵宝一带）刺史。虢州地处东、西两京（今河南洛阳、陕西西安）之间，所以距两京都很近。皇帝经常往来于两京之间，因此经常路经虢州。这虽然是当地百姓的荣幸，但也因此带来了一些负担。每当皇帝的车马至此，常常要向当地百姓征用马厩、草料等物，天长日久，就给当地的百姓造成了负担。韩休

奏请朝廷让邻州均摊一部分马厩、草料的费用。此举本是为当地百姓着想，而中书令张说看到奏章之后，却诬蔑韩休说："减免虢州的负担，均摊给邻州，这一定是出自虢州刺史的私心！"因此不予批准。韩休不服，再次上书请求此事，属吏劝他说，这样做恐怕会有违忤宰相之嫌，还是不要坚持了。韩休回答说："我身为刺史，知道百姓的困苦而不能替他们解决，还怎么治理百姓？这样做虽然会得罪宰相，但若能减轻虢州百姓的负担，我心甘情愿。"

唐德宗时期，卢杞担任虢州刺史。他曾上奏皇帝说："虢州现在饲养了官猪三千头，不仅要耗费饲料，庄稼还经常被糟蹋，此事已成为百姓的一块心病，希望朝廷尽早解决。"德宗批复说："那就把它们迁到沙苑吧！"卢杞并未就此罢休，又上奏说："同州（今陕西大荔）百姓同样是陛下的臣民，不能为了体恤虢州的百姓，又给同州的百姓增加负担，所以要找一个根本的解决之法，臣认为还是把它们杀了吃掉最好！"德宗平时虽多疑，这次却显得很豁达。不仅没有因此怪罪卢杞，反倒在心中加深了几分好的印象，见他又是为百姓之事上奏，不禁夸赞说："身为虢州刺史却能为他州百姓担忧，看来的确是宰相之才！"于是就下诏将官猪赐予当地的贫苦百姓，并打算让卢杞入朝执政。不久，卢杞就被德宗召入朝廷，次年就被拜为宰相。

韩休、卢杞同是虢州刺史，而且上奏的都是百姓之事，卢杞被平素多疑的德宗发现并委以重任，而韩休虽身处玄宗之盛世，却被名相张说怀疑怀有私心，看来人的仕途之运并非都由自己的努力得来，命中注定的运气也是不可忽视的。

狐假虎威

"狐假虎威"这个成语很多人都知道，但是关于此成语的出处，却说不出个所以然。最近，幼子向我问及它的含义，我就把《战国策》《新序》两书中的有关记载让他看。

《战国策》记载说："楚宣王曾问群臣：'我听说北方诸国都对昭奚恤将军十分畏惧，真有此事吗？这是何原因呢？'群臣一时无语，无人应对，说不出其中的原因。只有江乙从容答道：容臣先为陛下讲一个故事：老虎乃是森林之王，以森林中的各种动物为食，它的命令无人敢违抗。一天，老虎捉住一只狐狸，并打算把它吃掉，狐狸见逃脱不成，便装作沉着的样子对老虎说：'你不敢吃我！天帝已经改派我做百兽之王，今天你要是吃了我，就是违天帝的命令。我知道你一定不信，那现在就让我们再验证一下，我在你前面走，你跟在我的后面，看看百兽之中有谁见了我敢不逃跑的？'老虎心里将信将疑，便跟随狐狸一起往森林深处走去。百兽见到老虎来了，当然会慌忙逃窜，老虎不知道百兽是因为害怕自己而逃跑，还以为它们害怕的是狐狸！现在大王您统治方圆五千里的领地，还有强大的百万雄师，天地间谁人敢与您抗衡。现在您把军队委托给昭奚恤统领，所以北方诸国才会如此惧怕他，其实他们真正害怕的不是昭奚恤而是大王您的强大军队，这就如同百兽惧怕的是老虎而不是狐狸一样。"《新序》中记载大致与此相同，只是正文之后，有一段议论："所以说人们并非真的害怕那些大臣，真正畏惧的是君主的权力，君主若不将权力赋予大臣，大臣的权威也就不复存在了。""狐假虎威"这句成语，大概就是起源于此吧。

徐章二先生教人

宋朝学者徐仲车先生曾担任楚州（今江苏淮安）州学教授，他每次给学生上课，都教导学生说："诸位都想成为君子，而且也应该成为君子。如果为此而耗费了你的精力和钱财，你不想做也无可厚非；若无须出力，也无须破费，为什么不做君子？若同乡人鄙视君子，父母讨厌君子，你不想做君子也无可厚非；若同乡人都以做君子为荣耀；父母也以你成为君子为荣，那为什么不做君子呢？"他又说："若言、行、思都以善为本，人人都可成为君子；若言、行、思都以恶为念，人人都会沦为小人。"

成都冲退有居士名为章詧隐，精于《易》《太玄》，造诣很深。他为范子功讲解其中的要旨时，再用摛词解释说："对于人来说，一生追求却永不能满足的是善，一生厌恶却时常有所体现的是恶。若君子能补充不足的东西，而摒弃多余的东西，那么《太玄》中所讲的道理自然就会领悟在心了。其实这就是孔子所提倡的仁义之心，我对于《太玄》的理解不过仅限于此而已。有的人或为其精深的思想而迷惑，或为其晦涩的语言所难倒，或沉溺于它所讲的术数，而忘掉了其中最宝贵的精髓——仁义，这样的人，根本就没有什么仁义道德可言，还有什么必要跟他讲道理呢？"

上面所说的二位先生，教书育人，从不故作深沉，而总是把道理阐述得简易明白，如今的治学之人有的还并不了解，所以我把他们的事迹记述于此。

郎官非时得对

安禄山叛乱后，唐玄宗口谕将帝位传给李亨，命众将竭力辅佐，后来李亨于灵武（今宁夏灵武）即位，即唐肃宗。关东之战唐军大胜，遂献上俘虏百人。按规定这些全部都要处死，即将行刑之际，有人于人群中叹息不已。恰巧司膳员外郎李勉路经行刑之所，听到叹息后就问："你们助纣为虐，本应有此下场，为何还长吁短叹？"那人回答说："我们担任伪官，也不是心甘情愿的，不过是被胁迫而已，无奈之下才会犯下大错。若平心而论，谁也不敢有丝毫的反叛之心。"李勉听后，觉得这些人确实值得同情，就马上入宫晋见肃宗，进言说："贼寇之乱波及半壁江山，这些人也都是不得已而为之。即使他们之前有弃暗投明投归朝廷之心，也无力为之，更没有投靠之所。现在如果将他们全部处死，就会断了其他人的后路，结果只会驱使他们死心塌地去助贼反叛。"肃宗听后，深有感悟，马上派人驰马传令，将送来的俘虏全部赦免。

以一个地位卑微的员外郎的身份，都可以不按规定时间直接入宫奏事，虽然所奏之事值得褒扬，但天子之威也难免会受到影响。即使如今已很难详细地了解唐代的晋见制度，但据我估计，这也只是战乱频繁、艰难困苦之际所暂行的权宜之计而已。

容斋随笔精粹

王安石弃地

宋神宗熙宁七年（1074年），辽国皇帝洪基派遣使者萧禧来宋，就宋辽两国河东（今山西太原）一带边界问题与我朝谈判，但双方并没有达成一致的协议。次年，萧禧再次来宋，同样是为此事而来，这次坚持两国要以代川（今山西代县）天池分水岭为国界。神宗皇帝思虑再三，又下诏召集前宰相文彦博、富弼、韩琦、曾公亮等人，就能否接受辽国的条件一事征求他们的意见。他们一致认为不能答应辽国的要求，否则会助长他们的气焰，贪念一起，便一发不可收拾。神宗也有此意，但当时王安石正担任宰相，执掌朝政，他上奏皇帝说："将欲取之，必先与之。"如此说法竟用在此处，真是荒谬！皇帝竟然被他的谬论说动，当即下诏，不用察看勘验，就按萧禧的要求，以天池分水岭划分国界。

以前，宋辽两国边界在黄嵬山麓，我方可以居高临下，俯瞰辽国的应州（今山西应县）、朔州（今山西朔县）、武州（今山西仲池）三州，如今把黄嵬山麓割给辽国，辽人反而可以俯瞰忻州（今山西忻县）、代县（今山西代县），从东到西，朝廷失地达七百里之多。回想仁宗庆历年间，辽国就提出过类似的无理要求，妄图把关南十县割让给他们。当时西夏入侵正凶，朝廷为两面守敌而担忧，只好答应每年多给辽国一些钱粮，以此来满足其贪欲，至于国土，却尺寸不让。而神宗熙宁年间的兵力，比庆历年间还要强大，单单因为萧禧不达目的而无赖纠缠，朝廷就轻易地答应了辽国的要求，不惜放弃军事要冲。如此罪孽，到底归于何人！王安石平时总是说要治国兴邦，巩固疆土，大话连篇，像是真的一般，到了关键时刻却妥协退让，忍辱卖国，根本没有能力拒绝辽国的无理要求。

容斋五笔 第一卷

三国时期，吴主孙权曾说："鲁肃劝我把荆州暂时让给刘备，还说：'帝王治国图存，不在乎一时的得失，要灵活善变，关羽实不足挂齿，不足为惧。'这不过是鲁肃不识大局、口吐狂言罢了！"王安石的话也是这样的大话空话。

昏主弃功臣

战国时期，燕昭王联合韩、赵、魏、秦、楚五国攻打齐国，命乐毅率领主力作战，很快攻克了齐国的七十余城，只剩下莒（今山东莒县）、即墨（今山东平度东）两城。即墨人田单率军抵抗燕国的入侵，很快就收复了失地，使齐国得以复国。事过不久，齐襄王听信身边九个宠幸之臣的谗言，说田单有谋权篡位的野心。齐襄王疑心顿起，一连五天连续召见田单，田单非常惊恐，每日以犯人的装束晋见，幸亏还有忠臣貂勃的进言，否则田单可能会死于奸人之手。

容斋随笔精粹

东晋十六国时期，晋孝武帝太元八年（383年），北方的前秦皇帝苻坚率百万大军准备南下进攻东晋。东晋赖谢安指挥有方，创下了历史上以少胜多的奇迹，为保全东晋立下了大功了。而孝武帝却听信谢安的女婿王国宝的谗言，把谢安逐出朝廷，甚至无法立足于京城。

东晋大将桓温征讨前燕，前燕皇帝慕容玮率军抵抗，屡战屡败，打算率军北逃。幸亏吴王慕容垂率军以少胜多，力挽狂澜，才使前燕转危为安。太傅慕容评嫉妒其功绩，意欲密谋杀害，慕容垂只好请求外调以避祸。而慕容玮却听信慕容评的谗言，派人继续追杀慕容垂。慕容垂被逼无奈，心灰意冷，便逃往前秦，归附苻坚，之后不久，自断擎天柱的慕容玮便身死国灭。

唐德宗时，节度使朱泚发动叛乱，占领京师长安，自立为帝。德宗只好逃到了奉天（今陕西乾县），接着藩怀帅李怀光也反叛朝廷。在此危难之际，只有右神策军都将李晟孤军奋战奋勇杀敌，终于讨平叛乱，收复长安，为李氏江山的延续立下了不可替代的功劳。德宗返回京师后，却听信权臣张延赏的谗言，罢除李晟的兵权，并对他百般地怀疑猜忌。

上述所说田单、谢安、慕容垂、李晟之类的功臣，忠心可表，日月可鉴，却落得昏庸君王的无端猜忌和迫害。虽立下不朽功勋，可惜生不逢时，难展鸿鹄之志，甚至几乎死于昏君之手。自古以来，昏君不明，如此轻弃功臣，实在令人感慨万千！

问故居

晋朝诗人陶渊明的《问来使》中有这样的诗句："尔从山中来，早晚发天目。我屋南窗下，今生几丛菊？蔷薇叶已抽，秋兰气当馥。归去来山中，山中酒应熟。"此诗在陶渊明的各种集子中都不见记载，只有晁文元家中所藏的版本中有这首诗。我想之所以各种集子中都不记载此诗，大概是因为人们怀疑陶渊明不曾在天目山（今浙江临安县西北）住过，所以认为此诗可能是伪作，其实不然。唐朝诗人李白的诗："陶令归去来，田家酒应熟。"就是引用陶渊明的这首诗。

王维有诗写道："君自故乡来，应知故乡事。来日绮窗前，寒梅着花未？"

杜甫在《送韦郎归成都》诗中写道："为问南溪竹，抽梢合过墙。"《忆弟》诗中写道："故园花自发，春日鸟远飞。"

王安石的诗写道："道人北山来，问松我东冈。举手指屋脊，云今如许长。"

从上述诗中可见，古今诗人思念故乡的时候，就将思乡的情感通过松、竹、梅、菊等物作诗文表达出来，以上这些诗句，都是在这样的心境中写的。

杜甫的《将别巫峡赠南卿兄瀼西果园》一诗云："苔竹素所好，萍蓬无定居。远游长儿子，几地别林庐。杂蕊红相对，他时锦不如。具舟将出峡，巡圃念携锄。"每读此诗，凄凉之感便由心底溢出，无法自制。《寄题草堂》诗中又写道："尚念四小松，蔓草易拘缠。霜骨不甚长，水为邻里怜。"还有一篇写道："四松初移时，大抵三尺强。别来忽三载，离立如人长。"从此诗中更可以看出诗人的远大理想和宽阔的胸襟。

容斋五笔 第一卷

张释之柳浑

西汉文帝时，张释之担任廷尉一职，负责处理全国的司法案件。一次文帝乘马车出宫巡视，有个人惊慌之中突然穿过皇帝出巡的马队，致使文帝的御马受惊。文帝非常生气，马上派骑兵将此人抓获，交给廷尉严加处理。张释之了解情况后，上奏文帝，此人有犯跸（惊扰皇帝的车驾）之过，按汉律只应当给予罚款的处罚。文帝听后非常恼火，认为惩罚过轻。张释之揶揄道："当时陛下若抓住此人，派人将他杀了也就罢了，何必如此麻烦。现在将此人交给我审理，我就得以法治罪。"颜师古对此注释说："张释之的意思是说，当初抓到此人时，天子若下令将此人杀掉，此事就算了结，也无人敢追究。"

唐德宗时，柳浑担任宰相。有一次，一位为德宗做玉带的玉匠，一不小心弄坏了玉带上的一个玉。玉匠不敢张扬此事，就私自到市场上买了一个跟弄坏的样式相似的玉补上。待玉带做成后，心惊胆战地交给德宗，虽然玉的样式足可以假乱真，但民间东西的质地怎能与皇家的相比？细心的德宗还是发现了其中一个玉与其他玉的质地不同，不禁龙颜大怒，当即下诏将玉匠交京兆府论罪处死。柳浑接到此案以后，进谏说："陛下发现了他的欺君之罪，若当即就把他处死也就罢了，若把此事交由我来处理，就必须严格以法论罪才行。按照朝廷法律，玉匠之罪当处以杖刑，罪不至死，请陛下恩准按法律处理。"

张释之、柳浑的做法无论是对犯人，或是对国家法律的实施，都是有利的。但他们所说的"陛下当时杀掉此人也就罢了"这句话，这不是诱导皇帝轻率杀人吗？从这一点考虑，两人说的都不是非常恰当啊！

羌戎畏服老将

西汉宣帝时，居住在先零（今青海西宁一带）的羌族起兵造反，进犯汉朝边塞。大军压境，又无人可敌，汉宣帝只好派老将赵充国出马，率军征讨。此消息刚一传出，羌族顿时士气大减，几位首领相互指责说："早就让你们不要起反叛之心，你们偏不听。如今天子派赵将军前来讨战，他已经八九十岁的高龄了，用兵之道出神入化，无人能及，恐怕我们连和他决一死战的机会也没有！"虽然赵充国当时还不至于有八九十岁的高龄，却也已经七十六岁了。

唐代宗时，回纥、吐蕃合并军事力量，开始了预谋已久的入侵，精兵强将如洪水般逼近大唐，情势十分危急。老将郭子仪只好只身策马，进入回纥营中，直言战争的利害，最终使回纥与大唐和好如初。回纥各位首领不仅无任何沮丧之意，反而十分高兴地说："开战之前，随军的两个巫师曾预言：'此次行动非常安全，不会耗损一兵一卒，只

要见到一个大人物就可安全返回',如今看来,果然如此啊!"郭子仪当时已是七十岁高龄了。

从上述两件事可知,羌、回纥等少数民族对中原的老将是敬畏有加,绝不敢轻易地冒犯。而汉朝的班超却有"蛮夷之俗,畏壮侮老"之语,那是因为他长期滞留西域,思乡心切,很想早点回到中原,所以才会这样说啊!

第二卷

庆善桥

范仲淹曾在饶州任职,因此很多人都认为饶州(今江西鄱阳)学府是范仲淹先生所建,其实不然,关于此事我已经在书中作了详细记录和阐述。饶州城内有座桥,名为庆善桥,有传说认为,这座桥也是由范仲淹主持修建的,这同样也是误传。虽然范仲淹在任时,曾经做过很多利民的好事,但这两件事确实非他所为。

由于年深日久,庆善桥已经面临坍塌的危险。不久前,当地人出资,对这座桥进行修缮,在拆去一块旧石块的时候,发现上面镌刻着几个字:"康定庚辰"。这几个字便可以证明此桥非范仲淹所建。宋仁宗景祐二年(1035年),范仲淹担任待制之职,次年转任开封府知府，然后就因故被贬谪到饶州担任知州。之后又辗转各地任职，到过润州、越州两地，待到康定庚辰年（1040年），就被官复原职，前往长安（今陕西西安）任职，这时他离开饶州已很久了，怎么会到此主持修桥呢？

吕望非熊

"吕望非熊"一语，自后晋李瀚的《蒙求集》中有相关的记载以后，后世之人才开始以此为据，广泛加以引用。其实若对历朝史册加以考证后就会发现，这句话是早有来由的。

《六韬》中的第一篇《文韬》中说："文王打算出宫狩猎，事前史编告诉他为此事占卜的结果，说：'大王若在渭水河北狩猎，一定会大有收获。不过所获非龙非螭，非虎非罴，而是公侯，这是卦象的预兆，此公侯乃是上天送给你的国师。'文王听后，将信将疑，问道：'征兆会如此灵验吗？'史编回答说：'我的太祖史畴，曾为大禹占卜，结果得到获得皋陶的征兆，事实证明果然如此。'"

《史记》也有类似的记载，说："吕尚年老时，经常独自一人在河边垂钓。虽穷困不堪，但心里却有宏图大志，希望有朝一日能遇到西伯（周文王），并获得他的赏识。一日，西伯打算出去打猎，事前对这次狩猎的收获进行了占卜，结果是：'所获非龙非螭，非虎非罴，而是助你成就霸王之业的有能之人。'"

东汉崔骃在《达旨》中说："渔父（吕尚）从大龟身上见到了即将遇见明主的征兆。"此篇的注文中引用的是《史记》中的"非龙非螭，非熊非罴"一句，而如今所传的《史记》中，说法却与此不同。不过由此可见，"非熊"的出处，就是来源于此。

唐曹因墓铭

宋宁宗庆元三年（1197年），信州上饶（今江西上饶）尉陈庄出土了一块唐代的墓碑，待冲洗之后，才看清是一位妇女为其去世的丈夫所作的墓志铭。

碑文中写道："我的夫君姓曹，名为因，字鄙夫，家居鄱阳（今江西鄱阳北），祖业世代相承。他的祖父和父亲都在唐高祖时期担任过高官，可惜我丈夫仕途不济，三次参加科举考试都败兴而归，没有获得任何的功名，此后就一直寓居家中，与外界很少往来，整日以礼仪之道约束自己和全家，丝毫不怠。后来他再次前往长安应试，不幸死于途中。噩耗传来，无论是朝廷公卿、乡邻乡亲，还是者老世交，平生好友，都为此事而悲伤，家人之痛更是难以自制。而我却并不哭泣难过，认为无须为此事哀伤痛哭，婆母不解，我便向她解释说：'既然家有良田，足以养活双亲；家有夫君留下的文章，足可以教

容斋随笔精粹

育子女成人，还有什么值得痛哭的事呢？'人生在天地之间，必然要面对阴阳转换，死生聚散，世间万事本来就是如此，何须为此喜忧无常呢？民妇姓周，是夫君的原配妻子。嫁入曹家已八年有余，夫妻恩爱非常，如今他先我而去，为表生时之情谊，我特地作一铭文赠送他：'其生也天，其死也天，苟达此理，哀复何言（人活着是天意，死了也是天意，假若明白这个道理，为什么还要说些悲伤的话呢）？'"

唐朝时期，上饶本来隶属于饶州，后来才从饶州分出，改属信州，所以碑文中说曹因世代都是鄱阳人。没想到一位普通的妇道人家，竟能将世间生死看得如此透彻，而且能写出这样通情达理的文章，真是令人钦佩！可惜她的事迹没有通过史书流传下来，所以我把这件事记录下来，以补史志之缺漏。

唐史省文之失

唐代李宗闵担任宰相期间，纵容自己的亲属亲信为非作歹，凡是与他有连带之人，都倚仗他的势力胡作非为，尤其是杨虞卿兄弟三人。他们倚仗着李宗闵在朝中的权势，横行无忌，很快便成为追名逐利、巴结谄媚之人攀附的对象。不仅朝中大臣对此颇有微词，百姓们也为此事编了几句俗语："欲入举场，先问苏、张；苏、张尚可，三杨杀我。"而《新唐书》却把此俗语中的"先"字删去，效果立刻减半。

宰相李德裕执政时期，曾受命负责草拟《赐河北三镇诏》，然后以皇帝的名义诏令全国，诏令中说："勿为子孙之谋，欲存辅车之势。"《新唐书》在收集此诏时又出现了疏漏，把"欲"字漏掉了。"欲"字一去，原文就失去了铿锵有力激昂慷慨的基调，号召力大不如前。

以上这两件事，都是刻意追求文字精练而致，可见，文章并不是越简越好。

李德裕论命令

唐武宗时期，李德裕担任宰相，唐武宗对李德裕可谓言听计从。

给事中韦弘质就向皇帝建议，宰相不能兼理财政，最好改派他人负责。李德裕知道后就上奏武帝说："春秋时期，齐相管仲治国有方，他曾说过：'治国的关键，最根本的就在于朝廷的法令的制定和实施。法令受到重视，君主就有了权威，君主有了权威，国家自然随之安定。管理臣民的根本，就在于尊重法令，所以说，臣下私自删减朝廷法令者，当死；私自增添朝廷法令者，当死；不执行朝廷法令者，当死；私自扣留朝廷法令不宣者，当死；不服从朝廷法令者，当死。这五种罪行都应处以死罪，绝不可饶恕。'他还说过：'法令应该由君主制定颁布，而臣下只能照章遵守，若擅自议论其可行与否，这

是蔑视君主权威的忤逆之举.'自文宗大和年间以来，此风越来越盛，而且积弊很深，凡是君主颁布实行的法令，臣下都可以随意非议，甚至横加指责。这种陋习若不早日革除，长此以往，必会出乱。另外，我认为划分职务权限，乃是君主的权力，卑微小人岂可横加干涉！韦弘质身为位卑言轻之臣，不想着如何谨守本分，反而说他不该说的话，狂妄地干涉皇上处理国家事务的权力！这也是他轻视宰相的表现，此举绝不能容！"

李德裕说这番话的本意虽然是重振朝廷之威严，重申臣子之职责，因而言辞感愤激切。我以为，李德裕执政时专权擅政，其他宰相都只是充数而已，并无实权。假如按他上述所言，朝廷任何一项命令下达之后，臣下都不能有任何的议论和建议，那朝廷设立的专司规谏皇帝、监察政令得失的谏官、御史、舍人等官职还有什么意义呢？再说韦弘质身为给事中，是门下省主管审核、封驳政令的重要官员，怎能说是微贱之臣呢？像这样偏激的话，李德裕说过不少，也因此得罪了很多人。所以他被罢相以后，就遭到众人打击报复，以致被贬谪致死，实在是他咎由自取。

汉武唐德宗

西汉武帝时，张汤曾经担任廷尉、御史大夫等职，在职期间，以心狠手辣名贯朝野。他以确保法令的严格实行为由，采用无中生有、诬蔑陷害等不齿的手段，不知残害了多少无辜的性命。凡是经他承办的案件，大多数人都被处以灭族。没想到因果报应在他身上应验，后来他也因犯法而被判处死罪。不可思议的是，他的恶行却让他的后代得到了

恩惠。汉武帝也主张严格法令，因此对张汤之死深感遗憾痛惜。为了安慰他的亡灵，便找机会让他的儿子张安世入朝为官，后来被擢拔为尚书令，整日在皇帝身边侍奉左右，武帝也视他为亲信。虽然他的才略足可以担当重任，这是毋庸置疑的，然而汉武帝任用他的初衷，却是因为对他父亲张汤的怀念而起。

唐德宗时期，卢杞担任宰相，此人心胸狭窄、阴险奸诈，伤天害理之事做尽，大臣们对他恨之入骨，联名上疏状告其所作所为，后被贬逐而死。唐德宗虽然对他给予了最严厉的惩处，但也不过是无奈之举，其实心里对他的好处还是念念不忘。为了宽慰自己对卢杞的怀念，就提拔他的儿子卢元辅为官，之后官至兵部侍郎。卢元辅做事稳重干练，而且为人忠诚正直，与他父亲有天壤之别。这都要归因于其祖父卢奕的谆谆教导，所以他为官之后能一心为国，从无伤人之心，从无误国之举，最后官至高位，也是当之无愧的。同样，唐德宗提拔卢元辅之时，并不知道他有如此德行和才干，而是因为他是卢杞之子。

西汉武帝统治时期，大臣之中有人或因罪被诛，或遭谗言所害，或为国效忠而死，总之名臣良将被杀的为数不少，像庄助、朱买臣，吾丘寿王等人，还有些寿终正寝的贤臣，如汲黯、郑庄、董仲舒、卜式等人，从未曾见武帝照顾过他们的后代，却对张汤之子分外抬爱；唐德宗时期的贤相，如崔祐甫、李泌、陆贽等人，死后都是厚葬了事，后代也没有得到任何特别的照顾，唯独卢杞之子被提拔为官。这么多名臣良相的后代都没有得到朝廷的眷顾，而汉武帝、唐德宗却唯独对张汤、卢杞二人的后代恩宠有加，真是让人感到不可思议！

诸公论唐肃宗

安史之乱爆发之后，唐玄宗仓皇出逃，军事形势严峻，李氏天下危在旦夕，肃宗就是在这种情况下，替代其父登上皇位的。虽然这种做法是临危的无奈之举，但是夺父之位的罪名，却不可推脱。有人为他辩白说："当初朝廷要收复被叛军占据的长安、洛阳两京，肃宗若不是身处帝位，如何统领全军，号令诸将！"即使如此人所说，继承帝位确实情有可原，那他对太上皇的态度又作何解释呢？

太上皇（指唐玄宗）自四川还京，居于兴庆宫。肃宗害怕他与外界来往会对其帝位不利，便强迫他迁到太极宫独居，只是偶尔前去探望，以致太上皇忧郁不堪而死。身为皇家子孙，竟有如此作为，可见肃宗不孝的通天恶名，是不能原谅的。

当时的很多文人都就此事有所议论，如元次山所作《中兴颂》中，所记载的就是天子（唐玄宗）出逃四川，太子（唐肃宗）于灵武即位一事，文中直截了当地指出肃宗的不孝之举，具体的言辞与《洪范》中所载："武王胜殷杀受"之辞一样一针见血，直指其事。文中是这样说的："事有至难，宗庙再安，二圣重欢。"既然描绘了唐玄宗、肃宗父子相聚之景，就知道此时他们之间的更多不欢之事了。

杜甫在他的《杜鹃》诗中道："我看禽鸟情，犹解事杜鹃。"由此诗可见诗人对此事已感伤至极，才会有此感言。颜真卿曾上奏肃宗，奏文名为《请立放生池表》，奏文中说："一日三朝，大明天子之孝，问安视膳，不改家人之礼。"字里行间满是对肃宗不孝之举的影射。因此苏轼认为，颜真卿肯定洞悉了肃宗的心理，认为他对唐玄宗是问心有愧的，所以才敢在奏章上明言此事。黄庭坚在《题磨崖碑》中对此事也有论说，其言辞更为深切。碑文写道："抚军监国太子事，何乃趣取大物为？事有至难天幸耳，上皇局脊还京师。南内凄凉几苟活，高将军去事尤危。臣结春陵二三策，臣甫《杜鹃》再拜诗。安知忠臣痛至骨，世上但赏琼琚词！"文中把肃宗虐待其父的罪行揭露得淋漓尽致。

孙马两公所言

卢照邻乃初唐四杰之一，与名医孙思邈素有往来。一次，他身患疾病，便请教孙思邈道："高明的医生如何帮人祛除病痛呢？"孙思邈思考片刻，回答说："天地有四时（春、夏、秋、冬）、五行（金、木、水、火、土），寒暑季节交替，阴阳互相交和。柔和时即为雨，发怒时即为风，凝结便为雪霜，舒扬后则化为霓虹。这就是自然界万物变化的规律。同样，人体的四肢和五脏六腑也是如此，醒寐交替之间，气息吐纳往来，流动则为气血，彰显则为气色，外发则为声音，这就是人体变化的规律。阳则为其形，阴则用其精，这就是大自然和人的变化规律的相同之处。对人来说，损失精气就会发热，脉络不通就会发寒，血脉郁结就会生肿瘤，气血不足就会生毒疮，急走就会吁喘乏力，营养不良就会虚弱无神。这一切从外表和神态都可以观察得出来。天地也是如此，五行星

容斋随笔精粹

时隐时现，彗星飞流，这是不和谐之兆。天气冷热不按季节，这是气流不流畅的结果。石头直立，土往上翻，这就像是大自然的瘤赘。山崩土陷，说明大自然气血淤积，毒疮染身。狂风暴雨是大自然心气不顺，咳喘所致；江河沟渠干涸枯竭，是大自然身体虚弱，焦枯不堪。高明的医生用药物疗养，用针挽救危重病人；圣人是用高尚的品德使天下万民和谐，再辅之以人的努力。无论生什么病都能治愈，也不惧怕任何天灾来袭。"

唐睿宗时期，有名医司马子微，他的医术十分精湛，挽救了很多人的性命。一次，睿宗召见司马子微，向他请求治病的医理，司马子微回答说："如果每天损失身体的能量，一损再损，到最后就无可救药了。心所感知，目之所见，都是每天的自我损耗，这些尚且不能自制，更何况抵制外部侵害更会耗损自己的精神呢？"唐睿宗悉心聆听，深有感悟，接着问："治病如此，那么治理国家又如何呢？"司马子微说："国家和人体是一样的，都是一个完整的机体，宁静淡泊，和气平缓，顺其自然，秉持公心，那么天下自然就太平无事了。"

孙思邈、司马子微说的都是医理，却把至深至妙的人生哲理、治国之道融入其中，我认为论其精辟，无人能与他们相比。

第三卷

人生五计

舍人朱新仲经常谈论人生必须经历的五大计，他说："人生于天地之间，身体心理各有差异，所以寿命的长短便不同，不过一般以七十岁为准，上下浮动。这样的人生可以分为五个阶段：十岁左右，也就是孩童时期，此时跟随在父母身旁，天气的寒暖燥湿父母都得为他操心留神，衣食住行也全都由父母安排，直到长大成人，这叫生计；二十岁时就是成人了，此时筋骨强健，心存大志，开始于名利场中周旋，秣马厉兵，以争取获胜，就像是屈伏槽枥的千里驹，整日盼望着有朝一日能够有机会驰骋千里，大展宏图，这叫身计；三十到四十岁之间，开始日夜冥思苦想，选择自己的安身立命之事，欲求高官厚禄，财源盈门，门第显赫，世代子孙兴盛不衰，这叫家计；到了五十岁，此时心力已经疲惫，自觉才学智慧已经耗费殆尽，生命已接近尾声，逝去的岁月如白驹过隙，一去不复返。这时应当顺从命运的安排，收起名利之心，善藏在名利场上拼杀的工具，像蚕作茧一样构置一个舒适的安乐窝，这叫老计；待到六十岁以后，人生已过了一个甲子的轮回，生命就像西落的夕阳一样，将要入土为安了，此时应沉下心思，修身养性，尽量使生活安宁，以求死而无憾，这叫死计。"

朱新仲先生每次把他的人生五计讲给人听时，听者的情绪都会随五计的承继而不断地变化。讲到身计，听者喜笑颜开，踌躇满志；讲到家计，听者欣喜若狂，志得意满；讲到老计，听者便开始沉默不语，暗自思量；讲到死计，听者则哈哈大笑，不以为然，并对朱新仲说："你的五计太僵化笨拙了。"持否定态度的人多了，很多人对死计畏怯惧怕，刻意回避，朱新仲自己又开始对五计进行了深入思考，自己心中暗自思量："难道人们都讳老忌死吗？"其实生老病死乃人生必经的阶段，与其畏惧逃避，倒不如珍惜有生之年，坦然面对。我在为庄子作《大死庵记》时，才真正认识到人生五计的深刻内涵。如今我已是年过古稀、将近耄耋之人，人生百味都已一一品尝，愈发觉得人生五计之说很有道理，应当记载下来。

元正父子忠死

唐朝中期，三镇（平卢、范阳、河东）节度使安禄山手握重兵，依然不知满足，一心为自己的反叛计划笼络人才。他非常赏识权皋的才略，便上表推荐权皋为自己幕府中的幕僚，权皋凭着他的远见卓识，已经预料到安禄山将会反动叛乱，但是既然是朝廷的任命，他也无计违抗，只好赴任。到任之后，他见安禄山不仅怀有野心，而且易猜忌，性格暴虐，不听规劝，在这样的人手下做事，一定不得善终，于是想尽早离开他远走高飞，或投奔他主，但又考虑到这样定会祸及亲属，只好见机行事，找一个既可以卸任、又无须连累家人的两全之策。数月之后，机会终于来了，权皋奉安禄山之命押解俘虏进京，接到任务后，他立即计从心生，在途中诈称因病而死，待装殓以后再偷偷逃跑掉，权皋为此制订了周密的计划，终于得偿所愿，逃离了安禄山的魔爪。权皋的母亲不知内情，以为他真的病死途中，便号啕恸哭，丧子之痛何其哀伤，引得路人也为之洒泪。安禄山本来还将信将疑，听说其母如此悲痛，也就信以为真了，还派人将权皋的母亲送回老家。权皋偷偷地将母亲接走，并带着母亲昼夜不停地南逃。他们刚刚渡过长江，就传来了安禄山起兵造反的消息。自此事之后，权皋的远见和计谋便闻名天下，以致地方长官纷纷争着请他担任自己的幕僚。

甄济是唐朝的一位隐士，居住在青岩山，此人的学识过人，才华出众，虽然隐居山中，但其名声却远近闻名。当地的官府三番五次地请他出山做官，皇帝也曾屡次派人请他入朝为官，他都不为所动，婉言谢绝。后来，安禄山入京朝见唐玄宗时，也闻听了甄

济的大名，就请皇帝批准甄济到范阳（今河北涿县）去做官，并授甄济范阳掌书记之职，玄宗答应了安禄山的请求。圣旨已下，君命难违，甄济只得被迫赴任。甄济到任后不久，便发现安禄山意欲反叛朝廷，而且心意已决，无法劝止，因此打算早日远离是非之地。在一次谒见安禄山后，假装呕血不止，让人抬着重返旧居，并声称因病不得不辞去官职，回乡休养。安禄山反叛后，得知甄济安然无恙，便派使者持刀前往，威逼甄济出山，并下令说："如果甄济不从，就当场砍掉他的头。"使者到后，甄济仍装病不起，见使者气势汹汹也不为所动，甚至做出引颈待戮之势。使者无奈，只好作罢，回禀安禄山时，说甄济确实有病在身，无法前来。后来，安禄山的儿子安庆绪又派人强行把甄济抬到东都洛阳。不久，广平王收复洛阳，甄济被解救，就向广平王诉说自己的遭遇，广平王对他的气节非常钦佩，便将此事上奏给朝廷。唐肃宗即位之后，就让那些曾被迫屈服或主动投奔安禄山的官员们，列队拜见甄济，以激起他们的羞愧之心。

《新唐书》中把权皋、甄济二人列入《卓行传》中，大加褒扬，这是应该的。

安史之乱时，还有位叫元正的人，曾在河南幕府中任职，此人的胆略和才识也非平常之辈。史思明攻下河、洛地区时，元正已经用车载着他的父亲藏匿于山中。史思明久仰其大名，岂能让他安居于山中，便屡次派人召他出来做官，并以性命相威胁。元正意识到情势危急，便对他的弟弟说："我们绝不能靠叛贼的俸禄来奉养亲人，但是他们必定不会放过我，看来我是难以逃脱魔掌了。但我绝不会受到玷污而死，如果能够坚持气节，虽死犹生，虽死犹荣。"后来，叛贼将元正逮捕入狱，并以高官厚禄来引诱他，元正横眉冷对，宁死不屈。叛贼恼羞成怒，把他兄弟二人一并杀害。元正父亲得知此噩耗之后，悲恸难抑，服毒自杀。

安史之乱被平定后，皇帝下诏，访查了十一家保持了名节的人家，并予以褒奖，其中元正为第一人。权皋、甄济死后，与元正一样被皇帝追赠为秘书少监。权皋、甄济虽历经辗转磨难，最终还是侥幸得以生存，而元正父子全都为国捐躯，我想这便是人们认为元正是保持名节者之第一人的原因。但是《新唐书》却没有把他列入《忠义传》《卓行传》中，而是把他附列在《文艺传》中，放在他的祖父元万顷的传记后面，简略地记载了他的生平。《资治通鉴》中对其事迹也没有记载，以致元正的名字鲜为人知，实在是太遗憾！

而张诚的运气明显要比元正好得多。根据白居易为张诚所作的碑文中的记载：安禄山发动叛乱，很快便攻陷洛阳，此时张诚以左武卫参军的职务分司东都洛阳，安禄山以高官厚禄引诱胁迫士人们追随他，而且对百姓们滥施酷刑。于是张诚与同僚卢巽偷偷逃到陆浑山中，靠采摘野果和饮用泉水维持生命，就这样在山中生活了两年，保持了自己的名节。唐肃宗即位之后，下诏命河南府搜访那些因拒绝担任叛贼的伪官而隐居山野的人，结果共找到六人，张诚与卢巽就在其中。这些人被河南府迎接出山后，皇帝专门下诏予以褒奖赞扬，并授予张诚密县主簿的职务。

萧颖士风节

唐代名人萧颖士，才华出众，被后代学者称赞，但是他曾鞭笞童奴一事也为后人知晓，并因此受人非议，这一过错严重遮蔽了他平生事迹的光辉，以致他的很多事情都被世人忽视，即使有人知道，也不愿传扬。

我反复查找考证有关资料后发现，他不仅才识渊博，还是一位有胆识、有抱负，心怀高风亮节之人。他曾担任集贤殿校理一职，对当时朝中的风气非常不满。一次，权相李林甫想召见他，他却坚辞不去，李林甫见他如此执拗地与自己作对，怒气顿生，由此怀恨在心，一时又找不到借口加害他。后来，李林甫为了笼络他，又让他到史馆任职，他识破了李林甫的用心，仍然不愿赴任，为此李林甫的忌恨之意更深，当即免除了他的史官职务，将他外调到河南府（今河南洛阳）任参军。

当时，安禄山正受唐玄宗的宠信，自恃有大权在手，恣意妄为，横行无忌，干尽了坏事。萧颖士暗地里对柳并说："胡人（指安禄山）恃宠而骄，已显飞扬跋扈之势。我料定他迟早会起反叛之心，而且这一天已为时不远，到时东都洛阳会最先陷落！"他说出此番言论之后不久，便托病离开了洛阳，以避战乱。后来东都洛阳果真陷落。

安禄山发动叛乱之后，大片的州县相继陷落。萧颖士不忍坐视不管，想为挽住大唐基业尽自己的一份力，于是前往河南拜见采访使郭纳，并向他进献抵御叛军的策略，可郭纳不识英才，对萧颖士的谋略不屑一顾，根本不予采用。萧颖士无奈地感叹道："来势凶猛的叛贼将至，而那些身居高位要职的人却视抵御之事如同儿戏，看来要想抵挡住叛军，绝非易事！"向郭纳进言不成之后，他又听说大将封常清陈兵于东都洛阳，抵抗叛军，就前往洛阳观察了一番，结果发现他布兵不当，目光短浅，很是失望，当即连夜返回，南逃到山南东道（今湖北襄樊）避乱。当时的襄阳节度使源洧，见叛军降至，打算放弃襄阳，退保江陵（今湖北江陵），萧颖士得知他的计划后，规劝道："襄阳乃此地的咽喉要冲，历来为兵家必争之地，一日不坚守，则大势即去。你怎能于匆忙之中轻易放弃这个战略要地，让天下人取笑你的目光短浅呢？"源洧听从了他的建议，就按兵不出，结果襄阳得保。源洧死后，萧颖士又奔往金陵（今江苏南京），并客居于此。此时肃宗的弟弟永王李璘正屯兵南京，他早闻萧颖士之名，便派人召见他，可他却避而不见。不久后，刘展反叛，兵围雍丘，副大使李承式派兵救援，出兵前为鼓舞士气，大宴宾客，歌女环列在旁，笙箫声满贯于耳。萧颖士见此情景，劝李承式说："如今天子正在逃难之中，日夜风餐露宿，难道是臣下尽情欢乐的时候吗？现在将士们将要开赴疆场，生死未卜，临行前却让他们看到如此华丽的歌舞，听到如此萎靡的音乐，谁还愿意去拼死疆场呢？"但李承式拒不接受其建议，依然歌舞作乐。

萧颖士的言论如此精辟，操持胆识如此卓著，如今人们却因为一件小事而非议他，这种议论和评价也太浅薄武断了。想唐朝的李白，乃是天下闻名的大诗人，才学也是无人能及，却因身陷永王李璘的事件之中，而终生受到连累，宏图难展。而萧颖士却置永王李璘召见于不顾，在这一点上比李白高明。

江枫雨菊

文人作诗通常喜欢引经据典，而且所用典故皆要有出处，好像只有这样才能显出其

容斋五笔　第三卷

305

渊源宗派，还可赢得效法古人、承继学问的美名。但是，如果每字都要强求有所依据，又会使诗文显得呆板晦涩，有雕饰之感。

我对作诗之道，知之甚少，没有什么高明的见解，再加上年轻时又有过于雕琢的毛病，所以作出的诗不免有些艰深晦涩。我记得曾经写过一联，为"雨深荒病菊，江冷落愁枫"。后来觉得这样写用词太险，几乎字字为要，于是就改写为："雨深人病菊，江冷客愁枫。"改动之后，要比原句稍微含蓄一些，也稍减艰涩之感，但还是有雕琢之气。其实这句诗是综合崔信明的"枫落吴江冷"，杜甫的"雨荒深院菊""南菊再逢人卧病"，严武"江头赤叶枫愁客"四句诗而成的。现在看起来就像是一件有多处补丁的新衣裳一样，未免有些可笑，羞于示人。之所以将此事记述于此，是希望后辈学者以此为鉴，不要犯类似的错误。

相里造

唐代宗时期，皇帝纵容内侍监宦官鱼朝恩。此人倚仗皇帝的宠信骄横跋扈，胡作非为，甚至对朝中重臣们也是肆意羞辱，毫无顾忌。每当皇帝召见群臣商议国家大事时，他都要抓住所有机会，想尽办法，羞辱在座的官员，出尽风头，以显示自己特殊的地位。

宰相元载原本也是善辩好强之人，其辩才朝中无人能与之相比，但是一遇上鱼朝恩，慑于他的淫威，往往缄默不语，任其羞辱。众臣之中，只有礼部郎中相里造、殿中侍御史李衔二人忠于事实，不屈从于鱼朝恩的欺压，无论在朝堂之上，还是退朝之后，都跟他针锋相对，丝毫不让。鱼朝恩一直为此事耿耿于怀，找准机会罢免了李衔的官职，同时又有杀鸡儆猴之意，目的是警告相里造，不要再跟他作对，否则也不会有好下场。

鱼朝恩横行朝野，羞辱众臣还不算，竟然还阴谋撤换宰相，以便进一步控制朝廷大权。一次，皇帝在都堂（唐尚书省办公处）召集文武百官议事，鱼朝恩竟当着众臣的面，指责宰相说："今年旱涝灾害严重，军用奇缺，皇上为此寝食难安，食不甘味，你身为宰相，为何不能承担辅助之任？既然无能处理国事，还不如主动退位让贤，赖在宰相的位置上有何用处？"宰相听后，气色阴暗，气得胡子直翘，但依然低头不语，好似无言以对。事实上并不是元载无力反驳，只是不敢当时惹怒他而已。在座大臣闻听此言，顿时大惊失色，但无人敢有任何微词。只有相里造挺身而出，快步来到鱼朝恩跟前，与他辩驳道："阴阳不和，灾害不断，五谷奇缺，这都是你们这些观军容使干预政事的结果，怎么能把责任归咎于宰相呢？况且军用物资在供应的途中不翼而飞，还不知是何人所为，所以上天才降此大灾。如今京师安定无事，禁军就可维持京城治安，你们偏偏无故在京师周围屯军十万，这是军粮不足的原因所在，文武百官并没有多耗费一分一毫，完全都是你们这些观军容使不守本分、干预政事而致。宰相只不过是照章行事而已，宰相又何罪之有呢？"鱼朝恩一时语塞，气得干瞪双眼，然后拂袖而去，突然转回头来恼羞成怒地说："这是你们南衙（指中央各行政司法机关）勾结起来诬陷我！"

这段记载被收录在《新唐书·宦者传》中，只可惜没有能把相里造全部事迹完整地记载下来。相里造虽身为区区一个郎中小官，却能在宦官弄权、生死堪忧之时，敢于挺身而出压制宦官的淫威，其勇气可嘉，让人佩服！遗憾的是后来的名人在议论和记载忠言鲠词时，并没有关于这段话的叙述或称赞，《资治通鉴》中也没记载此事，所以我特地将此事记述下来，以期其崇高品德不至于被历史的尘埃湮没。

刘给事中是与他同时代的人，他规劝皇帝去河中府（今山西永济）一事，也与此事相似。

嘉祐四真

宋仁宗嘉祐年间，富弼做宰相，欧阳修为翰林学士，包拯为御史中丞，胡翼之为太学侍讲，四人都是当时朝中德高望重的人物。士大夫们谈起四人，都交口称赞说："富弼公乃真宰相，欧阳永叔公乃真翰林学士，包公乃真中丞，胡公乃真先生。"久而久之，便有了"四真"之称。欧阳修之子欧阳发和欧阳棐等，曾经作文叙其父亲的生平事迹，其中也有关于这一称号的记载。不过此说绝非自家之言，而是他们的德行和学识得到世人的公认，所以才会有这样的评价。

第四卷

平王之孙

《诗经》中的《周南》《召南》两个部分，总共有二十五篇。汉代之前解说《诗经》的为数不多，汉代之后的学者们，大多数把这二十五篇的年代归于文王、武王、成王和康王时代，所以处处矛盾，抵牾不通。

以《召南》中的《何彼秾矣》为例，此诗是赞美王姬的诗篇，其中有"平王之孙，齐侯之子"两句，在诗中反复出现。毛公笺注为："武王的女儿，也就是文王的孙女，嫁给了齐侯的儿子"，郑玄对此没有作注释。不过仔细推敲诗的原意，上述解说并不正确，要理解原诗的意思，应该是把"平王"作为"平正之王""齐侯"作为"齐一之侯"讲，就像其他地方所说的"武王载旆"，是指雄武的君王载着大旗，"成王之孚"是指"成就君王的美名"，"成王不敢康"的意思是"有成就的君主不敢淫逸"一样，在这些句子中，"武王"和"成王"的意思指的不是周武王和周成王。

从《春秋经》上看，鲁庄公元年（前 693 年），也就是周庄王四年，齐襄公五年，经文上在记载这一年的事情时说："单伯送王姬出嫁"，接着记"（鲁国）在城外为王姬修筑了一座馆舍"，接下来又记载"王姬嫁到了齐国"。杜预对此事注释说："周天子准备把女儿嫁给齐侯，命令鲁国主婚。鲁庄公正在守孝，担心齐侯亲自来迎接，不忍心在祖庙里以便礼来接待他，所以在城外特地修筑了一座馆舍。"最后记"王姬嫁到了齐国"，把这件事一直讲完，清楚透彻。鲁庄公十一年（前 683 年）记载："王姬嫁到了齐国"，《左传》记载"齐侯亲自来迎接王姬"，这里的齐侯是指齐威公。周庄王是周平王的孙子，那么所嫁的王姬应当是他的姊妹，"齐侯之子"就是齐襄公或齐威公，必定是二者的其中之一。从这些记载中可以很容易理清脉络，找出其中的人物关系。如此明白的事情，而一定要说是武王的女儿、文王的孙女，这和原诗的人物关系相差太远，怎能不误解原诗的意思呢？

东坡文章不可学

苏东坡作《盖公堂记》，文章中说："从前，我曾在乡下居住，听说了一个人看病的过程，体悟很多。此人先是偶然着凉，接着便咳嗽不止，所以去看医生。医生认为此人腹中有虫，若再不医治就会有性命之忧。此人大惊，马上拿出很多钱治疗，而且喝了打虫药，以肃清五脏六腑中的虫子，烧灼其体肤，并禁食一切美味佳肴。没想到一个月以后不仅毫无起色，反而引发了各种疾病，忽冷忽热，咳嗽不已，全身疼痛难当，整日疲惫不堪，就像体内果真有大虫横行一般。他又急忙请来另一个医生为他诊治，这个医生认为这些症状都是内热所致，就给他开了清热药，不料喝下之后上吐下泻，最后连饭也吃不下去了，一副垂危之状。医生见状，深恐出人命，赶紧又给开了钟乳、乌喙等大补之药，结果喝下之后，疖子、疮疥、眩晕等症状，又都接踵而至。三次换药已经把他折腾得不成人形，病得越来越厉害。

"乡里有个年长的老人得知事情的来龙去脉后，劝解他说：'你现在之所以病得这么重，都是那三个庸医和他们让你吞下的药物所致。你有什么病？人生在世，以气为主，以食为辅，现在你却一直靠药物维持生存，待味觉破坏之后，各种病毒便于体内发作，气受劳顿，食欲被阻，所以各种疾病便乘虚而入。现在你应该放弃一切药物治疗，不用再看医生，停止服药，待气血通畅之后，一剂药立即就会见效。'病人无奈，只好听从了老人的建议，出乎他的意料，一个月后一切病痛都消失了。其实治理天下的道理亦是如此。从秦孝公至秦始皇，政令不断，法律严苛，想通过不断的更改制度，统驭百姓，结果百姓受到了百般的骚扰，已经到了无法承受的地步，秦朝也因此满目疮痍，走入终途。萧何、曹参亲眼看见了秦暴政的祸害，待汉朝统治天下之后，能够体恤人民的疾苦和困顿，知道不能再反复地更改政令，骚扰百姓，于是采取休养生息的政策，从此天下稳定。"

宋神宗熙宁中期，王安石正实行新法，东坡先生当时在密州（今山东诸城一带），他写这篇文章的目的在于讽刺王安石的新法令百姓困苦不堪。文章中议论三次换药及秦汉兴亡的原因，只不过短短的三百字就把新政的弊端和后果阐述得清清楚楚。

张文潜作过一篇千余字的《药戒》，道理与苏东坡的文章类似，文章说："我近来胸中郁闷，气积于中挥散不去，呼吸不畅，好像有东西郁结在胸中，于是只好找医生求诊。医生说：'要治好这些症状，必须先把气顺下去。'我回来后，将药煎好后，一口气就猛喝下去，不到一天，郁结之气全部散尽，身体的各部位也变得十分柔和，焦膈通达，呼吸顺畅，像从未患过病一样。可是这样的状态持续了没几天，一切症状又恢复了，急忙又服药，也像以前一样畅快。从这以后，复发很多次，然后服药，接着又重新复发。然而我的气血渐渐不足，说一句话都要用尽力气，断断续续的，经常虚汗淋漓，浑身颤抖，没有任何劳作消耗，却日见虚弱疲劳，不知道为什么会有这样的症状，心中甚是惊恐。听说南方有一位名医，于是前去拜访，这位名医听完我的叙述后，叹惜道：'你不要为这样的疲乏无力而感叹疑惑了。天下万事亦是此理：一时畅快的东西，最后必然带来伤害；要想最终不受伤害，就不要贪图一时的快活。闷气积于胸中，危害可大啦。若要想短时间内消除闷气，平和的东西难以奏效，但若一定要搏击震挠达到效果，那么，目的没有达到之前，身体已受了损伤。这样说来，你的病就在于图一时的痛快，但是每痛快一次，你的平和之气就损耗一次，而且不满一月的时间你就痛快了多次，难道五脏六腑中的平和之气还不消耗殆尽？而且要去掉你的气闷，能不伤害和气吗？你回去休息三个月，然后再用我的药调理。我休养三个月后又回到名医那里。名医对我说：'你的气色比已经恢复了很多。'然后取药交给我，并交代说：'服用三个月病痛就会有所缓解，再服三个月身体会逐渐恢复健康，一年后则会完全正常。切忌不可服用太快太频。'我回来后谨遵医嘱行事。刚开始喝的时候效果并不明显，只觉同样郁闷气短，反复喝而效果也有反复。终日不见病去，心中便起疑心，但时间一长效果便开始显现了，一年后病痛果然消失。

我到医生那里致谢，并向他询问治病的道理。医生说：'这和治理国家的道理相同。你没看到秦国是怎样治理它的百姓的吗？颁布命令，人民抗法不遵；不断征发，人民放肆而不畏法。人民心中若不服法，不管怎样治理都是无济于事，这说明秦国的民情已经有些郁结了。商鞅虽发现了其中的郁结，但治理不当。他妄图用严苛的刑法迫吓，用残忍的斩杀威胁，希望用这种方法疏通郁结，结果这些措施迫使人民四处流荡而没有人敢于抗拒，秦国的郁结病症暂时得到了缓解。一直到秦二世，秦国几次郁结而几次宣泄，贪图一时的痛快，而秦王朝的四肢此时却已麻木不仁。民心日益离散，君主孤立于上，所以陈胜一声大呼，天下群雄即刻响应，一天之内秦王朝的各种疾病一起暴发，此时想动用力量抵制，却早已木然没有反应。所以秦的灭亡，就是贪图一时痛快的恶果。先王治理百姓，起初也有郁结，但先生不敢图一时的痛快，暗地里缓解其纷乱，除去其郁滞，在不知不觉中走向顺畅，而今政令已得到正常的实施，人民被教化得通情达理，时间虽慢却无后患之忧。如此推理，我的药一年后才见效就不足为怪了。"

我看此文中张文潜的说法，可算是苏东坡先生的续论，可惜字数虽有一千多字，却不及短短的三百余字道理清晰，内容丰富。现在我把两篇文章原原本本地抄在这里，让著书立说的人有所参考，我猜想张文潜一定没有拜读过东坡先生的文章，所以才写了一篇近乎重复的文章；如果他见了，应该不再多此一举了吧。

韩文称名

古人写文章在提及自己的时候，多用谦称，但欧阳修先生写文章时，却并无此习惯，而是多称"予"，即使提及皇上的文章也不例外，我在《容斋三笔》中已经谈及此事。

欧阳修先生的文章多取法于韩愈先生，而韩愈的文章在这一点上却与欧阳修不同。他为诸位有名望的人所做的《滕王阁记》《袁公先庙》等文章，都谦虚地以名自称，这才是应有的礼节。至于《徐泗掌书记壁记》《科斗书后记》《李虚中墓志》之类，也都自称"愈"，可见他是个谦虚之人。后代写文章的人对此应该以韩愈为榜样。

棘寺棘卿

《周礼·秋官篇》里记载："朝士掌管建邦外朝的法令。左边植上九棵棘刺，代表孤、卿和大夫的位置；右边栽上九棵棘刺，代表着公、侯、伯、子、男的位置。"所以，现在人们称呼大理寺为"棘寺"，大理寺卿为"棘卿"，大理寺丞为"棘丞"，这种叫法就来源于此。

郑玄的注释说："栽棘代表位置，取赤心而外边生刺之意。棘与枣是同一个字。""棘"，从字形上看为两"朿"并立，"枣"字则为两"朿"相承（"枣"繁体字作"棗"），这里所说的"棘"就是今天的"枣树"。然而孤、卿、大夫的位置相同，那就难说"棘"独指大理寺。

《礼记·王制》说："狱正把审理的结果提交给大司寇，大司寇在棘木之下重新审理。"后人可能就是根据这则材料而有上述说法。郑玄注也只引前说，这里只说是入朝办公的地方，如果指刑部尚书也是可以的。《周易·坎卦》说"用徽绳捆起来，放到棘丛中"，说的是令囚犯居于险阻之地，将其囚禁起来，这里使用的是另外一种引申的意思。

晋代遗文

最近我整理家私，偶然从藏书的旧竹箱子里发现一本旧书，名为《晋代名臣文集》，共收有十四家的作品，但所收的文章不全，就像泰山上的一棵小草，不过九牛之一毛而已。但其中也不乏精妙之作，有一位太原人，名为张敏，此人曾任平南参军、太子舍人、济北长史等职。书中收录了他写的《头责子羽文》，此文立论尖锐新颖，旷世罕见。或许《艺文类聚》《文苑英华》已经收入此文，但由于此文确实难得，我还是担心被泯没不传，所以特地抄录在此，以传给后世的博雅君子鉴赏。

这篇文章的小序说："太原温长仁、颍川荀景伯、范阳张茂先、士卿刘文生、南阳邹润甫、河南郑思渊。秦生（字子羽）既是我的姐夫，又是我的好友，而且我们从小就一起玩耍嬉闹，关系甚笃。待我们都成年之后，张华、荀禹等人仕途一帆风顺，几年间便入京做了朝官，而秦生虽才华横溢，但身处陋巷，所以一直没有人慧眼识珠，而他并不把这些当回事，依旧悠然自得，我行我素。我对此感慨颇多。张华、荀禹等人在位之后，毫无顾念朋友之情，更没有王、贡弹冠谦让之意，我对此感到十分气愤，百思不得其解。秦生虽仪表堂堂，才华不弱于人，但却自甘平庸，随遇而安，从不为怀才不遇而忧愁，所以写出这篇文章权当调侃，同时嘲讽上述六位之作为。虽然诙谐逗趣，实乃有感而发，绝非虚妄之言。"

文章中说："晋武帝泰始元年（265年），秦子羽的头指责秦子羽说：'我托生为您的头已经一万多天了。天地赋予我精神和形体，我为您生长毛发，安置好鼻子、耳朵、眉毛、额头，又为你插上牙齿。如今你目光炯炯，颧骨隆起，每当穿插于人丛当中，游荡于闹市之上，当街的路人都会退让，坐着的人庄重地挺起腰板，或称为君侯，或喊您为将军，一个个庄严肃穆，这都是因为我英俊伟岸之故。如今您没有冠冕可戴，没有金银可佩，用艾棍做笄，用布条为带，无缘各种美味，整日吃糠咽菜，却从无厌倦之意，也从不力图进取改变现状。现在您讨厌我的容貌，我还瞧不起您的意志呢！你我像仇敌般互相厌倦，一定会给您带来很多的不便，您会不高兴，不乐意，而且双方都不愉快，有什么意思呢？您想做一个仁人贤者吗？那就应当像咎陶、后稷、巫咸、伊陟那样，保护国家社稷的平安，永远享受爵封；您想做名士吗？那就应当像许由、子臧、卞随、务光那样，远离尘世，千古传颂；您想做游士吗？那就应当像陈轸、蒯通、陆贾、邓公那样，转祸为福、从容谈吐；您想有所建树吗？那就应当像贾谊求试和终军请求出使那样，磨砺出锋，脱颖而出；您想无视利禄、超然脱俗吗？那就应当像老聃一样恪守一生无欲无求，像庄周一样飘逸自然、漠然人生、胸怀高远；您想遁世吗？就应当像荣期和渔父那样，栖居山岳，垂钓于大壑之间。这些人都是值得你效仿的功成名就、德行高贵者。现在您上不崇尚道德修养，中不效法儒、墨，孤零零地处于穷贱境地，安于自己的无知和贫困。您看看您现在的样子，无论是心态还是志向，退不能为隐士，进不能取三公，整日无所事事，白白地虚度年华，安于俗人的喜怒哀乐，您觉着这样符合您的身份吗？与您的地位相称吗？'秦子羽思考后回答说：'您的教诲我都铭记在心。由于天性愚钝无知，我不懂什么礼仪；幸亏上天把您赐予我，我才苟活至今。现在您想让我做忠臣吗？那么下场就像申包胥和屈原；您想让我守信吗？那我就应该杀身以成名；您想让我有气节吗？那我就必须入水火中以求得贞节之名。这种种名号，人人畏惧害怕，所以我想也不敢想，更不敢奢望自己占有。'秦子羽的头说：'您说的未免褊狭了，那是天刑地网、刚性不屈的极端，不是登山抱木而死，就是投水而自灭生命，这些不是我的初衷。我的意思是让您修身养性，从容地面对现实，而你却像我身上的虱子一样顽固不听劝告，真是太可悲了。同样是与人同生，为什么我要长在你的身体上，做你的头颅呢？虽然我生得完整，但若与太原温峤、颍川荀禹、范阳张华、士卿刘许、南阳邹湛、河南郑诩这些人相比，还不如他们。虽然他们或口吃而五音不全，或委琐而沉默寡言，或愚钝而故作深沉，或哗众取宠而缺少真才实学，或口中含物般言语不清，或像木棒般偏执愚笨，不知随机应变，但是他们的文章辞采华美，思想清晰，而且以此攀上权贵，入朝为官，登上高官之位。现在有人靠舌舐痔疮而得到华丽的彩车，有人靠潜入深潭而窃得宝珠，哪有人像你一样，任凭自己的唇舌腐烂，手足沾湿而一无所得，白白浪费自己的精力。身处多事之乱世，却耻于为人鞍前马后效劳，这就像是抱瓮凿地，如何达到致富的目的呢？哎，你的这些作为，与牢中之熊、井中之虎、乱石之中的饿蟹、炉灶之中的老鼠无异，所作的事情倒是不少，但收效甚微，您煎熬一生，前途暗淡，至老死而难有作为，实在活该呀！形体残缺之人，尚能不自困，与您同处一体，却有此遭遇，这都是命啊！'"

　　此文共九百多字，和东方朔的《客难》、刘孝标的《绝交论》颇为相似。《集仙传》所载神女《成公智琼传》，见于《太平广记》，也是张敏的作品。邹湛的姓名，靠羊祜而传世，而其字润甫，只在此书中有所涉及。

汉武帝田蚡公孙弘

今人谈论古人，如谈论汉武帝、田蚡、公孙弘三人，一定会就像汉代史书所记载的那样：汉武帝好大喜功、穷奢极欲，致使人民生灵涂炭；田蚡则仗势欺人，以外戚为相，杀窦婴、灌夫；公孙弘则是"生性狭隘，表面宽厚，内心狭隘，矫饰沽名，为贤大夫所不齿"之人，但若根据事实客观分析，这君臣三位，实际上对典章教化都立有不可替代的功绩。

秦始皇统一六国之后，大行逆举，焚书坑儒，以致《诗》《书》《礼》《乐》《易》《春秋》六学散缺。汉高祖建国初期，万事草创，忙于收拾山河，无暇顾及文化事业。至惠帝高后时代，公卿又都是些武官功臣，更不会顾及此事。文帝好刑名之学，景帝也不喜欢儒生，所以他们都无意于儒家之学的重兴。直到汉武帝时期，用田蚡为相，罢黜黄老刑名百家之学，招揽文学儒生上百人，并广召天下儒学才俊入朝为官。另外还命令礼官鼓励儒学，讲论学术，兴礼乐，举遗才，作为大天下的表率。后来公孙弘以研究《春秋公羊传》而登上丞相的宝座，天下学士风起响应。公孙弘担任学官时，对儒学之废弃深感痛心，便请求为博士官置从学弟子，地方郡国若有才学之人都要上报中央，并请求把这些内容定为法制，明文规定。于是《诗》《书》《易》《礼》之学骤然兴起，唐、虞、三代以来的典章制度得以流传于天下。如今的世人之所以能够领会圣人之道，全赖这些人的努力。

据史书中记载，汉武帝罢黜百家，表彰儒家六经，于是儒学之气焕然一新，有复古之功，值得称道。这里对他的称赞确实公道。然而武帝奢侈暴虐，的确给一代人带来灾难；而田蚡、公孙弘的为人处世奸诈阴险，又沽名钓誉，这些做法引起了士大夫的公愤和舆论的谴责，但他们扶持儒学之道，重兴儒家之大业，则是万世不可磨灭的功劳。汉平帝元始年间的诏书，还能称赞公孙弘率领下属笃正风气，只是后世很少提到这些方面而已。

第五卷

万事不可过

凡事不可过，过犹不及，这是人们常说的道理，其实岂止人事应如此，万事皆要遵循这个道理，即使阴阳造化也不例外。

雨水本来可以滋润万物，充盈四海，但如果雨水太多就会导致洪水泛滥，伤人性命；灿烂的阳光本是用来照耀万物的，如果太过强烈，就会使天下干旱，以致颗粒无收。同样的道理，奖赏本是对善行的一种鼓励措施，但是如果奖励过分，就会导致被奖励者僭越本职；惩罚本是为了杜绝恶行，但若惩罚过分，就会导致枉滥私刑，冤案不断。若过于仁慈，就会像墨家那样因兼爱别人而忘掉自己的父亲；若过分行义，就会像道家那样因重私义而舍弃君主；若过于拘礼，反而会给人谄媚奉迎之感；若太重礼守信，即使自己父亲犯罪，最终也会毫不留情地揭发。以上这些都是偏执的行为，没有把握好其中的度，就像平常所说的那样，凡事过犹不及。

扬雄的《法言》中说："从周公以来，还没有人的德行能像安汉公（王莽）那样美好，他的勤政甚至超过了阿衡伊尹。"有人说这是向王莽献媚之语，而后人的议论则说，阿衡的功德是没法超过的，若超过了他必然就走向了反面，因而这段批判王莽僭越皇权的讥讽之语和我所说的完全一致。

桃花笑春风

王安石先生有一篇辑录，名为《古胡笳词》，其中多是前人的诗句。第一章中有诗句说："欲问平安无使来，桃花依旧笑春风。"后一章中又说："春风似旧花仍笑，人生岂得长年少？"若把二者合起来，简直像出自一人之手，完全可以合成为一首完整的诗作。我看到之后，常常赞叹两句构思之精巧。这两句诗中，上句用的是崔护《游城南庄》中的诗句，后一句我研究了很多，还是查不到具体的出处。

最近偶然读到范仲淹先生的《灵岩寺》诗，发现其中有这样一句："春风依旧花犹笑"，才知道上面所说的后一句是以"仍"为"犹"，可见这首诗便是它的出处了。

李商隐又有一句五言绝句与此句有关，诗说："无赖夭桃面，平明露井东。春风为开了，却拟笑春风。"文词语意各尽其妙。

容斋随笔精粹

严先生祠堂记

范仲淹先生担任桐庐（今浙江杭州市西南）县令时，在钓台建造了一座严光先生祠堂，并特地为此作了一篇《严先生祠堂记》。文中运用《屯卦》的初九爻辞和《蛊卦》的上九爻辞，充分论述了光武帝的宽广胸怀和严光先生的高洁情操，虽然全文只有二百余字，但气势雄浑，丝毫不弱于大篇。文末的歌词为："云山苍苍，江水泱泱。先生之德，山高水长。"此文章写成后，他拿给南丰李泰伯，请他指教。泰伯读后夸赞不止，站起身说："这篇文章传开后一定会闻名于世，我冒昧地请您改一个字，以使之更加完美"。范仲淹见泰伯要提出建议，便感激地握住他的手，恳请他快说。李泰伯说："云山江水一句，气势雄浑，蕴含丰富，但下面紧接一'德'字，意境似乎显得窄了点，若换作'风'字，定会更大气，您认为如何？"仲淹坐定之后，神思颇久，然后频频点头，信服之意溢于言表，差点要对泰伯跪拜下去。

张伯玉镇守河阳时，打算请人作一篇《六经阁纪》。他先是让当地的游士及僚属们每人做一篇，并从中挑选出七八篇，然后送到衙门。张伯玉一一阅读之后，便胸有成竹，铺开纸挥笔写了十四个字，让在座的人传看。这十四个字是："六经阁，诸子、史、集在焉，不书，尊经也。"当时在座之人不乏博学之士，曾巩先生就是其中之一，他看到这十四字之后，深感其概括力之强，构思之妙。当即惊奇地站了起来，表示佩服之意。

这两件事是我不久前从张子韶那里听说的，现在已经想不起来六经阁究竟在哪里，也不知那几篇《六经阁记》成于谁人之手，留待后世博学的人去探知吧。

大言误国

隗嚣见自己的实力日益壮大，而汉朝已不复当日之辉煌，遂起心叛汉，马援得知后竭力阻止，认为时机未到，仓皇起兵，必败无疑。隗嚣听后很不高兴，而他的另一个部将王元却跟着煽风点火，说："现在天水之地物产丰饶，兵强马壮，我们应该像秦朝人那样，重整山河，统一天下，此时不起，更待何时？请允许我用一个泥丸替大王您封上函谷关！"在王元的鼓动之下，隗嚣反叛之心再也无法遏制，当即决定起兵。结果父子兵败被杀，而当初叫嚣不已的王元却投降了刘秀。

隋文帝准备伐陈，大军临江而立，都官尚书孔范不但不思对策，反而对陈后主说："长江天险，自古以来就阻隔南北方的交通，无人能够率兵逾越，敌军难道能够飞渡吗？我常为我的官位太低感到遗憾，敌军如果胆敢渡江，我一定能够灭敌立功，登上太尉的宝座。若敌军到来，到时这些都是轻而易举之事。"有人传言说隋军的战马死了不少，孔范竟然还有心调侃说："那些都是我们的军马，怎会死了呢？真是可惜！"陈后主被孔范的自以为是搅得晕头转向，也笑着表示赞同，因此对隋军的进攻毫无防备，不久隋军顺利渡江，陈国无力抵抗，立刻土崩瓦解，孔范却狼狈逃往远方。

后唐元宗在位时期，曾出兵灭了南闽，之后便认为平定中原指日可待。但他空有夺取中原的雄心壮志，因为后唐实力实在弱小，而且没有一员可以统率全军的良将，所以只能是空想而已。但擅长谄媚的魏岑却深知皇帝的心意，有一次，他在宴会上对元宗说："我少年时期就游历元城，感慨于当地的风俗和物产，恋恋不舍。陛下您不日就可平定中原，到时我只请求您委任我做魏州的地方官，我就心满意足了。"元宗听了很高兴，随即答应了他的请求，魏岑立即跨步到台阶下，跪地拜谢。世人认为魏岑不思报国，却以大言误导皇帝，实在是奸佞之徒。

后蜀的通奏使王昭远，平常就喜欢夸大其词，自称有耕于渭水之滨的志向。当他听说王师（宋军）前来攻打，立即摩拳擦掌，对宾客说："他们不过是来送死而已，我们大可乘此机会北定中原，不用再重新用兵了。"此话说出之后，不过两个月的时间，后蜀就灭亡了，王昭远也被俘虏，沦为阶下囚。

以上四人极尽自夸之能事，不顾现实，花言巧语地逢迎谄媚，哗众取宠，本来想为了高官厚禄或博得一时的宠爱，结果或灭国，或丧命，可悲啊！

容斋随笔精粹

宗室覃恩免解

宋孝宗淳熙十三年（1186年），逢光尧太上皇（高宗）八十寿辰，皇帝施恩大赦天下，万民无不承蒙恩惠。当时的太学乃至武学学生，都得以免除文解一次，受此恩惠者达一千二三百人，唯独赵氏宗室子弟在学者不在免除之列（这是皇帝为了免除私恩之嫌，所以才这么做）。这些人听说后，非常不服气，立即相约到宰相府求情，并且拜见了侍从官和台谏官，然后又向各衙门呈交一卷札子，论述了自己的要求，并请求批准。

札子的大意为："圣上大寿，普天同庆，我们这些在太学求学的宗室子弟，却得不到与平民子弟学生同等的待遇。我们来打个比方，若在一般百姓人家，长辈过生日，大会宾朋，假若本家子弟连一杯酒、一块肉都无法享受，别人会怎么评论这家人呢？现在朝廷给天下人如此优厚的恩泽，而宗室子弟为太学生者却不在蒙受之列，于情于理，恐怕都不太合适吧。"

因为这是皇帝的旨意，所以当时的朝官们都不愿主动替这些人求情。我那时正以待制侍讲的身份宿在宫内，恰好赶上皇帝宣召，我趁势把他们的札子呈上，并向皇上陈述道："这些人虽然并无渊博之才学，但所说的尊长过生日会宾客，本家弟子却不得陪坐，这个比喻倒挺有意思。"孝宗听后也笑着说："这个比喻确实很贴切有理。"当时我所带的只是白札子，承蒙皇上恩准，直接拿出去交外朝执行，于是宗室子弟也一律得以免除文解。只是当时写札子的人，现在我已记不起来是谁了。

贫富习常

小时候常听长辈们说："富人有了孩子，从不亲自哺乳，而让穷人丢开自己的孩子来替她哺乳；穷人有了孩子却不能自己哺乳，而要撇下自己的孩子，去给富人喂养孩子。富人懒得走路，就让穷人抬着；穷人不光自己走路，还要抬着富人。这些现象虽然不公，但人们都习以为常，不再追究其中的缘由。天下之事，大都是这样，习以为常后便视若不见，此类的事情多不胜数，人们却丝毫不感到奇怪，真是太可悲了！"我很赞成这种说法。

后来得知，晁以道的《客语》中也有类似的见解，所以我恭敬地把它抄在这里，以使这种观点得到更为广泛的流传。

《史记》简妙处

司马迁的《史记》流传千古，为世人尊崇，其文章之妙历代被人赞颂，亦无须多说。

若非要一一指明它的简妙之处，那几乎就像描画星星和太阳的光辉一样，无法言尽。然而我每每读到《魏世家》《苏秦列传》《平原君列传》和《鲁仲连列传》诸篇，还是禁不住拍案叫绝，欣赏之意难于言表。为了表达我的喜爱之情，还是要在下面略记几处，以与众人分享其中的妙处。

魏公子无忌与魏王分析韩国的形势时，论述简练精辟，说："韩必德魏、爱魏、重魏、畏魏，韩必不敢反魏。"仅仅十几个字，竟然用了五个"魏"字，个个铿锵有力。

苏秦游说赵肃侯，说："选准了结盟之国则民安，选不准百姓则民不得安。若赵与齐秦两国为敌，则赵国百姓危险，倚秦攻齐而民终身不得安，倚齐攻秦而民不得安。"此阐述逻辑严密，让人不得不信服。

平原君打算只身出使楚国，门客毛遂自荐，请求跟随前往。平原君并不看好他的才学，于是故意问他："先生到我的门下几年了？"毛遂回答说："到这里已经三年有余。"平原君接着说："先生到我的门下已经三年，却没有得到旁人的肯定和称赞，我根本就没有听说过你的名字，这说明你没有可取之处，还是不要去了吧。"毛遂坚决请求同行，平原君看他意志如此坚决，就同意了他的请求。到达楚国后，毛遂义正词严，勇气可嘉，竟然敢于当面指责楚王说："我们平原君在跟前，你还有什么可威风的？"之后写至毛遂左手端着一盆血，右手招呼平原君的另外十九名随员，其飒爽英姿尽在眼前，栩栩如生，跃然纸上，以致千年之后还可以想见他当时的英勇之举，实在令人敬畏。回到赵国后平原君感叹道："我再也不敢鉴别挑选士人了。我赵胜平生所选之人才，多则千人，少说也有上百人，而今天在毛先生这里却障目不见，真是惭愧。毛先生一到楚国，慷慨陈词，使赵国的地位几乎位至九鼎之尊。凭他的三寸之舌，足可抵挡百万大军，我再也不敢鉴别挑选士人了。"

秦军包围邯郸，恰巧此时齐国人鲁仲连也在邯郸，他见到平原君后问道："事情到底要如何解决？"平原君说："我还敢说什么？魏国客将军辛垣衍让赵国向秦进奉帝号，他现在就在此处，我还敢说什么？"鲁仲连说："以前我认为你是治理国家的贤公子，今天才知道你不是天下的贤公子。"

平原君接着便去见辛垣衍，对他说："齐国有一位鲁仲连先生，想要与你结识，让我从中引荐。"辛垣衍说："鲁仲连先生是齐国的高士，我不过是一个无名小臣，而且有公务在身，我不愿见鲁仲连先生。"最终鲁仲连还是见到前来做说客的辛垣衍，辛垣衍说："我看在这个被围之城中不愿离去的，都是有求于平原君的。然而我看您不像是有求于平原君的人。"最后在鲁仲连的劝说下，辛垣衍才知尊秦为帝的弊处，起身拜谢说："开始我认为您是庸人，今天才知道您是天下有胆有识的高人。我现在就告辞回国，从此再不提尊秦为帝之事！"

这些话总在我耳边反复回荡，就像骏马临于千丈悬崖之上，文章的气势十分凌厉陡峭，就像风掠于水上便起波澜一样（就是说每次阅读都会引人思考揣摩），这真是天下最奇妙的文章啊！

虢巨贺兰

无论是一统天下的政权，还是偏安一隅的小国，都会因内忧或外患而发生战乱。每逢此时，身为人臣，应该根据自己的能力而竭力尽忠，以尽自己的微薄之力。但是有些人却顾念个人的功名利禄，对国家大事漠不关心，一切只以私利为先，这样的人不仅要受到当世人的唾骂，即使千百年之后，人们看到其恶行，也要怒发冲冠。

唐朝天宝年间，安禄山拥兵自重，发动叛乱，他的罪恶可谓登峰造极。当时虢王李巨任河南节度使，手握重兵大权。贺兰进明后来接任，也掌管了几个道的兵力。二人虽占据着险要之地，并身为藩镇之尊，人力物力都居地方之首，但安禄山起兵造反之后，他们却玩忽职守，互相猜忌，不但没有力挽狂澜之功，反倒连吃败仗。

李巨在彭城统率之时，张巡被派往雍丘作战，因为将士有功，派人到李巨那里请求空头委任状及赏赐之物，以鼓舞士气。没想到李巨只给了"折冲""果毅"两种委任状三十个，而且没有任何的赏赐之物。张巡所率之军因此士气大跌，防守不住，很快便溃退至睢阳。

战乱之前，睢阳太守许远积聚了六万石粮食，以备不时之需。李巨强行把其中的一半调拨给濮阳、济阴，许远据理力争，申明其中的利弊，李巨顽固不化，根本不予采纳。结果濮阳、济阴两郡得到粮食后，立即全城叛变，睢阳的粮食因被瓜分一半，也很快消耗殆尽。

叛乱发生后，颜真卿囤积兵马，从平原郡起兵，很快就集合兵力十万，并在魏郡堂邑打了胜仗。当时，贺兰进明为北海太守，也起兵讨叛。颜真卿为顾全大局，写信召他将兵力合并，以图早日实现平叛大业。贺兰进明接信后，渡过黄河来与颜军会师。颜公谦恭有礼，遇事总和他商量，而他却得寸进尺，独掌军权，任意妄为。后来他到了肃宗即位之地——灵武，恶意中伤房琯，并因此从岭南节度使调为河南节度使。不久，张巡受叛军围困，情况紧急，急忙派南霁云到他的治所临淮告急，请求援助。临淮距离睢阳只有三百里路程，他却不愿损伤自己的兵力，找借口坐视不救。

由上述事实可见，平原郡和睢阳失守，罪魁祸首就是重私利而不顾大局的李巨和贺兰进明。然而当时的人都不敢揭发他们，以致二人竟然得以继续占据高位，这很明显是漏罚。苍天有眼，不过十年时间，李巨被贬为遂州刺史，接着被段子璋杀死；贺兰进明也因与第五琦结党而致罪，以御史大夫之位被流放致死。

真是天网恢恢，疏而不漏啊！

第六卷

李彦仙守陕

靖康之难，虽然是宋朝之耻辱，但因此难而死于守城的忠义之士，却应该在史书中记载下来，传颂千古。像汾州的张克戬、隆德的张确、怀县的霍安国、代州的史抗、建宁寨的杨震、振武的朱昭等人，都被记载于史书之中，但这些人只是其中的很少一部分，还有很多人就这样默默死去，不留姓名。高宗建炎以来，将士死得其所的不在少数，但记录在案的很少，英勇事迹不能流传后世的居多，李彦仙就是其中之一。我读了王灼所作的《李彦仙传》后，虽曾写了奏章表述他的功绩，然而仍担心实录、正史等不能采用，所以我恭敬地把他的事迹记录于此。

李彦仙字少严，原名孝忠，祖居宁州，后来迁往巩县。此人自幼胸怀大志，喜欢研究军事，精于骑射之术，凡是经过山川险要的地方一定驻足察看。他为人重气节，守信用，结交的朋友都是一些豪爽侠义之人。金人南侵后，铁蹄蹂躏中原疆土，孝忠岂能坐视不管，于是散尽家产，在本地招募了三千人，进京支援。后来金军包围太原，李纲担

任宣抚使。孝忠上书强烈谴责他。当时的衙门便下令紧急搜捕他，全城再无孝忠立足之地。出于无奈，他只好改名叫彦仙，弃官逃往远方。

不久，他便开始跟随种师中。后来种师中兵败而死，彦仙逃到陕州。陕州守将李弥大问起北方战事，彦仙对答如流，见他有很高的军事才能，李弥大便派他去扼守崤关和渑池之间的险要地方。接着，金兵再次包围汴京，陕西的范致虚率领六路人马支援，李彦仙请求说："崤关和渑池之间地势险要，难以稳住阵势，若前队人马退却，后面的人就会一哄而散。我认为应该分头并进，伺机出兵，再留下一半人马做些善后工作。"范致虚对他的建议不屑一顾，讽刺他说："如果照你的计划行事，那无异于给敌人挠痒。"李彦仙毫不退却，据理力争，结果范致虚恼羞成怒，免了他的官职。不久，范致虚的六路兵马大败。

高宗建炎元年（1127 年）四月，金军进攻陕州，当时的经制使王燮胆小怕事，根本无法招架，战事还没开始，就带领自己的人马私自逃窜。一时间群龙无首，陕州大小官吏遂作鸟兽散。只有当时担任石壕尉的李彦仙不动声色，像平时一样坚守自己的岗位。留下的陕州人纷纷投奔于他。他坐镇陕州，统筹大局，命青壮年把老年人和小孩分别送入土花岩、三砦、石柱、大通等山中隐藏，以避战乱。然后从青壮年中选拔年轻勇武的人编成军队，自己亲自率军镇守三觜。为了稳定军心，他对众人说："其实对付金人并非难事，现在我们又占地利之便，所以胜券在握，你们只要坚守即可。"不几天，金军又一次占领陕州，而且分为几路兵马，一齐出动。金军的一个小头目自恃健壮，放肆地在山前叫骂。彦仙见他如此放肆，便单骑出击，很快就把他活捉，并夹在腰间带了回来，然后才整理队伍，准备出战。不过几万敌军压境，同时包围三觜，确实不好对付。彦仙英明决策，引敌深入，在后山埋伏了精兵，结果杀敌一万多，夺得马匹三百，敌军乱了阵脚，仓皇而逃。此战之后，汴京至洛阳之间的人民归者如流，彦仙的势力几乎在瞬间壮大，不到一个月破敌五十余阵。

当初，金军第二次占领陕州，曾委任一些本地人做官，处理日常的官府事务，并且每人发给一张符以示区别。彦仙偷偷地让其部下潜入陕州城，混入伪官，以做内应。建炎二年（1128 年）三月，彦仙瞅准时机，率军直奔城南，此时城中已经火焰冲天，敌人正防守城南，但水兵已从新店出发，乘夜顺流而下直扑城东北，从蒙泉坡龙堂沟打开缺口，攻入城内，内外夹攻，敌人顾此失彼，即刻尸骸遍地，陕州被收复。起初，河东人建议抗敌时，彦仙就请了一个叫胡夜叉的前来帮助，并暂时委任他为沿河提举，胡夜叉对这个位置并不满意，竟然叛投南原之敌。彦仙便诱惑他回来，而后把他杀掉，同时夺取了他的五千人马。邵隆、邵云为其同谋，兵败之后打算替他报仇。彦仙得知后，没有严惩二人，而是托人晓之以大义，于是二邵改变原来的想法，归附于彦仙。彦仙打算乘胜渡过黄河，在中条山上修造栅栏，蒲州、解州乃至太原部闻风而动，于是分派二邵等向安邑、虞乡、芮城、正平、解县方向发起进攻，所向披靡，只有蒲州因为敌援来到没有攻克。彦仙因功升任合门宣赞舍人，在陕州就职，兼管安抚司公事，他把所俘敌酋全部送到了临安。皇上对他的作为赞叹不已，并赐给他袍带、枪、剑，并恩准他直达奏事，有先斩后奏的特权。

当时函谷关以东的州县大多被侵占，只有陕州幸免于难。这就要归因于彦仙不断修缮城墙，疏通护城河，操练军队，修缮武器，广开屯田，劝农耕作了。为了安心治理陕州，他还把一直留在巩县的家属也一并接来，他说："我们全家誓与陕州城共存亡。"听到的人见彦仙有如此大的决心，都很感动，军民一心，抗金的决心也更加坚定。

因陕州地势险要，所以总是屡屡遭受战乱之苦。当年十二月，金军酋帅乌鲁撒拔再次率大军围陕，彦仙率军背城鏖战七天，坚守不殆，最终使金军严重受挫后自动撤离。

建炎三年（1129年），敌帅娄宿孛堇奉金主之命，从绛县换防到屯蒲、解州，彦仙通过谍报获悉了这一消息后，派人在各个山谷布置埋伏，这些山谷是敌军的必经之地。敌军一到，伏兵应声突起，杀声震天。此次突袭共抓获敌人十八名，娄宿仓皇逃窜。此时制置使王庶正与金军交战，派人传令彦仙屯扎虞乡，以作为主力的犄角，配合作战。结果彦仙军与敌军在石钟谷口遭遇，整整混战一天，共歼敌两千人。此战之后，彦仙被晋升为武功大夫、宁州观察使、河解同耀制置使。

当时被金军占领的河东地区，很多地方上的大族私下里盼望王师（宋军）前来，他们打算里应外合，夺回失地。于是彦仙打算进一步扩军，以收复更多的失地，便向朝廷提出请求，让陕西各路帮助给他招募两万人马。但朝廷并未答应他的请求，原因是此时正好赶上张浚经略处置川陕地区事务，因为他从中干涉，所以没有得到准许。当年十二月，娄宿孛堇为报上次的大败之仇，率领十万人马再次包围陕州。彦仙见大军将至，派人趁着夜色打通隧道，焚烧了敌人的攻城器械，敌阵不知所措，随即大乱，彦仙乘其混乱发起进攻，敌人不得已而后退，但此次战事并未就此止息。建炎四年（1130年）正月，不甘失败的金军再一次增兵攻城，而且昼夜轮番不停地攻打，鹅车、云梯、点火的车子以及冲锋车齐头并进，同时进攻。一时间陕州城外硝烟弥漫，战火四起。彦仙依旧随机应变，制作了金汁炮向敌阵发射，凡火药所到之处，所有的东西全被烧烂，但因敌军过多，攻击过频，即便有此妙法，还是解不了金军的重重包围。彦仙无奈，只好整天靠在城垛上等候外援的到来，以助城内将士杀出重围。不久，张浚奉命派出一支人马，但势力微弱。敌人提前阻击，援军便无法前进。于是朝廷又下令泾原曲端率军从坊出发绕到

敌后以支援李军。可是曲端一直嫉妒彦仙的名声政绩超过自己，恨不得他全军覆没，于是百般托辞，推迟出兵的日期。丁巳日，陕州城陷落，彦仙率领亲兵在城中巷战，结果他的身体被箭头射穿，左臂还被砍了一刀，但是仍然搏杀不止，直至气绝身亡，壮烈殉国，他的全家也在此战中同时遇难，无一幸免。

在这次死战之前，敌人曾对彦仙威逼利诱，许愿弃城投降后，可以给他个河南元帅的职位，彦仙根本不为所动。陕州被困之后，敌人又重申了此前的承诺，并答应如果彦仙投降可即刻撤围。彦仙大怒，叱骂道："若守城失败，我宁愿做大宋的忠鬼，要你的富贵又有何用？"金军并不肯就此放弃一员良将，因为他们非常欣赏他的才能，坚持要他投降，彦仙自始至终都严词拒绝，从未动过一丝一毫的投降之念。后来金军在破城之前下令，若活捉李彦仙者，赏金万两。彦仙怎会让自己落入敌军之手，所以穿着和士卒一样的破衣服，混杂在士卒中间，与士卒们同生死，共进退，结果直至战死，敌人也找不到他的尸首。

彦仙为人刚直，治军严谨，若有违反军纪的现象，即使是亲属也毫不宽容。如果诸将中屯扎在外吃了败仗，或有其他过失，他总是命人封着棒派部下前去施刑，受罚者都要裸衣受刑，不敢有一声怨言。当时，同州、华州和长安都被金军占领，而陕州则被隔绝于一隅，朝廷的制度对他们已无约束之力，再加上当时陕州孤立无援，独自于中原之地与敌较量，将士们心中若没有强烈的信念何以支撑？彦仙只有靠每日念诵忠义来激励部下，每当朝廷赏赐或分配战利品时，一律在军中平均分配，自己不多取分毫。因此彦仙所领导的三万精兵，历经大小二百余战，无论是刀山火海，都肯为他卖命，没有丝毫的犹豫。虽然军营中的大小事务由彦仙最终决策，但地方上行政事务则由地方官吏依法办事，他从不擅自干预。所以陕州全境被治理得井井有条，俨然一派治世之景。彦仙殉国之后，张浚按承制追赠他为彰武军节度使，并在商州为他立庙纪念。

当初放弃为主报仇而依附彦仙的邵云是龙门人。陕州城破后此人被俘，娄宿准备以千户长之名诱他投降金朝。他不但不接受诱降，反而对娄宿大骂不止。娄宿大怒，派人将他钉在木架上，悬挂在解州东门外。有个地痞无赖趁机抚摸着他背上的黑纹说："可以做我佩刀的鞘。"邵云怒不可遏，挣倒木架向他扑去……因他坚守名节，誓死不降，五天之后被敌人肢解，挖眼睛，摘肝胆，直至死前一刻，邵云仍怒骂不已，金军竟残忍地将其喉管割断。当初行刑之时，刽子手拿着刀，正准备动手，邵云怒喝一声，刽子手吓得刀失落于地，倒地而毙，其忠勇气概，由此可见。

奸雄疾胜己者

古往今来，每逢奸雄得志，定会顿起祸心，意欲图谋篡位。此时必然嫉恨士大夫中胜过自己的人，他们恪守"宁我负人，无人负我"之说，士大夫们便因此念而遭受厄运。如蔡邕遇上董卓，孔融、祢衡、杨修遇上曹操，嵇康、阮籍遇上司马师、司马昭兄弟，温峤遇上王敦，谢安、孟嘉遇上桓温，可谓不幸啊！蔡邕虽然免于董卓的迫害，最终却仍为他而死；祢衡虽免死于曹操之手，但最终还是被黄祖所杀；孔融不幸之至，被满门抄斩；杨修因屡次顶撞曹操而被杀；嵇康被斩于东市；阮籍装疯卖傻，整日沉醉不醒，为了免于被杀的厄运，甚至为司马氏写劝进表；温峤智挫钱凤才幸免于难，其危险不亚于舞于虎尾之后。只有谢安以德行和才能使众人信服，始终表里如一，堪称众臣的表率，并因此赢得桓温的敬重，不敢萌生加害之意。即便如此，谢安还是会有"为性命忍须臾"的感慨和"晋祚存亡在此一行"的忧虑。

孟嘉被当世称为盛德之人，并不是虚有其名，此人平正旷达，淡泊名利，名冠州里，无人不知，无人不晓。他曾在桓温府中做事，历任征西参军、从事中郎、长史。在朝时期，他仗义执言，肯定不会像郗超等人那样轻易地投靠桓温，然而自己考虑最终不能脱身离开，所以故意常醉不醒，像龙山脱帽一样，也是无奈而已。桓温甚至对他说："人不可以没有权势，我因为有权势才能驾驭你。"桓温老贼这句话终于把他的内心世界暴露于世！孟嘉虽然因为酒而得以保全，侥幸得以寿终正寝，然而享年不过五十一岁而已，都是受酒精的戕害之故啊！陶渊明是孟嘉的外孙，曾经感叹自己的外祖父志向远大却命运不佳，想来就让人悲伤。

汉书多叙谷永

我的亡弟景何，自幼聪慧超乎常人，再加上读书十分勤奋，经常昼夜手不释卷，所以年纪虽小，见解却独到，但因心脏先天有疾，以致不幸夭折。有一次，他看到梁弘夫正在专心读《汉书》，立即开口道："只有谷永一个人在《汉书》中无处不在，贯穿始终。"梁弘夫听后不知其言何义，待仔细阅读思量之后，才信服了他的这个说法。这件事已经过去了五十多年，我仍然记忆犹新，仿佛昨日之事般清晰可见。所以现在随手把《汉书》中关于谷永的一些事例采摘在这里，以表达对亡弟的无尽悼念之意。

薛宣担任少府时，御史大夫职位空缺，无人继任。谷永向朝廷建议，说薛宣的政绩在丞相和御史大夫两府中都有明显的记录，应该得到提拔。

谏议大夫刘辅因直言而被囚于牢狱之中，谷永同朝中诸臣一起竭力上书营救。

光禄大夫郑宽中去世，朝廷打算按常礼为他送葬，而谷永认为他曾做过皇上的老师，便向皇上请求让他的葬礼更隆重些，谥号再好听一些，以显皇上的重师之举。

陈汤因罪被捕入狱，谷永上书力陈他在西域的功绩，以求朝廷能够从轻发落。

汉成帝鸿嘉年间，洪水泛滥，黄河决口，朝中大臣无计削减水灾造成的灾难，谷永上书说，应当先观察水势，然后顺从天意制订相应的对策。

成帝喜欢鬼神方术，谷永进言说，这些鬼神方术不过是坏人的障眼之法，借此造谣惑众。如今那些图谋不轨之人又要靠这种旁门左道来欺骗皇上，所以应该彻底禁绝。

有关衙门举报梁王刘立有乱伦之举，无异于禽兽，谷永上疏劝告皇上，此乃家事，不要在朝中公开追究他的责任。

朝廷打算为淳于长封侯，为公正起见，事先将此事交给朝臣讨论，谷永认为他应该被加封。

段会宗年事已高，但因边事所需，又重新被任命为西域都护，掌管西域军事。谷永同情他年老力衰，又不得不远行赴任，便写信劝慰他多多保重。

汉元帝建昭年间，雨雪连绵不止，天气阴冷，寒气过重，很多燕子自南方飞回后被冻死。谷永认为这是阴阳不调之兆，便奏请皇后回到自己的宫殿就寝，让众妾们都能有机会亲近皇上。

汉成帝建始年间，有星孛入营室星座，谷永说此星象表明后宫已有人怀孕，而彗星的窜入，又是不祥之兆，暗示有人想要皇帝断绝后嗣。

汉成帝永始年间，发生日食现象，谷永用《易经》占卜后说，这次的日食是酗酒过度所致；第二年又有日食出现，谷永说这是由于人民生活愁苦，整日对天抱怨而致。

一次，天上忽降陨石，如星雨般灿烂夺目。谷永观后说，这是皇上失道、臣下背叛的预兆，所以星星才会背叛上天而降落人间。

除了上面列举的建议之外，其他地方也不乏对谷永的叙述。《楼护传》中有谷永的笔札；《叙传》中说谷永评论许、班事迹；《许皇后传》说"皇上采纳谷永的话以作答书"。由此可见，谷永的事迹在《汉书》中详细到何种程度。《汉书》中的《谷永传》说："谷永擅长于谈论灾异，前后所提建议四十多条"，其中所说大致都记于此处。

汉武帝喜杀人者

汉武帝天性暴戾易怒，嗜杀如命，令人畏惧。若听到臣下杀人，无论出于何种原因，不但不加以治罪，反而予以鼓励，大加赞扬。

李广曾以原任将军的身份退居蓝田，与友人深夜至霸陵亭，被酒醉的霸陵尉羞辱一顿。事后不久，李广便被拜为右北平太守，他趁机请求把羞辱他的霸陵尉调出，随他一起赴任。刚到右北平，就借故将他斩首，接着主动上书谢罪。武帝批示道："将军为国家的栋梁，发怒则震慑千里，奋威则万物倒伏。报仇除害，正是我对将军你的期望。如果你摘帽赤脚，叩头谢罪，如何还能做我大汉的将军呢？"

胡建代理军正丞之职，当时的监军御史擅自做主，推倒了北军的一堵院墙作为军市，胡建准备将他处死。在挑选战士的那天，武帝亲自到场，御史和护军诸校尉分列于武帝的两侧。待胡建跨前拜谒过皇上后，便命令随从把御史拖下来斩掉。武帝不解，胡建紧接着上奏武帝说："按照军法规定，'军正不受将军统属，将军有罪要及时报告，二千石以下的官吏可以就地处置'，我对军法有点疑问，但我还是把监军御史斩了。"他的意思是说军正统属于军正管辖，斩御史不知是否合法？不过此时监军御史已经被斩杀了。于是武帝答复说："三王之中，有的在军中起誓，这是想让战士不要心存疑虑；有的在军门之外誓师，这是让战士事先有思想准备；有的则在战前誓师，这是为了鼓励斗志。既然如此，你还有什么疑虑的呢？"胡建由此事闻名朝野。

倘若本有嗜杀之好的臣子又见皇上如此处理这样两件杀人的命案，怎能不开妄杀之戒呢？

知人之难

汉武帝在位时期，霍光的官职不过是奉车都尉而已，官职并不出众，出巡则为武帝骖乘，入朝则为左右侍从。虽然处处谨小慎微，并无一件事情出现差错，但起初并没有得到武帝的宠信。不过自从登上相位之后，所得到的礼遇就大大超过原来的程度了。武帝不仅放心地将朝政交由他处理，而且还郑重托孤，让他主持大局。若非极度信任，怎至于此呢？

金日磾原是反叛的匈奴之后，因其父之罪过而被罚没为官府的奴隶，为武帝养马。一次武帝游园赏马，偶见金日磾气宇非凡，便起用人之心。顷刻之间，金日磾的身份便不同往日，而且越来越被皇帝信任，最终成为霍光的副手。两人都各负其责，相处甚欢，共同为朝廷效力。

汉武帝曾同一天委任了四个辅政大臣，除了上面提到的二人之外，还有上官桀和桑弘羊。二人心怀不轨，屡次设计加害霍光，这就是汉武帝的用人之失了。如果后来没有汉昭帝的英明，力挽狂澜，力保霍光，那汉朝的江山社稷可能就会遭逢大劫了。

任凭汉武帝的英明睿智，在用人方面也只能是得失参半，不能做到尽善尽美，可见即使是圣明的帝尧，要做到知人善任也并非易事。

第七卷

唐赋造语相似

唐代人写赋，大多以创造新鲜词语表现其高妙奇绝。

杜牧《阿房宫赋》说："明星荧荧，开妆镜也。绿云扰扰，梳晓鬟也。渭流涨腻，弃脂水也。烟邪雾横，焚椒兰也。雷霆乍惊，宫车过也。辘辘远听，杳不知其所之也。"仅仅这一段的比喻和征引，真是够丰富的了。

杨敬之的《华山赋》作于《阿房宫赋》之前，赋中的叙述更加雄浑壮观，气势更为磅礴。赋说："见若咫尺，田千亩矣。见若环堵，城千雉矣。见若杯水，池百里矣。见若蚁垤，台九层矣。醯鸡往来，周东西矣。蠛蠓纷纷，秦速亡矣。蜂窠联联，起阿房矣。俄而复然，立建章矣。小星奕奕，焚咸阳矣。累累茧栗，祖龙藏矣。"

此后又有一位叫李庚的人，以西都为题作赋说："秦址薪矣，汉址芜矣。西去一舍，鞠为墟矣。代远时移，作新都矣。"这篇赋的文采和意境都远远比不上杨敬之、杜牧的作品。

高彦休的《阙史》中说杨敬之"赋共五千字，传唱在人口"。此赋中的用句，其大致的风格都如上文所引，因琅琅上口而被世人传颂，唐代的司徒杜佑、太尉李德裕都时常背诵朗读。杜牧是杜佑的孙子，时代要比杨敬之晚得多，看来《阿房宫赋》可能是模仿杨敬之《华山赋》而做。高彦休是唐昭宗时的人。

书信陵事

近日夜读白居易的《秦中吟》十首，其中《立碑》篇有这样的诗句："我闻望江县，麹令抚惸嫠。在官有仁政，名不闻京师。身殁欲归葬，百姓遮路岐。攀辕不得去，留葬此江湄。至今道其名，男女涕皆垂。无人立碑碣，唯有邑人知。"读完此诗，不由想起少年时代居住在无锡的时候，曾向钱伸仲大夫借书，恰好借得一部曲信陵的遗集，总共才有三十三首诗和三篇《祈雨文》。曲信陵于唐德宗贞元元年（785年）鲍防榜下及第，排在第四名，于贞元六年（790年）担任望江县令。他在《投石祝江文》中这样写道："如果一定要把个人的贪念施及于乡里，把残酷暴虐的政令强加于百姓，那无疑是县令的罪恶。若神灵有知，一定要惩罚他，怎能将恶劣行径强加于民而使百姓整年受害呢！"仔细品味这些话语，可知信陵施行的政令无愧于神灵上天，这是毋庸置疑的了。

到了宣宗大中十一年（857年），寄居望江县的乡贡进士姚辇把曲信陵的诗文交给当时县令萧缜，萧缜用自己的俸禄买来石版，请匠人将文集刊刻出来，可见当时曲信陵的诗文还是受世人推崇的。白居易这十首《秦中吟》诗写于贞元、元和之交，距曲信陵去世不过十五年而已，然而曲信陵的名字却已渐渐被世人遗忘。《新唐书·艺文志》中只记有曲信陵诗一卷，其他书中未见记载，如果不是白居易在他的诗中提及此人，恐怕曲信陵的名字会和草木一同化为尘土了。

宋孝宗乾道二年（1166年），历阳人陆同任望江县令，从汝阴人王廉清处得到了曲信陵的诗，陆同将此集雕成印版后交到州治府库中收藏，只是其中没有《祈雨文》一文。

贡禹朱晖晚达

贡禹壮年时为官屡遭挫折，始终无法显达，失望之余便辞官返乡，直到汉元帝初年，重又复出并得到朝廷的重用，由谏议大夫升为光禄大夫。他在向皇帝上奏的谢表中说："下臣今年已经八十一岁，只有一个儿子，年纪一十二岁。"照此算来，贡禹重新被起用的时候，大约已有八十岁，他的最小的儿子出生时，他也有七十岁了。虽然年岁已如此之高，但之后竟又升迁为御史大夫，跻身于三公的行列。杜甫有诗说："长安卿相多少年，富贵应须致身早。"看来情况并非完全如此。

朱晖在汉章帝时在朝为官，从临淮郡太守的官位上卸任乡居，后来征召为仆射，又被任为地方郡太守。朱晖上疏请求留在朝中任职，章帝答应了他的奏请。由于与朝廷官员议事意见不和，受到章帝的误解，无辜身陷牢狱。三天之后，章帝下诏释放他出狱，但他出狱后，再不肯议论朝中大事，奏道："臣已经八十岁，蒙圣恩得居朝中显官，理当以死相报。"于是紧闭双唇，再不开口说话。后来章帝怒气全消，才体会到他的忠心，随即提升他担任尚书令。到了汉和帝时期，朱晖又奏请朝廷西击匈奴，算一算他当时的年纪，大约也有九十岁了。

两人都是年老之后方受到重用，但是朱晖的忠贞正直要远远胜于贡禹。

琵琶行海棠诗

白居易的《琵琶行》一诗，读者大多只欣赏它的风韵情调，被诗中的华词丽句所折服，有的甚至将它配乐歌唱，流传极广。在涉及白居易写作此诗的目的时，后世人竟认为此诗是白居易专为长安的歌伎琵琶女所作，抒发对她的同情和怜惜之意。我对这种观

点颇不认同。

唐朝的法律对于官吏狎妓虽然管束不严，但官员们还是会有很多的顾忌。白居易曾经在朝为官，而且遭贬的时间不是很长，以他的身份，怎么可能乘着黑夜独自一人进入乐妓的船里，与之相对而饮，把酒言欢，并极尽丝行弹唱之乐，直到深夜方才离去呢？身为朝廷命官，他难道就不怕那些商人们日后议论他不检点吗？这种事情对仕途的影响，他心里应该很明白。其实白居易的本意，无非是借此宣泄自己沦落天涯的自怜之意而已。

苏轼被贬到黄州（今湖北黄冈）之后，写了一首《定惠院海棠》诗，诗中有"陋邦何处得此花，无乃好事移西蜀""天涯流落俱可念，为饮一尊歌此曲"的句子，他的用意显然与白居易相似。有人说这两首诗无一丝一毫的相似之处，那是他根本没有用心体察的原因，其实苏轼的这首诗才是真正善于体现白居易本意的好诗，难道效仿前人之诗，就非要像一般诗人那样摹仿前人的词语吗？

东坡不随人后

自从屈原的辞赋里有假借渔父、日者问答以后，后代的作者都竞相模仿，司马相如的《子虚赋》和《上林赋》假托子虚先生、乌有先生和亡是公；扬雄的《长杨赋》假托翰林主人、子墨客卿；班固的《两都赋》假托西都宾和东都主人；张衡的《两都赋》假托凭虚公子和安处先生；左思的《三都赋》假托西蜀公子、东吴王孙和魏国先生，以上这些文章都是假借姓名，相互承袭，没有能够创出新意或突破这个格式的。

晋代人成公绥写《啸赋》，没有宾主两方的对答，但也逃不过假托的俗套，还是以一位逸群公子为由开篇动笔。枚乘的《七发》原本只是假托楚太子和吴客对答，而曹植的《七启》便假托了玄微子和镜机子。张协的《七命》也出现了冲漠公子、殉华大夫的名称。这些赋作的词语并不是没有可取之处，其用语不能说不工不稳，而且文采也毫不逊色，关键是因为这种相互因袭的旧习气已成惯例，没有人创造一种新的模式去改变它。

而苏轼所写《后杞菊赋》中却有些新的突破，此文在开篇之初就点破题目，直截了当地说："吁嗟先生，谁让你坐在厅堂上妄称太守？"这种开篇的方式像飞腾的蛟龙搏击长空，翱翔于九霄之上、万里之空，气势之雄浑，难道是那些不值一提的林中小鸟能够企及的吗？他的诗作也是如此，常有常人所不敢企及之处。

白居易有诗句说："醉貌如霜叶，虽红不是春。"苏轼则有诗句说："儿童误喜朱颜在，一笑哪知是酒红。"

杜甫说："休将短发还吹帽，笑倩傍人为正冠。"苏轼则说："酒力渐消风力软，飕飕，破帽多情却恋头。"

郑谷的《十日菊》诗说："自缘今日人心别，未必秋香一夜衰。"苏轼则说："相逢不用忙归去，明日黄花蝶也愁。"又说："万事到头都是梦，休休，明日黄花蝶也愁。"

以上几首诗虽然同样是用前人诗意，但却妙在手法焕然一新，并非承袭古人之法，这些诗作可谓达到了炉火纯青之境。这种境界和那种用"见他桃李树，思忆后园春"的意境而化作"长因送人处，忆得别家时"之语，有着天壤之别，后者也只能落得一位僧人的嘲笑罢了。

风灾霜旱

宋宁宗庆元四年（1198 年）的盛夏时节，饶州（今江西鄱阳）地区的天气一反常态，连连降雨，六月、七月两月大雨连绵不止，百姓们再也无须耗费人力财力祈雨，农夫家的水车和龙具（求雨的物品）都斜靠在家中的墙壁上，弃置不用。老年人都说这种好天气有生以来也没有碰到过，真是老天开眼，于是各家各户都盼望着秋天能够获得大丰收。然而天不遂人愿，因为雨降不止，那些耕种低洼田地的农夫们便发现涝灾已至，庄稼几乎全被淹死。接着，余干、安仁两县在八月里又遭受了地火之灾。所谓地火之灾，就是庄稼从苗根到苗心都生了孽虫，致使庄稼的茎变枯变焦，远远望去，像是金黄的烈火一样，也就是古时所说的"蟊贼"之害。百姓见状，个个愁容满面，再也看不到天降大雨时的欣喜。但灾祸并未就此止息，九月十四日，老天又连降寒霜，晚稻还没有灌浆成粒，都被这场大霜冻死。饶州所属各县均遭此灾。

一些有田产的农民到郡县衙门去报告灾情，此时的饶州知州还算是一位体恤百姓的好官，听到上报之后，便有了减免租赋的打算，可是属官们却纷纷表示反对，说："皇朝法典规定的减免租赋，可没有说到'蝗贼'和'早霜'两种情况啊！"还说："九月里本来就有霜降节气，下霜也不足为奇，怎么能称得上天灾呢？"这种说法简直是强词夺理，白居易的《杜陵叟》说："九月霜降秋早寒，禾穗未熟皆青干。长吏明知不申破，急敛暴征求考课。"就是九月下霜确是天灾的明证。

哲宗元祐五年（1090年），苏轼担任杭州知府，其间曾给宰相吕大防写过一封信，专论浙西的灾情，信中说："我想贤哲的宰相若听到这些灾伤之情，绝不会放任不管，只是怕世俗庸人欺君昧上已成恶习，报喜不报忧，争抢着说本处并没有灾荒，或者说虽有灾情，但足可自理，无须朝廷费心，但事实上灾情往往要比他们说得严重得多。八月下旬，秀州（今浙江嘉兴）几千民众到州衙报知本州发生了风灾，州官认定法典上只有报知水灾旱灾的而没有报知风灾的，因此闭门不见，将百姓们拒之官衙之外。州衙外的百姓义愤填膺，愤怒之下不免骚乱，结果混乱中踩死了十一位老人和孩子。由此事可知：地方官吏中报喜不报忧者，十有八九，这种现象不能不明察。"苏轼把话说到这种程度，真可以说是仁者之言了。

为何风灾、早霜一类的灾情未被法律列入赈灾之列呢？这是不是古人在创立法律的时候，考虑到像风灾、早霜一类的灾情不像旱、涝那样一看即知，而怕一些刁民借此为由，乘机要求赈济和减免租赋，所以不便轻易地将它们纳入法律条文呢？如今看来，把这类灾情重新纳入法典怕已是不太可能，但若出现此类的灾害，朝廷也不能坐视不管，而应该专门委派贤良的地方长官实行适当合理的救助。这样便可以使百姓切实感受到天子的恩德，避免因天灾而造成大量灾民流离失所，这才是施仁政的上策。

第八卷

天将富此翁

唐朝时，给事中刘仁轨为宰相李义府所厌恶，因而被调离京师到青州（今山东青州）担任刺史。到了刘仁轨任满还朝后，李义府并未就此罢手，打算再寻他一些过失加罪于他，让他永世不得翻身。当时恰逢漕运船只倾覆一事，刘仁轨因受牵连，被再次贬黜，沦为平民。李义府终于得逞，心中很是得意。但是万事皆难预料，事过不久，百济人反叛，朝廷命刘仁轨以平民的身份临时担任方州刺史，镇压叛乱。刘仁轨觉得自己崛起的机会来了，兴奋地对别人说："天将富贵此翁耶！"不过多久，刘仁轨果然平息了百济骚乱。

白居易有一首《自题酒库》诗说："身更求何事，天将富此翁。此翁何处富，酒库不曾空。"注释说："刘仁轨诗说：'天将富此翁。'白居易在这里是把醉酒当作富贵。"既然如此，那《唐书》只把这句话说成是刘仁轨对别人说的话，而没有提到这原是他的一句诗，这就是《唐书》的失误之处了。

白公说俸禄

容斋随笔精粹

白居易一生，从壮年到老年，担任的官职很多，其俸禄数目多寡从他的诗歌中可以清楚地看到，因为他将自己各个官职所得的俸禄全部记录在他各个时期的诗中，即使是牵涉到别人，也没有丝毫的隐瞒。他为官清廉，两袖清风，所以家里并没有多余的钱财，仅供糊口而已。这样的家境从这些诗歌中便可一目了然。由于详细诵读了他的诗集，因而依次将有关诗句摘录如下。

他担任校书郎时，有诗道："俸钱万六千，月给亦有余。"担任左拾遗，说道："月惭谏纸二千张，岁愧幸钱三十万。"兼任京兆府户曹时，说道："俸钱四五万，月可奉晨昏。廪禄二百石，岁可盈仓囷。"后来被贬为江州司马，有诗说："散员足庇身，薄俸可资家。"《壁记》中说道："岁廪数百石，月俸六七万。"罢官担任杭州刺史，有诗写道："三年请禄俸，颇有余衣食。""移家入新宅，罢郡有余资。"后来又担任苏州刺史，有诗写道："十万户州尤觉贵，二千石禄敢言贫！"后任太子宾客，居住在西京长安，说道："俸钱八九万，给受无虚月。""嵩洛供云水，朝廷乞俸钱。""老宜官冷静，贫赖俸优饶。""官优有禄料，职散无羁縻。""官衔依口得，俸禄逐身来。"担任河南府尹时，有诗说道："厚俸如何用，闲居不可忘。"接着又被任命为同州刺史，但没有赴官，有诗说道："诚贪俸钱厚，其如身力衰！"担任太子少傅，说道："月俸百千官二品，朝廷雇我作闲人。""又问俸厚薄，百千随月至。""七年为少傅，品高俸不薄。"后来他年老退休，说道："全家遁此曾无闷，半俸资身亦有余。""俸随日计钱盈贯，禄逐年支粟满囷。""寿及七十五，俸占五十千。"另外还有其他泛泛而谈的诗句，并未指明身担何职，只是言及俸禄之事，如："历官凡五六，禄俸及妻孥。""料钱随官用，生计逐年营。""形骸俞班行内，骨肉勾留俸禄中。"

他的诗中还有正面谈及他人俸禄的诗句，比如说陕州王司马，说道："公事闲忙同少尹，俸钱多少敌尚书。"刘禹锡被免了太子宾客一职，新命为秘书少监，俸禄大致相等，白居易作诗说："日望挥金贺新命，俸钱依旧又如何！"他为洛阳、长水（今河南洛宁县西南）两位县令的俸禄微薄而感叹道："朱绂洛阳官位屈，青袍长水俸钱贫。"

他临终前，有一首《达哉乐天行》诗说："先卖南坊十亩园，次卖东郭五顷田。然后兼卖所居宅，仿佛获缗二三千。但恐此钱用不尽，即先朝露归夜泉。"

后世的所谓仁人君子，若是能仔细品味一下这些诗句的深刻含义，即使是每天都饮贪泉之水，也该对自己有个清醒的认识，反省之余，斟酌之后，必定有所感悟。纵观白居易的一生，就是如此清贫廉洁。苏轼曾说白居易："公廪有余粟，府库有余帛。"恐怕这种说法有失考证吧。

白居易出位

白居易为左赞善大夫时，右丞相武元衡被强盗当街残杀，京都为此震扰。白居易迫不及待地向朝廷上奏此事，请求朝廷迅速捉捕杀人的强盗，洗刷朝廷的耻辱，但当时的宰相却嫌他超越了权限，很不高兴，于是编织罪名将他贬为江州司马。这是《唐书·本传》上记载的。按：当时的宰相是张弘靖和韦贯之。张弘靖其人不值得一提，就不用多说了，而韦贯之绝非奸佞之臣，为何在这件事上却持有如此偏颇的观点呢？

《白居易集》中载有他写给杨虞卿的一封信，信中详细地说明了此事的前因后果，信的内容如下："贬官的诏旨已经下达，明天就要出京东行了，心中满是不平，所以想把委屈向阁下倾诉。去年六月里，强盗在大街上杀害了右丞相武元衡，我亲眼所见，震撼之大，无以言表。当时武丞相满身血浆，头发和肉体都被砸烂了，我实在不忍心再说下去。满朝文武震惊不已，都不知如何是好。据我所知，有史以来朝中高官都未曾遭此厄运，真是太令人愤怒了。无论哪个人见到右丞相当时的惨状，即使是田夫奴仆，也不该闭口无言，更何况我是朝廷大臣，怎能闭口不言忍受这样的愤恨？已故武元衡丞相黎明时断的气，我的奏章中午就呈上朝廷。两天之内，全城皆知，那些不乐意我这样做的人，有的造谣中伤，有的说我这样做大错特错，都说：丞相、尚书、给事中、中书舍人、谏官、御史对武丞相被杀一事还没有上书谈论自己的看法，一个赞善大夫为什么倒如此多事呢。我听到这些话，回到家中仔细思量，心中更是无法平静。赞善大夫固然官职低微，而朝廷中发生了这样特殊的事件，当即进一奏疏，说这是忠诚，这是义愤，也不为过，至少这样做我问心无愧。若说这是虚妄，这是张狂，我又能辩解些什么呢？如今因为这样一件事而获罪，您以为我又能如何？更何况还不是以这件事定罪呢。"这是白居易的自述。由此可以看出当时指责他超越职权的人，还不仅仅是宰相而已，其他朝中官员也持有同样的观点。

据史书记载："白居易的母亲不幸坠井而死，而白居易却写了一首《新井篇》，因此受到贬斥。"上面那封书信里所说的"不是以这件事定罪"，可能就是说的这件事。

白公感石

白居易有一首诗，诗题很长，为《奉和牛思黯以李苏州所寄太湖石奇状绝伦因作诗兼呈刘梦得》，诗的末尾写道："共嗟无此分，虚管太湖来。"他在此诗的注释中说："我和刘禹锡都当过苏州刺史，但都无幸得见太湖石。"又有一首《感石上旧字》诗说："太湖石上镌三字，十五年前陈结之。"陈结之此人，无人知道其来历，这个名字在史籍文献中也从未曾见过，所以关于此人的事迹一点也不清楚。此时长久困于心中，终不得解。直到后来看到他的《对酒有怀寄李郎中》这首绝句说："往年江外抛桃叶，去岁楼中别柳枝。寂寞春来一杯酒，此情唯有李君知。"此诗的注释中说："桃叶，指结之；柳枝，指樊素。"如此一来，心中疑惑顿解，原来这样，"结之"指的是他其中一个小妾的名字。

白居易因身体有病而离开柳枝，因此作了首诗说："两枝杨柳小楼中，袅娜多年伴醉翁。明日放归归去后，世间应不要春风。"因为刘禹锡曾就此事作诗，嘲笑他多情自伤，所以他又写了一首诗答刘禹锡说："谁能更学孩童戏，寻逐春风捉柳花。"看来他对于自己所喜爱的女子是久久难以忘怀的，比如像"病共乐天相伴住，春随樊子一时归""金羁骆马近贳却，罗袖柳枝寻放还""觞咏罢来宾闭，笙歌散后妓房空"。读这些诗句，使人感到十分凄怆。

容斋随笔精粹

承习用经语误

很多人在做文章的时候，喜欢沿袭经书和传注中的史实，却很少有人详细考察它的旧注。既然不明就里，就难免会出现很多的误引。比如《诗经·邶风·谷风》这首诗，原本是对迷恋新婚、厌弃旧妻的人提出的警戒，这首诗说："宴尔新昏，以我御穷。"宴即安的意思，是说安然无愧地爱你的新婚恋人，只把我当成穷苦时的伴侣，到你富贵便抛弃我。如今人们却把初次娶妻称为"宴尔"，不仅跟原诗诗意不相符合，而且又含有再婚的意思，难道能用于新婚之事吗？

《诗经·大雅·抑》这首诗说："讦谟定命，远犹辰告。"毛亨注释说："即大的意思，谟即谋的意思，犹即道的意思，辰即时的意思。"犹和猷在此处通用。郑玄注解说："犹即图的意思，是说远大的谋略就是确定政令。为天下谋划大事，并在适当的时候诏告臣民，比如正月里开始宣布一年中的大政。"不过这里只是指身为人君诏告下民的意思，如今的舍人、学士们常将此意用在诏令、诰词当中，用来训示臣下，这是合理的。可是一些大臣们不知其意，在上表奏章里也用这个词，不了解它和"入告尔后"中的"告"是有很大区别的，这样使用就不对了。

《诗经·大雅·生民》这首诗说："诞弥厥月。"毛亨注解说："诞即大的意思，弥即终结的意思。"郑玄注解说："后稷在他母亲的腹中，足十个月降生。"按：把弥解释为结束，这样解释也不是很准确。至于"俾尔弥尔性，似先公酋矣"这句话中，既已经把弥解释成终结，又说酋即终结的意思，这样就显得重复烦琐。《生民》诗中共出现了八个诞字："诞置之隘巷""诞置之平林""诞置之寒冰""诞实匍匐""诞后稷之穑""诞降嘉种""诞我祀如何"，如果把这其中的诞字都解释为大，恐怕也无法讲通。其他像"诞先登于岸"之类，新安人朱某认为是发语虚词，没有实意，这样的解释是正确的。莆田郑先生说："弥只能解释成满，就是说满了十月而已。"如今人们称天子生日为降诞、诞节；普通人之间相互称为诞日、诞辰、庆诞等，都是不正确的。只是以讹传讹，越传越真，以致成了惯例，没办法改变，就连苏轼这样的大家也不能免俗，说"仰止诞弥之庆"之类的话，采用的也是这种错误的说法。现把这些说法详细地记在这里，让后来人明白其中原委。

《左传》中说："周天子派宰孔将祭肉赐给齐桓公，齐桓公准备下阶施跪拜之礼。宰孔忙说：'周天子曾交代过，因伯舅您年事已高，不必下阶施礼了。'齐桓公答道：'天威不违颜咫尺，敢不下拜！（天子的威德离我不到咫尺之远，我怎敢不下阶跪拜！）'于是下阶跪拜，然后登上台阶，接受了赏赐。"这里说的是行拜礼于堂之下，而接受祭肉于堂之上。如今人们所看到的那些接受馈赠者，动不动就说："谨已下拜"，这还不算什么大的失误，像"天威不违颜咫尺"这个句子里，前四个字是写周天子的，后三个字才是写臣下的，所以注释说："上天神鉴明察并不遥远，天子的威严时常在脸面之前。"如今的士大夫时常在章表奏疏里说违颜，或者说咫颜、咫尺之颜等，有违经书中的原意。假如用作龙颜、圣颜、天颜之类的意思，那就说得通了。

长庆表章

自从唐代宗大历年间，河北三大重镇被强大的藩镇所占据后，这个地区一直战乱不断，百姓久无宁日。直到宪宗元和年间，田弘正才宣布他控制的魏博镇归还给朝廷。至穆宗长庆初年，王承元、刘总也放弃了镇州、幽州两个重镇，至此河北一带基本由朝廷控制，局面渐渐安定。可是唐穆宗是位平庸无能的君主，再加上崔植、杜元颖、王播是几位庸碌的宰相，未能采取长治久安的良策，轻率地作出决定调离田弘正，结果造成了王庭凑之乱；又错误地重用张弘靖，结果引发了朱克融之乱。祸乱发生之后，朝廷调集各道十五万大军，又任命老臣裴度为主将，乌重嗣、李光颜为副将，率兵在河北戍守一年多，最终也没有平定藩镇之乱，钱财用完，精力耗尽，还是把兵权交给了王庭凑、朱克融两个逆贼，河朔地区大片领土再度失陷，这样的状况一直延续到唐朝灭亡。

纵观这一时期的昏君庸臣的误国之举，岂能痛哭了事！当时宰相不知羞耻，竟然还在《请上尊号表》中大言不惭地说："自从陛下继承皇位以来，至此刚刚二年，没有兴兵动武之劳，端坐朝堂便平定了镇、冀；不费一兵一卒，顷日之间就平定了幽燕之地，因此天子的威灵已经遍及四海，臣等请陛下受尊号为'神武'。"国君朝臣，上上下下，真是不知羞耻啊！这封奏表据说是白居易撰写的。

另外，翰林学士元稹谋求担任宰相职务，又担心老臣裴度由于有功劳而得以重用，妨碍自己升迁之路，于是屡屡在天子跟前讲裴度的坏话。裴度也不示弱，不断上奏章揭露元稹的卑劣行径，两人针锋相对，各不相让。穆宗迫于无奈，只好解除了元稹翰林学士的职务，但对他的恩宠依然如故。元稹因此更加怨恨裴度，千方百计想解除裴度的兵权，便上表请求朝廷收兵，没多久便被命为宰相。白居易代元稹草拟谢表，其中有几句话是这样写的："下臣有幸遇到了圣明的君王，并没有请谒之嫌；受到提拔而入居宰相之职，得与君王共商国家大事。这样的恩宠实在太深了，然而谗言诽谤也随之而来。回想下臣在翰林供职，并无愧于本心，然而屡屡地搅扰圣上，真该以死罪相责。"文中竟然如此煞费心机，以掩饰元稹的所作所为。

白居易这两篇表，足可成为他品性正直的一生中两个无法抹去的污点。

容斋随笔精粹

第九卷

畏人索报书

　　古时的士大夫们，每当收到朋友的书信，大多都会皱起眉头，因为他们往往不想回信，或因交情不深，不屑一顾，或因怠惰而懒得写回信。记得白居易有一首名叫《老慵》的绝句，诗中写道："岂是交亲向我疏，老慵自爱闭门居。近来渐喜知闻断，免恼嵇康索报书。"

　　晋朝嵇康的《与山巨源绝交书》中说："我始终觉得写信是一件很烦心的事，太不方便，而且我也根本不喜欢写信。可是这世间偏偏有许多多事之徒，整天给我写信，以至于来信堆满书案桌几。不回信吧，就有违朋友情分、伤了义气；想强迫自己写回信吧，又违了自己的心愿，而且难以坚持下来。"白居易在诗中要表达的也正是这个意思。

　　由以上两件事可知，人们害怕回信并非今日才开始，而是由来已久。

欧公送慧勤诗

　　宋朝太平时节，全国各地的人们都把游京城当作一件非常开心的事。士大夫们大都是到这里求取功名利禄，商人们大都是贪图买卖上的利益，而后生少年们也喜欢京城的繁华热闹。据考证，京城的此番景象并不是南渡以后才出现的，读一读欧阳修的《送僧慧勤归余杭》这首诗，便可知当时的情景也是如此。诗说："越俗僭宫室，倾赀事雕墙。佛屋尤其侈，耽耽拟侯王。文彩莹丹漆，四壁金焜煌。上悬百宝盖，宴坐以方床。胡为弃不居，栖身客京坊？辛勤营一室，有类燕巢梁。南方精饮食，菌笋比羔羊。饭以玉粒粳，调之甘露浆。一馔费千金，百品罗成行。晨兴未饭僧，日昃不敢尝。乃兹随北客，枯粟充饥肠。东南地秀绝，山水澄清光。余杭几万家，日夕焚清香。烟霏四面起，云雾杂芬芳。岂如车马尘，鬓发染成霜。三者孰苦乐？子奚勤四方！"由此可以看出，此诗当中所说的吴越之地宫室、饮食和山水三方面的豪华、丰盛、优美，过去就已如此。欧阳修还有《山中之乐》三章诗，也是送慧勤返回余杭的。

　　慧勤后来与苏轼结识，并为他的诗集写了一篇序言。

337

东不可名园

　　无论是公家还是私人的亭台园林，当今人们大都是根据它们的方位来命名，所修建的亭台楼馆、园林水池之名大多可以显示出它的方位，这样既简单，又便于寻找，比如东园、东亭、西池、南馆、北榭之类，这样的名称固然明快典雅，可是其中也有应当避而不用的字。欧阳修写《真州东园记》就是很明显的例子。

　　《汉书·百官公卿表》说："将作少府主管修建宫室，他的属官主要有东园主章。"注释说："章指的是非常高大的木材。主章主管搜求大木，供东园木匠选用。"宋高宗绍兴三十年（1160年）时，我担任省考的参详官，主管委托我们出词科的试题，我的同事中有人想以"东园主章"为题目，我不同意，并向他们论述其中的缘由说："先生只见到《汉书·百官公卿表》了，却不知《霍光传》中记载：'霍光死后，朝廷赐给他东园所制的葬器。'服虔解释说：'东园所制作的这种葬器，用一面镜子放在其中，镜子恰好悬在尸体上面。'颜师古说：'东园，是官署的名称，隶属于少府寺。这个官署负责制作这种葬器。'《董贤传》也有这样的文字：'将东园的秘器赐给董贤。'注释转引《汉旧议》的说法说：东园秘器，就是棺材。可见东园并不是什么好去处，难道能用它作为试题吗？"同僚听罢，大吃一惊，连说自己险些犯了大错，然后急忙退去了。由以上的说法显然可以看出，用东字来作为园的名称，是不合适的。我家中有两个园子，恰好一东一西，因此我把西面的园子称作西园，而把东面的园子称作东圃，主要是避开东园这个名称。

何恙不已

　　汉朝的公孙弘曾担任丞相，以年老后因病重请求辞官。皇帝不忍他就此离去，于是批复说："爱卿不过是患了点风寒小病，何恙不已？"意思是何须担心这病就好不了呢？颜师古注释说："恙，担忧的意思。这句话是说哪里值得担心这病就好不了呢。"《礼部韵略》在解释恙字的含义时也说是担忧的意思。

　　由此看来，恙字本来没有疾病的含义。上面既然已经说过得了风寒小病，下面当然不应该再重复说病，颜师古的解释十分清楚。而如今以讹传讹，凡是问别人的病情都称"贵恙"，把小病叫作"微恙"，心病叫作"心恙"，风病叫作"风恙"。这种用法，由来已久，若要纠正，也非一日之事。只要世人能够理解其义，也无须费力纠正了。

容斋随笔精粹

燕赏逢知己

白居易曾赴河南（治今河南洛阳）担任府尹一职，为政期间，与当地乡绅舒员外私交甚密。他曾作过一首《答舒员外》，诗云："黄菊繁时好客到，碧云合处佳人来。（原注：我曾派英、倩两位歌妓陪同舒员外一同游览。）酡颜一笑夭桃绽，清冷秋声寒玉哀。轩骑逶迤棹容与，留连三日不能回。白头老尹府中坐，早衙才退暮衙催。"白居易还为此事写了序言，说："舒员外游览香山寺，多日不回府，又给我写了一封书信，信中极力称道景致之胜。当时我正坐在堂前审问囚犯，提起笔来写了一首七言诗回赠他。"

宋朝谢绛、欧阳修曾经同在洛阳为官，二人相约一同游览嵩山，因沉醉于山色而忘了归去的时间，所以回来时天色已晚。到达龙门香山寺时，大雪纷纷而下，东都留守文僖公钱惟演派属下安排酒食和歌妓来慰问他们，钱惟演说："走了一天山路太辛苦、太劳累了，应该暂留龙门观赏雪景。府中没有多少事，不必急着回去。"

苏轼在徐州（今属江苏）任职时，王巩携着全家老小前往拜访。一天，王巩划着小船和颜长道带着三个儿子王盼、王英、王卿游览泗水，向南到了百步洪，一路上吹笛饮酒，乘着皎洁的月光缓缓而至，不胜惬意。苏轼当时有事未能同游，至夜，他身穿道服，站在黄楼之上，两人见面相视而笑。世人都说自从李白死后，人间已经三百多年不见此番乐事。王巩走后一个多月，苏轼又和道师参寥子泛舟来到百步洪下，回忆旧日之

游，遂赋诗一首说："轻舟弄水买一笑，醉中荡桨肩相摩。归来笛声满山谷，明月正照金叵罗。"

细细体味这三次游览的妙处，可见当事人之间的友情有多么深厚，无须过多的话语，一笑之间，便可深谙彼此心内之情。如今的友人之间、主客之间哪里能有此番深情厚谊，值得称之为知己吗？

端午帖子词

在唐代，每逢五月五日这一天，扬州（今江苏扬州）都要向朝廷进献在长江江心铸造的铜镜，所以宋朝翰林院撰写端午帖子时，往往用这件事作为典故，但其遣词用意，水平和深度就各有不同了。

王禹玉说："紫阁瞳昽隐晓霞，瑶墀九御荐菖华。何时又进江心鉴，试与君王却众邪。"李清臣说："艾叶成人后，榴花结子初。江心新得镜，龙瑞护仙居。"赵彦若说："扬子江中方铸镜，未央宫里更飞符。菱花欲共朱灵合，驱尽神奸又得无？"又说："扬子江中百炼金，宝奁疑是月华沉。争如圣后无私鉴，明照人间万善心。"还有一首说："江心百炼青铜镜，架上双纫翠缕衣。"李邦彦说："何须百炼鉴，自胜五兵符。"傅墨卿说："百炼鉴从江上铸，五时花向帐前施。"许冲元说："江中今日成龙鉴，苑外多年废鹭陂。合照乾坤共作镜，放生河海尽为池。"苏辙也有诗说："扬子江中写镜龙，波如细縠不摇风，宫中惊捧秋天月，长照人间助至公。"

以上列举的这些关于铜镜的诗作，总体水平大致如此，并无新奇出众之作。只有苏轼与他们大不相同。苏轼有诗说："讲余交翟转回廊，始觉深宫夏日长。扬子江心空百炼，只将《无逸》监兴亡。"这首诗气势磅礴，光芒四射，将历史兴亡寄予其中，让人不觉生出敬畏崇仰之意。很像白居易的《讽谏百炼镜》诗。这篇说："江心波上舟中铸，五月五日日午时。""背有九五飞天龙，人人呼为天子镜。"还说："太宗常以人为镜，监古监今不监容。""乃知天子别有镜，不是扬州百炼铜。"诗中的深意和苏轼的观点不谋而合。

我也曾就此事写过一联："愿储医国三年艾，不博江心百炼铜。"但是自知与白居易、苏轼之作相去甚远，不可与之比肩。

端午节的旧俗颇多，其中要数楚地百姓划龙船竞渡最为隆重了，但很少有人以此为典作诗写文。或许是因为这个风俗起因于屈原投江自尽，不太吉利，不能写进祝文颂词中去，所以都好用江心镜的典故。

第十卷

哀公问社

　　鲁哀公祭祀地神之前向宰我询问，祭祀时应该用什么木，宰我回答说："夏代用松木，商代用柏木，周代用栗木。"哀公紧接着问："周代用栗木是要使百姓战栗吗？"孔子闻听此事，责备说："已经做过的事就无须再解释了，已经完成的事就无须再直言规劝了，已经过去的事就无须再追究了。"

　　怎样来理解孔子的这番话呢？古时候，人们祭土地之神而要为它做一个木主，所选的原料只是根据当地祭祀土地神时常见的树木来制作，最初并不是有意区别木材的名称，更没有深层的寓意。所以鲁哀公提出这个问题根本没有任何的道理，也没有必要一听到"用栗木"这样的说法，就马上联想到"使百姓战栗"这层意思。鲁哀公理解的意思是古时候虽然没有严格规定做木主的原料，但在祭祀之时还是有所象征的，所以怀疑栗木是用来震慑百姓，使百姓战栗的意思，实际上并不是这么回事。孔子指责宰我不能根据具体事情讲清楚，可以怎样做或不可以怎样做，如果是还没有做的事，还可以再解释；还没有完成的事，还可以再劝谏，已经过去的事，还有什么可追究的呢？

　　还有人说"使民战栗"这一句，也出自宰我之口，写书的人想让这句话和前边几句有所区别以示强调，所以又加一个"曰"字来提示，这也可以作为一种说法，然而"使百姓战栗"这句话，若是出于宰我之口，那就是引导国君趋向严苛，这显然是不合适的。若出于哀公之口，那还可以马上劝谏他，以此来杜绝他趋向严酷。总之，这句话无论出自谁人之口，都不正确，所以才会得到孔子的责备。

　　鲁哀公想借越人的力量攻打鲁国的仲孙、叔孙、季孙氏三大家族，没能成功，反而因此亡国，其根源恐怕就在过于严酷。何休在注释《春秋公羊传》时说："松，犹说容貌，想到了他的容貌并侍奉他，说的是人君之道。柏，犹说迫近，亲近而并不遥远，说的是地神之道。栗，犹说战栗，谨慎恭敬的样子，说的是天神之道。"由此来看，所谓"使百姓战栗"的说法也并不是全无道理。《公羊传》中说："国君死丧，做木主要用桑木；祭奠国君，做木主要用栗木。"以此看来，夏商周三代所供奉的土地神，可能真的是用松木、柏木、栗木作为神灵的木主吧？这里说木主并不是指在土地神周围种的树木。程颐先生的说法亦是如此。

卫宣公二子

《诗经》和《左传》中对卫宣公的两个儿子的事迹，记载得十分详细。

《诗经·二子乘舟》一篇，就是专门为伋子、寿子而作的。《左传》中的介绍更为详备，说："卫宣公和他的庶母夷姜私通，生下了伋子。后来给伋子与齐国一位美貌女子结婚，此女妖媚动人，秀丽非凡。宣公贪念又起，竟将自己的儿媳据为己有，后与之生下了寿子和朔子。后来，宣姜（卫宣公霸占的伋子的妻子）和公子朔一同谗毁公子伋。这个女人不仅不忠贞，反而谗害自己的前夫，宣公也因此更加厌恶伋子，于是想尽办法除掉他。一次，宣公命伋到齐国出使，并暗地里派了一些武士在莘地埋伏，准备趁机在半途杀掉伋子。寿子得知这个消息之后，赶紧告诉了伋子，让他尽早离开卫国，以保性命。寿子不忍哥哥就此丧命，便打着伋子的旌旗先行赴齐，武士们以为是伋子，便突袭他，结果寿子被杀死，后来伋子也未能幸免。"

鲁隐公四年（前719年）十二月卫宣公被拥立为卫国国君，并于鲁桓公十二年（前700年）十一月死去，中间相隔了十九年的时间。假使他即位当年便与他庶母私通，那么子伋最早也要在第二年降生。按常理，男子必须得到十五岁才能娶妻，就算伋子刚娶妻便被宣公夺去，也已经是十五年之后的事情了。待宣姜又生下寿子和公子朔，又需要一年的时间。照此算来，公子朔与他母亲一起谗害兄长，而公子寿又能代替伋子为使者出国越境，二人此时最多不过十岁，而这些事情又岂是十岁以下的小孩子所能做到的事？仔细推算一下，那么多事情都在十九年之内发生，根本就不可能成立，那为什么《左传》中要如此这么安排呢？这一点实在让人费解。

唐尧无后

尧、舜之名，万世传颂，但他们的儿子，却没有承袭其父的美德，都不修仁德、不思进取。

舜的后代虽然不像父辈般坐拥天下，但传到了陈和齐田氏，也延续了将近两千年。而尧的后代，却不如舜的后代了。还在舜在位的时候，尧便没有继承人了，因此禹告诫舜说："千万不能像丹朱那样残暴无道，以致覆灭封国！"另外又作了一篇诫词说："那尧帝啊，曾拥有冀地，如今后代不修道德，扰乱纲纪，终遭灭亡。"考察一下丹朱的罪恶，让他遭身死灭国之乱也并不为过。难道舜、禹统治天下的时候，就选不出贤人的后代替他传宗立国吗？

《左传》中有记载子产的话，说："唐国人居住在那里，臣服于夏商。唐国的末代君主叫作唐叔虞（指的是唐国的末代国君，不是周武王之子被封在晋的那个人）。周成王消灭了唐国，并封唐叔虞为唐侯。"蔡墨说："陶唐氏衰落之后，又有刘累氏，称为御龙。"范宣子说："匄的远祖，舜帝以前为陶唐氏，夏代为御龙氏。"照这些记载来分析，尧的后代虽然失去了封国，还是有子孙留世的。待周武王灭了商朝之后，便把尧的后代封在蓟地，但是这种说法在其他史书上并没有出现。

史官赵氏在说到楚国灭陈国时说："有盛德的人必将得到百世的祭祀，唐叔虞才刚刚几世，绝对不会绝祀。"臧文仲听到蓼国和六国这两个国家灭亡的消息，感叹说："皋陶、庭坚从此就没有后代祭祀了！"尧的盛德难道在舜、皋陶之下吗？但尧却不能把封国和爵位传给自己的后代，这究竟是什么原因呢？

斯须之敬

如今的宴会上，无论是公家的大宴还是私人的家宴，都称主人对面坐的人为"席面"，古时候称为"宾"或者"客"。《仪礼·燕礼》篇中有记载说："司仪延请宾客，主人开口说：'让某人为上宾。'客人慢步向前，很有礼貌地辞让。主公再次邀请，客人才勉强答应下来，坐于客位。"《左传》中记载，季氏请大夫们饮宴，尊臧纥为上宾。宋公同时宴请晋、楚两国的大夫，以赵孟为上宾。杜预在注解中说："宾客，就是满座客人中最受尊崇的人。"这与现在的理解有所差别。

宋孝宗乾道二年（1166年）十一月，薛季益代理尚书工部侍郎，奉命出使金国。临行之际，侍从官在吏部尚书办公厅内为他设宴饯行，宴会由陈应求主持，除了尚书六部

的主要长官之外，中书、门下两省的官员们全部到场，共有十二个人，薛季益在这些人中的职位最低。宴会开始后，陈应求先是给薛季益行礼，然后请他于客位就座，薛季益哪里享受过如此待遇，于是推辞不肯，连声说道："不可，不可，此前宴会都有固定的次序，按官职的高低和资历排列，今天我怎敢破例？"官员们都劝他说："今天这宴席是专门为你而设，你就不要再推让了嘛！"薛季益还是不肯就座，场面就这样僵持着。当时我担任史官，职位最低，当然坐在最末一个座位上，而且始终默不作声。片刻之后，给事中王日严看到了我，大声对我说："景卢一向足智多谋，最能随机应变，你何不说出你的高论来解决此事，以缓解尴尬的气氛呢？"此时众人都将目光聚焦在我的身上，我看已经无法推辞，就笑了笑，对薛季益说："孟子不是说过，'平常的恭敬在于兄长，暂时的恭敬在于乡里长者。'你何不姑且受大家一次暂时的恭敬，以后再恢复以往的次序，那也无妨啊！"在座的各位同仁都说我讲得很有道理，薛季益也无言可对，于是列入客位，其他官员也就各自入席，一场和谐欢快的晚宴就此开始了。

祖宗命相

前朝祖先任用宰相，大多凭自己的意愿随意选定，并不把内官外官、高职低职作为主要条件。若是召用前宰相再任，一般仍然担任宰相之位。

宋太宗太平兴国年间，文惠公薛居正离世，当时同居相位的有卢多逊、沈伦，二人均未受到提拔，而韩王赵普以太子太保的散官官秩任命为直昭文馆、首席宰相。

真宗咸平四年（1001年），文靖公李沆为直集贤院，而真宗却对他弃而不用，而是召用前宰相文穆公吕蒙正为直昭文馆，位在李沆之上。

真宗景德元年（1004年），李沆离世，文正公王旦、文穆公王钦若时任参知政事，但都没有依次补迁，而文简公毕士安由翰林侍读学士、忠愍公寇准由三司使同时被命为史馆直集贤院，位在王旦、王钦若二人之上。毕士安虽然以前任过参知政事，但不足一月便被免职。

仁宗至和二年（1055年），恭公陈执中被罢相，当时刘沆身居相位，而仁宗却从外地召用文彦博、富弼二人进京，文彦博再次被任命为直昭文馆，富弼被任命为直集贤院，而迁刘沆任直史馆之职。

神宗熙宁三年（1070年），献肃公韩绛、荆公王安石一同被拜为宰相，韩绛居于上位，但却先被罢免。四年之后，王安石也被罢相。随后韩绛再次被命为直史馆、宰相，第二年王安石又被召用为宰相，却被拜为直昭文馆，位在韩绛之上。

哲宗元祐元年（1086年），文潞公文彦博从洛阳被召回京城，担任宰相。司马光以门

下侍郎之职被拜为左仆射，但他坚决辞让，向皇上请求让文彦博以太师兼侍中的官职兼任尚书左仆射，自己担任右仆射来辅助他。宣仁皇太后不答应，说："文彦博怎么能位在你之上呢？"主张任命文彦博兼侍中，为尚书右仆射。就在这时谏官也上奏劝阻，说文彦博年事已高，不能再担任三省首长，于是只让他主管军事。

徽宗崇宁之后，蔡京等四人同时担任首席宰相，这属特例，不能作为典故来评论。

孝宗隆兴元年（1163年）冬天，岐公汤思退任尚书右仆射，魏国公张浚任枢密使，圣上打算让张浚担任左相，便向高宗请求此事，高宗说："汤思退原来就担任左丞相，张浚原来就担任右丞相，还按照原来的安排就可以了，不必再变。"这样才发布了任命的诏书。